JN416498

4rd Edition

최신

소비자행동론

박승배 · 박유식 · 성정연 · 이성철
이승희 · 장형유 · 허남일

Consumer Behavior

명경사
MYUNGKYUNGSA

제4판을 내면서

최신 소비자행동론 제3판을 낸 것이 2019년 여름이었다. 그로부터 2년여 시간이 지나 다시 인쇄를 해야했고, 당초에는 오탈자 정도만 수정하려 하였다. 그러나 지난 2년간 국내외 여러 상황이 너무도 많이 변했기에 이왕이면 시대상황을 반영하는 개정판으로 내자는데 의견이 모아졌고, 이렇게 제4판 개정판을 내게 되었다.

2019년부터 전 세계에 몰아친 COVID-19는 우리들의 일상을 너무도 빠르고 무차별적으로 변하게 만들었다. 전세계적으로 음식, 숙박업을 비롯한 관광산업을 초토화시켰을 뿐만 아니라, 노래방, 클럽, 헬스장을 비롯한 서비스업을 망하게 하였으며, 화장품 산업 등 많은 제조업의 불황을 심화시켰다. 그러나 다른 한편으로는 온라인 쇼핑을 비롯한 물류산업 등 비대면으로 이루어지는 산업들이 비약적으로 발전하는 계기가 되어, 범 지구촌을 비대면 사회로 앞당기는 현상을 유발하기도 하였다.

학교 교육도 예외가 아니어서 ZOOM을 비롯한 화상교육과 비대면 교육이 일상화되었으며, 대부분 학교에서 2020학년도 입학생이 2년 동안 거의 학교를 가보지 못해 캠퍼스의 낭만과 지성을 접하지 못하고 공부해야 하는 특이한 현상이 생겨났다. 이와같이 코로나 사태로 비대면 사회가 앞당겨지고 온라인 교육이 대세가 되어가고 있는 시점에서 수업에 활용되는 대학교재에도 시대변화를 반영할 필요가 있게 되었다. 따라서 이 책에서도 시대변화에 따라 기술이 변해가는 것과 사회가 변모해가는 미래에 대한 논의가 있어야 할 것은 당연하다고 할 수 있다.

개정판을 내면서 전체적인 흐름에서는 큰 변화를 주지 않았으나 코로나 사태로 인한 몇 가지 시대적 변화를 최대한 반영하려고 다음과 같은 노력을 하였다.

첫째는 코로나 비상사태가 끝난다고 하더라도 상당 기간 팬데믹 이전 모습으로 온전히 돌아가지는 못하고, 위드 코로나라는 모습의 세계가 될 것이기에 이에 대한 소비환경 논의와 시대 반영이 필요했다.

둘째로는 세계대전 이후 출생률이 저조해서든 또는 수명이 늘어나서든 범세계적으로 고령화 현상이 뚜렷하게 나타나고 있어, 이러한 사회현상이 소비자행동에 미치는 영향에 대해 소개하고 보완하였다.

셋째로는 현대사회에서 새로운 세대로 부각되고 있는 MZ세대가 어떤 특성을 보이고 있으며, 그 특성이 기성 소비자들과는 어떤 차이를 보이는지에 대한 고찰 필요성을 제시하고자 하였다.

이상과 같은 추가 기술을 통해 경영현장에 종사하는 실무진에게는 시대적 감각을 느끼고 감안할 수 있는 계기가 되고, 학습자에게는 전통적인 소비자와 신세대 소비자의 차이에서 비전과 마케팅 기회를 느끼는 계기가 되었으면 하는 바램이다.

이 책은 저자들 각자가 대학 현장과 연구활동에서 쌓은 자신의 전문영역을 집필하여 전체 13장으로 구성되었다. 제1장은 시작으로 마케팅과 소비자행동, 소비자행동모델을 소개하였으며, 제2장은 의사결정과 관여도를 다루었다. 제3장부터 제6장까지는 문화, 사회계층, 준거집단, 가족, 상황을 다루면서 소비자행동의 외적요인을 소개하였고, 제7장부터 제11장까지는 지각, 학습과 지식, 태도, 동기, 성격과 라이프 스타일 등 소비자행동의 내적요인을 다루었다. 그리고 제12장 조직구매자의 행동에 이어 제13장 온라인 소비자행동을 끝으로 구성하였다.

마지막으로 7명의 저자들은 코로나라는 미증유의 혼란에서도 학교 현장에서 교육자로서 체득한 시대 경험을 반영하고자, 강의와 학생 지도로 바쁜 일정에도 불구하고 시간을 내어 개정작업과 교정을 차질없이 해주었다.

그리고 편집을 맡아주신 광진사의 관계자님들과 기꺼이 책을 내주신 명경사의 한의명 사장님 이하 모든 직원들에게도 깊은 감사의 말을 전합니다.

2022년 새해 아침에 저자일동.

| 차 례 |

제 5 장 준거집단과 가족

제1절 준거집단

제2절 가족

CHAPTER

01

소비자행동과 소비자행동모델

1. 소비자행동을 이해해야 하는 배경과 필요성을 학습한다.
2. 마케팅활동에 소비자행동의 이해가 필수적임을 학습한다.
3. 소비자행동 모델과 구성요소를 학습한다.

제 1 절 소비자행동의 의의

1 소비자행동에 대한 관심 증대 배경

직장에 다니는 A씨는 큰돈을 들여 장만한 옷, 가전제품으로 꾸며진 아파트에 살면서, 구매한 식품을 조리하여 아침을 먹고, 지하철 표를 끊어 회사에 출근한다. 컴퓨터와 스마트폰으로 필요한 정보를 찾는다. 주변 식당가에서 점심을 해결하고 커피숍에서 비즈니스 미팅을 한다. 퇴근할 때 들른 슈퍼마켓에서 일상에 소용되는 제품을 구매하고 비누와 샴푸로 샤워하고 새로 구매한 침대에서 잠자리에 든다. 현대 사회에서 A씨가 사용하는 모든 것들은 구매를 통하지 않으면 구할 수 없는 것들이고 이를 위해 제품들로 가득 찬 점포들이 거리를 메우고 있다. 이렇듯 우리 인간은 태어나서 죽을 때까지 일상에 필요한 제품이나 서비스를 끊임없이 구매하고 소비하면서 생활하므로 소비자행동을 이해해야 할 필요가 증대되었다.

생산자와 소비자간 거래(exchange)가 발생하는 유형 · 무형의 공간인 시장은 시장경제의 핵심이다. 거래는 교환을 통한 상호욕구충족을 바탕으로 한다. 소비자는 생산자가 요구하는 대가(가격)를 지불할 수 있어야 하고, 생산자는 소비자의 욕구를 충족하는 제품을 제공할 수 있어야 한다. 따라서 생산자 입장에서 소비자의 욕구와 행동을 이해하는 것은 기업 존립과 성장을 위한 마케팅전략 수립에 있어서 필수요소가 되었다.

최근 소비자행동 연구의 필요성에 대한 지대한 관심에도 불구하고 거래의 역사가 오래된 것에 비해 소비자행동에 관한 연구는 1930년대부터 높아져 1960년대에 들어와서야 본격적인 연구가 시작되었다. 이 분야에 대한 연구를 가장 먼저 시작한 미국에서도 관련된 논문이 나온 것은 1930년대이지만 소비자행동에 관한 첫 교과서가 등장한 것은 1968년으로 소비자를 이해하려는 노력의 역사가 길지 않음을 알 수 있다. 우리나라에서는 1970년대에 들어와서 소비자행동이론이 소개되고, 활발히 연구된 것은 1980년대에 들어와서이다. 길지 않은 역사에도 불구하고 소비자행동에 대한 연구가 활발하게 이루어지게 된 배경은 다음과 같다.

첫째, 오늘날 시장은 판매자가 더 많은 힘을 가지는 판매자 중심시장(seller's market)에서 소비자가 주도권을 가지는 구매자 중심시장(buyer's market)으로 변화하였다. 또한 산업혁명이후 기계화, 자동화에 의한 대량생산의 확산으로 공급과잉 현상이 일반화되면서 기업의 경영철학이 생산효율성(production efficiency)에서 시장지향성(market orientation)으로 자연스럽게 변하게 되었다. 이는 곧 마케팅의 대상인 소비자의 행동을 이해하는 것이 경영성과를 달성하는데 가장 중요함을 깨닫게 된 계기가 되었다. 소비자중심 시장으로의 변화는 기업이 지속적인 유지, 성장을 위해서는 소비자욕구 파악이 핵심과제로 부각된다는 것을 의미한다. 소비자중심 시장으로의 변화에 적응하지 못한 기업이 처한 현실은 암울하다. Ford社의 Edsel 자동차는 Ford와 Lincoln브랜드 계열간의 시장공백을 메운다는 경영자의 기대는 충족시켜 주었지만 소비자와 시장의 기대를 거의 반영하지 못하여 4억 달러에 달하는 손실을 초래하고 폐기된 사례에서 보듯 소비자행동에 대한 이해의 결여는 기업을 위험에 빠뜨릴 수 있다.

둘째, 기업들간 경쟁우위 선점을 위한 기술개발투자와 경쟁적인 신제품 출시로 소비자의 선택을 받기가 더욱 어려워지고 있다는 것이다. 몇 개의 브랜드가 시장을 지배하는 시장에서는 소비자행동에 대한 이해가 높지 않아도 안정적인 매출을 기대할 수 있었다. 그러나 소비자의 세분화된 욕구에 적합시키려는 다양한 브랜드들이 경쟁적으로 출시되는 현재의 시장상황에서는 개별브랜드의 시장점유율은 평균적으로 낮아지고 있어 소비자에 대한 이해가 더욱 필요해지고 있다. 삼성과 애플이 지배하던 스마트폰 시장은 화웨이, 샤오미 등 경쟁자의

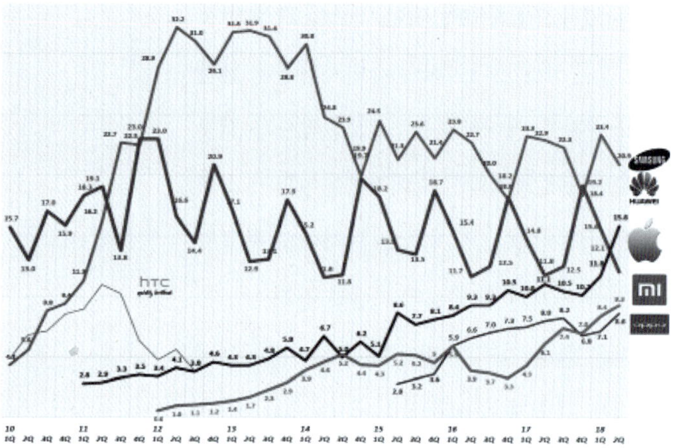

그림 1-1 ▲
분기별 스마트폰 출하량 기준 점유율 추이(2010년 1분기~2018년 2분기), IDC 발표 자료 기반 그래프

증가와 신제품출시 경쟁으로 브랜드별 시장점유율 차이는 점차 줄어들고 있다.

셋째, 소비자들의 소득, 교육 및 문화수준의 향상에 따른 구매행동의 고급화와 개성화를 빼놓을 수 없다. 서울대학교 소비트렌드 분석센터의 '트렌드 코리아 2018'은 현대의 소비자들은 '작지만 확실한 행복을 추구하는 소확행(小確幸)', 가성비를 넘어 '가격대비 마음의 만족을 추구하는 가심비(價心比) 소비', 그리고 '워라밸(Work-Life-Balance)을 추구하는 라이프스타일로의 변화' 등을 제안하고 있다. 이들은 2021년의 10대 소비트랜드를 COWBOY HERO로 제안하고 있다. 빠르게 변화하고 다양해지는 시장에서는 소비트랜드를 빠르게 감지하고 이에 부응하는 기업만이 지속적으로 발전하고 성장할 수 있다. 이런 의미로 소비트랜드 반영을 위한 시장세분화(market segmentation) 전략은 필수가 되었으며 더 나아가 개별고객의 욕구충족이 기업생존의 필수전략이 되고 있다.

넷째, 소비자주의(consumerism) 및 소비자주권경제(consumer sovereignty economy)의 확산 및 일반화이다. 소비자주의란 1962년 3월 15일 미국의 케네디 대통령의 특별교서에서 처음 사용한 말로 소비자의 필요와 욕구 충족에 미흡한 기업계에 대하여 소비자 및 유관단체들이 펼친 이익증진 활동을 뜻한다. 소비자주의는 판매자를 상대로 하여 구매자들의 세력을 증대시키는 일종의 사회 운동이라고 할 수 있으며 기업체는 물론 정부기관, 학교, 병원, 도서관에 이르기까지 모든 조직체로부터 소비자를 보호하려는 광범위한 활동을 포함하고 있다. 현대 기업은 자사가 제공하는 제품이나 서비스에 대한 구매저항을 극복하고 소비자의 지지를 얻을 수 있는 경영활동을 수행해 나가는 광범위한 소비자만족을 추구해야 한다. 따라서 소비자행동에 대한 기업의 관심은 거래의 대상으로서의 소비자라는 관점에서 소비자행동의 사회적, 문화적 관련성까지 확대되어야 한다.

2021년 소띠해 10대 트렌드 'COWBOY HERO'	
Coming of V-nomics	브이노믹스 바이러스로 인한 새로운 경제
Omni-layered Homes	레이어드 홈 모든 활동의 중심지 집
We Are the Money-friendly Generation	자본주의 키즈 자본주의 생리를 잘 이해하는 세대
Best We Pivot	거침없이 피보팅 기민한 비즈니스 모델의 변환
On This Rollercoaster Life	롤코라이프 밈(meme)을 좇아 몰려다니는 대중
Your Daily Sporty Life	#오하운, 오늘하루운동 일상과 패션에도 스며든 운동 열풍
Heading to the Resell Market	N차 신상 재테크 수단까지 된 중고거래
Everyone Matters in the CX Universe	CX 유니버스 브랜드의 세계관이 이끄는 팬덤
Real Me: Searching for My Own Label	레이블링 게임 '찐' 자아를 찾으려는 현대인
Ontact, Untact with a Human Touch	휴먼터치 언택트로 그리워지는 사람의 온기

▲ 그림 1-2
2021년 10대 트렌드

다섯째, 기업활동의 글로벌화이다. 기업규모에 관계없이 현대기업의 활동무대는 지리적, 문화적, 정치적 경계가 없는 것이 특징이다. 국제시장에서의 마케팅활동은 다양한 문화적, 사회적 환경에 대한 이해를 바탕으로 소비자행동을 탐색해야 한다는 점에서 차이가 있다.

2 소비자행동의 정의

소비자의 구매의사결정 과정 및 그에 따른 소비자행동을 이해하고 연구하는 것은 세 가지 차원에서 주요한 역할을 수행한다. 기업차원에서 시장세분화, 표적시장선정, 포지셔닝, 그리고 마케팅믹스 전략수립을 위해 소비자행동에 대한 이해는 필수적이다. 소비자차원에서는 소비결정에 관한 통찰을 통해 현명하고 합리적인 소비를 가능하게 한다.

치열한 경쟁과 수요자중심 시장에서 소비자행동에 대한 연구는 관심의 차원이 아닌 기업생존과 직결되는 문제가 되어있다. 따라서 소비자행동에 대한 정의는 시장의 상황과 환경에 따라서 다르게 정의될 필요가 있으며 그 정의는 상당한 역사적 맥락을 가지고 있다.

소비자행동의 정의는 여러 연구에서 제안된 바 있는데 Engel과 Blackwell

은 "경제적인 재화와 서비스를 획득하고 사용하는데 직접적으로 관련된 개인의 행동 및 행동을 결정하는데 선행하는 제반 의사결정과정"으로 정의한다. 또한 Shiffman과 Kanuk는 "소비자들이 그들의 욕구를 충족시켜 주리라고 기대하는 제품이나 서비스 혹은 아이디어를 탐색, 구매, 사용 및 평가하면서 보여주는 행동"이라고 하였다. Cohen은 Engel과 Blackwell의 정의를 수정하여 "경제적인 재화와 서비스를 획득하고 사용하는데 직접적으로 관련된 의사결정단위의 행동과 이러한 행동에 선행하는 의사결정과정을 포함한 프로세스"로, Zaltman은 "개인, 집단, 조직이 제품, 서비스 및 그 밖의 자원을 획득하고 사용하며 이로 인한 경험을 통해서 나타나는 행동, 과정 및 사회적 관계"로 정의하고 있다. Walters와 Paul은 "개인이 재화와 서비스의 구입여부와 어떤 것을 언제, 어디서, 어떻게, 누구로부터 구입할 것인가를 결정하는 과정"이라고 정의하였으며, Loudon과 Della Bitta는 "개인이 재화와 서비스를 평가하고 구매하며 사용하고 폐기하는 물리적인 행동과 의사결정과정"이라고 하였다.

이러한 정의들은 첫째, 소비자행동에는 구매활동 그 자체뿐만 아니라 구매를 전후해서 있게 되는 탐색이나 사용, 평가까지도 포함시키고 있으며 둘째, 의사결정단위인 '소비자'에는 개인은 물론이고 가족과 같은 집단, 기업과 같은 조직체까지도 포함되고, 셋째, 소비자행동의 '행동'이라는 개념에는 소비자의 물리적 활동뿐만 아니라 내부의 심리적 프로세스도 포함되어 있다.

"소비자행동이란 개인 및 집단이 제품이나 서비스의 구매와 관련하여 수행하는 정신적이고 물리적인 모든 행동 및 의사결정과정을 포함하며, 소비와 관련된 항목들에 시간, 돈, 노력 등을 어떻게 배분할 것인가를 결정하는 과정으로 소비자에게 의미 있는 대상물의 교환을 용이하게 하며 완성시키는 행위이다."

3 소비자행동의 특성

소비자행동의 정의에 근거해서 소비자행동의 특성을 정리해 보면 다음과 같다.

첫째, 소비자는 자주적(sovereign) 사고를 하며 다분히 목표지향적이다. 소비자 스스로 판단하여 자신에게 필요한 정보만 선택적으로 기억하며, 부적절하다고 판단되는 것은 무시하거나 망각하는 특성을 갖는다. 또한 소비자는 여러 제약조건을 합리적으로 고려하여 목표를 가장 효율적으로 달성할 수 있다고 판단되는 행동을 추구하지만, 일탈행동이나 반항적 동기에 의한 행동패턴도 보인다.

둘째, 소비자행동은 '문제인식 → 정보탐색 → 대안평가 → 구매 → 구매후 행동'의 단계를 거쳐 이루어지며 이는 하나의 통합적 의사결정과정이다. 또한 그 과정에는 개인이든 조직이든 여러 사람이 직·간접적으로 영향을 미친다.

셋째, 소비자 구매결정과정은 동기, 태도, 가치관 등 개인적·심리적 요인과 문화·사회계층·준거집단 등 사회적, 경제적, 문화적 요인이 영향을 미친다. 따라서 소비자행동을 이해하기 위해서는 내적, 외적 영향요인에 대한 충분한 이해가 필요하다.

넷째, 소비자행동에는 접촉, 획득, 소비, 처분이 포함된다. 접촉(contacts)은 소비자가 상표에 노출되는 과정을 의미하며 통합적 마케팅커뮤니케이션(Integrated Marketing Communication, IMC)을 통해 소비자와의 접촉을 강화해야 한다. 획득(obtaining)은 정보탐색, 대안평가, 그리고 구매하는 과정이며, 소비(consuming)는 소비자가 제품을 언제, 어디서, 어떻게, 어떤 상황에서 사용할 것인가이다. 처분(disposing)은 제품사용 후 처리와 관련된 문제로 최근 환경문제와 함께 중요한 과정으로 부각되고 있다.

제1장 소비자행동과 소비자행동모델

제 2 절 소비자행동 이해의 필요성과 연구분야

1 소비자행동 이해의 필요성

우리는 매일매일 제품이나 서비스를 구매하고 소비함으로써 소비자로서 행동을 하지 않는 날은 하루도 없을 것이다. 우리는 항상 제품이나 서비스에 관한 광고를 접하고 있으며, 그에 관해 가족이나 친구들과 대화를 나누며 또 그러한 제품이나 서비스를 구매하기 위한 활동을 수행함으로써 소비행동은 분리할 수 없는 생활의 일부가 되어 있다.

소비자행동에 대한 이해의 필요성은 기업차원과 사회적 차원에서 논의할 수 있다. 기업의 마케팅 의사결정은 경쟁자, 소비자 등 시장에 대한 이해와 분석을 바탕으로 한다. 따라서 소비자행동이 기업의 마케팅전략에 영향을 미치는 것은 자명하다. 소비자행동은 기업이 어떤 제품을 누구를 위해 얼마나 생산할 것인가, 기업자원을 어떤 소비자들의 욕구에 배분할 것인가에 영향을 미치고, 이런 의사결정으로 우리 생활의 질과 수준을 변화시킨다. 또한 소비자행동을 이해함으로써 기업은 마케팅목표를 효과적으로 달성할 수 있는 세부적인 마케팅 전략

그림 1-3 ▶ 마케팅전략 수립과정

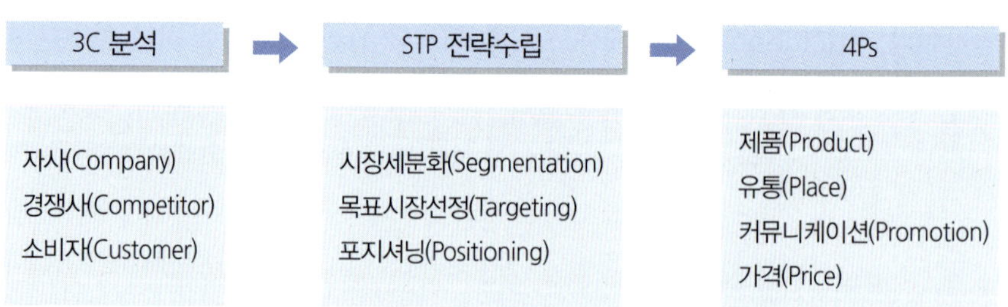

수립을 가능하게 한다. 소비자행동은 신제품 개발, 커뮤니케이션 전략수립, 가격결정, 유통전략 수립의 근거를 제공한다.

사회적 차원에서 소비자행동에 대한 이해는 소비자보호를 위한 공공정책의 수립에 있어 중요한 정보로 활용될 수 있다. 가령 정부가 도로, 교육, 의료 등 각종의 공공서비스를 제공하려 할 때도 소비자들의 태도나 신념, 지각 등을 이해함과 더불어 각 상황에 따른 그들의 행동을 예측할 수 있어야 올바른 공공정책을 수립할 수 있을 것이다.

2 소비자행동 연구분야

소비자행동에 관한 연구는 마케팅, 심리학, 사회학, 문화인류학, 경제학 등 인간행동을 이해하려는 학문분야에서 공통적으로 연구되고 있다. 특히 심리학은 인간과 동물의 행동 및 그 행동에 관련된 생리적, 심리적, 사회적 과정을 연구하는 학문(현대 심리학의 이해, 현성용 외. 2008, p.19)으로 소비자행동을 이해하는데 가장 많은 이론적 기반을 제공한다.

소비자행동 연구는 순수과학과 응용과학의 양면성을 지닌 학문이다. 심리학이나 사회학과 같은 순수학문에서 많은 이론들을 빌려왔을 뿐만 아니라 인간의 행동에 대한 통일된 이론의 형성을 지향하며 인간행동의 상호관련이나 법칙을 설명하고 밝히려는 이론으로서의 성격을 갖는다. 또한 소비자행동 연구는 모든 경영학의 분과학문이 그러하듯 밝혀진 이론들을 인간생활에 유용하게 이용하려는 응용과학의 성격을 갖는다. 소비자행동에 대한 연구는 이론으로서 그치는 것이 아니라 그 이론들을 기업경영에 유용하게 이용하려는 데 주된 목적이 있다.

또한 최근에는 뇌과학(neuroscience)분야에서 사람들의 행동을 이해하려는 노력이 성과를 보이고 있어 소비자행동을 이해하는 폭과 깊이를 더하고 있다. 뇌과학은 관찰과 실험으로 이해할 수 없었던 인간행동의 근본 원인을 뇌 기능의 이해를 바탕으로 기능성자기공명영상(fMRI) 등 장치를 활용한 연구를 통해 규명해 가고 있다. 뇌과학을 활용한 뉴로마케팅(Neuro Marketing)은 전통적인 조사방법으로 모호한 결론을 도출한 소비자행동을 보다 잘 이해하는데 유용한 사례를 만들기도 한다. 기업의 마케팅 역사에서 가장 위대한 실패사례인 코카콜라의 뉴코크(New Coke) 실패원인을 뇌과학을 활용해 규명한 사례는 소비자행동연구에서 새로운 기술과 학문이 어떤 역할을 할 수 있는지 가늠해 볼 수 있게 한다.

사례 **뇌과학으로 푼 New Coke 실패원인**

뇌과학으로 새로운 답을 제시한 대표적인 사례는 가장 위대한 마케팅 실패라고 하는 코카콜라의 뉴코크이다. 효용극대화를 추구하는 합리적 소비자라는 기존의 관점에서는 맛도 더 좋아지고 19만명에 대한 사전 선호도 조사를 통해 완벽하다고 여겨졌던 뉴코크의 실패를 설명하기가 어려웠다. 하지만 2004년 에쉬(F. J. Esch)는 기능성자기공명영상장치 실험을 통해 소비자가 펩시콜라보다 코카콜라를 더 좋아한다는 것을 뇌과학으로 증명했다. 소비자에게 코카콜라 브랜드를 보여주고 마시게 하면 뇌 속 쾌감중추인 측좌핵이 더 많이 활성화되었다. 이는 혀로 느끼는 맛은 펩시콜라가 더 좋을지 모르지만 실제 뇌는 코카콜라를 마실 때 더 즐거워한다는 것을 증명했던 것이다. 이렇게 뇌과학은 오랫동안 풀지 못했던 마케팅 난제들을 풀기 시작했으며, 뉴로마케팅(Neuro Marketing)이라는 새로운 영역을 탄생시켰다.

출처 : 왜 팔리는가(Why They Buy?), 조현준, 2013, 문학동네, p.12

제 3 절 소비자행동과 마케팅

최근과 같은 치열한 경쟁환경에서 조직이 생존하고 번창하기 위해서는 우선 원활한 판매가 전제되어야 하며, 이러한 판매는 소비자의 행동과 직접적인 관련을 갖고 있다. 만들면 팔리던 시대의 기업에서는 판매보다는 생산에 노력을 기울였고 소비자행동에 대하여는 관심을 가질 필요조차 느끼지 않았다. 즉 과거에는 대부분의 산업분야에서 공급이 수요에 훨씬 미치지 못하였기 때문에 시장에 공급되는 제품은 왕성한 수요 덕택에 얼마든지 팔릴 수 있었고 무엇을 생산하여 얼마에, 어떻게 공급할 것인가를 판매자(공급자)가 일방적으로 통제할 수 있는 판매자 시장의 특성을 보였다. 하지만, 요즈음은 점차 '팔릴 수 있는 제품을 만들어야 하는 시대'로 바뀌어 가고 무엇을 생산하여 얼마에, 어떻게 공급할 것인가에 구매자가 직 · 간접적으로 중요한 영향을 미칠 수 있는 구매자 시장으로 전환되었다. 즉 현대의 마케터는 마케팅 활동을 보다 새롭고 효율적으로 수행하기 위하여 소비자행동의 기본원리에 관심을 가져야 하는데, 이러한 관점은 마케터로 하여금 소비자행동에 영향을 미치는 요인들을 면밀히 분석하도록 촉구하고 있다. 예를 들어, 마케터는 소비자행동을 조건화하는 개인/심리적 및 사회/문화적 요인들을 근거로 하여 마케팅 계획을 수립함으로써 소비자에게 제품효익을 효과적으로 설득하고 태도를 변경시키며, 궁극적으로는 소비자로부터 바람직한 반응을 얻어낼 수 있다.

현대기업은 소비자의 욕구충족을 통한 이익 달성이라는 소비자 지향적인 마케팅 개념(marketing concept)을 기업의 주요 경영철학으로 인식하고 있으며 마케팅 컨셉을 실현하기 위해서 과거보다 더 심층적인 소비자행동 연구가 요구되고 있다. 왜냐하면 마케팅 개념이란 곧 소비자들의 필요나 욕구에 따른 마케팅 프로그램의 설계 및 집행을 의미하며, 그들의 필요나 욕구는 극히 복잡하고 다양해서 쉽게 예측하거나 설명될 수가 없기 때문이다.

소비자의 욕구는 소비자들의 얼굴이 다른 것 만큼이나 다양하여 소비자 욕구를 개별적으로 충족시키기 위한 제품이나 서비스를 제공하는 것은 효율적이지 않다. 그래서 소비자 욕구의 유사성을 활용하여 전체시장을 몇 개의 동질적 욕구를 가진 집단으로 나누는 시장세분화(market segmentation)가 대표적인 마케팅전략으로 활용되고 있다. 시장세분화는 고객욕구의 충족이라는 마케팅 철학을 실천하는 도구로 전체시장을 대상으로 마케팅(mass marketing) 할 때 보다 소비자만족을 높일 수 있는 경쟁도구로 활용된다.

시장세분화를 위한 기준으로는 지리적 변수(기후, 지리, 지형), 인구통계적 변수(성별, 연령, 소득, 교육, 직업, 인종), 사회심리적 변수(사회계층, 라이프 스타일, 개성), 행동적인 변수(사용량, 추구하는 혜택, 가격민감도)가 사용될 수 있다. 나누어진 세분시장 가운데 기업이 가지고 있는 자원에 적합한 몇 개의 시장을 목표로 정해 마케팅을 실행하는 표적시장선정(target market)을 한다. 포지셔닝(positioning) 전략은 제품을 소비자들의 마음 속 어디에 자리 잡게 할 것이냐를 정하는 것으로 제품의 위상정립이라고 할 수 있다. 아스파나 컨디션은 '숙취해소', 포카리스웨트나 게토레이는 '운동 후 마시는 음료'와 같이 특별한 사용상황 등이 포지셔닝 전략으로 활용될 수 있다.

자동차 구매자는 사고로부터 안전해지고 싶은 욕구를 가지고 있는데 VOLVO는 이를 효과적으로 커뮤니케이션하여 안전을 추구하는 고객들을 확보하고 있다. 에이스침대는 건강하고 편안한 잠에 대한 소비자 욕구를 수면과학을 바탕으로 '침대는 과학입니다'라는 캠페인을 통해 다른 브랜드와 구별되는 '과학으로 구현된 좋은 수면을 제공하는 침대'와 '좋은 잠'으로 포지션을 더욱 확고히 하고 있다.

시장세분화 전략을 통해 구축된 표적 시장에서 소비자의 마음속에 정확하게 포지셔닝 되기 위해서는 후속적인 마케팅믹스 전략이 효율적으로 구사되어야 한다. 마케팅믹스(marketing mix)란 시장의 중심인 고객의 감동을 이끌어 내기 위해서 기업이 주요하게 사용하는 수단으로 제품(product), 가격(price), 유통경로(place), 그리고 촉진(promotion)으로 구성된 4P를 의미하며, 네 가지 마케팅 수단들이 유기적이고 적절하게 맞물려 구사되어야 한다는 점에서 마케팅믹스라는 개념을 사용한다. 물론 시장세분화 전략과 마케팅믹스 전략을 본격적으로 구사하기 이전에는 시장을 둘러싸고 있는 거시환경(경제적, 사회문화적, 기술적, 정치적, 법적요소)과 과업환경(고객, 자사, 경쟁자, 협력업자) 및 핵심 초점이 되는 고객에 대한 정확하고 치밀한 분석이 선행되어야만 한다.

에이스침대는 '침대는 가구가 아닙니다. 침대는 과학입니다' 캠페인으로 수면과학으로 만들어진 침대로 포지셔닝을 확보했고, '좋은 잠' 시리즈로 포지셔닝을 확고히 하고 있다.

Volvo는 전통적으로 안전(safety)을 포지셔닝으로 하고 있다(1975년 광고).

▲ 그림 1-4
볼보와 에이스침대의
포지셔닝 광고

제 4 절 소비자행동모델

1 자극-반응 모델

자극-반응 모델(Stimulus-Response Model, S-R 모델)은 소비자행동에 관련된 변수들을 자극변수와 반응변수 그리고 매개변수의 관계로 설명한다. 이 모델은 소비자행동을 원인이 되는 자극(S)과 자극을 지각하는 과정을 거쳐 반응(R)에 이르게 되는 일련의 과정으로 설명한다.

그림 1-5 ▶
자극-반응 모델
(S-R Model)

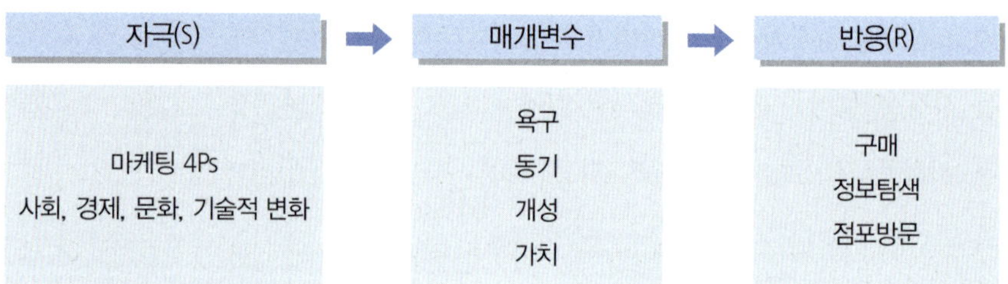

여기에서 자극변수는 기업이 소비자에게 제시하는 마케팅 자극(4Ps)이 대표적이며, 소비자행동에 영향을 미치는 사회, 경제, 문화, 기술적 변화들이 포함된다. 자극은 감각기관을 통해 입력되고 소비자의 내적상황인 욕구, 동기, 개성, 가치 등에 따라 이해되고 의미가 부여된다. 이런 자극의 해석에 따라 구매, 정보탐색, 점포방문, 거절 등의 행동을 하게 된다는 것이다. 이 모델에 의하면 자극변수, 매개변수, 행동변수의 관계를 파악하는 것을 통해 소비자행동을 설명하고 예측할 수 있게 된다.

그러나 이 모델의 문제는 자극-반응의 중계과정인 매개변수는 관찰할 수 없어 제대로 설명하기 어렵다는 것이다. 소비자들의 행동은 내적, 외적변수는 물론 이들의 과거, 현재, 미래의 여러 측면에 의해서 복잡하게 영향을 받고, 욕구, 동기, 개성, 가치 등과 결합되어 현재의 행동에 영향을 주기 때문이다. 이는 동일한 마케팅 자극에 대해 서로 다르게 반응하는 소비자행동을 이해, 설명, 예측하는데 가장 큰 장애요인이다. 매개요인인 마음의 구조를 파악하기 위해 의식의 내부를 들여다보려는 심리학의 노력은 구조주의 심리학, 정신분석학 등에서 주로 관심을 갖는다. 대표적인 매개변수인 소비자의 동기, 개성, 욕구, 가치 등을 알아내기 위해 일반적인 설문조사, 표적집단 면접(FGI) 등에 더해 최면, 투사법(Projective techniques), 성격검사, 정신분석 등의 조사방법을 사용한다. 최근에는 생리적 변화를 측정하거나 자기공명영상장치를 활용한 뇌과학적 접근을 하고 있다.

이와 같이 다양한 변수가 복잡하게 작용하고 있고 또한 이들 변수를 포착하거나 그 영향정도를 측정하는 것이 쉽지 않기 때문에 소비자행동 연구도 그만큼 어려운 과업이 아닐 수가 없다. 나아가 이런 변수들은 서로의 효과를 확대, 축소, 혹은 재조정하기도 하고 있어 소비자행동연구를 더욱더 어렵게 만들고 있다. 이러한 이유에서 소비자행동을 정확히 이해하기 위해서는 경험, 직관과 창의력, 리서치의 세 가지 능력이 모두 필요하다.

또한 소비자행동의 이해를 어렵게 하는 것은 소비자의 주관성과 개별성이다. 각 개인들의 학습경험과 심리적 특성은 각기 다르며, 자극에 대한 지각과정도 다르기 때문에 동일한 자극에 대한 반응이 소비자마다 다르다는 것이다. 기업의 마케팅전략 실행, 정부의 소비자정책 수립, 심지어 소비자운동 역시 소비자행동의 주관적 특성을 등한시 하여 정책적, 전략적 실패를 초래하는 경우가 상당수 발견된다.

2 EBK 모델

소비자행동론의 전반적인 체계를 설명하는 모델 가운데 EBK 모델(Engel-Blackwell-Kollat model)은 마케팅자극이 반응에 이르는 과정을 소비자 정보처리과정과 의사결정과정을 통합하여 설명하는 모델이다.

이 모델의 구성요소인 정보처리과정모델, 의사결정과정모델은 이미 심리학과 마케팅 분야에서 널리 채택되어 사용되고 있다. 먼저 정보처리과정모델은 외적자극인 정보를 처리하는 내적인 과정을 설명하기 위한 것이다. 소비자가 외적자극에 노출되면 자극과 욕구, 동기, 가치 등에 의해 주의(attention)의 정도를 결정한다. 소비자의 욕구나 가치에 적합한 자극은 인지자원을 투입하는 주의집

그림 1-6 ▼
EBK 모델

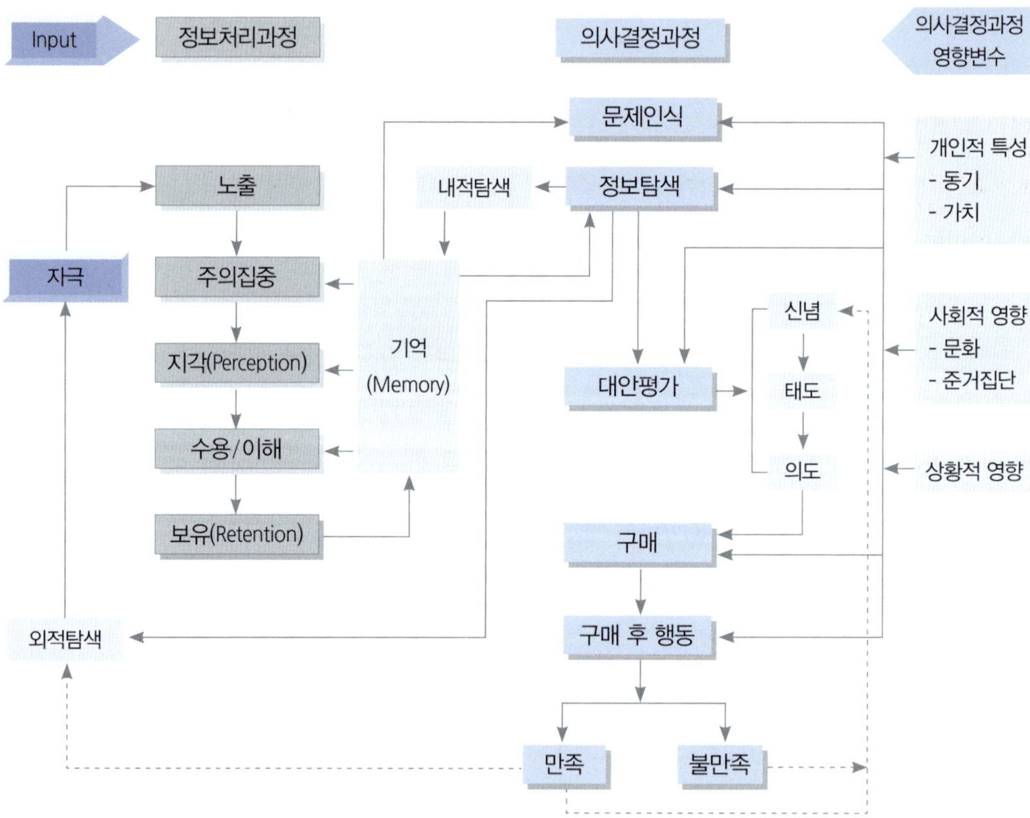

중이 된다. 반면 불필요하거나 의미 없는 자극에는 인지자원을 배정하지 않으므로 주의집중 정도가 낮아지게 된다. 주의를 획득한 자극은 지각과정(perception process)을 통해 해석되고 이해된다. 지각과정은 매우 개인적인 것으로 개인의 가치와 신념, 경험, 성격, 문화, 준거집단 등이 영향을 미치기 때문에 동일한 자극에 대한 지각(perception)은 개인마다 서로 다르게 된다. 이렇게 지각된 결과물은 소비자들의 기억속이 남아 구매의사결정에 영향을 미치게 된다.

의사결정과정모델은 소비자의 구매의사결정 프로세스는 구매의 필요성에 대한 인식, 즉 욕구로부터 출발한다. 매슬로우가 제시하는 생리적욕구, 안전욕구, 소속욕구, 존경욕구, 자아실현욕구는 관련된 욕구를 해소하기 위한 구매의사결정을 시작하게 한다. 욕구를 느낀 소비자는 욕구를 해소하는 제품에 대한 정보탐색으로 얻어진 대안들을 평가하고, 구매에 이르게 된다. 구매와 사용경험의 만족/불만족에 대한 평가는 기억속에 저장되어 다음 구매의사결정에 활용된다. EBK 모델에서는 구매의사결정과정에 개인적, 사회적, 환경적 요인들이 영향을 미친다고 설명한다. EBK 모델은 Engel 교수가 공동저자를 누구와 하느냐에 따라 EBM 모델(Engel-Blackwell-Miniard)로도 불리운다.

3 구매자행동모델

Kotler가 제시한 구매자행동모델은 자극-반응모델과 유사하게 기업이 수행하는 마케팅자극과 환경변화자극이 구매행동으로 나타나며, 자극과 반응 사이에 소비자 개인의 특성과 의사결정과정이 개입한다는 것이다. 이 모델은 마케팅 및 환경변화가 구매의사결정을 시작하는 원인이며, 구매의사결정과정에 구매자의 문화적, 사회적, 개인적, 심리적 특성들이 개입하여 의사결정결과인 행동에 영향을 미치게 된다. 이런 결과 소비자마다 제품, 상표, 점포선택 그리고 구매시기 및 수량 결정이 달라지고, 서로 다른 구매 패턴을 보이게 된다는 것이다.

그림 1-7 ▶
구매자 행동모델

마케팅 자극	기타 자극	→	구매자 특성	구매자 의사결정과정	→	구매자 의사결정
• 제품 • 가격 • 유통 • 촉진	• 경제적 • 기술적 • 정치적 • 문화적		• 문화적 • 사회적 • 개인적 • 심리적	• 문제인식 • 정보탐색 • 대체안평가 • 구매 결정 • 구매후행동		• 제품선택 • 상표선택 • 점포선택 • 구매시기 • 구매수량

4 의사결정에 영향을 미치는 요인들

소비자들의 의사결정에 영향을 미치는 요인들은 매우 다양하다. 그렇지만 전반적인 맥락에서 개인적, 심리적, 사회적, 문화적 요인들로 나누어 범주화 할 수 있다. 이들에 대한 설명은 본서의 뒷부분에서 논의할 것이므로 여기에서는 간략하게 언급한다.

1) 개인적 요인

소비자 개인이 가지고 있는 독특한 인구통계적 요인과 라이프스타일, 성격 및 자아 등 심리적 요인들은 소비자행동을 설명하는데 가장 기본적인 요인이다. 소비자들이 구매하는 제품과 서비스는 개별 소비자의 생애주기(life cycle)에 따라 다르다. 청소년일 때와 대학생일 때의 소비패턴이 다르고 대학생일 때와 직장인 일 경우의 구매성향이 다르며, 중년층일 때와 노년층일 때에 관심이 높아지는 제품과 소비패턴에 차이를 보이게 된다.

직업 및 경제상황은 사용하는 제품, 구매방법 등에 지대한 영향을 미치는 요인이다. 직업이나 경제상황에 따라 사회적 관계를 맺고 있는 사람, 정보의 양과 질, 필요한 제품과 상표 등이 달라진다. 직업과 경제상황이 달라지면 그에 따라 필요와 욕구가 달라지고, 구매의사결정과정에서 중요하게 고려하는 요인과 영향을 미치는 외적 요인들도 차이를 보인다. 한 개인의 경제상황의 변화에 대한 예측은 고객의 생애동안 필요한 제품이나 규모를 추정하는데 도움이 된다. 고객은 각자가 가지고 있는 경제상황에 따라 자원의 가용능력과 배분전략이 달라지므로 제품구매 우선순위에 영향을 미치게 된다.

개인이 살아가는 방식을 의미하는 라이프스타일(life style)은 소비자행동에서 가장 많이 연구되고 적용되는 요인 가운데 하나이다. 살아가는 방식이 다르면 그에 따라 필요와 욕구가 달라지고, 의사결정 방법과 기준도 영향을 받는다. 따라서 개별소비자들의 라이프스타일을 파악하여 상품과 서비스를 개발하고 적합한 커뮤니케이션의 전개는 유용한 전략이 된다. 최근 소비자연구에서는 특히 인터넷, 모바일 등 디지털 소비자의 라이프스타일에 관심을 갖는다.

성격(personality)은 개인의 지속적이고 독특한 심리특성으로 자기확신, 사회적응성, 방어성, 공격성 등으로 표현된다. 개인의 환경에 대한 적응을 결정짓는 일관된 행동패턴과 사고방식을 의미하므로 구매의사결정패턴, 욕구와 필요도 이와 관련될 것으로 가정하고 있다. 성격에 대해 가장 널리 연구된 이론 중의 하나인 프로이드 정신분석이론은 마케팅 분야의 동기 조사에 주로 사용된다. 사람은 두 가지 자아개념을 가지고 있는데, 한 개인이 바라는 이상적인 자기모습인 이상적 자아이미지(ideal self image)와 자기의 현재 모습인 실제적 자아이미지(actual self image)가 그것이다. 소비자들은 자기이미지와 일관성(self consistency)을 유지하거나 실제적 자아이미지를 격상시켜서 이상적 자아이미지와 비슷하게 되도록 행동하려고 한다. 소비자의 자아이미지는 이에 상응하는 제품이나 서비스에 대한 태도와 구매의도에 영향을 미친다.

2) 심리적 요인

동기(motivation)는 인간이 행동을 하게 하는 근원적인 힘 내지 강한 추진력이라고 정의할 수 있다. 소비자의 욕구가 증대하면 긴장이 일어나고 이 긴장을 해소하려는 힘이 바로 동기이다. 마케터는 사람들이 어떻게 동기가 발생되는지를 파악하여 대처해야 한다.

지각은 정보처리과정으로서 인간이 외부로부터의 자극을 어떻게 받아서 처리하고 이해하느냐를 말한다. 인간은 외부로부터의 자극을 있는 그대로 전부 받아들이지 않고 선택적으로 받아들이며 자기 나름대로 해석하고 이해한다는데 문제가 있다. 이러한 선택적인 지각과정으로 인하여 인간의 행동을 이해하고 예측하는 것이 매우 어려운 일이 되고 있다. 인간은 상품의 특성이나 이용에 대한 광범위한 정보를 가지고 있으며, 언제, 어디서, 어떤 상품을 구입하며, 어떻게 사용할 것인지를 알고 있다. 광고나 판매의 중요한 목표중의 하나가 소비자들에게 상품에 관한 적절한 정보나 지식을 제공하는 것이다.

태도는 어떤 대상에 대한 선유경향으로서 좋아하고 싫어하는 감정상태를 말한다. 소비자들의 행동은 상품이나 상표의 태도에 강한 영향을 받는다. 어떤 대상에 대한 태도는 한 번 형성되면 오래가고 변화하기가 쉽지 않으며 그 사람의 행동을 예측가능하게 해준다. 그러나 태도는 불변하는 것은 아니며 여러 가지 요인에 의하여 변하기도 한다. 소비자들이 자기 기업에 대해 부정적 태도를 형성하고 있으면 이것을 긍정적으로 변화시키기 위하여 여러 가지 노력을 한다.

3) 사회적 요인

준거집단이란 소비자의 행동에 직접적 또는 간접적으로 영향을 미치는 모든 집단이다. 사람들은 작게는 가족이란 집단에서부터 친구, 동창, 취미클럽, 직장동료, 종교집단, 지역사회에 이르기까지 다양한 집단에 관계되어 있다. 인간은 어떤 집단에 소속되어 생활하느냐에 따라 어떤 문제에 부딪쳤을 때 전혀 다른 의사결정을 할 것이다. 준거집단 중에서도 가장 영향력이 강한 집단은 가족이다. 인간이 태어나서 성장하고 살아가면서 가장 많은 시간을 보내는 집단이기 때문이다. 가족구성원 중에서 남편과 부인 또는 자녀들 간의 영향력 차이에 따라 구체적 구매활동에서 차이가 난다. 개인의 행동은 다양한 소집단으로부터 영향을 받으며 이러한 소집단은 공식적일 수도 비공식적일 수도 있고, 물리적 공간의 소집단일수도 온라인상의 소집단일 수도 있다. 비공식 소집단은 가족, 친구, 동료와 같은 1차적 집단에 의한 영향이 주를 형성할 것이고 공식적 소집단은 종교단체, 노동조합, 사회단체와 같은 2차적 집단이 해당된다.

4) 문화적 요인

문화는 그 사회의 구성원들이 공유하는 정신적, 물질적인 모든 것들이다. 관습이나 가치관은 물론이고 법률, 제도, 도덕을 포함하여 자동차나 옷과 같은 상품들도 문화적 소산이다. 인간은 어떤 문화적 배경 속에서 성장하고 살아가느냐에 따라 행동에 많은 영향을 받는다. 최근에는 문화자체가 마케팅전략 및 소비자행동 전략에 주요한 초점이 되어 문화마케팅으로 개념화되었다. 한 사회나 국가 및 지역의 문화 안에는 보다 구체적이고 세부적인 문화가 존재하는데 이 역시 소비자행동 과정에서의 주요한 고려대상이다. 한 국가내의 세대별 문화가 다르며, 서울에서도 강남과 강북의 소비문화가 다르게 형성되고 있는 것이 그 예다.

사회계층이란 사회의 구성원들을 유사한 가치관이나 관심사, 행동정도에 따라 구분지어 놓은 것이다. 인간은 그가 속한 사회계층에 따라 가치관이나 행동에 영향을 받으며 서로 다른 계층의 사람들끼리는 구매행동도 다르게 나타난다.

연 / 습 / 문 / 제

01 소비자행동에 대한 관심 증대 배경을 설명하시오.

02 소비자행동의 정의와 특징을 설명하시오.

03 마케팅에서 소비자행동 이해의 필요성과 중요성을 설명하시오.

04 자극-반응모델을 설명하시오.

05 EBK 모델을 설명하시오.

참 고 문 헌

- 김동기, 이용학, 소비자행동분석, 박영사, 2007.
- 서성한, 소비자행동론, 개정판, 박영사, 1991.
- 유동근, 소비자행동이론, 석정, 1986.
- 최병룡, 최신 소비자행동론, 제2개정판, 박영사, 1996.
- 황병일, 박승환, 김범종, 최철재, 소비자행동: -이해와 적용-, 2009.
- 홍부길, 소비자행동분석, 일신사, 1985.
- 박승환, 최철재, -마케팅 실무의 지침서- 소비자행동론, 2008.
- 현성용 외, 현대심리학의 이해, 학지사, 2008.
- 조현준, 왜 팔리는가-어떻게 해야 팔리는가, 아템포, 2013.
- 김난도 외, 트랜드 코리아 2019, 미래의 창, 2018.
- Assael, Henrry, *Consumer Behavior and Marketing Action*, 5th ed., Cincinnati, OH: South-Western, 1995.
- Blackwell, Miniard, Engel, Consumer Behavior, 10rd ed., Thomson, 2006.
- Cohen, D., *Consumer Behavior*, New York: Random House, Inc., 1981.
- Engel, J. F., D. T. Kollat and R. D. Blackwell, *Consumer Behavior*, 3rd ed., Hinsdale, Ill.: The Dryden Press, 1978.
- Engel, J. F. and R. D. Blackwell, *Consumer Behavior*, 4th ed., New York: The Dryden Press, 1982.
- Engel, J. F., R. D. Blackwell and P. W. Miniard, *Consumer Behavior*, 8th ed., Forth Worth, TX: The Dryden Press, 1995.
- Loudon, D. L. and A. J. Della Bitta, *Consumer Behavior*: Concepts and Applications, 2nd ed., New York, McGraw-Hill, 1984.

- Peter, J. Paul and Jerry C. Olson, Understanding *Consumer Behavior*, Homewood, IL: Irwin, 1994.
- Robertson, Thomas S., J. Zielinski and Scott Ward, *Consumer Behavior*, Scott, Foresman and Co., 1984.
- Schiffman, Leon G. and Leslie L. Kanuk, *Consumer Behavior*, 4th ed., Englewood Cliffs, N.J.: Prentice-Hall, 1991.
- Walters, C. G. and G. W. Paul, *Consumer Behavior: An Integrated Framework*, Homewood, Il.: Richard D. Irwin, Inc., 1974.
- Zaltman, G. and M Wallendorf, *Consumer Behavior: Basic Findings and Management Implications*, 2nd ed., New York: John Wiley & Sons., 1983.

그/림/출/처

- 그림 1-1: https://happist.com, [2018년 2분기] 세계 스마트폰 점유율-애플을 제치고 화웨이가 2위로 올라서다.
- 그림 1-2: 매경 MBN https://www.mk.co.kr/news/society/view/2018/10/664611/. 트랜드 코리아 2019. 김난도 외, 미래의 창, 서울.
- 그림 1-4: http://www.vintageadbrowser.com/cars-ads-1970s/41;
  https://search.naver.com
- 그림 1-7: Kotler(2002), Marketing Management, Prentice Hall.

CHAPTER

02

구매의사결정과정과 관여도

1. 구매의사결정과정과 각 단계의 내용을 학습한다.
2. 관여도가 소비자의사결정에 미치는 영향을 학습한다.
3. 저관여의사결정의 중요성과 내용을 학습한다.

제 1 절 구매의사결정과정

산업재를 구매할 때는 물론이고 소비재를 구매할 때도 구매의사결정에 참여하는 사람들이 둘 이상인 경우가 많다. TV · 여행 · 식료품 등 가족이 공동으로 사용하거나, 동료나 친구들과 여행 · 회식을 하거나, 아이가 사용할 스마트폰을 구매할 때 관련된 사람들이 논의하여 의사결정한다. 둘 이상의 사람들이 참여한 의사결정은 각자 의사결정과정의 다른 영역에서 영향을 미칠 수 있다. 예를 들어, 승용차 구매의사결정을 할 때 승용차에 대한 필요성은 딸이 제안하고, 아들은 우리 가족에게 적합한 차의 종류 · 가격 · 브랜드 · 구매방법 등에 대한 정보를 수집하고, 부인은 우리의 경제규모에 비추어 적당한 가격대와 차종에 대한 선택에 영향을 미치고, 남편과 아내 그리고 아이들이 함께 모여 최종결정을 하게 된다. 물론 이런 역할들은 제품이나 상황에 따라 달라질 수 있으며, 몇 가지 역할을 한 사람이 하거나, 한 가지 역할을 여러 사람이 나누어 할 수도 있는 역동성을 갖는다. 이런 상황을 집단의사결정 또는 여러 사람이 구매의사결정에 개입하는 것으로 구매센터(buying center)라고 한다. 구매센터는 구매의사결정에서 사람들이 맡는 역할에 따라 다음과 같이 나눌 수 있다.

- **사용자**(user) : 구입한 제품이나 서비스를 직접 사용할 사람.
- **영향력행사자**(influence) : 제품이나 서비스 구매에서 의사결정기준 · 정보제공 · 의사결정목적 등 다양한 것으로 의사결정에 직 · 간접적으로 영향을 미치는 사람.
- **구매자**(buyer) : 구매센터에서 실제로 구매조건에 따라 공식적으로 구매를

하는 사람.

- 의사결정자(decider) : 의견을 논의 · 취합하여 최종적으로 구매할 제품 · 가격 · 구매장소 등을 결정하는 사람.
- 정보통제자(gatekeeper) : 구매센터에서 활용할 수 있는 정보 · 정보의 유형 및 원천 · 제공할 정보의 양과 질을 결정하여 구매센터에 전달하는 사람.

기업이 제품을 설계하거나 광고메시지를 결정할 때 구매센터 구성원들의 역할에 따라 마케팅전략이 달라져야 한다. 만일 자동차 구매의사결정이 남편 주도로 이루어지는 것으로 파악되면 자동차 회사에서는 남편을 설득할 수 있는 메시지 및 매체계획을 수립해야 한다. 부인이 주로 결정을 한다면 부인에게 호감을 주는 자동차를 설계하거나 부인에게 접근할 수 있는 커뮤니케이션 전략이 마케팅 성과를 향상시키는 방법이 된다.

〈그림 2-1〉에서 보는 바와 같이 구매의사결정은 문제인식, 정보탐색, 대안의 평가, 대안의 선택, 그리고 구매 후 행동과정의 단계로 구성되어 있다. 이 모델은 대안의 선택이라는 실제 구매행위가 있기 전에 구매의사결정 과정이 시작되고, 구매 후 사용과 평가과정이 있다는 것을 강조한다. 따라서 마케팅 관리자는 구매뿐 아니라 구매전후의 과정을 세심하게 살펴야 한다.

1 문제의 인식

문제인식이란 소비자가 목적 있는 구매의사결정을 하도록 동기를 부여받는 과정이라 할 수 있다. 이는 소비자들이 바람직하다고 기대되는 상황(desired state of affair)과 실제상황(actual state of affair) 사이의 차이(gap)를 인식할 때 발생한다. 인식된 차이를 해소할 필요(needs)와 욕구(wants)가 구매의사결정과정을 진행할 동기가 된다. 욕구는 외적 또는 내적 자극에 의해서 발생될 수 있다.

그림 2-1 ▶
의사결정과정

단계	구매의사 결정단계	예 개인용 컴퓨터 구매의사 결정과정
1 문제의 인식	• 구매의 필요성 인식 • 소비자 잠재욕구를 자극하여 구매 동기 유발	• 현재까지는 회사의 Desktop pc만으로도 만족 • 노트북 구매의 욕구 인식 : 잦은 출장, 집에서 잔무 처리를 위해 필요
2 정보의 탐색	• 점포, 상품 및 구매에 관한 더 많은 정보를 얻으려는 노력 • 내부탐색/외부탐색, 적극적 탐색/소극적 탐색	• 인터넷과 주변 사람들을 통하여 정보 탐색 – 노트북 성능, 가격, 디자인
3 대안의 평가	• 정보를 평가 기준에 의해 비교 • 평가기준 : 상품의 성능, 디자인, 가격 등 ← 상황에 따라 다름	• 노트북에 관한 정보를 평가 기준에 의해 비교 – 평가기준 : 노트북의 성능, 가격, 디자인 등
4 대안의 선택	• 구매 의사를 결정 • 구체적인 상품, 상표, 점포, 구입 방식	• H사에서 나온 250만원 정도의 노트북 구매 결정 • 인터넷 사이트보다 싸고 안전한 용산 전자상가에서 현금으로 구입
5 구매 후 행동	• 상품 사용 후 만족, 불만족 → 심리적 부조화 • 만족, 불만족의 요인분석이 필요함	• 초기에 만족 → 주변 사람들에게 H사의 노트북을 추천 • A/S에 불만족 → 주변 사람들에게 H사의 노트북을 절대 사지 말라고 함

갓 구운 빵의 고소한 향기, 이웃 사람이 구입한 승용차, 에펠탑을 배경으로 한 여행광고, 드라마 주인공이 입고 있는 옷 등 외부에서 제공되는 자극은 구매를 고려하게 되는 동기가 된다. 시간이 지나면서 갈증, 배고픔 같은 생리적 욕구가 생기고, 심리적 변화도 내적자극이 되어 구매의사결정을 시작하게 한다. 문제인식 상태가 반드시 의사결정단계를 시작하게 하는 것은 아니다. 인식된 욕구가 충분히 중요하고, 욕구 해결방안이 소비자의 능력범위 안에 있어야 한다.

외적자극 가운데 가장 중요한 것이 거래(exchange)를 촉발시키기 위한 체계적이고 과학적인 노력인 마케팅활동이다. 마케팅 관리자는 소비자의 욕구와 관심을 불러일으키는 상황을 확인할 필요가 있다. 어떠한 형태의 욕구 또는 문제가

시린이로 고생하는 소비자들의 문제를 완화해 줄 수 있다고 소구(appeal)하는 센소다인 광고

시청몰입 방해요소 제거(TV 둘레를 감싸던 프레임을 제거한 Borderless, 너저분한 선들을 없앤 Wireless, 그리고 실제에 가까운 색을 구현한 Full LED 구현)로 시청만족을 추구하는 고객욕구를 자극하는 광고

◀ 그림 2-2
소비자의 문제인식과 해결방법을 제시한 광고

발생하는가? 무엇이 그러한 문제와 욕구를 일으키는가? 어떻게 우리 상표를 선택하도록 유인하는가? 등을 알아야 한다. 마케팅조사를 통해 수집된 정보를 활용해서 소비자의 문제인식과정에 영향을 미칠 수 있도록 기획되고 실행되어야 한다. 많은 광고들은 소비자의 문제를 지적하고 해당 상표가 이를 효과적으로 해결하여 만족에 이를 수 있음을 강조한다.

2 정보의 탐색

1) 정보탐색 유형

소비자가 문제를 인식함에 따라 최적의 의사결정을 내리기 위해 구매와 관련한 다양한 정보를 탐색하게 된다. 일반적으로 구매욕구, 관여도, 구매동기, 기대와 개인적 관련성, 지각된 위험 등이 클수록 보다 많은 정보를 탐색하여 정교한 의사결정을 하려고 노력한다.

정보탐색 유형은 몇가지로 나눌 수 있다. 정보탐색 시점에 따라 구매전 탐색과 지속적 탐색, 정보탐색 동기에 따라 적극적 탐색과 소극적 탐색, 그리고 정보탐색 위치에 따라 내부탐색과 외부탐색으로 구분한다.

구매전 정보탐색은 구매욕구가 생긴 후 수행하는 정보탐색인데 비해 지속적 탐색은 구매욕구와 관계없이 제품에 대한 개인적 관심에 의해 탐색한다는 차이가 있다.

적극적 탐색은 시간과 노력을 들여 잡지, TV광고, 준거집단 등 다양한 정보원으로부터 적극적이고 능동적으로 정보를 탐색하는 것으로 주로 중요성이 높은 의사결정과정에서 발생한다. 소극적 정보탐색은 시간과 노력을 들이지 않고 빠르고 쉬운 정보원으로부터 얻을 수 있는 정보를 수동적이고 소극적으로 탐색한다. 구매의사결정의 중요성과 위험, 관여도가 낮고 빈번하게 구매되는 제품들의 의사결정에서 관찰된다.

의사결정의 중요성이 낮은 경우 소비자는 기억에 저장된 과거경험이나 지식을 탐색하는 내적탐색만으로 의사결정을 하게 된다. 그러나 내적탐색만으로 정보가 충분하지 않다고 생각하거나 의사결정의 중요성이 큰 경우 외적탐색을 한다.

외적탐색의 정보원천은 개인적 원천(가족, 친구, 이웃, 친지 등), 상업적 원천(광고, 판매원, 상인, 포장, 진열 등), 공공적 원천(대중매체, 소비자 단체, 정부기관 등)으로 구분할 수 있다.

구매의사결정을 위해 수집된 정보들은 크게 '시장에 어떤 상표들이 있는지'와 '상표들의 특성이 무엇인지'와 관련되어 있다.

2) 고려상표군의 형성

승용차를 구매하려는 소비자라고 가정해 보자. 소비자가 알고 있거나 모르고 있거나 시장에 나와 있는 모든 승용차 상표들을 전체상표군(universal set)이라고 한다. 이 가운데 소비자가 알고 있는 상표를 인지상표군(awareness set)이라고 하며, 구매의사결정과정에서 생각나는 상표를 환기상표군(evoked set)이라고 한다. 환기상표군으로 충분하지 않은 경우 외적정보탐색을 통해 시장에 나와 있는 상표들에 대한 정보를 수집한다. 환기상표군과 외적정보를 통해 수집된 상표들 중에서 구매를 고려해 볼 만한 상표들을 추려 고려상표군(consideration set)을 만든다. 〈그림 2-3〉을 보면 환기상표군 가운데 그랜저, 제네시스, BMW 5시리즈가 고려상표군에 포함되었고, 외적탐색상표 가운데 테슬라와 벤츠가 포함되었다. 이제 소비자는 고려상표군 5개를 대상으로 대안평가과정을 거쳐 최종적으로 상표를 선택하게 된다.

상표군들에 대한 설명이 시사하는 것은 첫째, 상표인지도를 높여 환기상표군과 고려상표군에 포함되어야 선택될 확률이 높아진다는 것이다. 이를 위해 잠재고객을 대상으로 한 커뮤니케이션이 필요하다. 둘째, 비록 환기상표군에 속하지 못하더라도 승용차 구매욕구가 있을 때 쉽게 자사상표에 대한 정보에 접근할

▼ 그림 2-3
대안평가를 위한
상표의 탐색과정

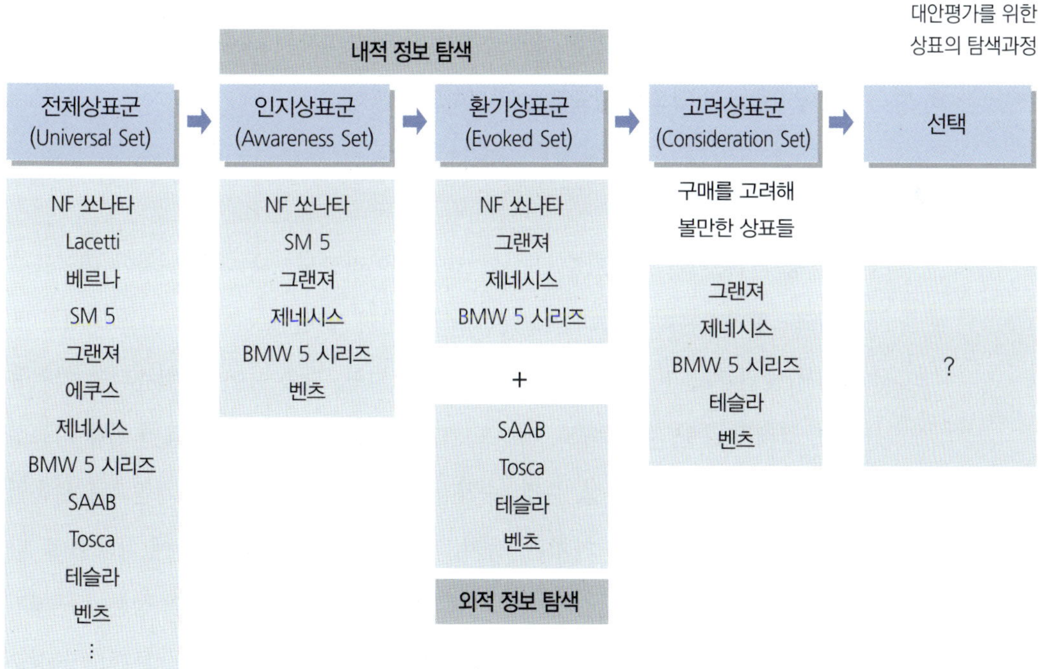

수 있어야 한다. 휴가철이나 연휴에 임박하면 승용차 구매욕구가 커지므로 이 기간동안 다양한 정보원에 자사상표의 정보를 제공하여 노출되도록 해야 할 것이다. 또한 구매를 위한 정보탐색이 어떻게 이루어지는지 파악하면 정보제공 매체를 선택하는데 도움이 된다. 셋째, 소비자의 선택기준에 적합해야 고려상표군에 포함되고 최종적으로 선택될 수 있다는 것이다. 이를 위해 세분시장의 욕구를 알아내고, 이를 반영한 제품을 시장에 출시해야 선택확률이 높아진다는 것이다. 넷째, 기업은 소비자의 고려상표군에 어떤 다른 상표들이 있는가를 알아야 한다. 고려상표군을 구성하는 상표들은 세분시장에서 경쟁상표들인 것이다. 자사상표가 경쟁상표들에 비교한 장점과 약점을 분석하고 열등한 속성의 개선을 통해 선택확률을 향상시킬 수 있다.

3 대안의 평가

구매를 고려해 볼 만한 상표들을 선정한 소비자는 최종선택을 위해 자신의 구매기준을 바탕으로 상표들을 비교하고 평가한다.

1) 평가기준

평가기준이란 선택기준(choice criteria)이라고도 하는데 소비자가 대안들을 비교 · 평가하는데 사용하는 표준(standards)과 명세(specifications)를 의미한다. 예를 들면 치즈의 평가기준은 형태, 농도, 외형, 감촉 등이며, 컴퓨터는 기억용량, 그래픽 용량, 처리 속도, 사운드 카드, 비디오 카드, 소프트웨어 이용 가능성 등이고, 타이어는 안전성, 수명, 승차감, 가격 등의 속성이 평가기준으로 활용될 수 있다. 소비자들마다 가치관, 동기, 경험, 그리고 구매상황 등에 따라 서로 다른 기준을 사용한다. 단순히 칼로리를 보충할 목적이면 초콜릿의 성분이 구매기준이 되겠지만, 선물목적의 초콜릿 구매에는 제품 디자인, 포장, 브랜드가 성분

보다 더 중요한 기준이 된다.

마케팅 관리자는 소비자들이 명확하게 기억하는 속성들이라고 해서 가장 중요한 속성인 것으로 결론을 내리지 말아야 한다. 소비자들이 현저하게 기억하는 속성들 중 어떤 것들은 구매시점에서 그 속성을 제시하는 광고에 노출되었거나, 또는 현재 해당 속성들과 관련되는 문제를 가지고 있기 때문에 관여도가 높아져 분명하게 기억할 수도 있다. 또한 각 속성에 대하여 부여하는 중요성의 가중치는 개인에 따라 다르며 각 대안에 대하여 속성별로 상이한 신념(belief)을 형성하고 평가기준과 속성신념의 형성에 따라 각 대안에 대한 태도(attitude)를 형성한다. 따라서 마케팅 관리자들은 속성의 현저함보다 속성의 중요성에 더욱 관심을 기울여야 한다. 예컨대 모 자동차회사에서 6기통 엔진 장착으로 중형차시장의 새로운 패러다임을 제시했다고 광고를 자주 해서 소비자들이 6기통이라는 개념을 먼저 떠올리지만 그 속성이 소비자들에게 반드시 중요한 속성이 아닌 관계로 실제 구매에 미치는 영향력이 미미했다.

2) 대안평가방식

(1) 보상적 방식

소비자행동 연구에 의하면 소비자들이 상표선택을 함에 있어서 다양한 형태의 제품선택 및 평가방식을 채택하고 있는 것으로 알려져 있다. 전통적으로는 보상적 방식과 비보상적 방식으로 나누어서 연구가 진행되어 왔으며, 비교적 최근에는 혼합적 방식과 휴리스틱에 근거한 방식까지 제시되고 있다. 소비자들이 구매의사 결정을 내리면서 이러한 접근 방식 모두를 사용할 수도 있겠지만 많은 경우에는 이 중 일부를 활용하여 최종 구매결정을 내리게 된다.

우선 보상적 방식을 설명하기 위해 어느 소비자의 컴퓨터 구매의사 결정과정을 살펴보기로 하자. 소비자의 고려상표군은 삼성, LG, 도시바, 컴팩 4개이며, 4가지 선택속성(기억용량, 처리속도, 디자인, 가격)으로 평가한다고 하자. 소비자는 상표별로 해당 속성을 얼마나 가지고 있는지에 대한 평가(신념) 점수를 매긴다.

표 2-1 ▶
노트북에 대한
보상적 평가방법

	기억 용량(40%)		처리 속도(30%)		디자인(20%)		가격(10%)		상표별 점수
삼성	10	4.0	8	2.4	6	1.2	4	0.4	8.0
LG	8	3.2	9	2.7	8	1.6	3	0.3	7.8
도시바	6	2.4	8	2.4	10	2.0	5	0.5	7.3
컴팩	4	1.6	3	0.9	7	1.4	8	0.8	4.7

각 속성에 대한 신념점수에 속성별 가중치(중요도)를 반영하여 상표별 최종점수를 계산할 수 있다. 계산결과를 보면 이 소비자는 삼성을 구매할 것이라는 예측을 할 수 있다. 이런 방식으로 상표선택을 하는 모델을 기대가치모델이라고 한다.

소비자들이 이와 같은 보상적 방식으로 대안평가를 할 때 선택확률을 높이기 위해 다음과 같은 전략을 고려할 수 있다.

첫째, 가장 중요한 속성인 기억용량에서 우위를 점할 수 있도록 '제품 수정'을 고려해야 한다. LG가 기억용량을 개선하여 10점의 평가를 받는다면 총점수가 8.6이 되어 최종선택상표가 될 수 있다.

둘째, 상표에 대한 신념을 변화시키는 것이다. 특히 구매자가 제품의 품질을 과소평가한다면 이 방법을 권장할만하다. 그러나 구매자가 제품의 품질을 정확하게 평가하고 있다면 이 전략은 바람직하지 못하다.

셋째, 경쟁상표에 대한 신념을 변화시키는 것이다. 이 전략은 구매자가 경쟁상표가 실제 품질보다 훨씬 우수하다고 인식하는 경우에 의미가 있다. 명확한 차이에 대한 비교광고가 유용하게 활용될 수 있다.

넷째, 마케팅 관리자는 자사상표가 갖고 있는 유리한 속성에 대해 더 많은 가중치(중요도)를 두도록 구매자들을 설득할 수 있다. LG는 자사상표의 우월한 속성인 처리속도가 컴퓨터 구매에서 매우 중요하다는 점을 강조하는 커뮤니케이션 전략이 활용될 수 있다.

다섯째, 마케팅 관리자는 소홀히 했던 속성이나 새로운 속성에 대한 소비자의 관심을 높이는 전략을 사용할 수 있다. 껌은 입냄새를 없애주지만 치아 건강에는 좋지 않다는 것이 일반 소비자들의 통념이었다. 하지만 소비자들로부터

'자기 전에 씹는 껌, 양치 후에 씹는 껌'이라는 제품속성과 인식의 전환을 이끌어 내면서 자일리톨 휘바는 제과시장 1위로 부상했다.

여섯째, 마케팅 관리자는 하나 혹은 그 이상의 속성에 대한 구매자들의 이상적인 수준을 변경하도록 구매자를 설득시킬 수 있다. 도시바의 마케팅 관리자는 노트북 구매에 있어서 여러 성능과 기능도 중요하지만 무엇보다도 디자인이 좋은 노트북을 이상적 제품으로 생각하도록 유도하는 구매확신을 심어주어야 할 것이다.

(2) 비보상적 방식

비보상적 방식은 보상적 방식과 달리 한번에 속성 모두를 사용하지 않는다는 것이다. 비보상적 방식은 네 가지 정도로 정리해 볼 수 있다,

접속방식(conjunctive rule, 결합방식)은 각 속성기준 별로 받아들일 수 있는 최소수준을 정하고 어느 한 기준이라도 미달될 경우 그 대안은 구매대안에서 제외시키는 것을 의미한다. 이러한 의사결정 기준을 가진 소비자들에 대해서 기업

사례 롯데제과 '자일리톨 휘바'··"국민 1인당 60통 이상 씹어요"

'자일리톨 휘바'는 2000년 5월 출시된 후 작년 말까지 총 1조700억원어치가 팔려나갔다. 이는 국민 1인당 60갑 이상 씹은 어마어마한 양이다. 최근에도 월 평균 100억원 이상의 매출을 올리고 있다. '자일리톨 휘바'의 경쟁력은 단연 품질이다. 충치 예방에 탁월한 기능을 가진 것으로 알려진 핀란드산 자일리톨이 75%나 함유돼 있다. 이 제품이 나오기 전까지 '껌은 입냄새를 없애주지만 치아 건강에는 좋지 않다는 것'이 일반 소비자들의 통념이었다. 하지만 소비자들로부터 '자기 전에 씹는 껌', '양치 후에 씹는 껌'이라는 인식의 전환을 이끌어내면서 자일리톨 휘바는 제과시장 1위로 부상했다.

2009년 03월 02일 한국경제신문

은 소비자가 기준으로 삼은 속성을 파악함과 동시에 그 속성에서 소비자가 원하는 수준 이상은 유지되도록 하는 마케팅 전략이 필요할 것이다.

비접속방식(disjunctive rule, 분리방식)은 접속규칙과 같이 최저 수준을 정하지만, 어느 한 기준이라도 최저 수준을 넘으면 구매대안으로 받아들인다는 점에서 접속방식과는 다르다.

사전편찬식(lexicographic rule)은 가장 중요하게 생각하는 평가속성에서 최상으로 평가된 상표를 선택하는 방식이다. 만일 최상으로 평가된 상표가 2개 이상인 경우, 두 번째로 중요하게 생각하는 평가속성에서 최상인 상표를 선택한다.

부문별 탈락식(elimination by aspect, 순차제거 방식)은 사전편찬식과 반대로 기준별 최저 수준을 정하여 각 기준에서 최저수준 미만의 상표를 탈락시켜 나가는 방식이다.

(3) 단계별 혼합전략(phrased rule)

소비자들은 하나의 의사결정에서 두 개 이상의 방식을 혼합해서 사용할 수 있다. 예를 들어 자동차 구매시 연비와 엔진성능에서 기준에 미달하는 제품을 일단 탈락시키고 남은 제품들에 대해서는 보상적방식으로 구매의사결정을 내릴 수 있다.

4 대안평가 결과와 실제구매상표의 차이

실제 구매상황에서는 대안평가단계에서 선택된 상표가 구매되지 않을 수도 있다. 따라서 우리는 대안평가결과 선택된 상표가 실제 구매되는 상표와 다르다면 어떤 요인이 영향을 미쳤을까에 대해 알아보아야 한다.

첫째 요인은 다른 사람의 태도이다. 어떤 소비자의 가족들이 비용을 절약하기 위해 가장 값싼 노트북 컴퓨터를 구입해야 한다고 강하게 주장하고, 소비자는

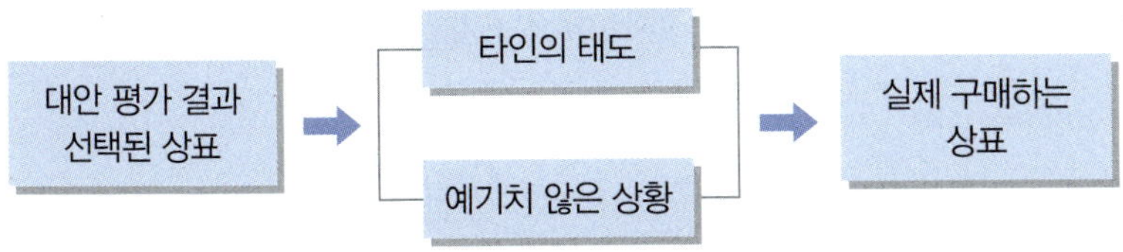

◀ 그림 2-4 대안평가결과와 실제 구매상표의 차이 원인들

이를 따를 수 밖에 없다면, 결국 자신이 선호하는 상표를 구입하지 못하고 값싼 다른 컴퓨터를 사야 한다. 대안평가결과와 실제구매상표가 달라질 가능성은 ① 소비자가 선호하는 대안에 대한 다른 사람의 부정적 태도의 강도가 강할수록 ② 다른 사람의 기대에 순응하려는 소비자의 동기가 클수록 높아질 것이다.

둘째, 대안평가결과와 실제구매상표의 차이는 예기치 못한 상황적 요인에 의해서도 영향을 받는다. 더 긴급한 제품을 사기 위해 원하지 않는 성능의 제품을 구매하기도 하고, 선호하는 호텔에 방이 없어 원하지 않던 고급 호텔에서 비싼돈을 지불하고 숙박을 하기도 한다.

5 구매 후 행동

소비자의 전체 의사결정과정은 대안선택에 따른 구매로 종결되는 것이 아니라 구매 후 평가 및 그에 대응하는 행동까지를 포함한다. 이러한 구매 후 평가 및 행동은 소비자 심리구조에 피드백 되어 다음 의사결정에 영향을 미친다.

1) 구매 후 만족

소비자는 구매결과에 관한 평가를 통해 기억 속에 저장된 경험과 지식을 증대시키고 제품과 서비스 선정에 있어서 소비자로서 좋은 의사결정을 했는지를 확인하며, 이 과정에서 소비자가 받는 피드백은 미래의 구매전략을 조정하도록 해준다. 제품을 구매한 후 소비자는 그 제품에 관한 어떤 결함을 발견할 수도 있다. 대부분의 구매자는 결함이 있는 제품을 원하지 않을 것이지만, 어떤 사람들은 그 결함에 전혀 무관심하며, 또 어떤 소비자는 관련된 결함에 분노하고 공식적인 행동을 취하기도 한다.

일반적으로 소비자 만족은 제품에 대한 기대(expectancy)와 그 제품에 대한 지각된 성과(performance)간의 함수이다. 제품이 기대에 충족될수록 소비자의 만족은 커지게 된다. 실제로 제품을 사용해 보니 그 성능이 구매이전에 가지고 있던 기대를 초과하면 소비자는 매우 만족하지만 미달한다면 불만족하게 된다. 이런 점에서 소비자의 기대관리에도 관심을 기울여야 할 것인데, 다양한 프로모션 믹스를 통해 고객의 기대수준만 높인 후 실제적 제품과 서비스가 그에 미치지 못한다면 더 많은 고객실망을 야기할 수 있기 때문이다.

2) 구매 후 행동유형의 구체화

제품에 대한 소비자의 만족 또는 불만족은 다음의 행동에 영향을 미치며 구체적인 내용은 〈그림 2-5〉와 같다. 일단 만족하게 되면 그 소비자는 다음 기회에도 동일한 제품을 재구매할 가능성은 매우 높게 나타난다. 또한 만족한 소비자는 다른 사람에게 그 제품과 기업에 대해 좋은 점을 구전할 것이다. 만족한 고객은 최상의 판매원이 된다.

불만족한 소비자의 반응은 매우 다양하다. 불만족한 소비자들의 행동은 크게 공적 행동과 사적 행동으로 나누어 볼 수 있다. 공적 행동은 기업에 대해 불만을 토로하거나, 변호사의 도움을 받기도 하고, 정부기관에 신고나 고발을 하기도 한다. 또는 구매자는 단순히 제품구매를 중단하거나, 주변 사람들에게 이야기하는 것과 같은 표현적 선택을 사용할 수도 있다.

3) 구매 후 사용과 처리

마케팅 관리자가 추가적으로 주지해야 할 소비자의 구매 후 행동은 제품을 어떻게 사용하고 처리하는가와 관련된 것으로 이는 최근에 보다 중요한 문제로 대두되고 있다. 만약 소비자들이 그 제품에 대한 새로운 사용법을 발견했다면,

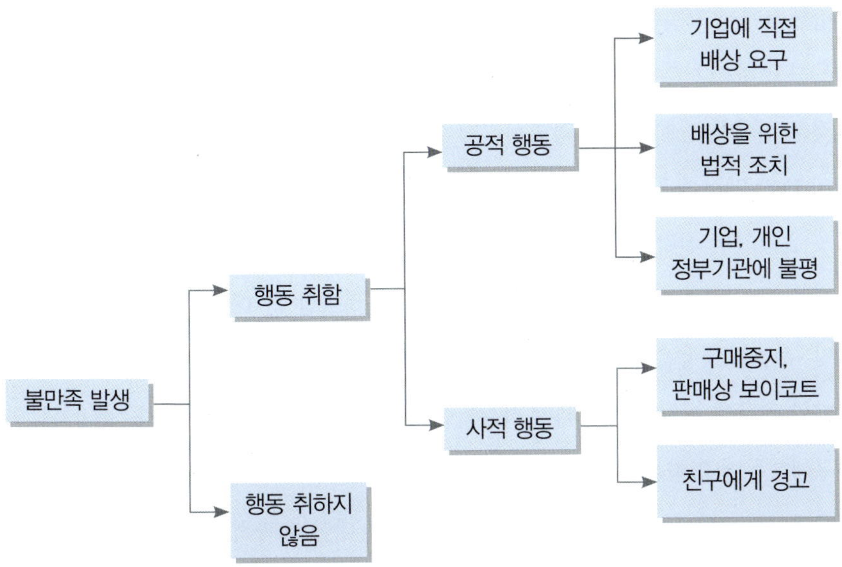

◀ 그림 2-5
대안평가결과와 실제 구매상표의 차이 원인들

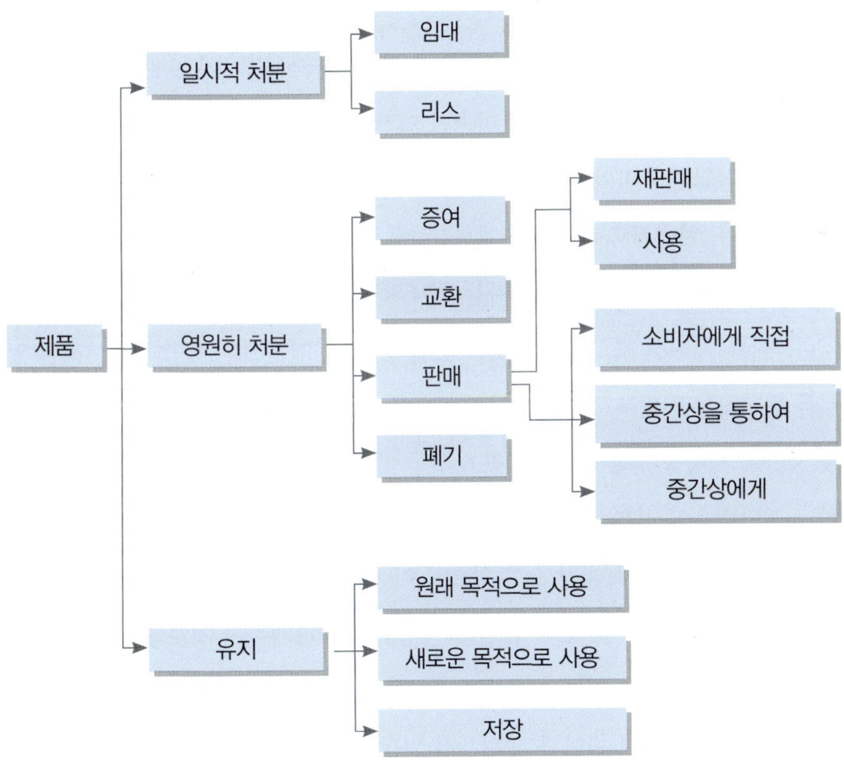

◀ 그림 2-6
고객이 제품을 사용하고 처분하는 방법

마케터에게 그것은 새로운 기회가 될 수 있다. 만일 소비자들이 제품에 만족하지 못하고 폐기처분하는데도 기업들이 그 제품을 계속 판매하거나 거래한다면, 그것은 신제품 판매기회를 악화시키게 될 것이다. 마케터들은 가능한 문제와 기회에 대한 단서를 찾기 위해 제품사용과 처리에 관한 연구를 할 필요가 있다.

효과적인 전략을 수립하기 위해서는 필수적으로 소비자의 욕구와 구매과정을 이해해야 한다. 즉 구매자들이 문제의 인식, 정보탐색, 대안평가, 구매의사결정 및 구매후 행동을 어떻게 거쳐가는가를 이해함으로써, 마케팅 관리자들은 구매자의 욕구에 어떻게 대처해야 하는가에 대한 단서를 찾을 수가 있다. 소비자들의 구매행동에 영향을 주는 주요한 요인들과 구매과정에 관여하는 여러 참여자들을 이해함으로써 마케팅 관리자들은 표적시장에 대한 효과적인 마케팅 프로그램을 수립할 수 있다.

4) 구매 후 평가에 대한 개선전략

구매 후 평가과정을 통해 소비자는 구매한 상품이나 서비스에 대해 만족 또는 불만족하게 됨을 알 수 있다. 마케터 입장에서는 소비자의 구매후 행동 및 평가내용을 정확하게 파악하고 구매후 만족정도를 개선하기 위한 다양한 전략을 모색해야 한다. 일반적으로 확인된 개선전략은 세 가지 관점에서 제시될 수 있다.

첫째, 구매행동 이후에 소비자들이 보여주는 상품후기를 청취할 수 있는 다양한 커뮤니케이션 경로를 확보하고 있어야 한다. 최근에는 기업내에 이러한 업무를 담당하는 전담부서가 신설되고 있으며 이러한 부서에서는 소비자들의 만족 및 불만족 사항을 정확하게 측정하기 위한 다양한 노력이 행해지고 있다. 소비자들의 불만내용이 정확하게 처리되지 못하고 기업이 이를 적절하게 소화하지 못하면 사회적 문제로 확대될 수도 있으며 이는 기업뿐만 아니라 사회전체적인 비용을 유발시킨다. 소비자와의 끊임없는 상호 커뮤니케이션 경로를 확보하는 과업은 상생경영을 위한 지름길을 제시하는 것과 같다.

둘째, 불만족 해결 방안과 관련해서 가장 일반적으로 언급되는 이론은 인지

◀ 표 2-2
소비자 구매단계별 품질관리

소비자 구매단계	각 단계별 계속품질 관리
구매 전 단계	계속적 시장 및 제품조사 제품품질 통제 소비자와의 커뮤니케이션
구매단계	확실한 품질보증 점포 내 무리한 판매행위 지양 명확하고 이해하기 쉬운 사용법 제공
구매 후 단계	적절한 애프터 서비스 제공 소비자 인지부조화 해소 방안 개발 소비자와의 상호 지속적 커뮤니케이션과 불평처리 소비자 만족 및 불만족 수준 측정 및 평가

부조화 이론이다. 구매 이전에 소비자의 기대가 지나치면 관련 제품에 대한 구매 후 성능에 만족하기가 어려워지며 그에 따라 소비자 불만이 발생하게 된다. 최근 과장광고 및 확대광고는 이러한 기대불일치를 부추긴다. 결과적으로 기대와 성능의 불일치를 높이고 불만족을 유발할 것이므로 마케팅전략 수립에서는 소비자의 기대수준을 적절하게 관리하는 것도 매우 중요할 것이다. 또한 소비자의 기대와 제품성능이 지속적으로 일치되기 위해서는 끊임없는 품질관리가 매우 중요하며 제품수명주기 전 단계별로 지속적 품질관리가 이루어 질 수 있도록 해야 한다.

셋째, 소비자 불만의 상당 부분은 제품 및 서비스의 소비과정에서 기대했던 성능이 제대로 발휘되지 못하기 때문일 것이다. 그러므로 제품의 수리 및 유지에 관한 서비스를 적절히 제공함으로써 제기된 불만을 줄여 나갈 수 있다. 품질보증에 대한 설명, 매뉴얼에 대한 설명, 후속적 정보제공 및 소비자관련 교육 등은 소비자가 제기한 불만을 상당 부분 줄여주고 이러한 절차가 유기적이고 적절하게 실행된다면 오히려 만족정도를 개선할 수 있는 계기가 될 수 있다. 예컨대, 세계적인 중장비 제조기업인 Caterpillar社는 다양하게 제기된 소비자 불만을 만족으로 전환시킬 수 있는 다양한 고객대응 방식을 개발함으로써 기업가치와 이미지를 높여나가고 있다.

제 2 절 관여도와 소비자의사결정

1 관여도 형성요인과 관여도유형

관여도(involvement)란 특정 상황에서 특정 대상에 대해서 가지는 지각된 개인적 중요성이나 관심의 정도이다. 1965년에 Krugman이 광고의 관여효과에 관한 연구를 마케팅 분야에 처음 도입한 이래로 사회심리학 분야의 관여도가 소비자행동 분석에서 본격적으로 연구되기 시작했으며 이는 소비자행동 연구에 있어서 가장 중요한 매개변수로 인식되어 왔다.

한 개인에 있어서 관여의 정도는 대상(object)에 따라 다르며, 개인별로 다르고, 상황에 따라서도 달라질 수 있다. 즉, 관여도는 사람, 대상, 상황의 함수이다.

첫째, 관여도는 개인이 지닌 욕구수준, 동기부여 정도 등에 따라 다르며, 소비자 개성이나 라이프스타일에 따라 다르다.

둘째, 제품특성에 따라 관여도가 달라진다. 고가격 제품은 일반적으로 관여도가 높고, 경쟁제품들간 차별화 정도가 높을수록 신중한 의사결정이 필요하므로 관여도가 높다. 여자 어린이에게 인형은 중요하지만 남자 어린이에게 인형은 중요한 관심대상이 아닐 수 있다.

셋째, 관여도는 상황의 함수이다. 동일한 제품도 본인이 사용하기 위해서 구매하는 경우와 선물을 하기 위해서 구매하는 경우는 관여도에 차이가 있으며, 선물을 하는 경우도 누구에게 선물을 하는가에 따라서 관여도 차이를 보인다. 결혼을 앞두고 있는 예비 신랑, 신부는 이전에는 관심이 없었던 각종 의식주 관련 제품들에 관여도가 높아진다.

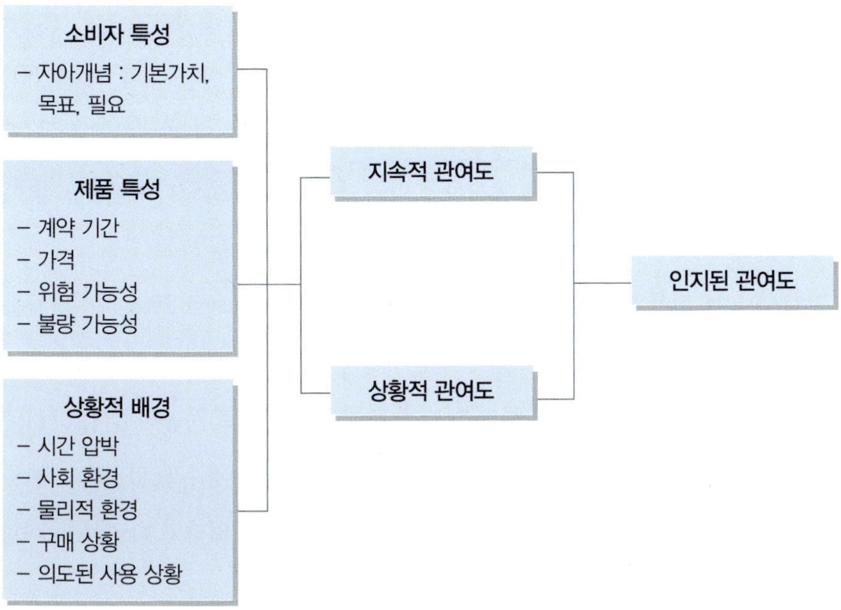

◀ 그림 2-7
소비자관여도 모델

상황적 관여는 어떤 상황이 소비자의 관심을 끌어 관여가 높아지는 현상이다. 평소에는 관심이 없던 초콜릿이 발렌타인데이가 다가올수록 관여가 높아지게 된다. 이에 비해 지속적 관여는 상황적 구매와 달리 어떤 대상에 대해 꽤 긴 시간동안 관심을 갖고 정보수집, 관찰을 하는 것이다. 따라서 지속적관여는 동기, 추구하는 가치, 취미처럼 주로 개인적 관련성이 높을 때 발생한다.

2 관여도 측정방법

1) 라이프스타일 및 상표차이 인지에 의한 측정

Summers와 Tigert는 각각 여성의 패션에 대한 관여도를 측정하면서 패션과 관련된 여러 라이프스타일 변수를 이용하여 관여도를 측정하였다. Summers는 패션과 관련된 요인으로 패션에 대한 흥미, 패션의 대담성, 패션에 대한 지식,

패션정보에 대한 수용정도 등 4요인을 이용하여 관여도를 측정하였으며, Tigert 등은 패션의 혁신성, 패션에 대한 상호 의사소통, 패션에 대한 흥미, 패션지식, 패션유행에 대한 민감성 등의 5요인이 패션에 대한 관여도와 관계가 있는 것으로 보고 이것을 리커트 척도로 제시하고 이에 대한 점수를 합산하여 관여도를 측정하였다.

Jacoby는 상표차이 인지정도를 관여도와 유사한 개념으로 보고 피실험자들에게 동일 제품계열 내의 상표들 사이에서 얼마나 많은 품질의 차이를 느끼는가를 물어서 100점 척도로 표시하고 이것을 관여도의 크기로 사용하였다. 그러나 Day는 제품들에 대한 상표간 차이가 커서 관여도가 높은 경우도 있겠으나 제품에서 얻는 효익이 크기 때문에 관여도가 높아지는 경우도 있다고 하면서 Jacoby 측정의 문제점을 지적하였다.

2) 제품속성 수에 의한 측정

관여도가 높은 경우 의사결정의 확실성을 높이기 위해 보다 많은 제품속성을 고려하는 경향이 있다. 중요성이 낮은 저관여 제품을 구입할 때는 많은 시간과 노력을 투입하지 않으므로 상표선택을 위해 고려하는 속성의 수가 적어진다. 일반적으로 고관여하에서는 고려되는 제품속성의 수는 많고, 특정속성에 대한 허용범위가 좁아지는 경향이 있다. 저관여 상황에서는 고려되는 제품속성의 수가 적고, 허용범위는 커진다.

그림 2-8 ▶ Rothschild와 Houston의 관여도 측정 Matrix

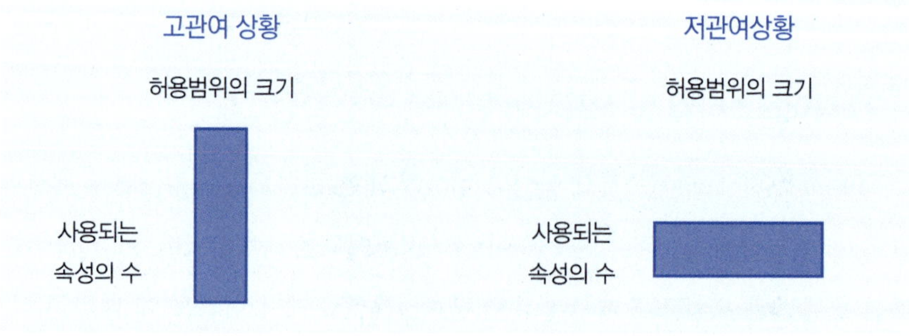

3) 제품의 중요성 차원에 의한 측정

Zaichkowsky는 제품의 중요성 차원을 중심으로 한 20여개 항목을 개발하여 각 항목에 대한 응답자의 점수를 집계하여 관여도를 측정하였다. 이 측정 척도는 '중요하다, 중요하지 않다, 관심이 많다, 관심이 없다, 원한다, 원하지 않는다'와 같은 의미차별화 척도로 만들어진 20개 항목으로 구성되는데 각 항목에 대한 응답자의 점수를 더한 것이 그 사람의 관여도이다. 15개 제품을 실험한 결과 가장 고관여된 상품으로는 자동차와 계산기였으며 인스턴트 커피와 아침식사용 시리얼이 가장 저관여된 품목으로 나타났다.

한편, Kapferer와 Laurent은 제품의 중요성 이외에 지속적 관심, 위험성, 정서적 호소, 상징적 가치를 추가하여 800명의 여성을 대상으로 20개의 제품에 대해 조사했는데, 그 결과 의류와 향수가 위험을 제외한 네 가지 차원에서 높은 점수를 보이며, 샴페인은 지속적 관심을 제외한 모든 항목에서 높은 점수를 보여주었다. 또한 초콜렛의 경우에는 정서적 호소에서만 높은 관심도를 보여주었다. 각 제품에 따라 제품의 중요성을 포함한 나머지 네 가지 영역에서의 소비자 관여도가 상이한 차원으로 형성됨을 시사한다.

◀표 2-3 Zaichkowsky의 관여도 측정항목

중요하다	+ + + + + + + + +	중요하지 않다
관련이 크다	+ + + + + + + + +	무관하다
의미가 크다	+ + + + + + + + +	의미가 작다
유용하다	+ + + + + + + + +	유용하지 않다
가치가 크다	+ + + + + + + + +	가치가 작다
중대한 것이다	+ + + + + + + + +	하찮은 것이다
유익하다	+ + + + + + + + +	유익하지 않다
관심이 많다	+ + + + + + + + +	관심이 없다
매력적이다	+ + + + + + + + +	매력적이지 않다
원한다	+ + + + + + + + +	원하지 않는다
바람직하다	+ + + + + + + + +	바람직하지 않다
필요하다	+ + + + + + + + +	필요하지 않다

제 3 절 관여도와 소비자의사결정 유형

1 관여도수준과 의사결정

고관여 의사결정은 소비자가 구매하고자 하는 상품이 그 소비자에게 아주 중요하고, 의사결정을 잘못하게 되면 위험이 큰 경우에 발생한다. 일반적으로 가격이 비싸고 구매빈도가 낮은 상품 즉, 자동차나 냉장고, 컴퓨터, 피아노와 같은 상품을 구매할 때 소비자는 관여수준이 높아진다. 고관여 상황에서 소비자들은 상품에 대한 다양한 정보를 능동적으로 탐색하게 되고, 의사결정과정의 모든 과정을 거치게 되며, 의사결정을 내리는데 오랜 시간이 걸린다. 관여도가 높은 경우는 제품정보 자체에 높은 관심을 형성할 것이므로 제품의 세부적이고 구체적인 속성을 전달하는 방안을 강구하는 것이 좋은 전략이 될 것이다.

저관여 의사결정은 소비자가 구매하고자 하는 상품이 그 소비자에게 별로 중요하지 않으며, 반복적으로 구매하여 그 상품에 대하여 잘 알고 있고, 의사결정을 잘못하게 되었을 때에도 위험이 크지 않은 경우에 발생한다. 일반적으로 가격이 싸고 구매빈도가 높은 상품으로 과자류나 소금, 담배, 신문과 같은 상품을 구매할 때 관여수준이 낮아진다. 저관여 상황에서 소비자들은 그 상품에 대하여 잘 알기 때문에 정보탐색을 거의 하지 않으며, 의사결정과정도 모든 절차를 거치는 것이 아니라 일부의 과정만 거치게 되며, 의사결정을 내리는데도 시간이 별로 걸리지 않는다. 저관여 제품에 대하여 소비자는 눈에 익은 상표라든가 광고에서 본 적이 있는 상표라는 이유로 구매하게 되며, 상표에 대한 태도도 사전에 형성되는 것이 아니라 구매 후에 형성되며, 상표태도도 그렇게 강하게 형성되지 않는 경향을 보인다.

2 관여도와 의사결정 유형

소비자들이 구매의사결정을 할 때는 한 가지 유형의 의사결정과정만 거치는 것은 아니다. 소비자가 자동차를 구매할 때와 치약을 구매할 때는 그 의사결정과정이 다르다. 소비자들의 구매의사결정 과정의 차이는 의사결정 범위와 관여도가 영향을 미친다. 의사결정범위라는 것은 복잡한 의사결정에서부터 습관에 이르기까지 다양한데, 정보탐색의 정도와 고려하는 대안의 수에 따라 차이가 난다. 관여도는 고관여와 저관여로 나누는데, 고관여는 그 상품이 소비자에게 아주 중요한 경우에 발생한다. 중요하다는 것은 의사결정을 잘못하는 경우에 위험이 크다는 것을 의미하며, 재정적, 사회적 혹은 심리적으로 중요한 것일 수도 있다. 중요성이 낮거나, 구매관련 위험이 낮고, 자주 구매하는 제품에 대하여는 관여도가 낮아 구매의사결정을 심각하게 수행하지 않게 된다. 관여도에 따른 소비자 의사결정유형을 정확하게 파악하기 위해서는 관여도, 상표간 차이, 구매빈도를 동시에 고려하여 그에 따른 의사결정 방식을 이해할 필요가 있다.

상표간 차이 \ 〈관여도〉	H	L
H	복잡한 의사결정	다양성 추구
L	부조화 감소	습관적 구매행동(관성)

Henry Assael의 소비자행동유형

〈구매빈도〉 \ 〈관여도〉	H	L
초기	포괄적 의사결정 (EPS)	제한적 의사결정 (LPS)
반복	일상적 의사결정 (RPS)	다양성 추구행동 (VBS)

이수동 등(2006)의 소비자행동유형

◀ 그림 2-9 관여도, 상표간 차이, 구매빈도에 따른 의사결정 유형

1) 관여도와 상표간 차이에 따른 분류

(1) 복잡한 의사결정

고관여 상태에서 상표들간 품질이나 가격에서 차이가 많은 경우 보다 많은 정보탐색과 주의 깊은 평가과정을 거치는 복잡한 의사결정을 수행하게 된다. 복잡한 의사결정은 빈번하지 않게 구입하는 고가제품이나, 구매와 사용과정에서 지각되는 재무적, 성능적 위험이 높은 제품, 또는 디자인이 다양하여 상징성이 높은 고가시계나 패션제품, 자동차처럼 자아표현성이 높은 제품들을 구매할 때 발생한다. 가격이나 품질 차이가 큰 제품일수록 의사결정을 위한 충분하고 정확한 정보에 대한 욕구가 높아지고, 의사결정에 사용되어야 하는 제품속성은 무엇인지, 어떤 점포에서 구매하는 것이 좋은지에 대한 정보도 수집된다. 소비자들은 정보수집 단계를 거치면서 제품과 상표, 점포들에 대한 지식이 높아지고, 상표대안들에 대한 태도를 갖게 되고, 선택한 상표 구매에 확신을 형성하는 인지적 학습과정을 수행하게 된다.

따라서 마케팅 담당자는 복잡한 의사결정에 직면한 소비자들에게 필요한 정보유형을 확인해야 하고, 평가과정의 복잡성을 이해해야 한다. 특히 신중하고 체계적으로 수행되는 복잡한 의사결정은 인지적 설득이 중요하므로 자사 제품의 차별적 편익에 대한 정보를 제공하여 선호를 형성할 수 있어야 한다. 잘 학습된 판매원과 소비자의 의사결정에 영향을 미치는 준거집단을 활용한 커뮤니케이션 전략이 도움이 될 수 있다.

(2) 부조화 감소 의사결정

자주 구매하지 않는 고가격 제품이어서 관여도는 높지만 상표간 품질 차이가 없거나 작은 경우 부조화 감소 의사결정을 수행한다. 고관여상태에서 상표간 차이가 미미하면 소비자들은 상표간 차이를 제대로 평가하는 것이 어려우므로 구매 후 올바른 구매였는지에 대한 후회나 갈등을 줄이려고 애쓰게 된다.

예를 들어 가구(책상, 장롱 등)는 일반적으로 고가품이므로 고관여의사결정을 수행하게 된다. 그러나 동일 가격대의 상표간 기능이나 성능에 큰 차이를 보이지 않고, 의사결정에 활용해야 하는 평가기준도 잘 알지 못하거나 모호한 경우가 많아 평가하고 판단하는데 매우 어려움을 겪게 된다. 그래서 소비자들은 여러 점포를 방문하면서 상표간 차이를 평가하려 노력하지만 평가기준과 판단에 곤란함을 지각하고, 구매 후 사용과정에서 겪을 수 있는 후회나 갈등을 감소시키는 방법으로 선택의사결정을 수행하게 되는데 이를 부조화 감소 의사결정이라고 한다.

따라서 정교한 구매의사결정이 어려운 상황에서 구매가 이루어지는 부조화 감소 의사결정에서는 제품의 성능과 기능보다 가격이나 구매 편리성과 같은 가시적 정보에 의존한 선택을 하게 된다. 이는 명확한 태도형성 전에 구매행동이 먼저 수행된다는 것을 의미하며, 구매 후 불만과 후회가 발생할 가능성이 높아지고 구매상표에 대한 불만족의 원인이 된다. 따라서 마케팅 관리자는 판매시 제품의 장점에 대한 설득과 구매확신 형성을 강화해야 불만사항이나 구매하지 않은 상표에 대한 호의적 정보를 받은 소비자의 구매후 부조화를 감소시킬 수 있다.

(3) 습관적 구매행동

일상적으로 구매되는 제품들은 저관여 상태에서 동일한 상표를 습관적으로 구매하게 된다. 중요하지 않은 제품의 구매일수록 시간과 노력을 들일 이유가 없으므로 이전의 구매행태를 습관적으로 반복하는 경향이 있다.

이러한 경우, 소비자행동은 일반적인 신념 → 태도 → 행동 과정을 거치지 않는다. 소비자들은 그 상표에 대한 정보를 광범위하게 탐색하지 않으며, 그 특성을 평가하지도 않으며, 또한 어떤 것을 구매할 것인가에 대해 신중하게 결정하지도 않는다. 그 대신 소비자들은 TV나 광고를 보는 것처럼 정보를 수동적으로 받아들인다. 그러므로 반복광고는 상표확신보다는 상표친근감을 창출하게 된다. 소비자들은 실제로 어떤 상표에 대해 태도를 형성하지는 않지만 친근한 상표이기 때문에 그 상표를 선택한다.

상표의 차이가 거의 없는 저관여 제품의 마케팅은 제품사용에 대한 보상으로서 가격촉진과 판촉을 사용하는 것이 효과적이다. 그리고 저관여 제품을 광고하는 경우 광고 문구는 몇가지 중요한 요점만을 강조해야 하며, 가시적 상징과 심볼은 그 상표를 쉽게 기억하게 만드는데 도움이 된다.

또한 마케팅 관리자는 저관여제품을 보다 높이 관여되는 제품으로 전환되도록 시도할 수 있다. Crest치약이 사람들의 치아건강과 관련시키는 것처럼 이러한 전환은 그 제품을 어떤 관여되는 문제와 연관시킴으로써 이루어질 수 있다. 또는 그 제품을 개인적 상황과 관여시킬 수도 있다. 예를 들어, 소비자가 졸음을 쫓기 위해서 어떤 것을 찾고 있는 이른 아침에 커피 상표를 광고하는 것 등이다. 또는 개인적 가치관이나 자아방어와 관련되는 강력한 감정을 야기시키는 광고에 의해서 소비자를 끌어들일 수 있다. 마지막으로 중요치 않은 제품에 어떤 중요한 특성을 부가함으로써 소비자를 전환시킬 수 있는데, 예를 들어 비타민을 첨가하여 청량하고 맛있는 음료로 만드는 것이다.

구매한 상표가 최소한의 만족만 주게되면 그 상표는 재구매하게 된다. 실제로 고객의 상표애호도는 낮지만 반복적인 구매가 마치 상표애호도처럼 보이기 때문에 의사상표애호도라고도 한다. 의사상표애호는 상표애호도처럼 강한 소비자의 태도에 근거한 것이 아니므로 쉽게 상표전환이 일어날 수 있다.

(4) 다양성추구 구매행동

저관여제품을 다른 상표로 바꾼 대부분의 소비자들은 과거에 사용하던 상표에 대해 우호적인 태도를 유지하고 있었다. 소비자들은 상표에 불만족하기 때문에 상표를 교체하는 것이 아니라 단순히 새로운 것을 사용해보기 위해 상표를 교체한다는 것이다. 관여도가 낮은 소비자들은 어떤 상표에 심각하게 불만족을 느껴서라기보다 변화에 대한 욕구나 새로운 것에 대한 추구 때문에 상표를 바꾸기도 한다.

이러한 제품범주에 속하는 제품의 마케팅 전략은 시장선도자와 소규모 도전적 기업 사이에는 차이가 있다. 시장선도자는 빈번하게 상기 광고를 제공함으로써 습관적 구매행동을 유도하여야 한다. 반면에 도전적 기업은 가격인하, 특별가격, 쿠폰 제공, 무료견본 및 새로운 것을 사용하도록 하는 이유를 제시할 수 있는 광고를 제공함으로써 다양성 추구를 조장해야 한다.

2) 구매빈도와 관여도에 따른 분류

(1) 포괄적 의사결정

포괄적 의사결정은 소비자들이 한 번도 구매해 본 적이 없는 제품을 구매할 때 일어나는 문제해결과정이다. 소비자들은 의사결정과정의 모든 단계를 순차적으로 수행하며 다양한 정보탐색활동을 한다. 상표간 차이에 따른 의사결정에서의 복잡한 의사결정과 맥락을 같이 하는 소비자 구매의사결정 방식이다.

포괄적 의사결정은 관여도가 높고 새롭게 구매해야 하는 상황에서 수행하게 된다. 이러한 구매의사결정 하에서 소비자은 적극적으로 정보탐색활동을 하므로 기업은 소비자들이 원하는 정보를 손쉽고 정확하게 얻을 수 있도록 소책자, POP 전시(point of purchase exhibition) 등에 주의를 기울이는 노력이 필요하다.

(2) 제한적 의사결정

제한적 의사결정은 포괄적 의사결정과 일상적 의사결정의 중간 유형으로서 처음 해보는 의사결정은 아니지만 그렇다고 자주 일어나는 것도 아닌 가끔씩 하게 되는 의사결정이다. 제한적 의사결정하에서 소비자는 제품에 대한 지식은 어느 정도 있지만 상표, 스타일, 점포, 가격 등에 대한 지식은 부족하다. 이 경우 소비자의 구매결정에 소요되는 시간은 포괄적 의사결정보다는 짧은 것이 일반적이다.

관여도가 낮고 구매빈도가 많지 않거나 거의 처음일 경우 일상적 의사결정을 하지도 않으며 광범위한 정보탐색을 하는 것도 아니다. 이런 경우 소비자는 정보의 상당부분을 구매시점 광고나 구매 전에 쉽게 이용 가능한 매체를 통해 얻는다. 기업은 상표와 제품속성에 대한 추가정보를 구하리라고 예상되는 지역 내

간행물과 점포 내 진열을 통해 자사 상표에 유리한 정보를 계속 흘림으로써 소비자의 마음을 사로잡는 포획전략(capture strategy)이 필요하다.

(3) 일상적 의사결정

일상적 의사결정 상황의 소비자는 이미 정해진 상표가 있어서 습관적으로 동일한 상표를 구매하게 된다. 이 경우에는 계속적으로 자사의 상표가 소비자의 후보상표 군에 포함될 수 있도록 하는 유지전략(maintenance strategy)이 필요하다. 반면에 자사제품이 후보상표 군에 있지 않은 신규상표인 경우에는 어떻게 해서든지 소비자의 주의를 끌어 구매과정이 일상적으로 되지 않도록 함으로써 소비자 의사결정 과정을 변화시키는 혼란전략(disrupt strategy)이 필요하다. 앞서 상표간 차이와 관여도에서 나타나는 의사결정 유형 중에서 관성에 의한 의사결정과 많은 부분 일치하는 의사결정 방식이다.

(4) 다양성 추구 의사결정

관여도가 낮은 상황에서 반복적으로 구매하는 제품과 서비스의 경우 지속적 구매와 반복사용으로 인해 기존 상표에 실증을 느낄 수 있으며 이전과는 다른 상표를 구매해 보고자 하는 자연스러운 욕구를 가지고 있다. 그에 따라 기존에 주로 사용하던 상표와는 다른 상표를 구매하고자 하며 이러한 욕구에서 경쟁 상표를 구매한 소비자는 그 다음 구매시 이전에 사용하던 상표를 재구매할 가능성이 높다. 만약 다양성 욕구에서 구매를 시도했다면 그 상표가 기존에 사용하던 상표의 성능을 훨씬 능가할 경우에는 주로 사용하는 상표가 바뀔 수도 있다. 상표간 차이와 관여도에서 분류된 의사결정 유형 중의 하나인 다양성추구 행동과 유사하다.

3) 상표와 소비자관여도

관여도를 상표와 제품에 대한 관여도를 기준으로 소비자 의사결정 유형을

〈표 2-4〉와 같이 구분할 수 있다. 제품과 상표에 대한 관여가 모두 높을 경우 전형적인 상표충성 소비자가 될 수 있다. 이들은 한 상표나 브랜드를 고집하는 성향이 있고 상표와 자신을 일치시키는 경향이 강하다. 고가이면서 브랜드자산이 강하게 형성되어 있는 상표들이 이에 해당한다. 구찌나 루이비통과 같은 고급브랜드뿐만 아니라 나이키나 삼성 겔럭시 같은 브랜드 가치가 높은 제품들에서 주로 상표충성 고객이 형성된다. 반대로 제품이나 상표에 대한 관여나 감정적 결부가 거의 없을 경우는 상표전환 소비자로 분류되며 그 어떤 요소보다 가격이나 구매시점 광고 및 이벤트에 강하게 영향을 받는다.

상표에 대한 관여는 높지만 제품에 대한 관여가 낮은 소비자를 일반적 상표구매자라고 한다. 비교적 고가도 아니고, 일상적으로 구매할 수 있는 제품군들이며, 구매에 따른 위험도 거의 없다고 할 수 있다. 일상적으로 구매하면서도 소비자 개인별로 좋아하는 상표를 가지고 있으며 특별한 상황이 생기지 않으면 동일한 상표를 반복구매하는 경향이 있다. 편의품에서 제조업자 상표로 명성을 떨치고 있는 대부분의 제품들이 포함될 수 있으며 중저가의 선매품 일부도 이러

◀ 표 2-4
제품과 상표 관여도에 따른 의사결정유형

<table>
<tr><th colspan="2" rowspan="2">구 분</th><th colspan="2">제품에 대한 관여도</th></tr>
<tr><th>고관여</th><th>저관여</th></tr>
<tr><td rowspan="2">상표에 대한 관여도</td><td>고관여</td><td>상표충성형
• 제품에 대한 관심
• 최고의 상표에 관심
• 좋아하는 상표관심
• 경쟁상표 거부</td><td>일반적 상표구매형
• 상표에 관심
• 최고 추구하지 않음
• 선호상표
• 경쟁상표 미사용</td></tr>
<tr><td>저관여</td><td>정보탐색형
• 제품에 관심
• 최고를 추구
• 다양한 제품사용
• 정보탐색선호</td><td>상표전환형
• 제품/상표 무관심
• 최고를 추구 않음
• 다양한 상표사용
• 가격에 민감</td></tr>
</table>

한 의사결정 체계를 따른다고 볼 수 있다. 반대로 상표관여도는 높지 않지만 제품 자체에 대한 관여도가 높게 형성될 경우는 아직까지 제품 구매경험이 없어 특정 브랜드에 감정적 관여가 되지 않았거나 소비자 특성 자체가 상표에 관심이 거의 없을 경우에 해당하는 구매의사결정 유형이다. 이 경우 상표에 의미를 부여하기 보다는 다양한 정보탐색을 통한 합리적인 대안의 평가를 통해 구매를 내리며 지각된 품질보다는 실질적인 품질에 따라 구매결정을 행하는 합리적인 소비자가 많다.

4) 관여도와 광고전략

소비자가 형성하고 있는 관여도에 따라서 기업이 실행하는 다양한 마케팅 믹스에 대한 소비자의 정보처리과정이나 방식이 달라진다. 따라서 개별 소비자들에게 적극적으로 소구(appeal)할 수 있는 마케팅 프로모션 및 광고전략을 수립하기 위해서는 관여도를 고려한 소비자 정보처리 과정을 숙지해야 한다. 소비자의 관여수준은 마케팅자극을 받은 소비자가 구매의사결정의 다음 단계로 진입할 것인가를 결정하는 핵심요소이다.

관여도 개념을 실질적인 광고전략에 적용시킨 사람은 Foote, Cone & Belding(FCB) 광고대행사의 Richard Vaughn이다. FCB격자(grid)에서는 소비자의 관여정도에 따라 구매의사결정에서 나타나는 소비자의 사고와 느낌이 다르기 때문에 그에 따라 기업의 광고전략도 달라야 함을 주장했다.

〈표 2-5〉 격자를 통해 크게 네 가지의 광고전략을 제시했는데 관여도가 높고 합리적 사고가 요구될 경우에는 정보지향적 광고전략을, 관여도가 높으면서 소비자의 감정과 느낌을 중요하게 고려해야 할 경우는 감정유발적인 광고전략을, 저관여 제품군이면서 소비자의 사고가 어느 정도 요구되는 경우에는 습관형성 광고전략을, 마지막으로 저관여 제품군이면서 소비자의 감정과 느낌이 중요시될 경우에는 자아만족을 유발할 수 있는 광고전략을 제시했다.

첫째, 정보제공(informative) 광고와 관련된 제품에는 고가의 신제품, 승용

	사고(Thinking)	느낌(Feeling)
고관여	1. 정보제공적 광고(Informative) – 승용차, 집, 가구, 신제품 등 – 소비자 반응 모형 : 인지 – 감정 – 행동 Learn Feel Do – 시사점 가. 광고효과측정 : 회상 나. 매체 : 긴 카피, 사고를 유발하는 매체 수단 다. 크리에이티브 : 구체적 정보, 증명	2. 감정 유발 광고(Affective) – 보석, 화장품, 패션의류, 오토바이 – 소비자 반응 모형 : 감정 – 인지 – 행동 Feel Learn Do – 시사점 가. 광고효과측정 : 태도변화, 정서적 환기 나. 매체 : 넓은 지면, 이미지 창출형 매체수단 다. 크리에이티브 : 광고셀행적 요소, 임팩트
저관여	3. 습관형성 광고(Habit formation) – 식품, 가정용품 등 – 소비자 반응 모형 : 행동 – 인지 – 감정 Do Learn Feel – 시사점 가. 광고효과측정 : 매출 나. 매체 : 작은 광고지면, 10초 광고, 라디오, POP 다. 크리에이티브 : 상기광고	4. 자아만족 광고(Self-satisfaction) – 담배, 술, 캔디 – 소비자 반응 모형 : 행동 – 감정 – 인지 Do Feel Learn – 시사점 가. 광고효과측정 : 매출 나. 매체 : 입간판, 신문, POP 다. 크리에이티브 : 주의유발

▲ 표 2-5
FCB 격자

차, 주택, 중고가의 전자제품 등이 포함되며 소비자는 제품에 주목하는 인지적 단계, 관심과 동시에 제품을 갖고 싶어 하는 감정적단계, 실제적 구매와 관련된 행동적 단계를 거치는 의사결정을 수행한다. 브랜드인지도를 구성하는 브랜드재인과 브랜드회상 모두를 달성해야 하며 광고를 통해 구체적인 정보나 그에 따른 증거와 정황을 제시하는 것이 필요하다. 광고카피도 많은 정보를 담아 비교적 길게 구성되어야 하며 인쇄 매체가 적절하다고 할 수 있다.

둘째, 감정유발(affective) 광고전략이 적합한 제품군에는 패션지향 의류, 보석과 화장품 등이 포함되며 정보제공 광고전략과 확연히 구분되는 점은 의사결정 과정에서 우선적으로 제품과 서비스에 대한 감정이 형성된 이후 그 제품에 주목하는 인지단계를 거쳐 이후 최종적인 구매의사결정을 내리게 된다. 소비자에게 소구하는 과정에서 감정이 중요한 만큼 넓은 지면을 통해 이미지를 창출하는 매체를 활용해야 할 것이며 광고효과의 측정 역시 정서적 환기를 통해 태도변화가 어떻게 이루어졌는지로 평가해 볼 수 있다.

셋째, 습관형성(habit formation) 광고전략은 일반 소비용품이나 가정용품과 주로 관련이 있다. 이 경우 감정과 인지와 같은 과정을 거치기 이전에 일단 먼저 구매하는 경향이 있으며 사용해 보면서 인지와 감정을 느끼지만 제품구매 자체에 대한 위험성이 거의 없어 많은 관심없이 단순한 습관에 의해서 주로 구매를 한다. 따라서 기존 상표는 상기광고를 통해 지속적 노출을 유도해야 하며, 새롭게 진출하는 상표는 소비자에게 익숙하고 자연스럽게 기억될 수 있도록 상표나 핵심 소구점을 반복하여 제시하는 광고가 효과적이다.

마지막으로, 자아만족(self satisfaction) 광고는 기호식품이나 충동제품과 주로 관련되어 있는 경우가 많은데, 캔디, 술, 담배, 초코릿 등이 해당된다. 이러한 제품군에서는 소비자의 사용경험이 학습과정의 중요한 부분을 차지함으로 구매행동이 우선적으로 발생하고 이후 감정이나 인지가 이루어진다. 광고효과는 주로 매출로 측정되며 입간판이나 신문 및 구매시점 광고를 통해서 주의유발을 강화하는 광고전략이 유효하다.

제 4 절 저관여 의사결정이론

1 Krugman의 수동적 학습이론

Krugman은 텔레비전이 상표회상은 높이면서도 상표에 대한 태도를 변화시키지 못하는 이유에 관심을 두었으며, 텔레비전은 수동적 학습을 야기시키는 저관여 매체라고 가정하였다. 긴장이 풀려 있고 메시지에 주의를 기울이지 않는 낮은 관여도 환경에서는 시청자들이 메시지를 자신의 필요와 상표신념 또는 과거의 경험과 연결시키지 않는다고 한다. 따라서 시청자가 특정 TV광고에 높은 수준의 회상을 보일 수는 있으나, 그 광고가 상표태도에 영향을 미치지는 못한다.

방송매체에서의 정보는 소비자의 욕구와 관련 없이 정해진 시간과 공간에서 노출되므로 관여가 없거나 낮은 상태에서 정보를 접하게 된다. 반면 인쇄매체는 소비자의 정보욕구에 따라 탐색할 수 있고, 반복해서 보거나 시간을 들여 메시지를 이해, 판단하는 할 수 있다. 또한 인쇄매체는 많은 정보를 상세하게 담을 수 있으나 방송매체는 시간제한으로 전달 할 수 있는 정보의 양에 한계가 있다. 정보탐색욕구가 높은 고관여 소비자에게는 노출 속도를 통제할 수 있고, 정보의 양이 풍부한 인쇄매체가 유용하지만 정보탐색욕구가 낮은 저관여 소비자에게는 방송매체가 더 효과적이다.

수동적 학습이론에 따르면 소비자가 수동적이며 관심이 없는 경우 상표평가가 일어나지 않을 것이므로 제품의 혜택을 전달하려는 정보제공적인 광고보다는 비정보 제공적인 광고방법을 찾아야 할 것이다. 관여도가 높은 소비자들은 상표 선택에 도움이 되는 정보를 처리하며 보유하고, 관여도가 낮은 소비자들은 내용보다는 음악, 인물, 풍경 등을 주시하는 경향이 있다. 또한 광고는 두 가지 형태, 즉 메시지를 강조하는 광고와 비메시지 요소를 강조하는 광고로 구분할 수 있는데, 관여도가 높은 소비자는 정보제공광고에 더 민감하게 영향을 받고, 관여도가 낮은 소비자는 모델, CM 송 등을 활용한 광고에 더 영향을 받는다.

따라서 관여도가 높은 소비자에 대한 광고는 명확하고 정보제공적인 메시지를 강조해야 하며, 관여도가 낮은 소비자에 대한 광고는 상표에 긍정적인 연상을 형성시키기 위한 상징, 스타일, 배경 등을 활용하는 것이 유용하다.

수동적 학습이론이 소비자행동에 주는 시사점은 다음과 같다.

① 소비자는 무작위적으로 정보를 학습한다. 고관여 소비자는 인지, 이해, 보유의 단계를 거치는 인지적 방법으로 정보를 처리하는 것으로 설명된다. 그러나 저관여 소비자는 단지 무작위적 자극을 선택, 보유하며 반복에 의하여 학습되는 것으로 보인다.

② 소비자는 정보획득자(information catcher)이다. 고관여 소비자는 여러 가지 원천으로부터 능동적으로 정보를 탐색하고 쇼핑에 참여하는 정보탐색자로 여겨진다. 저관여 소비자는 정보획득자 혹은 정보의 수동적인 수신자이다.

③ 소비자는 광고에 대하여 수동적인 수신자이다. 저관여 소비자에게는 광고노출 그 자체가 설득적이며 이해라는 과정이 없이 구매로 연결될 수 있다.

④ 소비자는 구매 후에 상표들을 평가한다. 전통적인 견해로는 소비자가 구매에 앞서 상표를 평가 한다고 알려져 있으나, 저관여 소비자는 단지 상기효과로 인하여 구매할 수 있기 때문에 구매 이전의 심사숙고가 없으며 욕구와 상표와의 연결은 보통 상점내에서 이루어진다고 본다.

⑤ 소비자는 적당한 수준의 만족을 모색한다. 능동적인 소비자는 상표들을 본격적으로 평가하여 만족을 극대화시키려고 하는데 비하여, 저관여 소비자는 기대되는 혜택이 최선의 제품을 탐색하는데 필요한 노력에 비해 크지 않으므로 상표만족을 극대화시키려 노력하지 않는다. 그러므로 적당한

수준의 만족이면 족하다.

⑥ 개성과 라이프 스타일 특성이 소비자행동에 관련이 적다. 전통적인 관점은 소비자의 개성과 라이프 스타일이 제품 의사결정에 관련된다고 보나, 저관여 상황에서는 소비자의 행동과 관련된다고 보지 않는다. 즉, 소비자가 구매하는 대부분의 제품은 그들의 신념이나 자아의식에 중요하지 않다.

⑦ 준거집단은 소비자행동에 영향을 미치지 않는다. 고관여 제품은 집단의 규범과 가치를 반영하므로 고관여 소비자는 준거집단으로부터 영향을 받을 가능성이 많다. 즉 승용차, 주택, 오디오 등은 가시적이며 사회적 지위를 나타낸다. 반면에 저관여 제품의 구매시에는 준거집단의 영향력이 미약하다. 예를 들어 소금, 화장지 등은 거의 남의 눈에 띄지 않으며 집단 규범과 관련이 적으므로 준거집단의 영향이 적다.

2 Zajonc의 단순노출효과

소비자들이 광고된 제품 및 서비스에 반복적으로 노출되면 그 자체만으로 호의적인 태도를 형성하게 되며, 이러한 특성을 활용하여 기업은 제품정보를 거의 담고 있지 않으면서 지속적으로 반복광고를 행하여 은연중에 소비자의 태도형성에 영향을 미친다. 이러한 원리는 Zajonc(자이언스)에 의해 1960년대 처음 제시된 단순노출효과(mere exposure effect)에 의해서 설명될 수 있다〈그림 2-10〉. 이 이론에 따르면 개인이 어떤 대상에 반복적으로 노출되면 저절로 그 대상에 대해 보다 호의적인 태도를 형성한다고 보았다. 우리나라 사람들은 외국인들과 달리 마늘이라는 전통식품에 대해서 긍정적인 태도를 형성하고 있는 경우가 많은데, 이는 처음부터 마늘에 대한 속성과 가중치를 통한 엄격한 평가를 거쳐서

◀ 그림 2-10
단순노출효과

긍정적 태도를 형성했기 보다는 시간이 지나고 나이가 들어가면서 자주 노출되고 자주 접하면서 자연스럽게 긍정적인 태도를 형성하게 된 것이다.

Zajonc는 미국 대학생들을 대상으로 대학신문 한 귀퉁이에 전혀 의미를 알 수 없는 여러 한자(漢字)를 노출빈도를 달리하여 두 달에 걸쳐 큼직하게 실었다. 이후에 무작위로 학생을 선정하여 각 학생들에게 한자가 좋은 의미를 가졌을 것인지 그렇지 않은지를 질문했다. 이 실험결과 학생들이 한자의 의미를 전혀 알고 있지 않음에도 불구하고 자주 접했던 한자를 보다 선호하는 것으로 나타났다. 반복된 노출이 친근감을 형성하고 이것이 호감을 불러일으켜 제품구매에도 그대로 적용될 것이라는 논리와 유사하다. 대부분 저관여로 분류되는 생활용품의 경우 광고에서 보았거나 들었던 브랜드를 구매하는 경우가 많으며 보다 친숙하게 느껴지는 제품이나 상표를 구매하려고 한다. 생필품과 같은 저관여 제품의 경우 반복적인 광고와 제품 노출을 통해서 소비자들에게 친숙할 수 있도록 하는 것이 중요하다. 청량음료나 소주 및 맥주광고의 경우 지속적인 반복 광고를 통해 구매시점에서 가장 먼저 떠오르는(top of mind) 브랜드가 될 수 있도록 하는 프로모션 믹스전략이 필요하다.

3 Sherif의 사회적 판단이론

사회적 판단이론(social judgement theory)에서는 쟁점에 대한 개인적 관여에 따라 타인의 의견에 대한 수용 또는 거부의 범위가 설정된다. 즉, 수용영역(타인의 의견을 수용할 수 있는 범위), 거부영역(타인의 의견이 받아들여지지 않는 범위) 그리고 중립영역(타인의 의견에 대해 중립적인 범위)는 개인적 관여의 정도에 따라 달라진다. 이슈에 대해 명확한 의견을 가진 고관여자는 매우 적은 의견만을 수용하고 많은 수의 의견은 거부 할 것이다(좁은 수용 영역과 넓은 거부영역). 이와 반대로 저관여된 소비자는 더 많은 입장을 수용하거나(넓은 수용영역) 이슈에 대해 특별한 의견을 갖지 않을 것이다(넓은 중립영역). 고관여된 개인은 자기의견과 일치하는 수용영역 내에 있는 메시지를 실제보다 더 긍정적으로 해석하는데 이러한 반응을 동화효과(assimilation effect)라고 한다. 이에 반해서 개인이 동화하지 않는 거부영역에 있는 메시지는 실제보다 더 부정적으로 해석되는데 이러한 반응을 대조효과(contrast effect)라고 한다. 그러므로 고관여된 개인은 자신의 선입관과 편견에 의거하여 메시지를 선택적으로 지각할 가능성이 크며, 저관여된 개인은 메시지를 왜곡하거나 동화 및 대조효과의 가능성이 적다고 하겠다.

마케팅 관점에서 볼 때 능동적이고 고관여된 소비자는 많은 상표를 거부하고, 반면에 저관여된 소비자는 많은 상표를 수용한다. 더 나아가 고관여된 소비자는 광고메시지에 더욱 주의를 기울이게 되며 이러한 메시지를 현재의 태도와 이전의 경험에 비추어 해석할 가능성이 더욱 크다. 그러나 저관여된 소비자는 광고메시지에 주의를 덜 기울이며 그 내용을 받아들일 가능성은 크지만, 메시지 내용을 정교하게 숙고할 가능성은 낮다. 결국 고관여 소비자는 다수의 속성을 사용하여 소수의 상표를 평가하고 선택하며 저관여 소비자는 반대로 다수의 상표에 대해 적은 수의 속성으로 제품과 서비스를 선택한다.

4 정보정교화 가능성모델(Elaboration Likelihood Model)

1) 정보정교화 가능성모델의 개요

Petty와 Cacioppo의 정교화가능성 모델은 소비자들이 어떤 경우에 제시된 정보를 세심하고 치밀하게 고심할 가능성이 높은지를 구조화한 모델이다.

먼저 소비자들에게 제시되는 마케팅 정보는 크게 중심단서(central cues)와 주변단서(peripheral cues)로 구분된다. 예를 들어 여러분이 유산균 음료 광고에 노출되었다고 하자, 광고 메시지를 분석해 보면 유산균의 수와 효능, 임상실험 여부, 위나 장까지 도달해서 생존하는 유산균의 비율과 같은 본래의 기능이나 성능과 관련된 정보인 중심단서뿐 아니라 광고모델, 배경음악, 색상과 광고디자인 같은 본래의 기능이나 성능과는 무관한 주변단서들로 구성되어 있다. 정교화 가능성은 중심단서로 의사결정을 하는가, 주변단서로 의사결정을 하는가에 따라 달라지며, 중심단서를 이해하고, 의미를 해석하는 과정으로 정보를 처리하는 높은 정보 정교화를 '중심 경로를 통한 태도 변화'라 하고, 주변 단서를 활용해서 의사결정에 이르는 낮은 정보 정교화를 '주변단서를 통한 태도 변화'라고 한다. 일반적으로 중심단서를 정교하게 숙고하는 과정은 높은 인지과정을 거치므로 이를 통해 형성된 상표태도는 견고하고 지속성이 높다. 반면 주변단서를 통한 낮은 정교화는 고심하지 않고 형성한 태도이므로 경쟁자의 마케팅 자극에 쉽게 변할 수 있다.

중심단서를 처리하기 위해서는 주변단서에 비해 높은 주위집중과 인지능력을 발휘하고 시간과 노력을 충분히 들여야 하므로 정보를 처리하려는 동기와 정보처리 능력이 요구된다. 소비자들의 정보처리 동기는 첫째, 의사결정이 개인적으로 얼마나 중요하고 관련성이 있는지, 지각된 위험이 얼마나 큰지 등 '제품이나 메시지의 개인적 중요성', 둘째, 어떤 문제나 제품, 상황에 대해 숙고하는 개인적 성향인 '인지욕구'로 구성된다. 제품, 메시지의 개인적 중요성 또는 인지욕구가 높을수록 정보처리 동기가 높아지고 주변단서보다 중심단서를 활용해서 정보를 정교하게 처리하고 태도를 형성하게 된다.

정교화 가능성은 정보처리 동기뿐 아니라 정보처리 능력에도 영향을 받는다. 정보처리 능력은 첫째, 제시된 정보를 처리하기 위해 필요한 '사전지식', 둘째, 제시된 '정보의 난이도와 산만성'으로 구성된다. 사전지식은 메시지를 이해, 해석하여 의미를 지각하는데 활용될 수 있는 제품이나 상표 관련 기억과 연상들이다. 사전지식이 부족하면 제시된 중심단서를 이해하고 해석하기 어려워 정보를 정교하게 처리할 수 없게 된다. 그 결과 해석과 이해가 비교적 쉬운 주변단서를 활용해서 의사결정에 이르게 된다. 또한 제시된 중심단서가 산만하거나 전문용어 등 난해하게 구성되어 있는 경우에도 정보를 쉽게 처리하기 어려워 주변단서

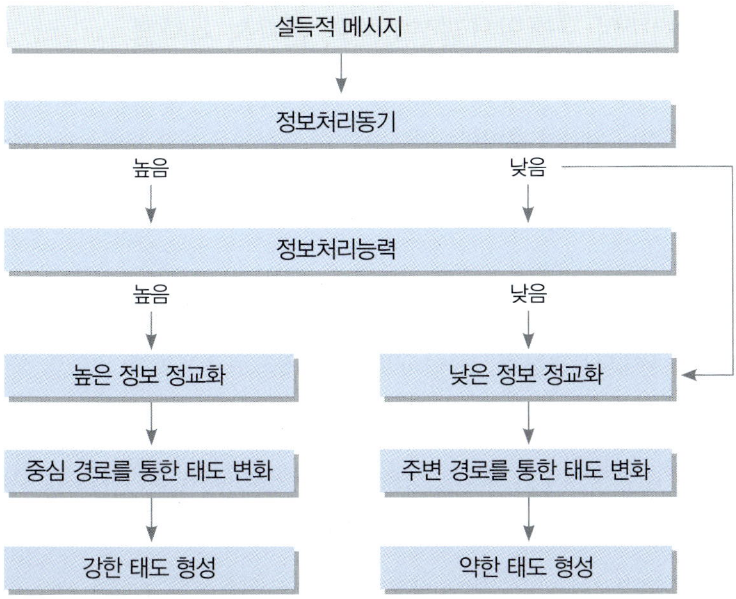

◀ 그림 2-11
정교화 가능성모델

를 활용하게 된다. 예를 들어 기능성 화장품은 화학적 성분명이나 효능 등(중심단서)에 대한 설명의 난이도가 높아 소비자들은 결국 광고모델(주변단서)이 얼마나 유명하고 믿을만한 사람인지를 갖고 상표에 대한 태도를 형성하기도 한다.

결과적으로 정교화가능성 모델에서는 정보처리동기와 정보처리 능력이 모두 높을 때 중심단서를 활용하여 정보를 처리하는 정교화가능성이 높은 '중심 경로를 통한 태도의 변화'가 발생하지만, 반면 정보처리 동기와 능력 가운데 하나라도 낮은 경우에는 정보 정교화 가능성이 낮아 '주변 경로를 통한 태도의 변화'가 된다고 정리할 수 있다. 또한 중심경로를 통해 형성된 태도는 주변경로를 통한 태도변화에 비해 지속성과 견고성이 높다.

5 저관여 구매의사결정이론의 전략적 시사점

이상과 같이 저관여 구매의사결정 이론에 의하면 실무를 다루는데 있어서 고려해야 할 여러 가지 전략적 이슈들이 존재한다.

1) 저관여상황을 고관여 상황으로 전환

저관여 구매의사결정을 고관여 구매의사결정으로 전환할 수 있다면 소비자들은 기업의 마케팅 정보에 더 민감하게 반응하기 때문에 마케팅의 효율이 증가할 뿐 아니라 그렇게 형성된 태도는 강하게 지속될 수 있다. 소비자의 관여도를 높이는 전략은 크게 네 가지 범주에서 언급될 수 있다. 첫째, 저관여 제품을 고관여 상황과 연결시키는 전략인데 예를 들어 이른 아침에는 커피광고를, 심야 텔레비전 방송에서는 수면제 광고를 내보냄으로써 상황과의 관련성을 높여 상표에 대한 관심을 향상시킬 수 있을 것이다.

둘째, 관심을 두지 않던 제품속성을 중요한 문제와 연계시키는 전략이다. 하루야채의 경우 저관여인 음료수를 고관여인 건강문제와 연결시켜 소비자의 관여도를 높였다. 셋째, 소비자가 중요하다고 느끼는 제품 혜택을 변화시키는 것인데, 롯데 칠성사이다는 소비자가 카페인을 비교하는 상황을 연출함으로써 소비자들이 관심을 두지 않던 카페인 포함여부를 중요한 개념으로 전환시켰고 카페인이 함유되지 않은 칠성사이다의 장점을 부각시켰다. 또한 이전에는 중요하게 생각하지 않던 속성을 중요하게 취급하는 것도 해당될 수 있는데, 〈그림 2-12〉와 같이 '동아오츠카 블랙빈테라피', '남양유업 17차', '롯데칠성의 오늘의 차' 광고

그림 2-12 ▼ 저관여의 고관여화 광고

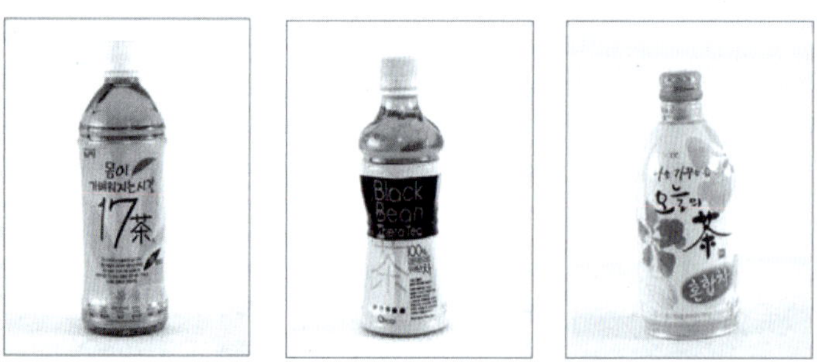

등을 예로 들 수 있다.

2) 광고전략 및 마케팅믹스 전략

저관여 제품은 고관여 제품과는 다른 광고전략이 요구된다. 빈번한 광고와 짧은 메시지를 주로 사용해야 하며, 다양한 정보보다는 핵심적인 정보에 집중하고 광고자체를 통해 차별화하면서 제품의 가시적 요소를 강조해 나가야 한다. 관여도가 낮기 때문에 인쇄매체보다는 저관여 매체인 방송매체를 중심으로 광고를 수행하는 것이 유용하다.

저관여 제품은 고관여 제품과 구분되는 마케팅믹스 전략이 제시되어야 하는데, 4P를 중심으로 그 내용을 제시하면 다음과 같다. 첫째, 저관여 상황의 소비자들은 최적의 제품이 아닌 적당한 제품을 추구하는 경향이 있기 때문에 문제를 최소화하는 전략을 활용 할 수 있다. 소비자들은 획득할 수 있는 혜택의 극대화보다 문제를 극소화시키는 의사결정을 추구하는 경우가 많기 때문이다. 둘째, 저관여 제품은 상표간 차이가 거의 없으므로 가격이 중요한 구매기준이며 이에 따라 가격인하나 쿠폰 및 이벤트를 통해 충분한 영향력을 형성할 수 있다. 셋째, 판매촉진 중에서는 주로 시용이나 시음 등을 주로 행해야 하며 이는 저관여 제품의 상표에 대한 태도가 구매 후에 주로 형성되기 때문이다. 마지막으로 저관여 제품의 경우 소비자는 특정 상표를 탐색하고자 하는 동기가 적으므로 선호하는 상표가 매장에 없으면 다른 상표를 선택하려 할 것이다. 가능하면 넓은 유통커버리지를 가질 수 있도록 제품의 노출범위를 확대해 나가야 할 것이다. 대형할인점이라면 제품이 진열되는 위치에 많은 관심을 기울여 가능하면 소비자의 눈에 잘 띄는 장소에 진열될 수 있어야 한다.

3) 관성에 의한 구매와 다양성 추구로의 전환

자사 상표가 시장선도자의 위치에 있을 경우는 소비자에게 관성을 갖게 하여 습관적 구매를 유도해야 하며 소비자에게 잘 알려지지 않은 후발 제품이라면 다양성 추구로 전환할 수 있도록 하는 전략이 필요하다. 가격할인, 쿠폰 및 무료견본을 통해 소비자의 다양성 추구를 유인할 수 있을 것이다. Cambell사는 소비자에게 친숙성을 유지할 수 있는 광고를 계속하여 점포내에서 지배적 공간을 차지할 수 있는 일관적 광고전략을 유지한 반면, 경쟁사는 저가, 무료샘플, 쿠폰 등을 이용하여 소비자에게 시용을 강조함으로써 다양성을 추구하도록 독려했다. 국내시장의 '오리온 초코파이'는 후발 상표의 가격할인이나 선물공세에 대응하여 친밀감을 유지하는 광고를 지속하면서 동시에 점포내 선반을 지배함으로써 시장 지배력을 유지해 나가고 있다.

연/습/문/제

01 본인이 노트북컴퓨터를 구매할 경우의 의사결정 과정을 서술하시오.

02 관여도와 상표간의 차이에 의한 구매행동의 유형을 설명하시오.

03 스넥을 구매할 때와 스마트폰을 구매할 때의 대안평가방법의 차이를 설명하시오.

04 구매 후 행동이 마케팅 전략에서 중요한 이유는 무엇이라고 생각하는가?

05 지속적관여와 상황적 관여의 내용과 사례를 설명하시오.

06 관여도 측정방법과 적용에 대해 서술하시오.

07 FCB격자와 관여도의 관계에 대해 설명하시오.

08 관여도에 따른 소비자행동유형을 다양하게 분류하시오.

참 고 문 헌

- 서성한, 소비자행동론, 박영사, 1986.
- 안광호, 하영원, 박흥수(2008), 마케팅원론, 학현사.
- 유창조(2000). 광고에 대한 평가요인의 효과에 관한 연구, 광고학연구, 11(1), 35-51.
- 이명천(1999). ELM연구의 한국적 특성에 관한 고찰, 광고학연구, 겨울호, 151-178.
- 이학식(1990), "소비자 정보처리에 대한 관여도의 광고유형의 조정적 역할, 경영학연구, 19(2), 2, 100-120.
- 이학식, 안광호, 소비자행동 - 마케팅전략적 접근, 법문사, 1992.
- 임종원 외3인 공저, 소비자행동론, 제3판, 경문사, 2007.
- 최병룡, 최신소비자행동론, 제2개정판, 박영사, 1996.
- 황병일 외 3인, 소비자행동 이해와 적용, 대경, 2009.
- 홍부길, 소비자행동분석, 일신사, 1980.
- Assael, Henry, *Consumer Behavior and Markeing Action*, 5th ed., Cincinnati, OH: South Western, 1995.
- Bettman, James R., *An Information Processing Theory of Consumer Choice, Reading,* MA:

Addison-Wesley, 1979.

- Blackwell, Miniard, Engel, Consumer Behavior, 10th ed., Thomson.
- Davis, Harry L., "Dimensions of Marital Roles in Consumer Decision Making," *Journal of Marketing Research*, May 1970.
- Engel, J. F., R. D. Blackwell and P. W. Miniard, Consumer Behavior, 8th ed., Forth Worth, TX: The Dryden Press, 1995.
- Festinger, Leon and Dana Bramel, "The Reactions of Humans to Cognitive Dissonance, *Consumer Behavior* in Experimental Foundations of Clinical Psychology, ed. A. J. Bachrach, New York: Basic Books, 1962.
- Howard, John A., Consumer Behavior in Marketing Strategy, Englewood Cliffs, NJ: Prentice-Hall, 1989.
- Jacoby, Jacob, Carol K. Berning, and Thomas F. Dietvorst, "What about Disposition? *Consumer Behavior* Journal of Marketing, July 1977.
- Loudon, David and Albert J. Della Bitta, Consumer Behavior: Concepts and Applications, 4th ed., New York: McGraw-Hill, 1993.
- Moschis, George, "The Role of Family Communication in Consumer Socialization of Children and Adolescents,*Consumer Behavior* Journal of Consumer Research, March 1985.
- Mowen, John C., *Consumer Behavior*, 3rd ed., New York: Macmillan, 1993.
- Peter, J. Paul and Jerry C. Olson, *Consumer Behavior and Marketing Strategy*, 3rd ed., Homewood, IL: Irwin, 1993.
- Schiffman, L. G. and L. L. Kanuk, *Consumer Behavior*, 5th ed., Englewood Cliffs, NJ: Prentice-Hall, 1994.
- Solomon, Michael R., *Consumer Behavior*, Boston, MA: Allyn and Bacon, 1992.
- Sternthal, Brian and C. B. Craig, Consumer Behavior: An Information Processing Perspective, 2nd ed., Englewood Cliffs, NJ: Prentice-Hall, 1982.
- Summers, J. O., "The Identity of Women's Clothing Fashion Opinion Leaders," Journal of Marketing Research, Vol.7, May 1970.
- Tigert, D. J., L. J. Ring and C. W. King, "Fashion Involvement and Buying Behavior," Advances in Consumer Research, Vol. 3, 1976.
- Tybout, Alice M., Bobby J. Calder and B. Sternthal, "Using Information Processing Theory to Design Markeing Strategies," *Journal of Marketing Research*, February 1981.
- Venkatesh, Alladi, "Changing Roles of Women-A Life Style Analysis," *Journal of Consumer Behavior*, September 1980.
- Assael, Henry(2004), Consumer Behavior: A Strategic Approach, 8th Ed., Boston: Houghton Miffin.
- Bloch, Peter H. and Richins L. Marsha(1983), "A Theoritical Model for the Study Product Inportance Perceptions," *Journal of Marketing*, 47(Summer, 69-81.
- Celsi, Richins, L. and Olson, Jerry C.(1988), "The Role of Involvement in Attention and Comprehension Processes," *Journal of Consumer Research*, 15(September), 210-224.

• Hawkins, Del I., Mothersabugh, David L. and Roger J. Best(2007), Consumer Behavior: Building Marketing Strategy, 10th ed., McGraw-Hill, 511.

• Linda F. Alwitt, Andrew A. Mitchell(1985), Processes and Advertising Effects: *Theory, Research, and Applications*, Lawrence Erlbaum, Hillsdale, NJ, 241-259.

• Petty, R. E. & Cacioppo, J. T.(1980). Issue Involvement as a Moderator of the Effects on Attitude of Advertising Content and Context, Advance in Consumer Research, 8, 20-24.

________(1986), Communication and Persuasion :Central and Peripheral Raoutes to Attitude Change, New York: Springer-Verlag.

________ & Schmann, D.(1983), Central and Peripheral Routes to Advertising effectiveness: the Moderation Role of Involvement, *Journal of Consumer Research*, 10(Sep.), 135-146.

• Fournier, Susan(1998), "Consumers and Their Brands: Developing Relationship Theory in Consumer Research," *Journal of Consumer Research*, 24, 342, 273.

• Robertson, T. S. (1976), "Low Commitment Consumer Behavior," *Journal of Advertising Research* 16 (April), 19-24.

• Zaichkowsky, J. L.(1985), "Measuring the Involvement Construct" *Journal of Consumer Research*, 12(3), pp. 341-52.

• Zaichkowsky, J. L.(1986), "Conceptualising Involvement" *Journal of Advertising*, 15(2), 4-14.

• Zaichkowsky, J. L.(1994), "The personal involvement inventory: reduction, revision, and application to advertising" *Journal of Advertising*, 23(4), 59-70.

그/림/출/처

• Ralph L. Day and E. Laird Landon, Jr., "Toward a Theory of Consumer Complaning Behavior, " in Consumer and Industrial Behavior, ed. Arch G. Woodside, Jagdish N. Sheth, and Peter D. Bennett, New York : Elsevier North-Holland, 1977, p. 432.

• Jacob Jacoby, Carol K. Berning, and Thomas F. Dietvorst, "What about Disposition? "Journal of Marketing, July 1977, p. 23.

• 이학식, "소비자정보처리에 대한 관여도와 광고모델의 조정적 역할," 한국경영학회, 경영학연구, 제19권제2호, 1990.2. p. 100.

• Petty, R. E. and Cacioppo, J. T., "Issue Involvements as a Moderator of the Effects on Attitude of Advertising Content Context," in Consumer Research, Vol. 1981, p. 264.

• Papalia. Human Development, McGraw-Hill, 1998.)

CHAPTER

03

문화

1. 문화의 개념과 특성에 대해 설명한다.
2. 문화의 구성요소와 측정방법에 대해 설명한다.
3. 소비자행동에 문화가 미치는 영향에 대해 이해한다.
4. 하위문화를 구성하는 요소에 대해 설명한다.
5. 비교문화의 중요성을 이해하고 이를 활용하여 글로벌 시장 진출을 위한 마케팅 전략에 대해 설명한다.

제 1 절 문화의 본질

1 문화의 정의와 의의

문화란 인간집단에 의해 형성되어 한 세대에서 다른 세대로 전달되는 삶의 방식으로, 넓은 의미에서 "특정 사회의 대부분 사람들이 공유하는 의미 집합"이라고 정의 내릴 수 있다. 문화의 범위는 자기가 속한 집단과 다른 집단의 구성원들과 구별해 주는 집단의 독특한 가치, 관습과 규범, 예술, 윤리와 같은 추상적 신념과 음식, 의류, 자동차와 같은 물리적 재화와 서비스를 아우른다. 이러한 문화를 이해하고 학습하기 위해서는 특정 사회의 언어, 지식, 법률, 식생활, 예술, 기술을 포함한 그 사회의 독특성을 표현하는 특징들을 살펴볼 필요가 있다.

문화는 특정 사회가 공유하는 중요한 요소를 반영하는 사회의 개성으로, 인간 행동 모든 측면에 영향을 미치는 중요한 요소이기 때문에 소비자 행동 이론체계에서 반드시 다뤄야 할 주제이다. 문화는 구성원 사이에서 끊임없이 공유되고 전파되어 인간 행동의 모든 측면에서 강력한 영향력을 가지며, 나아가 개개인의 가치와 신념, 사회 규범에 작용하므로 마케팅관리자는 문화에 대한 이해를 바탕으로 소비자의 제품선택과 브랜드 선호도, 가격 민감성, 효과적인 커뮤니케이션 매체 및 광고 선호도 등 마케팅전략에 적용해야 한다.

2 문화의 특성

문화가 사회구성원의 가치관을 형성하고, 행동 양식을 결정하는 중요한 요인으로 작용하는 과정과 새로운 문화를 학습하는 과정을 이해하기 위해서는 문화가 가지는 몇 가지 특성을 살펴봄으로써 문화의 본질에 대해 알아야 한다. 이를 위해 문화가 가지는 몇 가지 특성을 살펴보고자 한다.

1) 문화는 보이지 않는다.

문화란 공기와 같이 그 사회구성원에게는 자연스럽고 당연한 것으로 받아들여진다. 이처럼 당연하게 생각했던 문화는 다른 집단의 이질적이고 색다른 문화를 접하게 돼서야 우리는 문화의 영향력이 얼마나 크고 강력한지 깨닫게 된다. 물고기가 물 밖으로 나온 후에야 물의 존재를 느낄 수 있듯이 보이지 않는 문화의 영향력을 이해하기 위해서는 문화적 특성이 다른 사회에 대한 기본적인 지식이 있어야 한다.

2) 문화는 인간이 만든 것이다.

동물과 인간이 구별되는 점은 바로, 문화를 지니고 있다는 것이다. 인간은 동물에 비해 신체적으로 자연환경에 적응하기 어렵다는 약점을 갖고 있어서 상대적으로 생존 가능성이 희박하다. 이러한 약점을 극복하기 위해 인간은 문화를 창조함으로써 자연환경에 대응하는 힘을 키웠다. 여기서 말하는 힘이란 생각하고, 느끼고, 판단하고 식별하는 등의 이른바 '상징화'를 말하며 이는 기호나 상징물을 이용하여 언어적 활동을 수행할 수 있음을 시사한다. 이를 통해 인간은 자연환경에 효과적으로 적응하며 나아가 자연을 통제하고 변화시킬 수 있는 수단을 개발할 수 있게 되었다. 이것이 바로 인간이 만드는 문화의 힘이다.

3) 문화는 욕구를 충족시킨다.

문화는 사회구성원들의 생리적, 개인적, 사회적 욕구를 충족시키는 방안을 제시한다. 예를 들어 언제 식사를 하는가? 아침에는 주로 어떤 음식을 먹는가? 결혼식과 장례식에는 어떤 옷을 입는가? 하는 것이 문화에 의해 영향을 받는다. 문화가 제시하는 가치와 신념, 관습은 사회구성원의 욕구를 충족하는 한 지속되나, 더 이상 만족을 줄 수 없는 문화는 새로운 욕구와 필요에 부합하여 변화하게 된다. 문화의 변화는 사회구성원의 욕구를 충족시키는 방향으로 지속적으로 이루어진다. 마케팅 관점과 부합해서 보면, 기업이 제공하는 제품이나 서비스가 사회구성원의 가치나 관습이 요구하는 욕구를 충족시키는 데 적합한 방안이 아니라는 판단이 설 때, 이를 문화적 상황에 맞게 수정할 준비가 되어 있어야 한다.

4) 문화는 학습되고 전승된다.

인간은 사회구성들과의 상호작용을 통해 그들이 속한 사회의 가치관, 행동양식, 믿음, 언어 등 문화적 요소들이 학습된다. 인류학자들은 문화가 학습되는 방법을 공식적 학습, 비공식적 학습, 기술적 학습의 세 가지 형식으로 구분하여 설명한다. 먼저 공식적 학습(formal learning)은 '가족' 단위에서 이루어지는 학습으로, 부모나 형제, 또는 다른 가족 구성원으로부터 어떻게 행동해야 하는지를 학습하는 것을 말한다. 비공식적 학습(informal learning)은 가족, 친구, 그리고 영화나 TV와 같은 매스미디어를 통해 보여지는 다른 사람의 행동을 모방함으로써 이뤄지는 학습을 말한다. 마지막으로 기술적 학습(technicla learning)은 교육기관에서 특정한 사회적 · 개인적 상황에서 무엇을, 어떻게, 왜 해야 하는지를 교육적 측면에서 지시하는 문화적 학습을 나타낸다. 문화는 이러한 학습 과정을 통해 한 세대로부터 다음 세대로 전승되는 사회적, 역사적 축적물이다.

5) 문화는 사회생활을 통해 창조되고 공유된다.

문화는 사회적 차원에서 개인의 가치관, 신념, 관심사가 사회적 활동을 통해 만들어지고 공유되는 것이다. 이러한 문화의 특성으로, 사회구성원들은 개인적 차이에도 불구하고 사회집단 내에서 공유되는 공통적 성향을 가지게 되며, 이는 다른 집단과 자신이 속한 집단을 구분할 수 있게 한다. 사회적 차원에서 창조된 문화는 '언어'라는 문화의 구성요소를 통해 공유될 수 있다. 언어를 통해 가족, 교육기관, 종교기관 및 매스미디어 등 다양한 사회집단이 문화적 가치를 창조하고 전달하며, 이를 사회구성원이 공유한다.

한국인이 표방하는 공유가치 중 하나인 '정(情)'을 광고 문구로 활용한 오리온 초코파이의 경우 사회가 창조하고 그 구성원들이 공유하는 문화적 가치를 이용한 성공적인 광고 전략으로 손꼽힌다.

◀ 그림 3-1
오리온 초코파이
'정' 광고(2014년)

◀ 그림 3-2
공유된 문화적 가치를
활용한 '바비인형'

최근에는 이러한 문화적 가치 공유는 국가 내 차원을 벗어나 국가 간에도 원활하게 이루어지고 있다. 글로벌 시장에서 성공을 거둔 대부분의 기업은 세계적으로 공유되고 있는 문화적 가치의 중요성을 인지하고 이를 기반으로 각국 소비자들의 공유된 가치를 잘 발굴한 데 기인한 것이다. '바비인형'의 경우 공유된 가치를 활용함과 동시에 각 국가가 가진 차별화된 문화적 가치와 욕구를 잘 적용함으로써 전 세계적으로 엄청난 판매고를 기록하고 있다. 이처럼 글로벌화에 따른 문화의 공유가치를 이해함과 동시에 국가별 차이를 이해하는 것도 매우 중요하다.

6) 문화는 항상 변한다.

문화는 주변 환경과 상호작용하면서 끊임없이 변한다. 한국의 문화는 1970년대 산업화에 따라 과거의 가부장적인 가족문화에서 핵가족화, 부부 평등, 남녀평등의 문화로 변화했으며, 최근에 빠르게 진행되는 고령화로 중 · 장년층의 개인적, 사회적 욕구가 과거에 비해 다양한 형태를 보이며, 이에 따라 이들을 둘러싸고 있는 소비문화, 주거문화 등이 확연하게 변하고 있다. 또한, 코로나바이러스감염증-19(COVID-19)은 홈트레이닝을 비롯한 실내에서 할 수 있는 취미, 여가문화의 확대, 배달문화의 보편화, 비대면 교육 활성화 등 사회를 둘러싼 전반적인 문화 변화에 영향을 미쳤다.

그림 3-3 ▼
AT&T사의 문화적 특성을 활용한 광고

문화는 개인과 사회적 욕구를 만족시키는 방향으로 끊임없이 변화하며, 이러한 문화의 변화는 소

비자 욕구와 행동에 영향을 미치므로 기업의 입장에서 하나의 새로운 시장기회를 제공한다는 점에서 중요한 의미를 가진다. 따라서 마케팅관리자는 제도적 · 기술적 측면에서 어떤 방향으로 문화가 변하는 지를 주의 깊게 관찰하고 분석하여 새로운 세분 시장의 욕구를 최상으로 만족시킬 수 있는 마케팅믹스 요소를 개발해야 할 것이다.

3 문화의 구성요소

한 사회의 문화를 구성하는 요소는 크게 문화적 신념, 문화적 가치, 문화적 규범으로 구성된다.

1) 문화적 신념

한 사회의 문화적 신념체계는 그 사회구성원 대부분에 의해 공유되는 모든 종류의 인지(cognition) 즉, 사고, 지식, 특수인지, 미언, 신화, 전설 등을 포함한다. 이처럼 공유되는 신념들에는 객관적으로 증명되지 않고 그대로 받아들여지고 있는 일반적 생각도 포함된다. 신화(myths)는 문화적 사고를 대표하는 상징적 요소를 가진 이야기다. 이야기는 종종 두 개의 상반되는 힘 사이의 갈등에 초점을 두고, 그것의 결과는 사람들에게 도덕적 지침과 같은 가이드라인을 제시한다.

특정 대상을 특히 선호하도록 하는 문화적 신념은 다양한 원천으로부터 나온다. 예컨대, 종교 원천에 따라 유대인은 돼지고기를 먹지 않고, 힌두교인은 소고기를 먹지 않는 신념의 차이가 발생한다. 또한, 지리적 요인에 따라 보스턴 사람들은 노란 달걀을, 뉴욕 사람들은 흰 달걀을 선호한다.

2) 문화적 가치

문화적 가치는 어떤 조건이 다른 조건보다 바람직하다고 여기는 신념으로, 사회구성원의 행동에 있어 현실을 올바로 이해하고 바람직한 방향으로 유도하는데 필요한 개념과 관계가 있다. 즉, 행동의 목표와 과정 및 행동의 의미와 그 결과에 대한 해석을 가능하게 해주는 이념체계가 문화적 가치인 것이다.

이러한 개인이 갖는 일련의 가치들은 소비 활동에 있어 매우 중요한 역할을 하며, 소비자는 자신들의 가치와 관련된 목표를 달성하는데 도움이 될 것으로 보이는 제품이나 서비스를 구매한다.

문화적 가치가 소비자의 구매의사결정에 미치는 영향은 〈그림 3-4〉와 같다.

그림 3-4 ▶ 제품 구매의사결정에 있어 문화적 가치의 영향관계

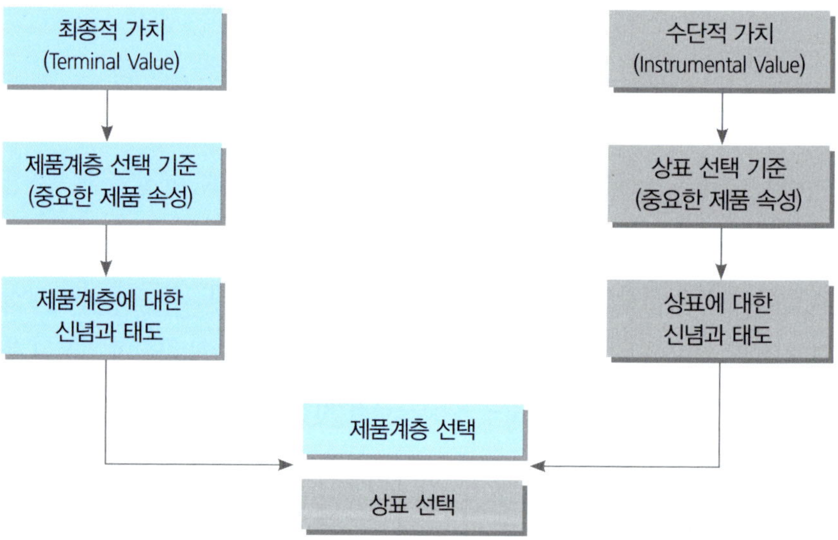

자료 : D. L. Loudon and A. J. Della Bitta, Consumer Behavior(2nd ed.), McGraw-Hill, 1984, p. 182.

3) 문화적 규범

문화적 규범은 행위의 준칙이나 절차와 관련되어 있다. 우리는 우리가 하고 싶은 행동을 마음대로 하지 않고, 사회적으로 허용된 행동만을 한다. 또한 타인도 우리가 그렇게 행동하기를 기대한다. 이처럼 사회 또는 특정 집단의 상당수의 구성원이 의식적 또는 무의식적으로 수용되고 기대하는 행동 양식을 문화적 규범이라고 하며, "빨간색 신호에서는 멈춰라", "초록색 신호에서는 가라" 등의 규칙과 관련한 공인된 규범과 구분하여, 타인과의 상호작용을 통해 점차 성장하는 자연성장적 규범(crescive norm)이라고 한다. 이러한 문화적 규범의 형태는 다음과 같다.

문화적 규범에 따라 어떤 행동이 바람직하다고 여겨지며, 또 어떤 행동은 허용되지 않는다는 식의 긍정적 혹은 부정적 사회적 상벌이 수반된다. 이러한 규범들은 기존 제품이나 상표 선택뿐만 아니라, 새로운 제품에 대한 탐색 정보의 종류, 구매 장소와 방법, 제품의 사용법 등을 결정하는 데 영향을 미친다.

◀ 표 3-1
문화적 규범의 형태

관습(customs)	풍습(more)	관례(conventions)
• 기본적인 행동을 통제하는 규범	• 관습보다는 상위의 규범 체계로, 강한 도덕성이 함축되어 있어 보다 지속적이고 권위적인 신성화되는 규범	• 일상생활에서 어떻게 행동해야 하는 지를 규제하는 규범

4 문화의 측정

문화가 지닌 사회적 가치와 관습을 이해하기 위한 첫 번째 단계는 문화를 측정하는 것이다. 문화를 측정하는 방법은 사회학, 문화인류학, 심리학 등 다양한 학문에서 개발되었으며, 이 중 가장 널리 이용되는 측정방법은 현장 관찰법, 내용분석법, 가치조사법이 있다.

표 3-2 ▶
문화의 측정방법

현장 관찰법 (Field Observation)	• 훈련된 관찰자를 측정하고자 하는 현장에 파견하여 사회구성원의 행동을 관찰하는 방법
내용 분석법 (Content Analysis)	• 측정하고자 하는 사회의 말, 글, 그림, 메시지 내용에 초점을 둔 방법
가치조사법 (Value Survey)	• 설문지 조사(survey)를 통해 개인의 문화적 가치를 직접 측정하는 방법 – 로키치(Rokeach)의 가치조사 – VALS™ 체계 – 개인적 가치와 사회적 가치에 대한 고든의 조사

1) 현장 관찰법(Field Observation)

현장 관찰법은 전통적으로 사회 · 인류학자들에 의해서 주로 사용되어온 방법으로, 훈련된 관찰자를 측정하고자 하는 현장으로 파견하여 사회구성원의 행동을 관찰하도록 하는 것이다. 관찰된 내용을 바탕으로 연구자들은 사회구성원들의 가치, 신념, 사회적 관습과 같은 문화적 특성을 파악하고 결론을 도출한다. 현장 관찰법은 자연스러운 환경에서 피험자들의 행동을 관찰하는 데 초점을 맞추며, 피험자들은 그들이 관찰되고 있다는 사실을 인지하지 못한다.

이 측정방법의 주안점은 자연스러운 환경에서 관찰되는 행동이다. 따라서 관찰의 범위가 제한되고 행동 전후의 내용과 의사결정과 같은 내용은 조사되기 힘들다는 한계점을 지닌다. 또한, 피험자의 사적인 행동이나 타인으로부터 관찰되기를 원하지 않는 행동은 관찰하기가 어렵다.

반면, 행동을 관찰하는 방법으로 조사가 이루어지므로 응답 과정에 발생 될 수 있는 오류가 많이 줄어든다. 또한, 피험자의 무의식적인 행동이나 말이나 글로 표현하기 어려운 문제, 혹은 피험자가 정확히 인식하고 있지 못한 문제의 경우에도 측정이 가능하다. 다만 조사과정에서는 관찰자 개인의 감정이 배제되어야 하고 관찰결과에 대한 해석상의 어려움으로 인해 고도로 숙련된 전문가가 요구된다.

몇 가지 사례에서 연구자들은 참여 관찰자(participant-observer)가 된다. 즉, 연구자들은 연구 환경 내에서의 행동, 의식 관습을 참여자로서 함께 행동하면서 관찰대상자를 살펴본다. 예를 들어 소비자들이 TV를 구매할 때 어떠한 부분을 고려하는지에 관심이 있으면, 연구자는 전자 상점의 판매자로 자리를 잡고 소비자들을 관찰하고 만날 수 있다. 닛산(Nissan)은 1990년대 인피니티 자동차를 디자인할 때, 두 명의 연구자가 로스앤젤리스 지역의 평범한 두 가족의 집에 학생 신분으로 방을 빌려, 가족들이 인식하지 못하는 범위 내에서 자동차와 관련된 행동과 '전형적으로' 미국인이 좋아하는 자동차를 조사하였다. 이를 바탕으로 연구한 결과 고급차에 대한 관념이 미국과 일본에 차이가 있다는 점을 발견할 수 있었다.

2) 내용분석법(Content Analysis)

내용분석법은 한 사회의 문화를 연구하기 위해 해당 사회에서의 말, 글, 그림, 홍보 메시지 내용에 초점을 둔 방식이다. 커뮤니케이션 메시지에 사용되고 있는 술어(verbal)와 광고 카피, 아트적 요소를 포함한 그림 부분의 내용을 분석하고 검토하여 해당 사회 전체 혹은 전반의 다양한 측면을 연구하는 객관적 방법이다. 이 방법은 당시의 메시지가 곧 그 사회의 가치를 반영하고 있다는 이론적 근거를 기반으로 메시지 전달자가 아닌 메시지 자체에 초점을 맞춘다. 내용분석법의 특징은 다음과 같다.

- 의도, 초점, 혹은 대화, 개인적 / 집단적 경향성을 확인할 수 있다.
- 대화에 대한 태도, 행동 반응을 설명할 수 있다.
- 개인과 집단의 심리적 감정적 상태를 결정할 수 있다.

내용분석은 사회적 변화 및 문화적 변화의 발생 여부를 객관적으로 조사하기 위한 수단으로 많이 이용되고, 구체적 사회나 다른 문화 간 비교를 통해 설명한다.

가령, 시간의 흐름에 따라 가족 내 여성의 역할, 가족의 의사결정구조가 어떻게 변화했는가를 알아보기 위해서 일정 기간의 연도를 설정하여 관련 내용의 잡지 또는 TV 광고나 신문 기사를 수집하여 조사하는 것이다. 이러한 방법은 마케팅관리자뿐만 아니라 정책입안자들도 많이 활용하는 방법이며, 마케팅관리자의 경우에는 경쟁사의 광고를 조사하여 그에 대한 대응책을 강구하려는 목적으로도 많이 활용한다.

3) 가치조사법(Value Survey)

가치조사법은 위의 현장관찰법이나 내용분석법과는 달리 설문지조사(survey)로 개인의 문화적 가치를 직접 측정하는 방법이다.

(1) 로키치(Rokeach)의 가치조사

가치 측정도구로 가장 많이 사용되는 Rokeach가 개발한 Rokeach Value Survey(RVS)는 두 가지 부분의 가치로 구성되어 있다.

- **최종적 가치**(terminal value) : 목표와 현재의 바람직한 상태의 최종을 정의하여 반영한 가치를 의미하며 18개의 항목으로 구성됨
- **도구적 가치**(instrumental value) : 최종적 가치를 달성하기 위한 수단으로 정의되며 18개의 항목으로 구성됨

응답자들은 중요성에 따라 가치에 순위를 매기거나 각 가치에 동의하는 정도를 '전적으로 동의한다.'에서 '전적으로 동의하지 않는다.'는 등간척도로 응답한다. 각 가치의 집단 내에는 두 가지 하위집단이 있다. 최종적 가치는 개인에 초점을 두는 개인적 가치(예: 편안한 생활, 행복, 내적조화)와 대인에 초점을 두는 사회적 가치(예: 국가안보, 세계평화)로 구성되며, 수단적 가치는 능력적 가치(예: 야심적인, 지적인, 책임감 있는)와 윤리적 가치(예: 관대한, 남을 돕는, 공손한)로 구성

◀ 표 3-3
Rokeach의 최종적 가치와 수단적 가치 항목

최종적 가치	수단적 가치
편안한 생활(풍요로운 생활)	야심적인(열심히 일하고, 열망적인)
신나는 생활(자극적이고 능동적인 생활)	관대한(마음이 개방적인)
세계평화(전쟁과 분쟁으로부터의 해방)	유능한(능력있는, 효과적인)
평등(형제애, 모든 사람의 동등한 기회)	쾌활한(명랑한, 유쾌한)
자유(독립, 자유로운 선택)	청결한(산뜻한, 정연한)
행복(만족)	용감한(신념에 따르는)
국가안보(외적으로부터의 보호)	용서하는(타인의 잘못을 용서하는)
즐거움(즐길 수 있는 인생)	남을 돕는(타인을 위해 일하는)
구제(구원받는 영생)	정직한(성실한, 진실한)
사회적 인정(존경, 칭송)	창의적인(상상력이 풍부한)
진실한 우정(친밀한 교제)	독립적인(자기 의존적인)
현명(인생에 대한 성숙된 이해)	지적인(지능적이고 사려 깊은)
아름다운 세계(자연미와 예술)	논리적인(일관성 있고 합리적인)
가족 안전(사랑하는 사람을 돌봄)	애정 있는 (부드럽고 상냥한)
성숙한 사랑(성적, 정신적 친교)	순종하는(책임감 있고 존경하는)
자존(자부심)	공손한(예의바른, 매너가 좋은)
성취감(지속적 공헌)	책임감 있는 (신뢰성 있는, 믿을만한)
내적조화(내적 갈등에서의 해방)	자기통제적인(자제적인, 자율적인)

자료 : Rokeach, Milton. The nature of human values. Free press, 1973.

되어 있다.

소비자 연구에 RVS(Rokeach Value Survey)를 최초로 활용한 연구에서는 상기 36개의 가치 항목과 '자동차의 스타일', '요구되는 서비스의 정도', '배출 매연량', '운영비', '보증' 등과의 관계분석을 시행하였다. 연구 결과, '자동차의 스타일'은 최종적 가치 중 '편안한 생활', '신나는 생활', '즐거움' 등과 연관이 있는 것으로 나타났으며, '배출 매연량'은 '세계평화'라는 최종적 가치와 '남을 돕는', 또는 '애정 있는'과 같은 수단적 가치와 연관성이 있는 것으로 밝혀졌다.

RVS를 활용하여 사회 문화의 정확한 가치 측정을 통해 소비자가 원하는 제품 컨셉과 이미지를 제공해 줌으로써 성공한 광고의 대표적인 예로 〈그림 3-5〉를 볼 수 있다. Hertz 렌트카는 바쁘게 살아가는 현대인의 시간과 금전을 절약해 주

그림 3-5 ▶ RVS를 활용한 Herts 렌트카, OLAY 화장품 광고

겠다고 광고하고 있으며, OLAY는 자사의 제품은 건강과 젊음에 높은 관심을 두는 현대인의 소비 심리를 잘 활용하여 노화를 적극적으로 관리해야 함을 소구하고 있다.

(2) VALS™ 체계

VALS™ 체계는 1978년 SRI(Stanford Research Institute)의 조사자들이 미국 소비자의 트랜드를 이해하고자 그들의 태도, 필요와 욕구, 신념, 인구통계학적 기준 및 정치적, 경제적, 사회적 생활패턴을 분석하여 8가지의 독특한 소비자 세분시장을 체계적으로 분류하여 제시한 방법으로, 마케팅 관리자들이 가장 흔히 활용하는 사이코그래픽스 체계이다.

VALS(Value and Life Style)™ 체계는 소비자의 구매 패턴과 상관관계가 있는 지속적인 심리적 특성에 기초를 두고 있으며, 개인의 개성 및 자아개념과 밀접한 연관성이 있는 동기(motivation)를 소비자 행동의 주요 결정요인으로 본다. 즉, VALSTM 체계의 전제는 "사람들은 특유의 동기를 충족시켜주고 자신의 삶에 적절한 모습과 내용을 제공하고, 나아가 만족을 부여해주는 제품 및 서비스, 경험

◀ 표 3-4
VALS™ 체계의 두 가지 차원

VALS™ 체계의 차원		내 용
일차적 동기(motivation)	이상적 동기	• 감정이나 사회저거 인정에 대한 욕망이 아니라 자신의 신념과 원칙을 지침으로 하며, 기능성과 신뢰성을 구입함
	성취적 동기	• 명확한 사회적 지위를 얻고자 노력하며, 지위 상징물을 구입 • 타인의 행위, 인정 및 의견에 크게 영향을 받음
	자기표현 동기	• 자신의 선택을 통해 개성을 표현하고자 함 • 사회적 또는 물리적 활동, 다양성과 위험을 포함한 체험을 구입
자원(resource)		• 자신들의 자아지향성을 추구할 수 있는 개인적 능력 • 소비자가 이용할 수 있는 모든 유형의 심리적, 육체적, 인구통계학적, 물질적 수단을 포함

을 찾는다."라는 것이다.

VALS™ 체계는 3개의 일차적 동기(motivation)와 2개의 자원(resource) 차원으로 총 8개의 세분시장을 구별한다.

자원(resource)은 일차적 동기에 따라 행동할 수 있는 능력을 돕거나 억제시킬 수 있으므로, VALS™ 체계의 중요한 차원이 된다. 일반적으로 자원은 청년기에서 중년기까지 증가하다가, 노년기에 들면서 줄어들기 시작하며 이 후 비교적 안정적인 경향을 보인다.

위에서 살펴본 VALS™ 체계의 두 가지 차원을 기준으로 세분화된 8개의 세분시장을 간략히 살펴보면 다음과 같다.

- **혁신형**(innovators) : 자원이 풍부하며 높은 자존심을 갖고 있는 성공하고, 세련되며, 지도자의 자질을 가진 사람들로 새로운 아이디어나 기술을 받아들이려 하며 부유해 보이고 특화된 제품과 서비스를 구매하고 그들의 구매가 자신의 취향과 성격을 표현할 수 있는지 고려함
- **사고형**(thinkers) : 성숙되고, 만족스러워 하며, 편안해하고, 생각이 깊은

그림 3-6 ▶
VALSTM의 체계

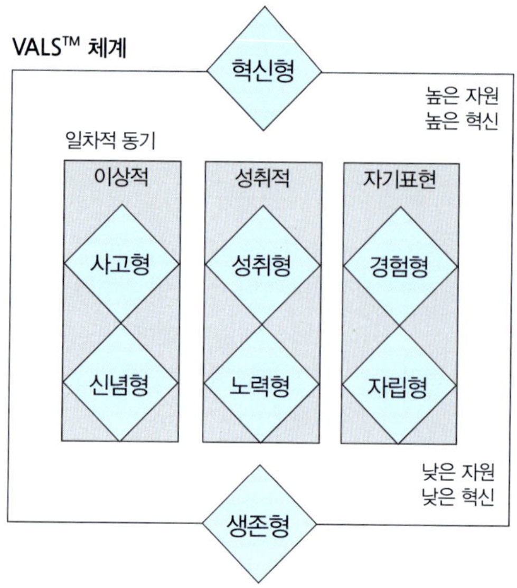

사람들이며, 교육수준이 꽤 높고 의사결정과정에서 정보를 능동적으로 찾는 경향이 있음. 제품의 내구성, 기능성 및 가치를 선호함

- **신념형**(believers) : 엄격하고 전통적이며 규칙과 권위를 존중함. 보수적이기 때문에 기존 믿음에 기초한 가족, 지역, 지역사회에 우선순위를 둠. 익숙한 제품과 인정된 브랜드를 선택함
- **성취형**(achievers) : 목표 지향적이며 가족과 일에 헌신적이며 큰 변화와 흥분을 일으키는 상황을 회피하는 경향이 있으며 예측 가능성과 안정성을 추구. 동료들에게 성공을 과시할 수 있는 프리미엄제품을 선호
- **노력형**(strivers) : 유행을 쫓고 재미있는 것을 좋아함. 그들의 가치를 충족시킬 수 있는 충분한 자원을 갖고 있지 않아 충동적으로 세련된 제품을 구매하는 경향이 있고 물질적 부를 가진 사람들을 모방하여 구매
- **경험형**(experiencers): 비 관습적인 것을 높게 평가하며 활동적이고 충동적이기 때문에 새롭고 색다른 것, 위험한 것에서 흥분을 찾음. 패션, 사교 및 오락에 많은 소비를 하며 '쿨함'을 어필하고자 함

- 자립형(makers) : 사치보다 가치를 선호하므로 기본적 기능의 제품을 주로 구매
- 생존형(survivors) : 극히 적은 자원을 갖고 있기 때문에 일차적 동기를 드러내지 않으며 무력감을 느낌. 친근한 것에 대해 편안함을 느끼고 안전과 보안에 관심이 있어 브랜드 충성도에 따라 제품을 구매하며 할인을 추구함

VALS™ 체계를 통해 소비자를 몇 개의 동질적 및 이질적인 소비자집단으로 세분화하고 그에 따른 효율적이 마케팅믹스 전략을 수립할 수 있는 근거를 마련할 수 있을 것이다. 최근 소비자 가치가 소비자 행동의 중요한 변수가 되고 있음은 물론 소비패턴의 다양성과 변동성을 이해하는 데도 중요한 요소가 되고 있음을 전제한다면 이러한 형태의 분석과 세분화는 개발 이후 많은 시간이 지났음에도 불구하고 그 가치가 여전하다고 볼 수 있다.

(3) 개인적 가치와 사회적 가치에 대한 고든의 조사(Gordon's Surveys of Personal and Interpersonal Value)

고든의 조사는 사람들이 매일의 삶을 어떻게 대처하는지에 대한 기준 가치를 개인적 가치와 사회적 가치, 2개의 가치로 구분하여 측정하는 방법이다. 개인적 가치는 성취, 목표지향성, 다양성의 하위 구분을 가지며, 사회적 가치는 리더십, 재인식, 순응의 하위 요소로 구성된다.

표 3-5 ▶
개인적 가치와 사회적 가치에 대한 고든의 조사

구분		내 용
개인적 가치	성취	• 도전, 성장, 성취를 즐기는 것 • 무엇을 성취하고자 하는지를 아는 것 • 보다 뛰어난 방법으로 성취하는 것
	목표 지향성	• 잘 정의된 목표를 선호하고 과업을 완성하는 것 • 무엇을 목표로 해야 할지 정확하게 아는 것
	다양성	• 일상적인 것을 싫어하고 새로운 경험을 좋아하는 것 • 새로운 장소에 방문하고, 색다른 것을 시도하는 것 • 경험의 다양성을 지향하며, 많은 곳을 여행하는 것
사회적 가치	리더십	• 도전을 추구하고, 권한과 권력을 가지는 것 • 순위에 의해 리더가 되어 집단을 이끄는 것 • 목표 내에서 여러 가지 일을 하는 것
	재인식	• 중요한 것을 고려하고, 칭찬하는 것 • 사람들이 자신에 대해 호의적 반응을 보이는 것
	순응	• 규칙 또는 정확하게 무엇인가를 따르는 것 • 특정대상을 허락하는 것 • 규칙과 윤리적인 기준에 순응하는 것

자료 : Leoard V. Gordon, Survey of Personal and Interpersonal Value, 1976.

제3장 문화

제 2 절 하위문화

1 하위문화의 의의

하위문화(Subculture)란, 특정한 사회집단 중에서 다른 부분과 뚜렷하게 구별될 정도로 특이한 생활양식을 나타내고 있는 특정 부분으로 정의한다. 즉, 하위문화는 크고 복잡한 사회 안에 존재하는 집단으로, 특정 믿음, 가치, 관습을 공유하는 특정 집단의 문화를 의미한다. 이는 인구통계학적인 구분인 연령, 성별을 비롯하여, 종교, 인종, 지리적 위치 등의 구분에 기인한다. 예컨대 연령에 따라 청소년하위문화, 청년하위문화, 중 · 장년하위문화, 노년하위문화로 구분할 수 있으며, 지리적 위치에 따라 도시문화, 농촌문화로 구분할 수 있다. 한편, 이러한 하위문화는 각각 고유의 문화적 요소를 갖고 있으나, 보다 높은 차원에서 보면 모두 하나의 국가 문화 범주 내에 포함될 수 있다.

◀ 표 3-6 하위문화의 범주

하위문화의 범주	예 시
연령(Age)	청소년, 청년, 중 · 장년, 노년
성별(Gender)	남성, 여성
국적(Nationality)	한국, 미국, 일본, 호주, 말레이시아
인종(Race)	백인, 흑인, 황색인
종교(Religion)	기독교, 불교, 천주교, 유교
지역성(Community)	농촌, 소도시, 도시, 경상도, 전라도
소득(Income Level)	상류층, 중산층, 빈민층
직업(Ouccupation)	기술자, 교육자, 회사원, 종교인

자료 : J. Paul Peter and Jerry C. Olson, Understanding Consumer Behavior, Irwin, p. 361.(재구성)

2 하위문화별 마케팅전략

동일한 하위문화집단에 속한 사람들은 자신들만의 독특한 생활양식과 언어체계를 개발하여 보존하고자 하는 경향을 보이므로, 그들만의 특정한 가치, 믿음, 관습, 태도 등 구별되는 소비자 특성을 갖는다. 이는 하위문화가 시장세분화의 기준으로 작용될 수 있음을 시사하며, 어떤 구분 기준을 적용하여 시장을 구분할 것이며, 또한 그 세분시장의 규모와 특성을 확인하는 것은 마케팅 관리자에게 있어 중요한 마케팅 전략 요소로 볼 수 있다.

〈표 3-6〉에서 살펴본 하위문화의 범주 중 구분에 따라 하위문화 집단별 두드러진 차이를 보이는 연령, 성별, 종교, 인종과 지역성(지리적 기준)을 구체적으로 살펴보고자 한다.

1) 연령 기준 하위문화

연령은 하위문화와 세분시장을 구분하는 기준으로 활용도가 높다. 이는 생애주기별로 세대 구분이 되고 각 세대별 독특한 행동패턴을 가지고 있기 때문이다. 청소년, 청년, 중장년 그리고 노년하위문화로 구분하여 각 하위문화의 특성에 대해 살펴보고자 한다.

(1) 청소년 하위문화

10대(teenager)들은 다른 집단보다 뚜렷한 공통의 가치관과 행동 양식을 지니고 있다. 현 시대의 청소년들은 비교적 물질적으로 풍요로운 상황 속에서 자신들의 욕구를 충족시킬 수 있는 환경에서 성장한 집단으로, 소비 지향적이고 즉각적 만족을 추구하는 경향을 보인다. 또한 성장과정에서 다양한 유형의 대중매체(mass media)에 끊임없이 노출되므로 제품이나 서비스 선택에 있어 다른 연령 하위문화보다 많은 정보와 지식을 보유하고 이를 공유한다. 마케팅 관점에서 보면, 이 하위문화 시장은 수익의 원천일 뿐만 아니라, 일생을 통해 지속하는 소비

◀ 그림 3-7
청소년 하위문화
(좌: Youtube,
우: TikTok)

자료 : Youtube, TikTok 10대 User 검색

습관과 기준이 형성된다는 점에서 잠재시장으로서의 중요성이 높게 평가된다.

두드러지는 특성은 10대 청소년들은 온라인상에서 직접 콘텐츠를 생성하고 유통하며, 여러 소셜 네트워크 서비스를 통한 친목 도모, 소비 활동을 수행하는 것이다. 특히 최근 들어 미디어 콘텐츠를 활용한 1인 크리에이터 방송이 활성화 되면서 유튜브(Youtube) 아프리카TV(Africa TV), 틱톡(TikTok) 등을 활용하여 정보를 제공받고, 음악과 영상을 감사하는 것에서 벗어나 개인만의 컨셉을 가지고 콘텐츠를 만들어내는 10대 크리에이터 수 또한 늘고 있다.

(2) 청년 하위문화

청년 하위문화에 속하는 구성원들은 청소년과 완전한 어른 중간과정에 있다고 설명할 수 있으며, 이 시기부터 개인적인 구매 행동과 가족을 위한 구매 등의 다양한 소비 책임을 맡게 된다. 청년 하위문화의 시장은 대학생들과 젊은 독신들, 그리고 신혼부부로 구성되며 이들 대부분은 부모의 집에서 살거나 이제 막 독립을 시작했기 때문에 여전히 부모의 도움에 의존하고 있다. 2021년 현재 청년 하위문화는 일명 “MZ세대”로 불리며, 1980년대 초에서 2000년대 초에 출생한 밀레니얼 세대와 1990년대 중반에서 2000년대 초반 출생한 Z세대를 통칭하는 말로, 디지털 환경에 익숙하고, 최신 트렌드와 남과 다른 이색적인 경험을 추

그림 3-8 ▶ 2021 20대가 가장 사랑한 브랜드 (2021.2)

자료 : 대학내일20대연구소(2021.2) 인포그래픽 재구성

구하는 특징을 보인다고 정의 내려진다.

마케팅 측면에서 보면, 이들은 다양한 종류의 제품을 구매하는 행태와 특정 브랜드에 대한 애호도를 형성하는 중이며, 본인의 소득에 부모의 경제적 도움이 더해져 가처분 소득이 풍족하여 사치품을 구매할 수 있는 잠재 고객이 된다. 따라서 마케팅관리자에게 이상적인 표적 시장으로 인식되며, 신제품에 높은 관심을 가지는 하위문화 특성에 따라 새롭게 시장에 진입하는 좋은 기회로 작용될 수 있다.

대학내일20대연구소에서 매 년 진행하는 Top Brand Awards를 통해 만 19세 이상에서 34세의 청년 하위문화의 분야별 선호 브랜드를 알아볼 수 있다.

(3) 중 · 장년 하위문화

중 · 장년층의 개념은 중년과 장년의 복합어로, 사전적 의미로는 인간의 인생 주기에 있어 장년에서 노년 사이의 단계를 이르는 용어로 정의한다. 중 · 장년 하위문화를 규정하는 기준 연령에 대해서는 국내 · 외 연구에 따라 다르나, 대략 45세에서 65세 사이로 규정한다. 한편 연구에 따라 중 · 장년의 정의를 수치적인

◀ 표 3-7
중 · 장년층 교육수준 분포(2000~2015))

구분	초졸 이하(%)				대졸 이상(%)			
	2000년	2005년	2010년	2015년	2000년	2005년	2010년	2015년
남성	22.5	15.4	11.0	6.1	21.5	27.1	33.1	40.7
여성	47.6	31.8	21.6	12.1	7.4	11.5	17.4	25.1

자료 : 한국보건사회연구원(2018). 중 · 장년층 가족의 이중부양 부담 구조 변화와 대응방안 연구(재구성)

연령 기준보다 노년기와 구분 지어 경제활동을 수행하며 신체적, 지적으로 활동적인 시기로 명시적 구분을 짓는다.

중 · 장년층의 사회경제적 주요 특성을 살펴보면, 교육수준의 경우 〈표 3-7〉과 같이 초졸 이하의 비율은 2000년 약 23%에서 2015년 약 6%로 4분의 1 수준으로 낮아진 반면, 대졸 이상의 비율은 같은 시기 22%에서 41%로 2배 가량 증가하였다. 중 · 장년층의 경제활동 참가율은 남성과 여성 간 현저한 차이가 나타났으나, 전체적으로 살펴봤을 때, 2000년부터 2015년 사이에 동일한 증가 추세를 보였으며, 2000년 59.3%에서 2015년 65.9%로 증가하였다.

이처럼 과거에 비해 높은 교육수준과 경제력을 갖춘 중 · 장년층의 증가와 세대론적 특성, 즉, 이들이 20~30대를 보낸 1990년대는 한국이 본격적 소비사회에 접어들었을 시기라는 점이 합쳐져 중 · 장년층의 소비에 대한 가치관이 달라지고, 당당하게 본인의 인생을 즐기려는 성향이 증가하였다. 이러한 배경으로 '나우족(Now Old Women)', '노무족(NO More Uncle)'과 같은 용어가 생겼다. 나우족은 젊고 아름답게 살기 위해 자신에게 투자하는 40~50대 여성을 가리키며, 노무족은 '더 이상 아저씨가 아니야'라는 의미의 중년남성을 가리키는 경제 신조어이다. 이들은 과거 동일 연령층의 주 소비 산업인 생필품, 보험 시장에서 더 나아가 많은 산업의 소비 주체로 주목받는다. 자신의 외모관리에 관심이 많은 중 · 장년층을 위해 화장품 시장에서 안티에이징 제품을 선보이는 것을 예로 들 수 있으며, 또한 패션 시장에서도 중 · 장년층을 타겟으로 한 브랜드가 많이 생겨나고 있다. 이로 인해 광고 시장에서 중 · 장년층 모델의 수요가 증가하고 있다.

그림 3-9 ▶ 중 · 장년층을 위한 안티에이징 화장품 광고(좌: '견미리 팩트'라는 별칭이 붙은 안티에이징 대표 제품 AGE 20's 팩트 / 우: 안티에이징 기능을 강조한 수려한 진생 에센스)

(4) 노년 하위문화

노년 하위문화의 구성원들은 생애주기 단계 후반기에 속해 있는 사람들로서, 개인이 겪어온 인생 경험이 각기 다르기 때문에 개개인의 성향과 관심사, 의견, 활동 및 여러 측면에서 다른 연령 하위문화보다 다양성을 가진다. 연령 기준은 보통 65세로 두나, 여러 연구와 시장 조사를 통해 이러한 기준 나이가 노년 하위문화 전체를 대변한다고 할 수 없다는 것을 여러 차례 입증하였다.

이러한 하위문화에서 마케팅관리자가 주목해야 할 점은 그들의 실제 나이가 아닌, 그 구성원 스스로가 지각하는 인지적 연령(cognitive age)이다. 마케팅관리자는 노년 하위문화의 소비자 대다수가 실제 연령보다 자신을 젊게 지각한다는 것을 바탕으로 그들의 인지적 연령이 행동 결정에 더 중요한 요소로 작용한다는 점을 인식해야 한다.

과거의 동일 연령대를 사회 구조상에서 보호받아야 하는 복지의 대상으로 보는 관점에서 벗어나 최근에는 '뉴시니어', '액티브시니어'로 명명하면서 다양한 욕구를 지닌 막대한 소비 집단으로 보고 있다. 이들은 디지털 미디어를 적극적으로 활용하고, 인터넷을 중심으로 다양한 온라인 커뮤니티를 구성하여 자신들의 문화를 공유한다. 최근 열풍적인 트로트 문화를 예로 들어보면, 과거에 대한 향수, 가수를 좋아하는 마음도 깊고 오래 가는 경우가 많은 시니어의 특성과 디지털 미디어 활용능력이 결합 되어 노년 하위문화의 단단한 팬덤 문화 형성됨을 알 수 있다.

2) 성별 기준 하위문화

성별의 역할은 중요한 문화적 요소를 내포하기 때문에 하위문화의 범주로 성별을 검토하는 것은 매우 적절한 방법이다. 모든 사회에서는 성별에 의해 구별된 특성과 역할을 부여하려는 경향이 있는데, 전통적으로 여성에게는 육아에 대한 책임과 함께 주부로서 역할이 주어지며, 남성에게는 가족의 부양과 가장으로서의 책임이 주어진다. 그러나 이러한 전통적 성 역할의 구분은 점차 감소하거나 사라지고 있다. 예를 들어 여성 고유의 제품으로 간주 되었던 향수, 화장품, 쥬얼리 등은 남성 전용 화장품, 패션 아이템으로, 남성 고유 제품으로 여겨진 면도용품, 넥타이 등 역시 여성이 선호하는 제품 중 하나로 여겨진다.

마케팅 측면에서 성별은 제품 및 서비스 구매동기 형성에 중요한 역할을 하며, 동일 광고에 대해 성별에 따라 영향을 받는 속성에는 차이가 있다. 여성의 경우 광고의 언어적, 조화로움, 범주 지향적 속성에 더 많은 영향을 받고, 남성의 경우는 비교가능성, 단순성이 높으며 속성 지향적인 광고 속성에 대해 더 큰 영향을 받으며 높은 구매 의도를 보인다. 마케팅관리자는 이러한 성별과 관련한 역할 선택에 대해 소비자에게 넓은 시야를 어필해야 하며, 성별과 연결된 제품 및 서비스, 소비자 행동 등 여러 분야에서 성별의 차이와 격차가 축소되거 있음에 주목하여야 한다.

3) 종교 기준 하위문화

종교는 그 나름대로의 세계관이나 우주관을 가지며, 상징과 의미 체계도 다르게 구성되어 있어 하위문화로 구분할 수 있다. 종교 집단의 구성원들은 해당 종교가 보유하는 신념에 따라 행동하며 이러한 신념은 다음 세대로 전수되므로, 종교 또는 신앙에 따라 문화의 특성이 달라질 수 있다. 또한, 이러한 종교적 전

자료 : https://rocklandkosher.com, http://cor.ca/

▲ 그림 3-10
종교적 관행의 확장된 의미 예시(유대교-'코셔(Kosher)'마크)

통과 관습은 소비자 구매 행동에 차이를 미치는데, 예를 들어 유태교인들은 돼지고기나 조개류를 먹지 않으며, 모르몬교도들은 담배와 술을 하지 않는다. 또한 가톨릭 교인들은 금요일에 생선을 먹는 경향이 있다. 이러한 소비자 행동의 차이는 산업에 따라 다른 영향을 미치는데, 예컨대 독실한 기독교인들은 비물질적인 것을 추구하여 신용카드 업계에서는 별반 좋은 시장으로 여겨지지 않으나, 간이식품이나 조립제품을 판매하는 기업에게는 좋은 시장이 될 수 있다.

한편, 현대 생활이 점점 세속화되어 감에 따라 개인의 기본적 신념과 가치를 형성하는데 있어 종교의 영향력이 점차 감소하며, 전통적 종교 법칙을 고수하는 경향도 흐려지고 있다. 다만, 종교가 갖는 상징적 관련성을 갖는 제품의 경우 이와 관계없이 꾸준히 중요 시장으로 여겨지며, 대표적으로 크리스마스는 그 해의 가장 중요한 선물 구매 성수기이다.

더 나아가 종교적 관행이 때로는 확장된 의미를 가진다. 예컨대, "음식 규정(dietary laws)"은 유대교의 음식물, 조리법, 조리 기구 및 식기 등에 관한 규정으로, 유대교 가족이 준수해야 할 의무로 여겨지나, 이러한 의무사항이 식품 포장으로 그 의미가 확장되어 'U'와 'K'가 표시된 포장은 유대교 음식 규정을 충족시키는 제품이라는 증표로, 유대교가 아닌 일반 사람에게는 유대교에서 우수 관리 인증을 받은 깨끗하고 건강에 좋은 음식을 의미한다.

4) 인종 기준 하위문화

우리나라와 같이 단일민족 국가에 있어 인종 기준은 충분한 문화를 형성할만한 하위문화로 분류되기 어려운 점이 있으나, 미국과 같은 다민족으로 구성된 사회에서는 인종과 국적이 각 하위문화 구성원이 두드러진 특성을 보이는 중요 하위문화로 분류될 수 있다. 단, 인종 기준 하위문화가 성립될 수 있는 조건은 출신 국가의 소비자들이 그들끼리의 공통된 가치관이나 구매 행동을 갖고 있어야 된다는 점이다.

자료 : http://kazimfahim.com/about-me

▲ 그림 3-11 히스패닉 마음을 얻기 위해 멕시코 축구팀과 후원 합의를 이룬 밀러(Miller) 맥주

미국에는 크게 3대 인종 기준 하위문화가 존재하며 각각의 하위문화는 독특한 세분시장으로 여겨지며, 히스패닉(라틴계), 아프리카계, 아시아계로 구분된다. 각 인종 하위문화는 각기 다른 인구통계학적 특성과 구매 행동, 제품 선호, 가격 민감성, 매체 선택 등에 차이가 있다. 예컨대 아시아계 미국인은 다른 인종 하위문화 구성원에 비해 상대적으로 인구 수는 적으나, 가장 빠르게 성장하는 미국의 하위문화로 여겨지며 2050년까지 약 3,500만 명에 달할 것으로 추정된다. 이들은 다양한 국가(중국, 필리핀, 한국, 일본 등)가 혼용되어 있어 매우 세분화된 시장으로 여겨진다. 또한 다른 하위문화에 비해 로스엔젤레스, 뉴욕, 샌프라시스코와 같은 대도시에 주로 거주하는 도시화된 특성을 보인다. 또한 높은 교육 수준 역시 큰 특성으로 볼 수 있다.

마케팅관리자는 이러한 다양한 인종 세분시장의 특성과 주요 선호 제품 및 서비스에 대한 충분한 수요 조사를 통해 그들로 하여금 민족성과 이에 따른 호감을 이끌어 낼수 있는 전략에 대한 연구를 수행할 필요가 있다.

5) 지역기준 하위문화

같은 국가에 사는 사람들도 사는 지역에 따라 다른 행동 양식을 보이기도 하며 가치관과 라이프스타일도 서로 다른 경우가 많다. 이러한 차이는 지형이나 기후, 천연자원, 경제적 구조, 인구구조, 또는 그 지역 내의 다양한 국적들의 분포 등에 따라 결정이 된다.

미국의 Maxwell house 커피는 제품을 전국적으로 판매하고 있으나 맛은 각 주별로 다르게 판매하고 있다. 강한 커피를 좋아하는 서부 지역에서는 진한 커피를 팔고, 동부지역에는 그보다 약한 커피를 판매하고 있다. 또한, Reynold 담배회사는 시카고 지역을 3개로 나누어 담배를 판매하고 있다. 북쪽 지역은 높은 교육수준으로 건강에 관심이 많으므로 타르가 적은 담배에 주력하고 남동쪽 지역은 공장 근로자들이 많아 보수적이기 때문에 Winston을 집중적으로 판매하며 흑인이 많은 사는 남동쪽에서는 흑인이 많이 보는 신문과 일간지에 Salem을 주로 광고하고 있다.

제 3 절 비교문화

1 비교문화의 의의

자국에서 성공한 마케팅전략일지라도 다른 가치관을 가진 나라에 이를 적용하는데 있어 반드시 성공이 보장되지는 않는다. 따라서 해외시장 진입에 대한 의사결정과 어떻게 그 시장에 진입하는가에 대한 방법을 결정할 때 비교문화 분석은 마케팅관리자가 반드시 수행해야 하는 과정이다. 다른 문화적 배경을 가지는 소비자를 이해하기 위해 그들의 문화적 특성과 그에 따른 소비자 행동을 충분히 이해함으로써 마케팅전략 수립의 근거로 삼아야 한다. 따라서 비교문화에 대한 명확한 이해가 필요하다.

비교문화의 이해와 국가 간 문화 차이에 따른 소비자 행동의 차이를 연구해야 하는 이유는 크게 두 가지로 볼 수 있다. 첫째, 비교문화 연구는 자국 내에서 문화가 소비자 행동에 어떻게 영향을 미치는지에 더 나은 이해를 제공한다. 둘째, 마케팅관리자에게 해외문화 또는 상이한 하위문화 내에서 마케팅활동을 수행할 때 유의해야 할 잠재적 함정을 지적해 준다. 이러한 분석을 통해 심리적 사회적 문화적 환경적 특성을 이해하여 특정한 나라에 보다 효과적인 마케팅전략을 수립할 수 있다.

자국중심의 기업이 해외시장까지 마케팅영역을 확대하고자 할 때, 마케팅관리자들은 소위 문화충격(cultural shock), 즉 자신의 것과 매우 상이한 가치, 규범, 관습, 집단의식과 이질적인 태도 및 작업의식 등으로 인한 심리적, 정신적 갈등의 문제에 직면하게 된다. 이는 해외시장에서의 마케팅 실패와 직접적으로 관련된다. 따라서 성공적 마케팅활동을 수행하기 위해 현지문화(host culture)와 그것이 소비자 행동에 미치는 영향을 충분히 이해해야 한다. 그렇지 않으면 무의식적으로 자신의 자국 문화(home culture)를 기준으로 생각하고 행동하는 문화적 근시안(cultural myopia)이 발생한다. 비교문화 분석의 근본적 목표는 이런 문화적 근시안을 제거하려는 것이라고 할 수 있다. 해외시장의 문화가 수용할 수 있는 제품과 시장전략을 개발하기 위해서는 국가 간의 문화 비교가 반드시 선행되어야 한다.

2 비교문화 분석

소비자 행동에서 비교문화 분석(cross-culture analysis)은 2개국 이상의 소비자가 유사하거나 상이한 정도를 밝히는 것으로 정의되며, 이러한 분석은 자국이 아닌 다른 국가를 타겟 시장으로 선정하려는 마케팅관리자에게 효과적인 마케팅 전략을 수립할 수 있는 기초가 되며, 해당 국가 소비자의 심리학적, 사회적, 문화적 특성에 대한 이해를 제공한다. 〈표 3-8〉은 비교문화 분석에서 고려되어야 할 요인과 그 사례를 간략하게 제시한다.

1) 비교문화의 내용

비교문화 분석의 기본적인 요인 중 마케팅전략에 영향을 미치는 소비자의 관습과 가치의 차이, 언어의 차이, 경제적 환경의 차이, 종교의 차이에 대해 보다 구체적으로 살펴보고자 한다.

(1) 소비자의 관습과 가치

마케팅관리자는 각 국의 소비자들의 가치관이 동일하다고 가정하지 않아야 한다. 개인주의가 행동 양식의 기초인 국가가 있는 반면, 집단주의적 가치를 강

◀ 표 3-8
비교문화 분석 주요 요인과 사례

요인	사례
언어와 의미의 차이	• 단어 또는 개념(예: '개인 계좌', checking)은 동일 의미가 아닐 수 있다.
시장 세분화 기회의 차이	• 표적고객의 소득, 사회계층, 나이, 성별은 극적으로 다를 수 있다.
경제적 · 사회적조건과 가족구조의 차이	• 가족 의사결정의 스타일은 국가별로 다를 수 있다.
소비 패턴의 차이	• 소비 수준이나 제품/서비스 사용이 실질적으로 다를 수 있다.
제품과 서비스에 대한 지각된 편익의 차이	• 매우 다른 방식으로 동일 제품을 사용하거나 소비할 수 있다.
제품과 서비스에 대한 평가 기준의 차이	• 서비스에 대해 추구하는 편익은 국가마다 다를 수 있다.
마케팅 조사 및 조건의 차이	• 소매점 및 DM 목록의 유형과 품질이 국가 간에 크게 다를 수 있다.
마케팅 조사 가능성의 차이	• 전문 소비자 조사자의 활용 가능성은 국가마다 상당히 다를 수 있다.

자료 : Leon G. Schiffman and Joseph L. Wisenblit, Consumer Behavior, 11ed, 2015.

조하는 사회도 있다. 또한, 어느 나라에서는 성취와 물질주의가 전통적으로 중요한 가치로 여겨지지만, 다른 나라에서는 자신의 현재 위치에 만족하는 것이 전통적 가치인 경우도 있다. 이러한 문화적 가치의 차이는 소비자의 구매 행동에 영향을 미치며, 이러한 국가 간 문화적 가치 차이는 제품에 대한 욕구와 선호, 제품사용량 등 마케팅 요인에도 차이를 나타낼 수 있다. 예컨대, Campbell사가 농축된 수프 제품을 가지고 영국 시장에 진출할 당시, 영국 사람들이 농축된 수프보다 별도의 가공과정 없이 제공되는 수프를 선호한다는 것에 대한 사전 이해가 부족했다. 영국 사람들에게 Campbell사의 수프 통조림은 매우 작아 보였고, 이를 시식하는 방법에 대한 홍보가 없었으며, 다양한 맛을 추구하는 영국 사람들의 입맛을 고려하지 않는 실수를 범했다. 이러한 문화적 차이를 인지하고 제품을 수정하여 다시 시장에 내놓기까지 수년의 시간이 걸렸으며, 이후 Campbell사는

자료 : 상-https://www.campbellsoup.co.uk/soups,
하-https://www.campbellsoup.com.hk

▲ 그림 3-12
비교문화 분석을 통한 Campbell사의 국가별 수프 맛 (상: 영국, 하: 홍콩)

비교문화 분석을 통해 영국을 비롯한 홍콩, 중국, 호주 등 각 국가 소비자의 입맛에 맞는 수프를 제공하고 있다.

(2) 언어

사회에서의 언어란 사람들이 자신의 생각이나 느낌 또는 필요, 욕구를 나타내는 도구로서의 역할을 수행한다. 또한 한 세대에서 다음 세대로 그들의 가치와 문화를 전달해 주는 매커니즘이다. 문화는 끊임없이 학습되는 것이며, 언어는 학습되는 내용에 영향을 미치고, 문화적 관습이나 가치는 언어에 의해 서로 커뮤니케이션 된다.

마케팅관리자는 자국 외에 여러 국가에 제품을 제공할 경우 각 국이 갖는 언어의 미묘한 의미를 파악해야 한다. 글로벌 마케팅에 있어 대표적 실패 요인으로 꼽히는 것이 바로 그 나라 언어에 대한 이해 부족이다. 비교문화 분석에 있어 언어의 차이를 고려한 예시를 〈표 3-9〉에 제시하였다. 이처럼 마케팅관리자는 각 국의 언어가 내포하는 의미가 문화에 따라 달라질 수 있음을 이해하는 것이 중요하다.

한편, 동일 제품의 광고 문구가 다른 국가의 문화에서도 어느 정도 표준화될 수 있는 가는 중요한 마케팅전략 문제이다. 예컨대 맥도날드사는 세계적으로 표준화된 광고 전략을 수행하고 있으나, 각 국의 문화적 차이와 언어 의미를 고려하여 광고의 초점을 조금씩 다르게 제공하고 있다. 호주에서는 "맥도날드, 우리는 모두 가졌어요", 독일에서는 "즐겁게 식사하는 맥도날드"의 광고 문구를 사용하며, 매 사 절약하는 문화를 가진 네덜란드에서는 "맥도날드, 주머니 사정에 좋습니다"라고 광고한다. 또한, 맛을 중요시 여기는 일본에서는 "맥도날드, 우리는

- "Nova"는 스페인어로 "가지 않는다"를 의미하기 때문에 General Motors사는 스페인어를 사용하는 국가에서는 이 제품명을 사용하지 않았다.
- 국내 자전거 브랜드 대영자전거는 수출시장에서 상표를 바꾸어야 했는데, "Dai Young"이란 상표를 "Die Young"과 같은 음으로 소비자들이 발음했기 때문이다.
- 미국의 한 항공사가 브라질에서 운영하는 항공편에 "rendezvous lounges"를 설치하였는데, "rendezvous(랑데뷰)"는 포르투갈어로 '바람피우기 위한 방'을 의미한다.
- Colgate의 치약 "Cue"는 프랑스어로 "엉덩이"의 속어이므로 문제를 야기했다.
- Exxon의 이전 이름인 "Enco"는 일본어로 "기름이 떨어졌음"을 의미한다.
- Pepsi의 광고 메시지 "Come alive with Peps"는 서독에서는 "펩시콜라를 갖고 무덤에서 살아 나오너라"(Come alive out of the grave with Pepsi)로 번역되었다.
- 프랑스인들은 그들 언어에 &나 's가 없어, Mars의 상당한 발음교정 노력에도 불구하고 M&M's를 제대로 발음하지 못한다.

◀ 표 3-9 비교문화 분석에 있어 언어의 차이의 중요성을 나타내는 예시

맛으로 해냅니다"라는 광고 문구를 제시한다.

(3) 경제적 환경

비교문화 분석의 관점에서 각 국의 경제적 환경은 소비자 행동에 매우 큰 영향을 미치는 요인으로 볼 수 있다. 특히 생활 수준과 경제적 인프라, 경제와 관련된 정책적 사항이 국가 별 편차가 크게 나타난다. 개발도상국에 속하는 국가에서는 TV 같은 가전제품, 자동차가 아직 보편화 되지 않아, 이러한 국가에 제품 광고를 하는 데 있어, 다른 국가와는 다른 방식으로 접근해야 한다. 예컨대 Kellogg사의 경우 동남아시아인의 조식 습관을 바꿔 자사 제품의 수요를 증대시킬 목적으로 광고하려 했으나, TV나 대중매체의 보유 비율이 높지 않아 광고의 효과를 보지 못했다.

경제적 인프라란 기업이 비즈니스를 수행하기 위해 필요한 매체, 운송설비, 전력 및 통신 설비를 포함하는 개념으로, 생활 수준과 마찬가지로 국가 별 편차가 대단히 크게 나타난다. 중국의 경우 매체를 통한 광고는 정부에 의해 유통되며, 상대적으로 접근이 제한되어 있어, 일반 시민에게 효과적으로 접근하기 어려

운 점이 있다. 특히 개발도상국과 같이 상대적으로 덜 개발된 국가를 타켓시장으로 하는 기업의 마케팅관리자는 대상 국가의 경제적 인프라에 따라 활용할 수 있는 마케팅전략에 제한이 있다는 점을 인지해야 한다.

뿐만 아니라 국가의 경제정책도 소비자 행동에 영향을 미친다. 과거에 비해 축소되고는 있으나, 아직 여러 국가들은 자국의 산업을 보호하기 위해 수입제품에 대한 관세장벽 정책을 고수하고 있다. 또한, 외국 기업의 자국 투자에 대한 정부 정책에 따라 해당 국가 시장에 진입의 용이성이 결정된다. 중국의 경우 외국 기업의 투자에 호의적이며, 다양한 소비재 제품의 개발을 권장하였다.

(4) 종교

앞서 살펴본 종교 기준 하위문화는 각 집단 구성원들의 종교적 신념과 가치에 따라 소비자 행동에 큰 차이가 나타남을 알 수 있었다. 종교의 경우 실증적으로 증명하기는 어려우나 이와 관련된 한 사회의 공통의 믿음으로 나타나고, 개인의 가치와 태도에 실질적으로 영향을 미치며 더 나아가 문화구성원들의 구매 행동에도 영향을 준다.

그림 3-13 ▼
McDonald's
인도 소비자를 고려한
'Maharaj Mac'

특히, 마케팅관리자는 비교문화 분석에 있어 종교적 요인을 살펴볼 때, 그 종교에서 금기시되는 가치와 규율에 대한 이해가 필요하다. 예컨대 중동 지역에서는 비즈니스 수행과정에서 여성 판매원을 통해서만 여성에게 접근하는 것이 일반적이다. 또한, 맥도날드 사는 인도 현지의 힌두종교에서 기인한 문화적 특성에 맞춰 버거의 패티를 쇠고기 대신 양고기, 닭고기를 사용한 "Maharaj Mac"을 판매하여 큰 성공을 거두었다.

2) 비교문화 척도

소비와 관련하여 문화적 차이를 평가하기 위해서 몇 가지 틀이 있다. 먼저 비교문화에 대한 검토가 진행되어야 한다. 접근하고자 하는 국가의 소비자들을 대상으로 수행하며, 기업이 제공하고자 하는 제품의 경쟁대상이 되는 자국 제품 품질에 대한 인식, 구매 의도에 대한 검토가 이루어져야 하며, 해당 국가 소비자들의 자기민족 중심주의, 자국의 소비문화에 대한 인식, 자국 문화에 대한 동일시 정도를 파악하는 문화적응, 그리고 민족적 · 국민적 자아 동일시 정도를 파악해야 한다. 또한 해당 국가 소비자들의 개인적 문화 성향의 확인이 선행되어야 하며 구체적 항목에는 독립성, 상호의존성, 영향력, 사회적 평등, 위험회피, 애매한 관용, 남성성, 양성평등, 전통, 신중함, 소비자 자국중심주의, 소비자 혁신성 총 12개의 항목이 있으며 '동의한다'와 '동의하지 않는다'의 등간척도로 표시한다. 또한, 지역 및 글로벌 제품에 대한 소비자 태도를 측정하여 진입하고자 하는 해외시장에 대한 이해를 바탕으로 전략을 수립하여야 한다.

3 비교문화 마케팅전략

앞서 살펴본 바와 같이 문화에 따른 가치관, 관습, 인구통계학적 특성 등의 차이는 마케팅관리자로 하여금 제품과 서비스를 각 문화의 특성에 적응해야 할 필요성을 갖게 한다. 오늘날의 기업들은 글로벌 마케팅활동의 비중이 점차 커지고, 중요해 짐에 따라 국가와 문화의 영역을 초월한 표준화된 마케팅전략을 전개할 것인가, 혹은 문화적, 지역적 차이를 고려한 차별화 전략을 구사할 것인지에 대한 의사결정이 신중하게 고려되어야 한다.

비교문화 마케팅전략에 있어, 기업의 제품의 표준화 정도와 제품을 전달하는 커뮤니케이션의 표준화 정도에 따라 〈표 3-10〉과 같이 구분된 글로벌 마케팅전략을 수행할 수 있다.

표준화 전략을 지지하는 마케팅관리자는 교통과 통신의 발달로 전 세계를 대상으로 유통과 광고 전달이 가능해졌고, 또한 국가 간의 가치나 추구하는 취향이 점차 유사해지고 있다는 점에 주목하고 있다. 표준화 전략을 취하는 대표적인 예로 코카콜라, 나이키 등을 들 수 있는데, 이는 세계적 상표로 인식되어 있으며 대부분의 문화권에서 공유하는 가치관과 제품을 연결하여 제공하며, 커뮤니케이션 방법을 표준화하여 여러 국가에 걸친 전략을 수행한다.

이러한 세계적 동질화 추세에도 불구하고, 동일 제품으로 표준화된 광고 컨셉을 사용하여 여러 국가에 표준화된 마케팅전략을 펼쳐 성공한다는 것은 흔치 않은 일이다. 아무리 보편적인 가치를 제공하는 제품이라도 그 문화의 관습이나 가치, 언어에 맞춰 조금씩은 변형이 필요하기 때문이다. 앞서 살펴본 바와 같이 맥도날드는 그들의 제품을 현지에 적합하게 변형하여 제공하는데, 예를 들어 일본에서는 버거에 계란프라이를 추가하고, 태국에서는 달콤한 바비큐 소스를 첨가한 버거를 제공하며 특히 인도시장에 진출할 때는 해당 국가의 종교적 가치를 고려한 소고기를 대체한 양고기 버거, 'Maharaja Mack'을 출시하였다.

이처럼 해외시장에 진출하고자 하는 기업은 마케팅전략을 수립할 때 국가에 따라 현지화된 전략을 취할 것인지, 세계적으로 표준화할 것인지, 그리고 이러한 현지화와 표준화를 동시에 진행할 것인지, 또한 그 각각의 정도를 어느 수준으로 정할 것인지 등의 의사결정을 선행하여 수립하여야 한다.

표 3-10 ▶
글로벌 마케팅전략

구분		커뮤니케이션	
		표준화	고객화
제품	표준화	표준화 전략	혼합전략 A
	고객화	혼합전략 B	현지화 전략

1) 표준화 전략

여러 사회의 문화는 많은 측면에서 차이를 보이지만, 나름의 공통적 특성 즉, 문화적 보편성(cultural universals)을 지니고 있다. 이처럼 소비자 행동이 어느 정도의 보편성을 지닌다는 점은 글로벌 마케팅에 있어 표준화가 가능하다는 것을 의미한다. 표준화 전략은 사람은 근본적으로 동일성을 지니기 때문에 범세계적인 커뮤니케이션 역량은 지닌 국제적 전략은 어느 시장에서도 그 효과를 발휘할 수 있다는 믿음에서 출발한다.

표준화 전략을 지지하는 마케팅관리자들은 산업화를 거친 국가들은 동질적으로 변모하였기 때문에 표준화된 전략이 산업화를 경험한 전 세계의 많은 곳에서 통한다고 주장하며, 각 문화를 위한 개별적 전략을 개발하는 것은 오히려 상당한 시간과 경비가 소요될 수 있다고 본다. 여러 해외시장을 공략하기 위한 하나의 접근 방법을 개발하면, 이러한 시간과 경비를 줄일 수 있어 규모의 경제라는 이익을 얻을 수 있으며, 계획과 통제가 수월하게 이뤄질 수 있다고 주장한다.

대표적 글로벌 브랜드인 코카콜라의 경우 “Taste the Feeling”이라는 광고 문구를 사진 장면으로 구성된 광고 화면에 제시하면서, 동일한 배경음악을 통해 그들의 범세계적 제품 이미지를 형성하고 경쟁적 우위를 확보한다. 또한, 소비자들은 전 세계 어느 곳에 있든지 코카콜라의 같은 광고에 노출되어 브랜드 인지가 계속 보강된다.

범세계적인 표준화 전략은 여러 국가의 소비자들이 유사한 욕구와 소비 형태를 가지고 있는 경우에만 성공할 수 있다는 단서 조항이 있다. 그러나 여러 마케팅관리자는 각

▼ 그림 3-14 코카콜라의 “Taste the Feeling” 광고(상: 미국, 하: 한국)

자료 : https://www.coca-colacompany.com

기 다른 시장에서 구사될 수 있는 전략을 취한다는 것은 최소한의 공통분모만 추구하게 되는 것으로 생각하여 회의적인 견해도 가지고 있다. 그러나 범세계적인 표준화 전략은 현지화 전략에 중요한 대안인 것은 틀림없으며, 오늘날의 세계는 점점 좁아지고 있고 표준화 전략의 조건인 국가 간의 유사한 욕구와 가치 등은 점점 명백해지고 있다.

한편, 일반적으로 광고의 커뮤니케이션보다는 제품 자체에 대한 표준화 전략을 사용하는 편이 더 쉽다. 제품은 국가마다 변화시킬 필요가 없는 경우가 많으나, 광고는 일반적으로 현지 상황에 알맞게 언어나 상징이나 이미지를 선별하여 변형하여야 할 경우가 많기 때문이다. 많은 기업이 각 국가에 동일한 표준화된 제품을 판매한다. Black & Decker가 판매하는 연장들은 각 나라에 적합한 전압과 전력에 맞게 수정만 하였을 뿐 동일한 제품들이다. McDonald's사는 프렌치프라이의 맛을 전 세계에 있는 약 11,600여 개의 점포에서 동일 하게 내기 위하여 철저하게 그 지역 감자의 품질을 규정 함으로써 표준화된 제품을 제공하고 있다.

이와 반대로 WalMart의 경우, 한국의 쇼핑특성 및 식생활 습관을 고려하지 않은 제품전략으로 제품 표준화에도 실패했고, 또한 미국에서 적용되는 커뮤니케이션 컨셉을 한국인의 정서를 고려하지 않은 채 그대로 적용하는 표준화 전략으로 결국 전략적인 실패를 초래했다.

2) 현지화 전략

지역적 관습이나 관행에 대한 이해 없이 무작정 범세계적 커뮤니케이션 방식만을 고집하는 경우, 마케팅전략은 실패하거나 효과가 낮아지게 된다. 이런 관점에서 국가나 지역의 특정 상황을 고려한 별도의 마케팅전략이나, 마케팅 프로그램을 실시하는 것을 현지화 전략 또는 차별화 전략이라고 한다. 이는 표준화된 종합적 마케팅전략을 기초로 하되 실제상황에 따라 해당 국가의 특성과 관습을 반영해 적절히 조정하는 방법이라고 할 수 있다.

맥도날드(Ronald McDonald)는 일본어에 'R' 발음이 없으므로, 일본에서는 Donald McDonald로 상호를 변경하고, 메뉴에 옥수수 수프, 녹차 밀크셰이크를 추가하여 현지화하였다. 또한, 미국에서 청량음료만 판매하지만, 독일에서는 맥주를, 프랑스에서는 포도주를, 홍콩에서는 망고 밀크셰이크를 판매하며 각 국가 선호도에 맞는 제품을 제공하고 있다. 필리핀 사람들이 말린 닭고기와 밥이나 스파게티를 함께 먹는 것을 좋아하여 해당 메뉴들을 함께 제공하고 있다.

스타벅스는 여러 유럽국에서 제공되는 메뉴를 수정하였다. 영국의 경우, 테이크 아웃 커피를 선호하므로 영국 여러 곳에 드라이브스루(drive-through) 매장을 배치하였고, 여러 영국인들이 스타벅스 커피가 묽다고 생각하기 때문에 에스프레소에 추가 샷을 무료로 제공하기도 했다. 프랑스의 경우, 60%가 에스프레소를 좋아하지만, 스타벅스 에스프레소에서 탄 맛이 난다고 하여 연한 '브론디' 에스프레소로스트를 출시했다. 또한, 네덜란드 암스테르담의 매장은 현지의 숲과 아방가르드 건축 양식을 이용해 매력적인 공간을 창출했다.

Disney는 1992년에 유럽의 Disney Park를 시작한 이후 지역 문화에 민감하게 대처하는 것이 매우 중요하다는 것을 알게 되었다. 다양한 나라들로부터 온 유럽지역의 방문자 중 독일인, 이탈리아인들은 French 소시지만 파는 것에 불평을 했다. 또한, 2005년 홍콩의 디즈니랜드를 개장하면서 유럽에서 깨달은 문화적 민감성에 대한 중요성을 적용했다. 정문의 위치를 옮겨야 한다고 제언한 풍수

▼ 그림 3-15 현지화 전략 사례 (좌: 일본의 맥도날드 상호, 우: 네덜란드의 스타벅스 매장)

자료 : 구글 이미지 검색

전문가와의 상담 후에 12도 정도 정문의 각도를 옮겼으며, 기차역으로부터 입구까지의 보도에 긍정적인 힘의 흐름이 이어지도록 띠를 놓았다. 각 건물 공사를 마무리 할 때 향을 태웠고, 개장을 홍콩에서 행운의 날로 여겨지는 9월 12일로 골랐다. 또한, 중국에서 행운의 숫자인 8을 이용해 주요 무도회실 중 하나의 면적을 888㎡로 만들었으며, 숫자 4를 불행한 것으로 여기기 때문에 엘리베이터에 4층 버튼을 배치하지 않았다.

위의 사례들은 기업의 마케팅관리자들이 각 문화는 독특하고 그것의 소유 가치 체계, 관례와 규칙을 가진다고 생각한다는 것을 보여준다. 이는 각 나라는 차별적 행동과 개성의 특성이라고 할 수 있는 국가적 특성(national character)을 가진다고 볼 수 있으며, 각 특정 문화의 민감성을 고려하여 각각에 맞는 전략을 세워야 한다.

3) 현지화와 표준화 혼합전략

현지화 전략과 표준화 전략을 혼합하여 각 시장의 문화적 상황에 대처하는 전략으로, 구체적으로 표준화된 제품을 고객화된 커뮤니케이션으로 전달하는 전략(〈표 3-10〉의 혼합전략 A)과 고객화된 제품을 표준화된 커뮤니케이션으로 전달하는 전략(혼합전략 B)으로 구분해 볼 수 있다. 우선, 혼합전략 A은 표준화된 제품으로 현지 사정에 맞게 커뮤니케이션을 변형하는 전략으로 진입하고자 하는 현지의 환경적 차이로 인해 동일 제품이 수행하는 기능이 완전히 다르거나, 소비자의 상이한 욕구를 충족시켜주는 경우에 수행하는 전략이다. 예컨대 미국에서 레저용인 자전거가 네덜란드에서는 기본적인 운송수단으로 통할 경우, 커뮤니케이션 전략을 수정해야 할 것이다. 혼합전략 B는 현지의 시장 상황이나 현지 제품믹스 전략 등으로 인해서 자사의 제품 포트폴리오에 새로운 제품을 추가하거나 새롭게 추가된 제품의 브랜드 자산을 활용하기 위해 현지 브랜드를 그대로 사용하는 전략을 취하게 된다.

4 글로벌 마케팅

1) 해외 시장 접근시의 고려사항

기업이 해외시장에 진입을 계획할 때 유념해야 할 7가지의 고려사항이 있다. 이러한 7가지의 변수에 대한 분석은 시장에 진입 할 것인가의 여부와 진입한다면 어느 정도의 현지화 정도가 요구되는 마케팅전략이 필요한지에 대한 의사결정의 배경을 제공한다.

(1) 지역의 문화가 동질적인가 아니면 이질적인가?

앞서 살펴본 것처럼 국가의 경계는 일반적으로 동일 성향이 있다는 것을 반영하지만, 특정 국가 내의 차이도 역시 중요하게 고려되어야 한다. 예를 들어 라틴 아메리카에서의 전략은 국가 간(브라질 vs. 칠레) 차이뿐만 아니라 국가 내 (종교, 지역) 차이를 고려할 필요가 있다. 마찬가지로 중국은 각 소수민족만의 고유의 문화가 존재하여 강한 지역 문화 특성이 있으며, 중국 내에서도 소득, 연령 그리도 교육수준에 대해서 상당한 차이가 존재한다. 따라서 마케팅전략은 단순히 국가가 아닌 국가 내에서의 문화적 및 인구통계학적 특성에 따라 개발되어야 한다.

(2) 제품 또는 이와 관련된 제품은 이 문화에서 어떤 욕구를 충족시킬 수 있는가?

대부분 기업은 기존의 제품 또는 개발 중인 제품 기술을 이용하여 새로운 시장을 탐색한다. 기업이 해결해야 할 문제는 현재 제품이나 수정된 제품이 진입하고자 하는 해당 문화에서 어떠한 욕구를 충족시켜줄 수 있는가이다. 예를 들어, 자전거와 오토바이는 미국에서는 오락, 여가생활의 용도로 사용되나, 베트남과 필리핀을 비롯한 다른 국가에서는 교통수단으로 활용한다.

(3) 제품을 필요로하는 사람들의 수가 충분하고, 이들은 구매할 능력이 있는가?

전략 수립의 초기 단계에서 인구통계학적 분석은 해당 제품이 필요한 사람, 가구의 수, 그리고 실제로 제품을 구매할 능력이 있는지를 판단하는 데 활용된다. 예를 들어, 중국의 13억 이상의 소비자 중 서구제품 진입의 효과적인 시장은 20% 미만으로 추정된다. P&G는 덜 비싼 상품의 생산을 고려한 방법을 사용하는데, 이들은 상대적으로 낮은 소득의 소비자에게 도달할 수 있도록 설계된 가격 차별 시스템을 적용하였다.

(4) 어떤 가치관이나 가치관 패턴이 이 제품의 구매 및 사용에 적합한가?

개인과 문화적 가치관 시스템은 제품의 구매, 소유, 사용 그리고 처분의 일련의 과정에 대한 영향을 알아보기 위한 조사가 필요하며, 대부분 마케팅전략은 이러한 분석을 기초로 한다.

(5) 제품과 관련한 유통업자, 정치적 구조와 법적 구조는 어떠한가?

진입하고자 하는 국가의 정치적 구조와 법적 규제는 기업이 펼치고자 하는 마케팅전략을 제한할 수도 있다. 예컨대, 중국은 성적인 소구를 금지하고, 여성용 위생제품과 치질 연고와 같은 소위 '불쾌한' 제품의 TV 광고를 식사시간대 금지해 왔다. 또한, 페이스북을 비롯한 인터넷 사이트의 접근을 강하게 규제하고 있다. 영국은 16세 이하의 어린이를 대상으로 하는 정크푸드 광고를 금지하였고, 쇼 프로그램에 20분마다 브랜드를 노출 시켜 소비자로 하여금 해당 브랜드를 상기시키고자 하는 간접 광고를 금지하였다. 이러한 규제는 글로벌 마케팅에 있어 기업의 표준화 전략을 제한한다. 유통에 대한 도전과제도 있다. 중국 이류도시의 유통 관행과 북경과 같은 일류도시의 관행이 서로 다르기 때문에 이를 비교한 유통전략이 필요하다.

(6) 어떠한 방법으로 제품을 커뮤니케이션 할 수 있는가?

이 질문에 대한 답은 1) 가능한 매체와 각 매체에 주의를 기울이는 사람, 2) 제품이 충족시켜주는 욕구, 3) 제품 및 제품의 사용과 관련된 가치, 4) 해당 문화의 언어적 및 비언어적 커뮤니케이션 시스템에 조사로 얻을 수 있다. 기업의 촉진 믹스, 포장, 비기능적 제품 디자인 형태, 인적 판매기술, 광고의 모든 측면은 위의 네 가지 질문에 기반해야 한다.

(7) 해당 국가에서 마케팅의 윤리적 의미는 무엇인가?

모든 마케팅 프로그램은 재무적 차원뿐만 아니라 윤리적 차원에서 평가되어야 한다. 글로벌 마케팅활동은 많은 윤리적 문제를 야기시킬 수 있다. 특히 제3세계와 개발도상국에서의 마케팅에 특히 중요하고 복잡하게 작용 된다. Kellogg가 동남아시아인들의 조식 습관을 개선하고자 했을 때, 다양한 요인의 윤리적 분석을 수행하였다.

"우리가 성공하면, 평균 영양 수준이 증가할 것인가?, 기존에 소비되고 있는 아침 식사 제품의 현지 생산자들이 어떠한 영향을 받을 것인가?"

이러한 윤리적 분석은 옳은 것일 뿐 아니라 현지 정부와 경제적 이해 관계자들과의 갈등을 방지해 준다.

2) 문화적 차이와 마케팅전략

성공적으로 해외에서 현지화나 표준화 전략을 실시하기 위해서는 현지 시장의 욕구나 관습을 정확하게 파악하여 마케팅전략에 이용하여야 한다. 이러한 적응전략은 특히 제품전략이나 광고 전략, 유통전략을 구성하는 데 중요하다. 마케팅전략 구성에서 성공과 실패사례들을 살펴보면 이러한 문화적 차이의 중요성을 잘 이해할 수 있다.

(1) 제품전략

글로벌 마케팅관리자들이 제품에 대한 전략을 취할 때, 자사의 제품이 가지는 특성뿐만 아니라 진입하고자 하는 현지 시장의 관습이나, 소비자들의 취향을 고려하여야 하는 것은 매우 중요한 부분이다. 스위스의 Nestle사는 각 해외시장 소비자들의 취향에 맞추기 위하여 60종류 이상의 커피를 개발하였으며, 미국 시장에 진입할 때는 상표명을 Taster's Choice로 변경하여 크게 성공을 거두었다. 제품의 특성과 상표명뿐만 아니라 제품 색깔 역시 글로벌 마케팅전략에 있어 고려되어야 할 요소 중 하나이다. 가령 노란색의 향수 제품은 아프리카 시장에서 실패하였는데, 그 이유가 아프리카에서 노란색은 동물의 소변으로 인식하였기 때문이다. 이후 향수의 색을 녹색으로 바꾼 후에 성공을 거둘 수 있었다. 또한, General Foods사는 전 세계적으로 빨간색 통에 Maxwell House 커피를 판매하였으나, 일본시장에서는 불을 판매하는 것으로 인식되어 제품 포장 색을 변경하였다.

한편, 현지의 관습이나 취향을 무시하고 제품 수정을 하지 않아 실패를 경험한 사례도 존재한다. 빵가루 제품을 생산하는 미국의 한 기업에서 영국 시장에 진출하였을 때, 영국의 소비자들은 미국식의 좋은 모양을 갖춘 케이크보다는 차와 잘 어울리는 푹신하고 투박하게 생긴 케이크를 선호한다는 것을 인지하지 못해 실패했다. 제품 자체 특성뿐만 아니라 자국의 상표명이 외국어로 어떤 의미를 가지는가에 대한 세심한 주의를 기울여야 한다. Colgate-Palmoliv사는 프랑스에서 Cue치약을 진출시킬 때 제품명으로 곤란을 겪었다. Cue는 당시 프랑스의 포르노 잡지의 이름이었기 때문이다.

그림 3-16 ▼
Nestle사의 Nescafe "Taster's Choice"

자료 : https://www.nestleusa.com/brands/coffee/tasters-choice

(2) 가격전략

글로벌 마케팅관리자는 가격전략 수립에 있어서 해당 지역의 문화적 특성과 경제여건, 관습을 고려해 대응하는 것이 필요하다. 예를 들어 개발도상국은 상대적으로 국민 평균소득이 낮으므로, 소포장 단위의 제품을 판매하는 것이 효과적이며, 미국의 경우에는 1회에 대량으로 구매하는 구매패턴을 보이며 대포장 단위의 형태로 제품을 판매하는 것이 효과적이다. 한편 높은 소득 수준의 국가라도 소비자의 구매 행태와 습관에는 차이가 발생하므로, 이에 대한 보다 세심한 주의가 필요하다. 우리나라의 경우 구찌나 프라다와 같은 명품이 자국이나 다른 국가보다 높은 가격으로 책정되는 경향이 있는데 이는 높은 가격을 좋은 품질과 연관시키는 경향이 강한 한국인의 문화적 특성에 기인한 것이다.

(3) 유통전략

각국 소비자들의 쇼핑 습관이나 유통경로의 차이도 전략에 고려하여야 한다. 스위스에서는 슈퍼마켓이 매우 보편화 되어 있지만, 인접한 국가인 프랑스의 소비자들은 자신들과 친밀한 관계를 맺고 있는 소규모 소매상을 더 선호한다. 또한, 유럽은 미국보다 점포 규모가 대체로 작고 취급하는 제품의 수가 적으며, 제품유통에 많은 시간이 소요되는 반면, 미국의 경우 대규모 소매 체인점이 지배적이다.

미국의 Avon사는 처음 일본시장에 진출할 때 미국에서 효과적인 유통전략이었던 방문 판매전략이 효과적일 것으로 판단하여 실시하였으나, 문화적으로 판매자를 구매자보다 낮게 인식하는 일본 문화에 적합하지 않았고, 강매를 불쾌하게 생각하며 모르는 사람에게 적극적으로 물건을 판매하지 않는 특성을 고려하지 않아 실패하였다. 이후, Avon사는 회사의 전략을 수정하여 친지들에게 상품을 판매하도록 하였으며 서정적인 이미지로 광고를 실시하여 매년 약 25%의 판매 성장율을 성취할 수 있었다.

(4) 촉진전략

촉진전략 역시 문화적 차이에 따라 달라질 수 있다. 촉진전략의 실패는 대개 다른 문화권에 대한 이해 부족에서 발생 된다고 조사되고 있다. 특히 촉진전략에 있어 상표명이나 광고 주제나 문구를 수정하지 않고 그대로 해외시장에 적용하거나, 단순히 현지국 언어로 번역만 함으로써 실패하는 경우가 많은 것으로 나타나고 있다. 또한, 자국에서 광고에 사용되는 주제나 상징이 다른 국가에서는 수용될 수 없다는 사실을 인지해야 한다. Ultra Brite 치약은 벨기에 시장에 진입할 때, "당신 입에 성적 매력을"이라는 광고 문구와 함께 섹시한 여자의 키스 장면을 보여주는 성적 소구에 의존한 촉진전략을 취했으나, 벨기에 소비자에게 부정적 반응을 일으켜 실패로 끝났다. 따라서 서로 다른 시장의 소비자를 대상으로 하는 촉진 활동의 경우 해당 국가의 언어관습에 부합하는 촉진 메시지 개발이 절대적으로 필요하다.

또한, 해당 국가의 문화에서 특히 중요하게 여기는 제품 속성을 발견하여 이를 강조하는 것도 요구된다. 가령, 어느 타이어회사의 광고를 보면, 영국에서는 안전성을 강조하고 미국에서는 내구성과 주행거리를 강조하였으며, 또한 독일에서는 승차감을 강조하는 광고 메시지를 개발함으로써 좋은 반응을 불러일으켰다.

광고에서 색을 사용할 때 색의 상징성에도 유의해야 한다. 미국에서는 핑크색이 여성적인 색으로 인식되고 있으나 다른 많은 국가에서는 노란색이 여성적인 색으로 인식되고 있다. 라틴 아메리카 국가에서는 보라색은 죽음을 연상하는 색깔로 상품광고에 금기시되고 있으며 니카라구아와 같은 국가에서는 고동색과 회색이 금기시되고 있다. 한국이나 일본에서는 흰색이 애도를 상징하며, 미국에서는 검은색이 죽음을 상징하는 색이며, 녹색은 말레이시아에서는 질병을 의미한다. Amoco기업이 처음 중국에서 진출할 때 문화적 차이를 이용하여 중국문화에서 생명을 상징하는 붉은색과 중국문화를 의미하는 보라색, 전통적인 행운의 상징인 달을 잡지광고에 이용하여 성공적으로 기업광고를 하였다. 한편, 미국의

◀ 그림 3-17
'Avon'의 판매원

자료 : https://www.dailymail.co.uk

한 은행은 광고물에서 도토리를 저장하는 다람쥐를 묘사하였는데, 다람쥐를 본 적이 없는 라틴 아메리카의 소비자들은 그러한 다람쥐를 무엇인가 훔치고 있는 쥐로 착각하였고, 미국은행에 대하여 나쁜 이미지를 갖게 되었다.

방문 화장품 업체인 Avon은 미국에서는 주부가 현관에서 맞아주고 거실로 안내되어 커피를 마시면서 판매하는 일에 익숙해져 있지만, 홍콩에서 방문객을 맞는 사람은 통상 철문 틈으로 내다보는 하인으로 간주하며, 이러한 문화 차이로 Avon은 홍콩에서 비교적 유복하고, 여행사 또는 비서 등의 전문직에 종사하는 여성들을 판매원으로 고용하였다. 또한, 멕시코의 주부들은 방문 판매를 사교의 기회로 생각하기 때문에 Avon의 전략은 효과를 거둘 수 있었다.

연/습/문/제

01 문화의 특성을 설명하시오.

02 문화를 구성하는 요소에는 어떠한 것이 있는가?

03 문화를 측정하는 방법 3가지를 설명하시오.

04 한국인의 자동차구매에 어떠한 문화적 가치가 영향을 미치는지 논하시오.

05 하위문화란 무엇입니까? 당신이 속한 하위문화를 설명해 보시오.

06 한 사회에서 성공한 제품이 다른 사회에서는 실패하는 4가지 이유를 제시하시오.

07 중 · 장년 하위문화가 소비 행동에 미치는 영향에 대해 논하시오.

08 문화는 마케팅 전략에 어떠한 영향을 미치는가?

09 표준화 전략과 현지화 전략의 장단점을 논하시오.

10 범세계적으로 표준화 전략이 성공하려면 어떠한 조건이 필요한가?

참 고 문 헌

- 임종원, 김재일, 홍성태, 이유재, 소비자행동론: 이해와 마케팅에의 전략적 활용, 경문사, 2007.
- 황병일, 박승화, 김범종, 최철재, 소비재행동: 이해와 적용, 대경, 2009.
- 김형재, 이준관: 소비자 행동론, 박영사, 2017.
- Del l, Hawkins, David L. Mothershaugh, Hawkins의 소비자행동론, 이호배, 김학윤, 김도일, 이성근 역, 지필미디어, 2014.
- Leon G. Schiffman, Joseph L. Wisenblit, 소비자행동론, 황용철, 김나민, 김소영 역, 시그마프레스, 2016.
- Solomon, Michael R, 소비자 행동론, 이지은 역, 경문사, 2016.
- Wayne D. Hoyer, Deborah J. Macinnis, 소비자 행동론, 이명식, 김찬목, 이선수 역, CENGAGE LEARNING, 2012.

- Alexander Josiassen, "Consumer Disidentification and Its Effects on Domestic Product Purchases: An Empirical Investigation in Netherlands," Journal of Marketing, Vol. 75 (March 2011): 124–140.
- Bechtos, Ramona, "Man in the Green Box Sells 7UP in World Markets," Advertising Age, May 19, 1975, 2, 3, and 45.
- Bernard Berelson, *Content Analysis in Communication Research*, New York, Free Press, 1952.
- Blackwell, Miniard, Engel, *Consumer Behaviour*, Thomson, SW, 2008.
- Christoper D. Hopkins, Catherine A. Roster, and Charles M. Wood, "Making the Transition to Retirement: Appraisals, Post–Transition Lifestyle, and Change in Consumption Patterns," Journal of Consumer Marketing, Vol. 23(2)(2006): 89–101.
- Dunn, S. Watson, "Effect of National Identity on Multinational Promotional Strategy in Europe," Journal of Marketing 40 (October 1976): 51.
- Dennis W. Rook, "The Ritual Dimension of Consumer Behavior," Journal of Consumer Research, Vol. 12(December 1985): 251–264.
- Gage, Theodore J., "Pipelining Image Ads to China," Advertising Age, May 17, 1982, p. M–20.
- Hair, Joseph F. Jr., and Rolph E. Anderson, "Culture, Acculturation and Consumer Behavior: An Empirical Study," in Boris W. Becker and Helmut Becker, eds., Combined Proceedings of the American Marketing Association, Series No. 34 (1972), pp. 423–428.
- Hawkins, Delbert I., David L. Mothersbaugh, and Roger J. Best, *Consumer Behavior: Building Marketing Strategy 10/e*, McGrawHill, 1998.
- Hirschman, Elizabeth C., "American Jewish Ethnicity: Its Relationship to Some Selected Aspects o Consumer Behavior," Journal of Marketing 45 (Summer 1981): 102–110.
- Hoyer, Wayne D., and Deborah J. Macinnis, *Consumer Behavior, 3rd*, Boston, 2004.
- Jacobs, Richard A., "Jewish Media Provide What Others Don't," Advertising Age, April 16, 1979, S–28.
- Jan–Benedict E. M. Steenkamp and Martijin G. de Jong, "A Global Investigation into the Constellation of Consumer Attitudes Toward Global and Local Products," Journal of Marketing, Vol. 74(November 2010): 18–40.
- Lawrence Osborne, "Consuming Rituals of the Suburban Tribe," New York Times Magazine, January 13, 2002, 28–31; Margaret Littman, "Science Shopping," Crain's Chicago Business, January 11, 1999, 3; Marvin Matises, "Top of Mind: Send Ethnographers into New–SKU Jungle," Brandweek, September 25, 2000, 32–33.
- Leonard V. Gordon, *Survey of Personal and Interpersonal Values*, Science Research Associates, 1976.
- Leon G. Schiffman and Joseph L. *Wisenblit, Consumer Behavior, 11th Edition*, Pearson, 2015.
- Linda Jane Coleman, Marie Hladikova, and Maria Savelyeva, "The Baby Boomer Market,"

Journal of Targeting, Measurement & Analysis for Marketing, Vol. 14(3)(April 2006): 191-209.

- Liz Alderman, "In Europe, Starbucks Adjusts to a Cafe Culture," nytimes.com, March 30, 2012.
- Loudon, David L., and Albert J. Della Bitta, *Consumer Behavior: Concept and Applications*, McGraw-Hill Companies, 1984.
- Madden, N., and Neff J, "P&G Adapts Attitude toward Local Markets," Advertising Age, February 23, 2004, p. 28.
- McConnell, J. Douglsa, "The Economics of Behavioral Factors on the Multi-National Corporation," in Fred C. Allvine, ed., Combined Proceedings of the American Marketing Association, Series No. 33 (1971), p. 265.
- Mitchell, Arnold "Changing Values and Lifestyles" (Menlo Park, Calif: SRI International, 1981), p. 16.
- Peter, J. Paul, and Jerry Corrie Olson, *Understanding Consumer Behaviour*, Irwin Professional Publishing, 1996.
- Piyush Sharma, "Measuring Personal Cultural Orientations: Scale Development and Validation," Journal of the Academy of Marketing Science, Vol. 38 (2010): 787-806.
- Plummer, Joseph T., "Consumer Focus in Cross-National Research," Journal of Advertising 6 (Spring 1977): 5-15.
- Robin, M. Williams, Jr., American Society: A Sociological Interpretation, 3rd ed. (New York: Knopf, 1970), 415.
- Rokeach, Milton, The Nature of Human Values, New York: The Free Press, 1973.
- Rubel, C., "Survey," Marketing News, July 15, 1996, p.5; and D. Barros, "Create Unique Strategy for Each Brazilian Culture," Marketing News, September 1, 2004, pp. 17-18.
- Scott Jerome E. and Lawrence M. Lamont, "Relating Consumer Values to Consumer Behavior: A Model and Method for Investigation," in Thomas V. Greer, ed., 1973 Combined Proceedings (Chicago: American Marketing Association, 1974), 283-88.
- Solomon, Michael R. *Consumer Behavior: Buying, Having, and Being. Harlow*, Pearson Education. in Ergonomics Science 8.1 (2017): 1-35.
- Stridsberg, Albert "U.S. Advertisers Win Some, Lose Some in Foreign Market," Advertising Age, May 6, 1974, p. 42.
- Vinson, Donald E. and J. Michael Munson, "Personal Values: An Approach to Market Segmentation," in Kenneth L. Bernhardt, ed., Marketing: 1776-1976 and Beyond (Chicago: American Marketing Association, 1976), 313-17.
- Vison, Donald E., Jerome E. Scott, and Lawrence M. Lamount, "The Role of Personal Values in Marketing and Consumer Behavior," Journal of Marketing, 41 (April 1977), pp. 47-48.
- Wells, William D., and David Prensky, "An Introduction to Consumer Behavior," Consumer Behavior, 1996: 1-33.

• Wenner, Lawrence "Functional Analysis of TV Viewing for Older Adults," Journal of Broadcasting, 20(Winter 1976), 77–88; and Rena Bartos, "Over 49: The Invisible Consumer Market," Harvard Business Review, January–February 1980, 140–148.

그/림/출/처

• D. L. Loudon and A. J. Della Bitta, Consumer Behavior(2nd ed.), McGraw–Hill, 1984, p. 182.
• Strategic Business Insights(SBI) 재구성
• Youtube, TikTok 10대 User 검색
• 대학내일20대연구소 (재구성)
• https://rocklandkosher.com, http://cor.ca/
• http://kazimfahim.com/about–me
• https://www.campbellsoup.co.uk/soups, https://www.campbellsoup.com.hk
• http://mcdonaldsblog.in
• https://www.coca–colacompany.com
• 구글 이미지 검색
• https://www.nestleusa.com/brands/coffee/tasters–choice
• https://www.dailymail.co.uk
• 한국보건사회연구원(2018), 중 · 장년층 가족의 이중부양 부담 구조 변화와 대응방안 연구

CHAPTER

04

사회계층

1. 사회계층의 의의와 특성을 이해한다.
2. 시간 흐름에 따른 사회계층의 변화를 이해한다.
3. 소비자 행동에 있어 사회계층의 영향을 설명한다.
4. 사회계층을 측정하는 척도에 대해 설명한다.
5. 사회계층에 따른 시장세분화전략을 비롯한 마케팅 전략에 대해 논의한다.

제4장 사회계층

제 1 절 사회계층의 본질

1 사회계층의 의의

사회에서는 다양한 직업이 존재하고 직업에는 귀천이 없다고 하지만 교육을 많이 받고 더 인정받는 직업을 가진 사람들이 상대적으로 교육을 적게 받거나 인정을 덜 받는 직업을 가진 사람들보다 사회적으로 더 높은 신분으로 인식되고 있다. 판사나 교수 같은 직업을 가진 사람들이 노동자나 소작인들보다 더 인정을 받고 있다. 이러한 각각의 사회계층의 구성원들은 다른 가치관과 태도와 행동을 보이는 것을 살펴볼 수 있다.

모든 사회는 정치적, 경제적 등을 기준으로 하는 다양한 신분제도를 내포하고 있다. 사회계층은 한 사회계층에서 다른 사회계층의 구성원을 비교한 구성원의 권위의 정도를 나타내는 사회적 지위(social status)에서 기인한다. 사회적 지위는 부(경제적 자산의 양), 힘(다른 이들에게 영향을 미치는 정도), 다른 이로부터 받는 존경의 정도와 같은 몇 가지 요소들로 구성되어 있다.

사회계층(social class)이란, 이러한 사회적 지위들을 구체화한 것으로서 유사한 가치관, 생활양식, 관심사 및 행동 양식을 공유하는 개인 혹은 집단들로 구성되는 비교적 영구적(permanent)이며 동질적(homogeneous)인 사회의 한 부분이라고 정의된다. 동일 사회계층에 속한 구성원들은 서로 만나거나 사귀어 본 적이 없더라도 유사한 사회 · 경제적 특성을 가지며, 따라서 가치관이나 태도, 행동이 유사하게 나타날 수 있다.

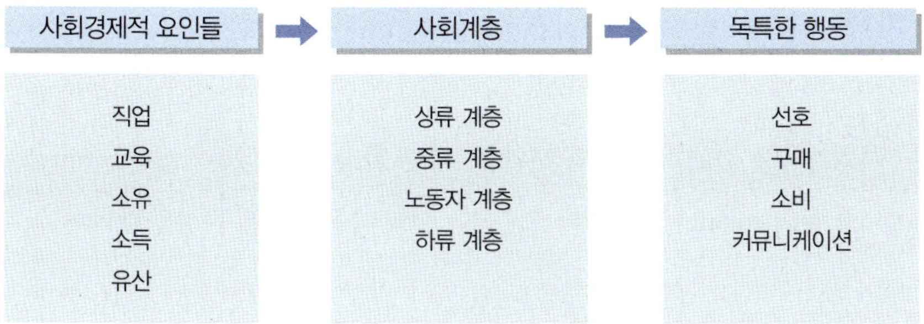

◀ 그림 4-1
사회계층의 도출과 행동에 대한 영향

사회계층은 소비 행동과 밀접한 관계가 있다. 직업, 교육, 소득, 주거지역 등 여러 가지 요인에 의해 사회계층이 결정되는데 이러한 요인들에 의해 취향이나 소비 행동, 쇼핑 행동, 의사결정과정들이 각 사회계층 구성원들 사이에 공통적인 경향이 나타난다. 이처럼 각 사회계층의 구성원들이 속한 사회계층에 따라서 공통되고 독특한 행동을 보여준다는 사실은 유용한 마케팅 시사점을 제공해 준다. 예를 들어, 값비싼 도자기나 크리스털의 광고는 그러한 제품의 잠재 고객들이 속한 사회계층이나 그들의 생활양식에 적합해야 하는 반면, 일반 편의품 같은 제품은 사회적 지위를 상대적으로 덜 함축하고 있으며, 모든 사회계층에 의해 구매될 수 있으므로 사회계층과 크게 관련이 없을 수도 있다.

즉, 소비자의 모든 행동이 사회계층에 따라 다르지 않고 오히려 많은 행동이 계층 간에서 공통되게 나타나기 때문에 마케팅관리자는 마케팅전략을 수립할 때 사회계층을 고려할 것인가의 여부를 먼저 결정해야 한다.

한편, 사회계층을 이용하여 소비자 행동을 파악하려는 노력이 다른 요소에 비해 상대적으로 부족했는데, 이는 사회계층이 소득, 교육, 및 직업과 같은 인구통계학적인 변수에 의하여 결정됨으로 인해 사회계층이라는 변수로 다시 세분화해야 할 필요성을 느끼지 못했기 때문이다. 하지만, 소비의 양극화로 인해 사회계층별 소비행태와 패턴이 확연히 달라짐에 따라, 그에 따른 차별화된 마케팅전략과 커뮤니케이션 전략이 더 중요해 지고 있다.

2 사회계층의 특성

사회계층은 환경적 요인의 하나로, 다른 환경 요인인 준거집단(reference group), 문화(culture) 또는 기타 요인과는 달리 다음과 같은 특성을 갖는다.

1) 사회계층은 신분(status)이 있으며 위계화(hierarchy)되어 있다.

Burleson과 Steiner는 권위, 정치적, 경제적, 군사적 힘, 재산과 소득, 직업과 교육, 라이프스타일, 공무(public service), 조상과 그의 배경 및 사교 범위, 그리고 소비 행동 양식과 같은 요인들에 의해 사회적 신분이 결정된다고 설명하였다.

신분은 특정 사회계층 내에서 다른 구성원들이 중요성을 기준으로 지각하는 상대적 서열(ranking)을 의미한다. 따라서 한 개인의 신분은 자신이 속해 있는 사회계층뿐만 아니라 개인적 특성의 함수라고 할 수 있으며, 이를 구성하는 요소는 다음과 같다.

- 타인에 대한 권한(authority)
- 보유재산(property)의 크기
- 소득(income)
- 소비 패턴(consumption pattern)과 생활양식(lifestyle)
- 직업(occupation)
- 교육수준(education)
- 사회봉사(public service)의 참여도
- 조상의 신분(ancestry)
- 사회적 연결망(social ties and connections)

사회계층은 위계화되어 있어서 통상 낮은 계층부터 높은 계층으로 이어지는 위계에 의해 서열화된다. 따라서 특정 사회계층의 구성원들은 다른 사회계층에 속한 구성원들이 자신들보다 신분이 더 높다거나 낮다는 것을 지각할 수 있다.

한편, 같은 사회계층에 속하는 구성원들은 동질적으로 서로를 수용하기 때문에 사회적인 불편한 느낌이 없이 사회적 활동에 참여할 수 있다. 또한, 자신들보다 상위의 사회계층에 대해서는 신분이 더 높다고 생각을 가지며 대체적으로 자신들이 그 신분을 차지하기 어렵다는 생각을 한다. 하위 사회계층에 속하는 사람들에 대해서는 자신들보다 신분이 낮다고 생각하며, 서로 함께 하는 것에 관심이 없다.

이러한 사회계층의 위계적 특성 때문에 소비자들은 자신이 속한 사회계층 구성원들이 선호하는 제품을 구매하기도 하며, 또한 그 반대의 상황에서는 제품을 회피하기도 한다. 마케팅관리자의 주 관심사는 이러한 요인들이 결합 되어 마지막 항목인 소비 행동에 어떠한 영향을 미치는가를 파악하는 것이다. 예를 들어, 하층에 속하는 고객은 소득이 제한된 소득으로 어떠한 소비행태를 보일 것인가? 상류 사회로의 열망은 어떻게 소비행태에 반영될 것인가 하는 것이다.

2) 사회계층은 개인의 규범(norm), 태도(attitude), 행동(behavior)에 대한 준거체계의 역할 수행한다.

특정 사회계층에 속한다는 것은 해당 계층에서 통용되는 규범, 태도, 행동 기준을 수용할 것으로 기대 되어짐을 의미한다. 즉, 동일한 사회계층에 속한 소비자들은 유사한 가치관과 신념 그리고 소비행태를 가지고 있다. 이러한 특성 때문에 그들은 유사한 제품들을 사는 경향이 있고 동일 형태의 점포를 애용하며 동일 종류의 매체에 민감하다.

사회계층구조의 하층부에 속하는 구성원들은 전통적인 가치를 지향하며, 소득에 관계없이 미래의 경제적 안전을 위한 계획을 세우기보다는 충동적으로 구매하는 경향이 있는데 반해, 사회계층구조의 상층부에 속하는 구성원들은 현대적인 성향을 가지며, 제품을 구매할 때 부부가 지출예산을 작성하여 공동으로 구매를 하는 경향이 있다. 또한, 생활양식에 있어서 계층 간에는 커다란 차이가 나타난다.

3) 사회계층은 다른 계층집단의 구성원들과의 사회적 교류 기회를 제한한다.

사람들은 자신과 유사한 가치체계나 행위 패턴을 지닌 사람들과의 사회적 접촉을 하고자 하는 속성을 지니고 있다. 대부분의 소비자들은 그들과 같은 가치관이나 소비행태를 가진 사람들과 교류를 하며, 이러한 교류 관계는 동질적 성향을 갖기 때문에 더욱 보강된다. 따라서 그들은 자신이 속한 사회계층 구성원들과 교류의 범위를 넓히게 되며, 긴밀한 관계를 위해 노력하지만 다른 사회계층의 구성원들과의 접촉을 피하려는 성향을 나타내고, 교류는 점점 줄어들게 된다.

이러한 동질적 집단과의 교류를 통하여 그들이 속한 사회계층에 영향을 가장 많이 받게 되며 서로 다른 계층 간의 사회적 교류는 제한되게 된다. 한편, 급격한 사회변화가 일어나는 경우, 사회계층 간의 이동이 빈번히 발생 되기 때문에 계층 간의 개인적 접촉이나 의사전달에 있어 사회계층이라는 장벽은 심각한 문제로 인식되지 않는다.

4) 사회계층은 동태적(dynamic)이다.

사회계층은 정태적이 아니라 시간의 경과에 따라 변화하므로, 특정 사회계층에 속한 개인의 신분은 영구적으로 고정되는 것이 아니다. 급속하게 진행되지는 않더라도 개인의 사회계층은 구조상 더 높은 계급으로 상승하거나 더 낮은 계급으로 떨어질 수 있다. 1981년도에 미국의 사회계층 변화를 조사한 연구에 의하면, 세대가 바뀜에 따라 사회계층이 위로 상승을 하는 경향이 뚜렷하게 나타났다. 800가구를 조사한 연구결과에 따르면, 조사 대상 가정 중 부부가 부모세대보다 더 상승한 사회계층을 가진 경우가 65% 정도, 부모세대보다 더 낮아진 경우는 8%에 불과하였다.

우리나라와 같은 교육열이 높은 문화권에서는 교육을 통해 사회계층의 상승

변화가 더욱 현저히 발생하나, 경제적 위기와 실업률 등의 사회적 이슈에 따라 오히려 사회적 신분 상승이 제한적일 수 있다.

5) 사회계층은 다차원적(multidimensional)이다.

사회계층은 개인의 직업, 소득, 교육, 주거지역 등의 요인 중, 어느 하나 요인에 의해 결정되는 것이 아니라 여러 요인의 복합적인 작용에 의해 결정되는 다차원적인 특성을 가지고 있다. 학자에 따라 사회계층의 결정변수나 요인의 상대적 중요도는 차이가 있으나, 순수하게 단일 차원의 척도에 의해 계층을 측정할 수 있는 방법은 아직까지 개발되지 못하였다.

3 사회계층의 분류

사회계층의 분류기준에는 여러 가지가 있으며 이러한 기준은 시대와 환경에 따라서 변화한다. 일반적으로 언급되는 기준으로 소득과 소유물, 직업, 가치관, 사교활동, 개인적 성취도 등이 있다.

첫째, 소득은 사회적 지위와 관련되어 있어 구매력과 지위를 측정하는 요인이며 주거지 위치, 집의 규모 등의 소유물도 사회계층 결정에 중요한 역할을 한다. 예컨대, 강남에 사느냐와 강북에 사느냐로 사회계층이 분류되기도 하며 평수가 얼마냐, 또는 차량이 무엇이냐에 따라서 개별 소비자의 사회적 계층을 구분하기도 한다.

둘째, 직업은 전통적으로 중요한 분류기준 중의 하나인데 사회적 공헌도가 높은 직업일수록 그 사회로부터 높은 지위로 인정받는다. 노동자냐 전문직이냐에 따라 사회적 지위를 구분하면 주로 전문직에 종사하는 사람들이 높은 사회계층을 분류된다. 하지만, 최근에는 전문 직업에 종사하더라도 부와 같은 부가적 요소가 병행되지 못하면 직업에 걸맞은 계층으로 분류하지 않기도 한다.

셋째, 가치관을 들 수 있는데 집단은 공통된 가치관을 가지며, 정치적 이상과 종교적 가치관이 어떠한가에 의해서도 사회계층을 나눌 수 있다.

넷째로 사교활동이나 클럽의 가입 여부에 따라서도 사회계층이 구분될 수 있다. 예컨대, 특정 산악회나 로터리 클럽과 같은 곳에 가입 여부에 계층이 구분되며, 골프장의 이용 여부, 회원권 보유 여부 등에 따라서도 사회계층을 구분할 수 있다.

마지막으로 개인적 성취도가 중요한 기준 중의 하나인데 동일 직업이라도 직업에서의 개인적 성과에 따라 사회적 지위가 상이 할 수 있음에 주목해야 할 것이다.

이상과 같은 개별 기준에 의해 사회계층이 분류되기도 하지만 대체적으로는 여러 개념을 복합적으로 고려하여, 한 개인이나 집단에 대한 사회적 계층을 구분한다.

사회계층을 몇 개의 층으로 분류하는 것이 타당하냐에 대해서는 여러 의견이 있다. 연구의 목적에 따라 사회계층을 2개의 집단으로 나누기도 하고 5~6개 집단, 어느 경우에는 9개 집단으로 나누기도 하였다. 몇 개의 집단으로 나누는 것이 타당한가에 대해서는, 연구하고자 하는 행동이나 태도를 설명하기 위하여 어느 정도의 세밀한 정보가 필요한가에 따라 달라진다. 마케팅관리자는 자신이 제시하는 제품 잠재시장의 사회계층구조와 잠재 고객의 사회계층을 알고자 한다.

4 사회계층의 변화

1) 사회적 이동

모든 사회가 신분상의 계층구조로 이루어져 있다는 가정하에 정도의 차이는 있으나, 사회적 이동이 이루어진다는 것이 일반적인 견해이다. 사회적 이동

(social shift)은 특정 개인, 집단 혹은 계층이 이전과는 다른 형태의 힘을 보유하게 되거나, 사회 구조상의 역할체계가 재구성되어 근본적으로 다른 계급체계가 도입됨으로써 발생한다. 이는 사회계층의 특성에서 살펴본 바와 같이 계층구조가 정태적 성격을 지닌 것이 아니라 시간 차원과 결합하는 동태적 성격으로 가지고 있다는 것을 의미한다.

사회계층을 구성하는 요인 중 하나인 소득을 예를 들어보면, 구성원의 신분상 이동은 단순히 소득의 변화가 아니라, 소득이 처분되는 방식까지 변화하는 것을 의미한다. 즉, 소득의 크기는 소개인의 소비 범위를 규정해 주지만, 신분적 위치를 결정해주는 요소는 소득 그 자체보다는 소비 방식이라고 할 수 있다. 결과적으로 이는 개인 생활양식의 변화를 의미한다.

사회적 이동의 결과는 사회적인 맥락 속에서 파악된다. 방향, 거리, 차원 및 시간이라는 변수에 따라 사회적 이동이 달라지며, 이와 관련된 개인의 특성과 그 수에 따라서도 변할 수 있다. 이런 현상이 발생되면, 우선 심리적인 만족감,

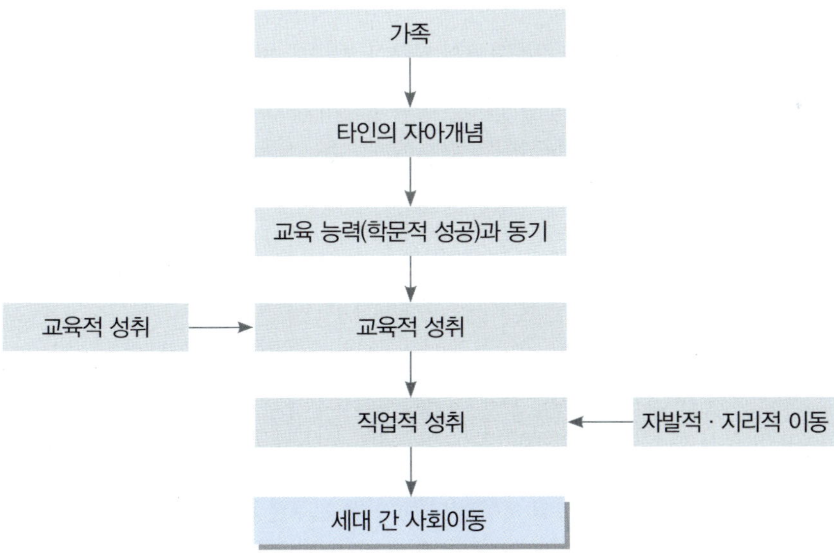

◀ 그림 4-2 세대 간 사회적 이동 과정

자료 : J. F. Engel and R. D. Blackwell, Consumer Behavior(4th ed), Dryden Press, 1982, p.127.

문화적 변용(acculturation), 정체성 및 적응능력 상의 변화가 나타난다. 〈그림 4-2〉는 세대 간 사회적 이동의 과정을 나타낸다.

2) 사회계층 간의 영향

하나의 계층에 소속된 개인의 규범과 행동은 다른 사회계층에 있는 구성원에게 영향을 미칠 수 있다. 많이 연구되고 있는 사회계층 영향에 대한 개념은 먼저, 상류계층에서 시작된 유행을 하위계층에서 모방한다는 '하향침투 효과(trickle-down effect)'이다. 예컨대, 상류계층에 의해 채택된 패션은 흔히 다른 계층에서도 점차 유행하게 된다. 이 효과는 하위계층에 속하는 사람들이 상위계층을 모방함으로써 그들의 사회적 지위를 향상하고자 하는 욕구에 의해 발생한다. 또한, 하위계층 구성원의 경우 그들이 수용 가능한 것과 불가능한 것에 대해 스스로 판단할 수 있는 문화적 지식이 부족할 때, 상류계층의 영향을 받아들인다.

이와 반대로, 어떤 경우에 있어서는 하위계층 및 중류층에서 시작된 유행이 나중에 위로 확산된다는 '부유 상태(status float)'가 발생할 수 있다. 1950~60년대 미국의 하위계층과 중류층 젊은이들 사이에서 먼저 유행했던 청바지가 대표적인 예이다. 또한, 흑인 하위문화에서 나온 요소들이 지배적인 백인문화에 동화되고 있고, 보수적인 세계의 남성들은 현대 젊은이들의 트레이드마크 중 일부를 모방하고 있다. 또한 블루칼라 패션과 취향은 화이트칼라 그룹에 의해 모방되고 있다.

3) 사회계층의 붕괴

여러 가지 요인으로, 예전 사회계층의 구분이 붕괴될 수 있다. 이를 '사회계층 붕괴(social lass fragmentation)'라고 한다. 이러한 현상의 이유는 첫째, 하향침투 효과(상향적 이동)와 부유 상태(하향적 이동)가 계층 구분을 모호하게 만들기 때문이다. 둘째, TV와 인터넷과 같은 대중매체의 이용 증가가 전 세계 소비자들을 다양한 사회계층과 문화의 가치와 규범에 노출 시키기 때문이다. 사회계층의 붕괴와 관련한 세 번째 이유는 인터넷기술의 발달로 사회계층과 관계없이 온라인 대화를 통해 사회계층 간의 교류 확대를 가져왔다는 점이다.

제 2 절 사회계층의 측정

대부분의 행동 과학자들은 사회계층의 유용성을 인정하고 있지만, 과연 사회계층이라는 복잡한 다차원적인 개념을 어떻게 측정을 할 것인가에는 의견의 일치가 되지 않고 있다. 연구자들은 어떤 내재된 차원들이 사회계층을 결정하는가에 대해서도 확실하게 의견이 통일되지 않고 있다. 이러한 문제점을 해결하기 위하여 여러 가지 측정기법들이 이용되고 있으며, 어떠한 방법이 정확하게 사회계층을 측정하고 있다고 말할 수는 없으나, 근사치는 제시한다고 할 수 있다.

사회계층을 측정하는 척도는 크게 주관적 척도, 명성(평판)적 척도, 객관적 척도 세 가지가 있다.

1 주관적 척도

주관적인 측정방법에 따르면 개인들에게 스스로 자신의 사회계층 위치를 평가하도록 하는 방법이다. 예를 들자면, 당신이 속하는 사회계층은 중산층입니까, 하층입니까, 상류층입니까, 하는 형식으로 물어 자신의 계층의식(class consciousness)을 서술하는 방법이다. 이렇게 사회계층을 분류하는 방법은 응답자들의 자아 인식이나 자아 이미지에 기초한다. 다만, 이러한 방법은 본인이 중산층에 속한다고 대답하는 사람이 너무 많다는 점에서 척도의 유용성이 떨어진다는 비판이 있다.

보편적으로 고소득층, 중산층, 저소득층을 가르는 기준은 중위소득(국민이

100명이라면 소득순으로 세웠을 때 50번째 사람의 소득)이다. OECD는 중위소득의 50% 초과~150% 이하를 중산층으로 본다. 4인 가구 기준으로 2019년 중위소득은 월 461만 3536원이다. 따라서 월 소득 230만 6768원 초과~692만 304원 이하면 중산층으로 분류된다. 통계청 가계금융복지조사에 따르면 중위소득 50~150%가 차지하는 비중은 2013년 57.2%, 2014년 56.9%, 2015년 57.4%, 2016년 58.1%, 2017년 57.6%이다. 본 설문조사로 나타난 체감 중산층은 중산층 수치보다 9%가량 낮다.

객관적인 통계로 중산층으로 분류되지만, 주관적으로 "나는 중산층이 아니라 저소득층이다"라고 부정하는 사람이 적지 않은 것이다. 오늘날 주관적인 척도법은 소비자 행동연구에서는 잘 사용하지 않지만, 사회계층에 관한 주관적인 인식은 자아 이미지의 반영이기 때문에 사용하는 제품과 연관이 있다.

2 명성(평판)적 척도

이 방법에 의하면 주관적 방법처럼 자신 스스로에 대해 평가하는 것이 아니라 다른 사람들에 대하여 평가하도록 하는 것이다. 이러한 측정법 중 가장 많이 사용되는 것이 평가적 참여(evaluative participation)기법이다. 이 방법은 지역사회의 사회계층 구조를 파악하기 위하여 여러 명의 피조사자를 선정하여 그들로 하여금 다른 사람의 사회계층에 관하여 평가하도록 한 후 조사자가 이들의 자료를 종합하여 사회계층을 분류하는 방법이다.

사회학자들은 연구대상의 사회계층 구조를 더 잘 파악하기 위하여 명성(평판)적 척도법을 사용해왔으나, 소비자의 행동을 이해함에 있어서는 사회 구조보다는 소비자 행동과 시장에 대한 파악이 더 필요하다는 시사점이 있다.

3 객관적 척도

객관적 척도법은 자신이나 타인들의 사회계층에 대하여 평가하도록 하는 주관적 또는 명성적인 척도와는 달리 여러 가지의 객관적인 자료를 가지고 사회계층을 평가하는 방법이다. 객관적 척도 방법에는 단일 항목지수와 다항목 지수의 2가지 기본적인 접근법이 있다.

1) 단일항목지수

단일항목지수(Single-item index)는 사회적 지위를 교육, 소득 혹은 직업과 같은 하나의 단일 차원을 근거하여 측정하는 것이다. 단일항목지수에 주로 이용되는 변수는 다음과 같다.

(1) 직업

직업은 사회계층을 평가하는데 가장 널리 사용되고 있는 변수이다. 우리가 흔히 처음 만난 경우, 무엇을 하고 계십니까? 하는 질문을 종종 하게 된다. 이러한 질문을 던짐으로써, 상대편에 대한 어느 정도의 정보를 얻게 되는 것이다. 직업으로 분류한 연구들을 살펴보면 대부분 상위에 있는 직업은 소득도 높고 정규교육도 많이 필요한 것으로 나타나며 하위에 평가된 직업들은 소득도 낮고 정규교육도 덜 필요한 직업인 것으로 나타났다. 이러한 면에서 직업과 소득과 교육에는 밀접한 상관관계가 있는 것을 알 수 있다.

직업적 명성(occupational prestige)은 우리가 그들의 '가치'를 평가하는 한 가지 방법이다. 직업적 명성의 서열은 시간이 지남에도 변하지 않고 비교적 일정하게 유지되는 편이다. 또한, 서로 다른 사회에도 큰 차이는 없다. 개인의 직업이 그 개인 여가의 사용, 가족 자산 분배, 미적 선호도, 정치적 성향 등과 강하게 연관되어 있다. 일반적으로 다양한 전문적 또는 상위 비즈니스 직군들(예: 큰 기업의 CEO, 의사, 또는 대학교수)이 직업 서열에서 상위를 차지한다. 반면에, 하위 순

(단위: %, %p)

	관리자	전문가 및 관련 종사자	사무 종사자	서비스 종사자	판매 종사자	농림어업 숙련 종사자	기능원 및 관련 기능 종사자	장치, 기계조작 및 조립 종사자	단순노무 종사자
2015	1.4	19.8	17.0	10.7	12.0	4.7	9.1	12.2	13.1
2016	1.3	20.0	17.3	10.9	11.8	4.5	9.1	12.1	13.0
2017	1.2	20.3	17.4	11.0	11.6	4.5	8.9	11.9	13.2
2018	1.4	20.5	17.8	11.1	11.3	4.7	8.7	11.6	13.0
2019	1.5	20.5	17.5	11.5	11.2	4.9	8.7	11.2	13.0
2020	1.5	20.4	17.4	11.3	10.8	5.1	8.7	11.0	13.8
증감	0.0	−0.1	−0.1	−0.2	−0.4	0.2	0.0	−0.2	0.8
남자	2.2	18.6	15.0	6.6	9.4	5.6	13.4	17.0	12.2
여자	0.5	22.8	20.6	17.6	12.6	4.5	2.5	2.9	16.0

자료 : 통계청, 「경제활동인구조사」

▲ 표 4-1
2020년 직업별 취업자 구성비

위에 해당하는 직업은 구두 닦기, 막노동꾼, 그리고 쓰레기 수거자 등이다.

통계청에서 발표한 "2020 한국의 사회지표"에 따른 직업별 취업자 구성비는 〈표 4-1〉과 같으며, 전문가 및 관련 종사자(20.4%), 사무 종사자(17.4%), 단순노무 종사자(13.8%) 순으로 높은 비중을 차지하였다.

(2) 소득

사회계층을 평가하는데 사용되는 또 다른 단일변수로는 개인이나 가족의 수입을 들 수 있다. 소득을 사용하는 연구자는 사회계층을 측정하는데 소득의 양과 소득원천을 사용한다. 한편, 소득이 사회계층을 분류하는 데 자주 사용되고 있기는 하지만 소득의 유용성을 반박하는 연구자들도 있다. 예를 들어 트럭 운전자와 교사의 소득은 비슷하지만, 소비는 다른 방식으로 할 수 있다. 즉, 소비는 가치관에 따라 결정이 나기 때문에 같은 소득을 가진 소비자들이라도 그들의 행동이나 관심 그리고 의견들은 아주 상반될 수 있다.

(3) 교육

전통적으로 우리 사회는 교육을 매우 중요시해왔으며, 사회적으로 신분을 상승시키는 중요한 방법이었다. 교육은 사회적 지위를 측정하는데 단일변수로뿐만 아니라 다항목지수의 구성요소로도 이용되고 있다. 교육수준은 직업 및 소득과 상관이 높으며 생활양식에도 영향을 미치기 때문에 개인의 소비 행동에 직접적인 영향을 미친다. 교육은 또한 개인의 기호, 가치, 정보처리 능력 등에 영향을 미치므로 마케팅 전략구성에 이용할 수 있다.

(4) 소유물

개인의 소유물은 소득 정도를 반영해 주며, 동시에 그 사람의 생활양식을 나타내 준다. 이러한 것들이 결과적으로 그 사람이 어떤 사회계층의 구성원이 될 수 있는가를 결정해준다. 사회계층을 구분 짓는데 가장 중요한 소유물로는 주택형태와 주거지역이 있으며, 이 밖에는 가구, 의상, 골프 · 콘도 회원권 등이 고려될 수 있다.

2) 다항목지수

다항목지수(Multi-item indexes)는 사회계층을 여러 개의 사회경제적인 척도를 결합하여 나타내는 것으로, 사회계층의 복잡성을 더 잘 반영하기 때문에 소비자 연구자들이 자주 이용하는 측정법이다. 다양한 변수들을 동시에 반영하고, 각 변수들에 대해 사회적 관점을 반영하는 체계에 기초하여 가중치를 준다.

(1) Warner의 복합변수지표

사회계층의 가장 고전적인 지표로는 Warner의 지표를 들 수 있다. Warner의 ISC(Index of Status Characteristics)는 직업, 소득의 원천, 주거 형태, 주거지역(이웃의 질)에 가중치를 부여하여 측정한 측정치이다. 〈표 4-2〉와 같이 Warner의 ISC는 직업, 소득, 주거 형태, 주거지역에 가중치를 각각, 4, 3, 3, 2로 하여

직업(가중치 4)	소득원천(가중치 3)	주거형태(가중치 3)	주거지역(가중치 2)
1. 전문직, 대기업 소유주	1. 상속된 재산	1. 호화 주택	1. 대단히 뛰어난 주거지역
2. 준전문직 대기업임원	2. 본인이 번 재산	2. 상당히 좋은 집	2. 좋은 지역(좋은 교외 지역, 고급아파트단지 넓은 정원 주택지)
3. 관리직	3. 이윤이나 수수료	3. 좋은 집	3. 평균 이상(집 주위에 상당한 공간이 있거나, 양호한 조건의 아파트 지역)
4. 숙련노동자	4. 봉급(salary)	4. 평균의 집	4. 평균(피폐화되지 않은 주거지역)
5. 소규모자영업자	5. 임금(wage)	5. 그저 그런 집	5. 평균 이하(자생력이 떨어지고 주거지역으로 피폐한 지역)
6. 반미숙련공	6. 개인적인 도움	6. 좋지 않은 집	6. 불량한 지역(상당히 피폐화되고 낡은 지역, 준빈민가)
7. 미숙련공	7. 공적인 도움	7. 아주 열악한 집	7. 매우 불량한 지역: 빈민가

자료 : W. Lloyd Warner, Marchia Meeker, and Kenneth Eells, Social Class in America: A Manual of Procedure for the Measurement of Social Status(New York: Harper & Row Publishers, 1960), p. 123.

▲ 표 4-2 Warner의 지수의 점수와 가중치

사회계층	점수의 범위	인구구성비(%)
상 상	12~17	1.4
상 하	18~24	1.6
중 상	25~37	10.2
중 하	38~50	28.8
하 상	51~62	33.0
하 하	63~84	25.0

◀ 표 4-3 Warner 지수에 의한 사회계층 분류결과표

지수를 계산하였다. 그 분류결과표는 〈표 4-3〉에 제시되었다.

(2) Coleman-Rainwater의 사회계층

Warner의 지표를 Coleman과 Rainwater가 수정하여 제시하였는데, 이는 ISC가 제2차 세계대전 이전에 개발된 것으로 문제가 있다고 판단해서 평판에 의

표 4-4 ▶ Coleman-Rainwater의 사회계층 분류

사회계층	내용	인구구성비(%)
상상층	유산으로 형성된 부, 귀족적 생활	0.3%
상하층	현재의 전문직, 기업 경영자로 된 신진 사회 엘리트집단	1.2%
중상층	대졸 기업체 관리자, 라이프 스타일이 예술이나 사회클럽 활동에 집중	12.5%
중류층	평균적인 소득, 괜찮은 주거, 적절한 행동양식	32%
근로계층	평균 노동자 소득, 노동자의 라이프 스타일	38%
하층	최저 생활비, 노동	9%
하하층	사회연금 수혜자, 빈곤, 실직	7%

한 측정방법으로써 사회 신분 계층을 개발했다. 그들은 각 집단을 힘과 권위를 기준으로, 보다 엄격하게 분류하였다.

Warner는 두 번째 해당하는 사회집단을 자신이 번 자산에 기초한 준전문가로 명명하고 있으나 Coleman과 Rainwater의 분류에 의하면 상하층 미국인들은 현재의 전문 직업과 기업경영에 근거한 신진 사회 엘리트를 의미한다.

Coleman-Rainwater의 지표는 힘과 권위에 기초를 두기 때문에 사회계층을 보다 분명하게 구분하고 있다. 이러한 면에서 Warner는 최하층에서 두 번째에 속하는 집단을 개인적인 보조금이나 준슬럼가의 상태에서 사는 집단을 의미하였으나, Coleman과 Rainwater는 거칠고 지저분한 행동을 하는 집단으로 표현을 하고 있다.

또 다른 점은 Coleman-Rainwater의 사회계층에서는 중류층과 근로계층을 구분하고 있다는 점이다. 중류층에 속하는 구성원들은 화이트칼라일 수 있고, 근로계층에 속하는 블루칼라일 수도 있지만, 연구자들은 구분하여 분류하였다. 예를 들어 Coleman은 근로계층의 미국인들을 가족 중심적이며 경제적 정신적 도움을 주로 친척들에게 의존하는 것으로 설명하였다. 근로계층은 전국 뉴스보다는 지역 뉴스에 더 흥미가 많고 미국산 제품을 선호하며 그 지역 휴양소에서 친척들과 휴가를 즐기는 것을 좋아한다. 반면에, 중류층에 속하는 미국인들은 상류

층의 규범과 가치관을 따라가려는 경향이 있으며 유행하는 제품을 구매하려 하며 사회적으로 올바른 행동을 하는 것에 관심이 있다. 이러한 상향 지향적인 움직임을 중류층과 근로계층의 차이로 설명하였다.

실제 마케팅에서는 최상위에 있는 두 집단(상상층, 상하층)은 사치품을 제외한 경우의 다른 제품의 타겟시장으로 보기에는 너무 작은 규모를 갖고 있으므로, 하나의 계층으로 그룹화하고 맨 아래에 속한 2개 집단(하층, 하하층)의 경우 구매력이 매우 작으므로 한 집단으로 묶어 총 5개의 계층으로 분류하여 사용한다.

(3) SES 지표

사회계층을 측정하는 다른 복합지표는 미합중국 인구통계청에서 개발해 낸 SES(Socioeconomic Status Score)이다. 이 점수는 직업, 가족소득, 교육수준의 3가지 기본적인 사회경제적인 변수를 가지고 사회계층을 분류하였다. SES지표의 가장 큰 이점은 소비자 조사자가 조사한 결과를 인구 총조사와 비교하는 것이 가능하기 때문이다. 〈표 4–5〉와 〈표 4–6〉은 AT&T사가 가정용 전화기 시장을 연구하는데 활용한 SES지표를 예시로 보여주고 있다.

▼ 표 4-5
SES지수

소득범주	소득점수	교육범주	교육점수	직업범주	직업점수
3천미만	15	중퇴	10	노동자	20
3천~5천	31	중졸	23	은퇴자	33
5천~7천5백	62	고퇴	42	학생	33
7천5백~1만	84	고등학교 졸업	67	가정주부	33
1만~1만5천	94	대학중퇴	86	실업자	33
1만5천~2만	97	대학졸업	93	서비스종사자	34
2만~3만	99	대학원졸업	98	기사	45
3만 이상	100			기능인	58
				회계사	71
				경영자	81
				전문직	90

$$\text{SES점수} = \frac{\text{소득} + \text{교육} + \text{직업}}{3}$$

표 4-6 ▶
SES지수에 의한 사회계층 분류

사회계층	점수의 범위	인구구성비(%)
상	90~99	15.1
중상	70~89	34.5
중하	45~69	34.1
하	0~44	16.3

(4) Hollingshead의 사회적 위치 지수

Hollingshead의 사회적 위치 지수(Index of Social Position: ISP)는 2개 항목을 이용한 지수이고 널리 사용되고 있다. 〈표 4-7〉은 항목의 척도, 가중치, 지수계산공식, 사회계층 점수를 제시한다.

이상과 같이 사회계층을 범주화하는 데 있어서 단일항목지수와 다항목지수를 소개했는데 어느 지수가 반드시 압도적으로 유용한 것은 아니다. 예를 들어, 제품의 사용빈도를 예측하는 데에는 다항목지수를 근거로 한 사회계층이 더 유용하지만, 제품의 소유 상태를 예측하는 데에는 오히려 소득과 같은 단일항목 지수가 더 효과적이다. 즉, 소득 수준은 어떤 개인이 해외여행을 할지의 여부를 잘 예측해 주며, 다항목지수를 근거로 한 사회계층은 그가 얼마나 자주 여행할지 예측해 준다. 일부 소비 용품의 마케팅관리자는 제품의 소유 상태보다는 반복구매율을 반영하는 소비빈도에 관심을 가지므로 사회계층의 다항목지수가 그들에게 더 유용할 것이며, 결국 사회계층을 범주화하기 위하여 다항목지수와 단일항목지수 중 어느 것을 사용할 것인지는 마케팅 문제의 성격에 달려 있다.

◀ 표 4-7
Hollingshead의 사회적 위치 지수 (ISP)

직업 척도(가중치 7)	
서술	**점수**
대기업의 고위직 임원, 자산가, 최고전문가	1
사회 관리자, 중간 규모기업 소유자, 중견 전문가	2
행정관리자, 소기업 소유자, 보편적 전문가	3
종업원, 기술가, 영세기업 소유자	4
숙련 노동자	5
기계운전자와 반숙련 노동자	6
미숙련 노동자	7
교육 척도(가중치 4)	
서술	**점수**
전문가(석사, 박사 등)	1
4년제 대학 졸업(학사)	2
대학 중퇴	3
고등학교 졸업	4
고등학교 중퇴	5
중학교 졸업	6
초등학교 졸업 이하	7
ISP = (직업 점수 × 7) + (교육 점수 × 4)	
분류 시스템	
사회계층	**점수 범위**
상류	11–17
상위 중간	18–31
중간	32–47
하위 중간	48–63
하류	64–77

자료 : Adapted from A. B. Hollingshead and F.C. Redich, *Social Class and Mental Illness* (New York: John Wiley & Sons, 1958)

제4장 사회계층

제 3 절 세계의 사회계층

1 미국의 사회계층

일반적으로 미국에는 견고하거나 객관적으로 규정된 계층 구조는 없으나, 수입 분포에 따라 안정적인 계층구조를 유지한다. 다른 국가와 달리 미국은 사회체계에서 그들의 위치가 시대에 따라 달라진다는 것이다. W.Lloyd Warner라는 사회학자는 1941년에 가장 영향력 있는 미국 계층 체계에 대한 범주를 6개의 사회계층으로 규정한다.

- 상상위 계층(upper upper)
- 하상위 계층(lower upper)
- 상중간 계층(upper middle)
- 하중간 계층(lower middle)
- 상하위 계층(upper lower)
- 하하위 계층(lower lower)

이와 같은 범주는 사람들이 하하위 계층에서 상상위 계층으로 올라갈수록 돈, 교육, 사치품과 같은 자원의 접근이 증가함을 암시한다. 예를 들면, 미국에서 상위 20%에 해당되는 사람들이 전체 미국의 절반에 해당하는 수입을 올리는 반면, 하위 20%의 빈곤한 사람들이 올린 수입은 전체의 3%에 불과하다. 이 숫자가 미국의 사회계층을 정확히 설명해 주는 것은 아니지만, 위의 6개 범주는 미국 사람들이 사회계층을 인식하는 방식을 잘 요약한다.

◀ 그림 4-3
미국 계층구조에 대한 동시대적 시각

수입 ↑

상위 계층 미국인

- **상상위**(0.3%): 상속받은 부의 '자본 S 사회' 세계
- **하상위**(1.2%): 현재 전문자 집단에서 나온 신 사회 엘리트
- **상중간**(12.5%): 대다수의 대졸 관리자와 전문가 집단, 라이프 스타일에서 개인 클럽, 주의 그리고 예술이 중심이 됨

중간 계층 미국인

- **중간 계층**(32%): 화이트칼라로 평균적인 임금 노동자, 그들의 블루칼라 동료 도시에서 좋은 지역에 거주함, 올바른 일을 하려고 노력함
- **노동 계층**(38%): 블루칼라로 평균적인 임금 노동자, 수입, 학교, 배경, 직업이 무엇이든 노동 계층의 라이프 스타일을 주도함

하위 계층 미국인

- **하위 계급이나 최하위는 아닌 계층**(9%): 생활보조금을 받는 노동 계급, 삶의 수준이 빈곤층을 겨우 면한 수준, 행동이 거칠고 경박하다고 여겨짐
- **최하-하위 계층**(7%): 생활보조금으로 생활, 가난에 찌들어 보이며, 실업 상태이거나 가장 고된 일에 종사함, '부랑자', '상습범'

2 중국의 사회계층

중국의 경제적인 붐은 1억 3천만 명 이상의 중간 계층을 급격하게 형성했으며, 분석가들은 10년 안에 4억 명 이상으로 구성된 거대한 중간 계층이 될 것으로 예상한다. 중국의 경우 주석의 가치관에 따라 사회 구조적 변화가 발생했다. 문화혁명 시기 동안 마우쩌둥의 홍위병은 주머니에 시계나 실크 스카프와 같은 작은 것까지 '부르주아적 계급의식'의 증거라고 하여 모두 빼앗았다. 한편, 마우쩌둥의 후계자 덩샤오핑은 '부자가 되는 것은 명예로운 것이다'라는 구호를 외쳤고, 이것이 빠르게 신중국의 신조가 된 이후 1990년 초반부터 중국에 많은 변화를 야기했다.

자료: 아시아투데이 "폭동 일어날 수준의 中 빈부격차, 정말 심각" (2019.04.14)

그림 4-4 ▲ 상하이의 중심가 모습 – 고층 빌딩과 빈민 주거지

특히 중국의 경우 빈부격차가 심각한 사회적 이슈로 대두되고 있다. 이는 소득에 따른 사회계층 간의 차이가 급격하게 확대되고 있음을 시사한다. 1978년 중국 내 최고 소득 상위 10%가 국내총생산(GDP)에서 차지하는 비중이 27%에 지나지 않았던 반면, 2015년 비중이 41%까지 치솟았다. 2018년 후반을 기준으로 하면 50% 전후에 이르렀을 것으로 추산되고 있다. 이와 반대로 소득 하위 50%가 차지하는 비중은 1978년 GDP의 27%에서 2015년에는 15%로 감소하였다. 이와 같은 사회계층의 극한 차이는 사회적 문제를 일으킬 수 있을 만큼 그 영향력이 크다고 볼 수 있다.

3 일본의 사회계층

일본은 사회적 지위에 대한 의식 정도가 매우 높은 사회이다. 1970년대 지역 경제가 크게 활성화되면서 많은 수의 일본인들이 서양 명품을 살 수 있었으며, 현재까지도 격조 높은 디자이너 브랜드에 대한 인기가 상상을 초월할 정도로 매우 높다. 어떤 분석가들은 일본의 긴 경제 슬럼프가 소량의 명품이라도 과시하고자 하는 심리적 동기를 일으키고, 이러한 동기가 명품 구매로 이어졌다고 본다.

일본에서는 저축이나 주식 등의 자산 금액에서 부채를 뺀 순금융자산을 1억 엔 이상 보유하고 있는 사람을 부유층으로 칭하는데, 한 조사에 따르면 순금융자산이 1억 엔 이상인 부유층은 약 100만 가구로 전체 가구 수의 1.6%로 확인됐다. 또한, 5억 엔 이상의 순금융자산을 보유한 사람을 초부유층으로 분류하는데,

이러한 계층은 0.9%를 차지한다. 한편 일본의 경제학자 타치바나키 토시아키가 과거 국세청이 공시한 고액 납세자 현황을 바탕으로 조사한 바에 따르면, 부유층의 직업은 사업가(33%), 의사(23.4%), 대기업 경영자(15%), 기타(27%) 순으로 구성되어 있다.

4 영국의 사회계층

영국은 계급의식이 강한 나라이다. 상속된 지위나 가족 배경이 대체로 그들의 소비 패턴들을 미리 결정한다. 상위계층의 구성원들은 주로 이튼(Eton)이나 옥스퍼드(Oxford)와 같은 학교에서 교육을 받는다. 영국의 사회계층은 대표적인 영화 '피그말리온(1938)', '마이페어레이디(1964)'에서 엿볼 수 있다. 두 영화의 공통된 내용은 상위계층의 남자주인공이 하층민 여자주인공을 사랑하여 상류층에 어울리는 여인으로 만들어준다는 것이다. 실제 영국의 상류계층은 마이페어레이디의 남자주인공 Henry Higgins와 같은 말투로 이야기한다. 하지만, 전통적으로 귀족사회인 영국에서는 상속으로 인한 부의 축적과 우월성이 점점 약해지고 있다. 특히, 불황의 여파가 커서 검소함에 대한 강조가 새롭게 일어나 사람들의 우선순위를 바꾸었다.

영국 BBC방송의 그레이트 브리티시 계층조사에 따르면, 상류층, 중산층, 노동층 3계층으로 구분했던 영국의 사회계층이 7계층으로 분화하여 계층화가 확대되고 있다는 분석이 나왔다. 7개 계

▼ 그림 4-5
영국의 사회계층을 반영한 영화
(좌: 피그말리온, 우: 마이페어레이디)

자료: 네이버영화

층은 돈과 사회적 연결망, 상류층 문화 취향을 가진 '최상층 엘리트(6%)'부터 매우 궁핍하게 하루하루 살아가는 '최하층의 불안정한 무산계급(15%)' 까지 이른다. 새로 형성된 중간층에는 가장 큰 비중을 차지하는 '확립된 중산층(25%)', 돈은 많지만, 사회적 연계와 문화적 활동이 부족한 '기술적 중산층(6%)', 돈은 없지만, 사회적 연계와 문화적 활동이 활발한 '신흥 풍요 근로계층'(19%)과 '전통적 노동계층'(14%), '새롭게 형성되는 서비스 근로계층'으로 분화되어 있다.

제 4 절 사회계층과 마케팅전략

1 사회계층과 소비자 행동

사회계층의 일반적인 특성은 그 구성원의 가치관, 태도, 행동에 대한 이해를 가능하게 해준다. 마케팅관리자는 이 정보를 통해 특정 소비계층의 행동에 대한 전략적 기초자료를 구축할 수 있으며, 기존의 여러 연구들도 사회계층에 따라 소비자 행동이 상당히 달라진다는 점에 동의하고 있다. 따라서 소비자 행동에 있어 사회계층 간의 차이를 파악하는 것은 효과적 마케팅전략 수립에 있어 매우 필요한 과정이라고 볼 수 있다. 특히 사회계층은 시장 세분화를 위한 효과적인 방법이 될 수 있다. 사회계층은 낮은 지위에서 높은 지위까지 순위가 매겨지고 동일 사회계층의 구성원들은 삶에 대한 가치, 태도, 우선 사항을 공유하므로 소비자 시장을 세분화하는 방법으로 활용되기에 적합하다.

1) 구매과정에 대한 영향력

사회계층에 따라 제품의 선택과 사용방식이 달라진다. 해외여행, 패션디자이너 의류, 수입와인 등은 주로 상류층이 구매하는 품목이라고 할 수 있으며, 가족단위 요금 모델, 중고 자동차, 보통 포도주 등은 서민계층의 사람들이 주로 소비하는 품목이다. 계층 간의 차이뿐만 아니라 동일 사회계층 내에도 과시적 소비자와 보수적 소비자가 존재하기 때문에 계층 내에서도 소비자 행동의 차이가 발견된다.

그러나 대부분 제품은 모든 사회계층 구성원들이 구매하는 품목에 해당 되기 때문에 구매패턴을 기준으로 사회계층의 특성을 구별하는 것은 쉽지 않다. 예컨대, 음식, 옷, 주거 용품 등은 모든 사람이 구매하는 품목으로 이들을 사회계층에 따라 구매패턴에 차이가 있다는 것을 밝혀내는 것은 어려운 일이다. 하지만 특정 제품군이나 상표에 따라 사회계층 간 차이는 보다 분명하게 나타날 수 있다.

(1) 의류, 패션용품, 쇼핑패턴

의류의 경우 가시성(visibility)이 크기 때문에 구성원이 속한 사회계층을 상징하는 힘이 강하다. 일반적으로 여성들은 사회 계층적 특성보다 유행에 더 관심을 두지만, 선호도에 있어서는 상위계층이나 중산층의 여성들은 서민계층의 여성에 비해 브랜드, 디자인과 스타일을 더 중시한다. 반면, 서민층 여성들은 편안함에 더욱 비중을 두고 있다.

미국의 상위계층은 종종 '프레피룩(preppy look)'으로 대표되는데, 여기서 프레피란 미국 동부 사립 고등학교(preparatory school)에서 배우는 양가의 자녀를 일컫는다. 그 출신에 대한 선망과 동경, 질투가 복잡하게 종합된 농담 반의 속칭으로 그들이 즐겨 입는 복장을 프레피룩이라고 한다. 프레피들(남성과 여성 모두)은 실용성과 편안함을 추구하고 유행에 민감한 의류 대신, 시간의 흐름에 구애받지 않는 의류를 선호하는 경향이 있다.

그림 4-6 ▼ 프레피룩(preppy look)을 엿볼 수 있는 미국드라마 '가십 걸(Gossip Girl)'

자료: 구글 이미지 검색

일반적으로 소비자들은 보통 쇼핑을 할 때 자신과 다른 사회계층을 극명히 강조하는 매장을 피하고, 그 점포에서는 구매하려고 하지 않는다. 결국, 동일 제품이나 상표라도 그들이 표명하는 계층적 지위와 다른 계층의 사람들에 의해 서로 다른 점포에서 구매된다. 하지만, 요령 있는 마케팅관리자들은 다양한 사회계층의 구성원을 만족시킬 수 있다.

일례로, 갭(GAP)은 중위층 소비자를 위

한 질 좋은 의류를 제공한다. K마트 Wall마트, 또는 잡화 소매점에서 일반적 캐주얼, 활동적 의류를 주로 구매하는 노동자 계층의 가족을 위해 질 좋은 제품을 판매하는 올드네이버 의류 매장을 소개하고 있다.

자료: GAP 공식 페이스북

▲ 그림 4-7 다양한 사회계층의 구성원을 만족시키는 갭(GAP)

(2) 여가활동의 추구

여가활동은 여러 측면에서 사회계층의 영향을 받고 있다. 가족의 소득 수준이 계층 간 큰 차이가 없더라도 레저용품이나 여가활동의 선택기준은 사회계층에 따라 상당한 차이를 나타낸다. 미국의 경우, 상위계층의 사람들은 연극이나 음악회를 즐기며 브리지게임과 대학의 미식축구를 선호 하는데 반해, 서민층 사람들은 여가시간 대부분을 TV 시청으로 보내고, 낚시나 야구경기를 즐긴다. 여가활동의 선호유형에 있어서 상위계층은 박물관이나 독서모임과 같은 지적 활동에 주로 참여하는 반면, 서민층은 당구, 볼링, 술집 등 상업적 활동을 즐기는 것으로 나타나고 있다.

(3) 저축, 소비, 신용

재정적 자원의 관리는 사회계층의 지위와 밀접한 관련이 있다. 상위계층의 구성원들은 '미래 지향적'이고 자신의 재무적 통찰력에 자신감을 가진다. 따라서 장기적인 관점으로 보험, 주식 그리고 부동산에 투자한다. 대조적으로 하위 계급의 구성원들은 안전성과 보장성에 더 관심이 있다. 신용카드 사용 패턴에 있어서도, 상위계층은 주로 일시불로 제품을 구매하지만, 계층이 낮아질수록 할부 구매의 경향이 나타난다. 또한, 하위계층은 신용카드를 사용하지 않으면 여유가 없기 때문에 '지금 사고 나중에 지불'하기 위해 신용카드를 사용하지만, 상위계층은 편리한 현금 대용품으로서 신용카드를 사용한다.

2) 커뮤니케이션상의 영향력

다른 사회계층에 속한 사람들은 그들이 말하고 또 받아들이는 방법이 서로 다르며 매체 습관에서도 차이가 있다. 이러한 차이는 마케팅관리자가 사회계층을 시장 세분화의 기준변수로 이용할 때 매우 유용하게 활용할 수 있다.

(1) 커뮤니케이션 형태

사건을 묘사하는데 있어, 하위계층의 구성원들은 상위계층에 비해서 보다 개인적이고 직설적이며 단정적인 용어를 사용해 묘사한다. 이는 중산층 이상의 사람들은 보편적이고 넓은 세계관을 갖는데 반해 하위계층의 사람들은 자신의 직접적인 경험을 통해 세상을 보고자 하는 다소 협소적인 세계관을 갖고 있음을 나타낸다. 또한, 사회계층에 따라 사물, 사람 또는 어떤 사건을 묘사하는 데 사용하는 단어를 선택함에 있어서도 차이가 발생한다. 따라서 계층에 따라 사용하는 단어의 유형 차이를 발견하게 되면 이를 활용하여 광고 문구, 포장, 상표 등을 통해 타겟시장에 효과적인 커뮤니케이션 전략을 펼칠 수 있다.

(2) 매체 습관

사회계층에 따라 다른 형태의 대중매체에 선택적 노출을 하는 경향이 있다. 중, 상류층 소비자들은 하류층 소비자보다 신문과 잡지를 읽는 경향이 크다. 하류층은 연애를 주제로 한 간행물이나 영화배우 같은 유명인의 생활에 대한 소재에 더 큰 관심을 가진다. 중류층이나 상류층은 드라마나 시사물을 더 선호하는 반면에 하류층은 연속극, 퀴즈쇼, 코미디 등을 더 좋아한다.

3) 가격에 관련된 행동 패턴

상대적으로 하위계층의 소비자는 제품의 가격이나 상표 대안에 대한 정보의 양이 많지 않을뿐더러 충분히 탐색하지 않고 구매하는 경향이 높다. 또 바겐 세일이나 할인제품의 구매를 선호하는 가격 중심의 평가 행동을 보인다. 이는 제품에 대한 정보가 부족하여 자신이 다양한 제품을 비교할 수 있는 능력이 부족하다고 스스로 여긴다. 따라서 제품선택에 있어 '가격-품질의 관계(price-quality relation)'의 일반적 신념에 의존하려는 경향을 보인다. 즉, 가격을 제품 품질에 대한 단서로 이용하려는 성향이 높다.

대조적으로, 교육수준이 높은 소비자들의 경우 가격-품질의 관계를 신뢰하면서도 상대적으로 저렴한 가격을 중요한 판단 기준으로 여긴다. 이들은 일반적 신념에 의존하지 않고 가격 외의 다양한 요소를 활용하여 제품을 평가하고 구매하는 경향을 보인다. 즉, 소비자 스스로 제품이 제공하는 혜택을 기준으로 최적의 안을 선택할 수 있는 능력을 지니고 있다고 믿는다.

4) 정보탐색 행동과 사용언어

개인이 탐색하는 정보의 양과 종류는 제품이나 상황에 따라서도 달라지나, 그 개인이 속한 사회계층에 따라서도 달라진다. 최하층에 속하는 사람들은 정보의 원천도 제한되어 있기때문에 잘못된 정보를 걸러 내지 못하는 위험이 있다. 근로자층의 소비자들은 주로 제품에 대한 정보를 얻기 위하여 친척이나 가까운 친구들에게서 정보를 획득하며, 중류층 소비자들은 대중매체를 통한 정보탐색을 주로 한다. 상류층에 가까울수록 다양한 전문잡지를 구독한다.

매체나 메시지도 마케팅관리자가 타겟으로 정한 특정 사회계층에 맞추어 작성되어야 한다. 개인이 사용하는 언어는 그들이 속한 사회계층과 밀접한 관계가 있다. 이러한 연구를 진행한 실험에서 실험대상자들의 사회계층을 측정한 후에 거북이와 토끼 동화를 40초간 읽도록 하였다. 녹음내용을 15명부터 30명으로 구성된 여러 지역의 대학생들에게 들려주고 사회계층을 측정하도록 한 결과, 실험대상자의 실제 사회계층과 대학생들의 측정값 간의 상관관계가 0.8로 높게 나타났다. 실험대상자들이 상류층의 사람들같이 목소리를 바꿔서 녹음을 했을 때는 상관관계가 0.65이었다. 모두 문법적으로 정확한 언어를 구사하였으나, 단어의 선택, 문장의 길이, 문장구조, 유창함에 있어서 사회계층마다 차이를 보였다.

또한, 광고 문안을 보면 이러한 언어의 중요성을 살펴볼 수 있다. 상류층으로 갈수록 은유법을 많이 사용하고 하류층으로 갈수록 직설법을 많이 쓴다. 상류층을 타겟시장으로 하는 캐딜락이나 메르세데스 벤츠와 같은 고급 자동차의 경우는 추상적인 단어를 더 많이 사용하고 수식은 덜 붙이는 반면, 하급이나 중간급의 승용차 광고에는 물리적 특성을 더 많이 이야기하고 단어보다는 그림을 강조하고 일상적인 언어를 많이 사용한다.

소비자의 행동을 이해하는데 사회계층을 활용하는 것에 한계점이 있음에도 불구하고, 계층에 따라 문제 인식, 탐색활동, 대안평가와 같은 소비자 행동의 일련의 과정에 큰 차이가 있어, 마케팅관리자에게 있어 매우 매력적인 요소이다.

그림 4-8 ▼
사회계층에 따른 소비자 행동의 차이

문제인식	• 상류층은 상표명성과 진귀성을 중요시 여김(상당한 재산, 소유물 보유) • 상류층은 서비스 구매 비중이 높음(필요한 제품은 이미 보유, 이를 효과적으로 활용) • 상류층은 동적인 취미, 여가생활 선호(앉아서 일하는 직업에 대한 보상) • 하류층은 적게 움직이는 취미, 여가생활 선호(육체적인 직업에 대한 보상)
탐색활동	• 상류층의 광범위한 정보탐색 vs. 하류층의 제한된 정보탐색, 제품평가 • 중, 상류층은 인쇄매체광고를 통한 구체적인 정보 획득 • 하류층은 주변 사람(친척, 친구), 점포 내 정보원(판매원)에 정보탐색 의존
대안평가	• 상류층은 풍부한 제품평가 경험과 정보 vs. 하류층은 가격중심 평가 • 상류층은 재화의 상징적인 의미 강조 vs. 하류층은 실용성 강조 • 상류층은 고급 점포 선호 vs. 하류층은 할인점 선호 • 상류층은 쇼핑 자체를 즐기기 위한 진열과 쾌적한 점포분위기를 중요하게 여김

2 사회계층과 마케팅믹스 전략

1) 시장세분화

사회계층 간에는 의류나 가구, 가전제품, 레저용품, 금융상품 또는 식료품 구매에 있어서 상당한 차이가 존재한다. 이러한 차이가 클수록 시장 세분화란 동질적인 소비자집단을 밝혀내어 그들에게 강력하게 소구되는 제품이나 서비스를 제공하는 것이 목적이므로 사회계층을 시장 세분화를 하는데 이용할 수 있다. 예를 들어서 상류층 소비자들은 가전제품을 구입 할 때 색깔이나 스타일을 강조하는 반면, 하류층에 속한 소비자들은 작동이 잘되는 가전제품을 원한다. 이런 경우는 각 사회계층 별로 나누어진 세분 시장에 각각의 다른 제품계열을 가지는 것이 적합할 것이다.

글로벌 마케팅에서도 사회계층을 마케팅전략에 활용한 경우가 있다. 예를 들어 Nestle사는 많은 저개발 국가에서 중류층이 등장하는 것을 내다보고 이집트나 인도 파키스탄 등과 폴란드 같은 국가에도 중류층을 겨냥한 소비재 생산 시설을 만들어서 그 사회의 중류층을 공략하고 있다. AT&T는 사회계층과 인구통계학적 특성을 가지고 장거리 전화 시장을 세분화하였다. 측정치는 직업, 가계소득, 교육을 기준으로 한 사회경제적 지위 지수이다. 연구결과, 소득이 높은 소비자들은 그들의 직업이나 교육수준에 상관없이 장거리 전화를 많이 쓰지만, 보통 이하의 소득 수준에서는 직업과 교육수준이 높을수록 장거리 전화를 많이 이용하였다.

2) 제품 개발

제품특성과 스타일에 따라 사회계층은 각기 다른 반응을 보인다. AT&T사는 여러 다양한 집단 간의 전화기 모양과 색상에 대한 선호도를 조사하였다. 조사결과에 의하면 하류층 소비자들은 장식이나 현대적인 전화에는 별반 관심이 없고 작동만 되는 전화기를 원하였다. 그러나 중하층 소비자들은 다양한 디자인과 색상의 전화기를 원하였다. 장식 전화기는 하류층은 적합한 타겟시장이 아니나 중하층이 바로 이 시장의 타겟이었다. 만일 AT & T가 상류층은 장식 전화기의 타겟시장이라고 가정을 했더라면 그들은 중요한 시장을 놓쳤을 것이다.

3) 유통

사회계층에 따라 점포애호도가 다른 경우가 많다. 하류층 소비자는 할인점이나 그들이 가장 편하고 물어보기 쉬운 판매원이 있는 이웃 점포를 이용하기를 좋아하며, 상류층에 속한 소비자들은 위험의 정도에 따라, 위험이 큰 경우는 백화점에서 제품을 구매하고 위험이 적은 경우는 할인점에서 구매를 하는 경향이 있다. 이러한 차이를 이용하여 유통전략에 활용할 수 있다.

타겟시장이 사회경제적인 면에서 하층에 속하는 경우, 시내의 쇼핑센터보다는 고객들 이웃에 있는 유통망에 더 치중하여야 할 것이다. 또한, 판매원들에 대한 교육이 더 많이 필요하며 가게의 친근한 분위기 진척에 노력하여야 한다. 중류층이나 상류층이 타겟시장인 경우는 백화점을 주로 많이 이용함으로 제품의 내용과 다양한 제품을 우선 강조하여야 한다. 상류층은 고급의상실, 현대백화점, 롯데, 갤러리아 등 고급 백화점들을 주로 찾으며 백화점의 VIP룸 고급의상실은 사교장으로 이용하고 있다. 상류층은 상징적, 자기표현과 관련된 메시지를 일반적으로 선호함으로 이러한 점을 고려하여 촉진전략을 구사해야 할 것이며 중, 하류층은 일반적으로 실용적, 직접적인 메시지를 선호함을 잘 간파하여 그에 따른 통합적 마케팅 커뮤니케이션 전략을 구사해야 할 것이다.

4) 광고

사회계층을 가장 잘 이용할 수 있는 부분은 광고이다. 사회계층이 가진 가치관이 바로 광고주가 추구해야 할 초점이 되며, 광고의 언어나 내용은 광고가 소구하는 사회계층들이 이해하고 공감할 수 있도록 작성되어야 한다.

Levy의 연구에 의하면 하류층에 속하는 소비자들은 시각적으로 강하고 활동적이며 외향적이며 힘이 있고 일상생활의 문제해결 방식을 제시하는 광고에 더 반응을 잘한다. 반면에, 상류층에 속하는 소비자들은 상징적이고, 개별적인 분위기이며 지위나 자기표현에 의미 있는 상징이나 대상을 제시하는 광고에 더 반응하는 것으로 나타났다.

광고주들은 제품과 사용하는 사회계층 간의 연상을 이용한 경우도 있다. 맥주 시장을 살펴보면 다량사용자들은 육체 근로를 하는 하층에 속하는 소비자가 많으므로, Miller, Budwieser, Schlitze 등의 상표는 육체 근로자들을 지향한 남성 지향적인 주제로서 맥주의 다량사용자에게 어필해왔다.

▼ 그림 4-9
사회계층에 따른 주요 마케팅믹스 전략

제품	• 상류층과 하류층에 대한 개별적인 상품 및 상표의 개발 • 예술의 전당: 고가의 VIP석, 저가의 대중석 개발 • GAP의 고소득 대상의 Banana Republic: 58달러 • Wall–Mart와 경쟁할 브랜드로서 Old Navy:유사 품질 제품 22달러
유통	• 상류층은 강남과 남산 하얏트 호텔 주변 고급 의상실 이용 (최고급 소재, 화려한 인테리어, 쾌적한 매장, 사교 모임, 파티 장소)
광고	• 사회계층마다 중요시하는 규범과 가치, 사용 언어와 표현방법이 상이 • 상류층은 개인적 분위기, 자기 지위와 성취의 미묘한 상징을 선호 → 완곡하게 지위를 나타내거나 자기표현을 할 수 있는 광고 • 중, 하류층은 당면하는 문제를 해결해 주는 메시지를 선호 → 강한 시각적 효과와 일상적인 문제에 대한 해결책 제시 광고 선호 • 상류층은 잡지와 신문에 많이 의존하는 반면 TV를 적게 이용

제 5 절 소비자 행동의 결정인자로서 사회계층의 이슈

1 단일항목 지수보다 다항목지수를 사용하는 이점은 무엇인가?

시장을 세분화하거나 제품을 정위화(positioning)하는 근거로서 마케팅관리자들은 사회계층을 범주화하는 데 근본적인 제한점들이 있어, 인구통계학적인 변수나 라이프스타일 또는 문화적 가치관 등을 사회계층보다 더 많이 사용하였다. 사회계층 지수를 사용하는 경우에 소득, 교육 또는 직업과 같이 분리된 인구통계학적 변수를 사용하는 것보다 큰 이점이나 통찰을 얻지 못하는 경우가 있다.

연구에 따르면 제품 사용빈도를 예측하는 데에는 사회계층이 더 유용한 설명변수이지만, 제품의 소유 상태를 예측하는 데는 사회계층보다 소득과 같은 단일변수가 더 유용한 설명력을 가진다다는 것이다. 예컨대, 소득은 한 개인이 해외여행을 갈 것인지 말 것인지를 잘 예측해 주며, 사회계층은 그가 얼마나 자주 여행을 할 것인지를 예측하는데 적합하다는 것이다. 소비재 상품의 마케팅관리자에게는 사용빈도가 재구매율을 의미하기 때문에 제품의 소유보다는 더 의미가 있을 것이다. 맥심커피를 한 병 가지고 있다는 것만 가지고는 그것을 한 달 동안 먹지 않고 있다면 별반 의미가 없을 것이다. 사회계층을 사용할 경우에는 사용빈도와 연결되었을 경우 유효하다.

2 사회계층 불일치의 효과는 무엇인가?

어떠한 개인이 직업에서는 높은 점수를 그리고 교육에서는 낮은 점수를 나타내는 경우에는 사회계층 불일치(social class incongruence)가 나타난다. 이러한 사회계층 불일치에 의하여 사회계층 지수가 왜곡되는 경우가 있다. 예를 들어 병원에 인턴으로 있는 의사들은 직업에서는 높은 점수를 받으나 소득에서는 낮은 점수를 나타내며 급료가 좋은 기술 근로자는 직업에서는 낮은 점수를 소득에서는 높은 점수를 받아, 같은 사회계층 점수를 가지게 된다. 그러나 그들은 서로 다른 가치관과 태도 그리고 구매 행동을 보일 것이므로 같은 사회계층이라 구분하는 데는 무리가 있다. 표적 집단 내에서 사회계층 부조화가 빈번히 나타난다면 다항목지수보다는 직업과 같은 단일항목지수를 사용하는 것이 유용할 것이다.

3 사회계층 내부에서 사회경제적 지위의 유의적 차이가 존재하는가?

사회계층 범주와 관련된 또 다른 문제는 각 계층 내의 상당한 지위 차이가 존재할 수 있다는 점이다. 예를 들어, 두 명의 과학자가 둘 다 사회계층 지수로는 중상층에 속할 수 있으나, 한 명은 노벨상 후보이며 다른 한 명은 실험실 기술자인 경우에 그들의 지위에는 차이가 발생할 것이다.

저임금 공무원과 고임금의 공무원을 같은 사회계층에 속하겠지만, 그들의 구매 행동에는 큰 차이가 보일 것이다. Coleman은 이에 대하여 사회계층의 측정치로서 직업을 사용하고 각 집단의 평균소득 이상과 미만으로 소비자를 구분할 것을 제안하였다. 그는 평균소득 이상인 사람을 유복한 집단(over-privileged), 평균 이하인 사람들은 박복한 집단(underprivileged)이라 칭하였다.

또한, Peters는 사회계층에 상관없이 박복한 집단은 소형차를, 유복한 집단은 대형차를 구매하는 경향이 있음을 밝혔다. 따라서 고임금 노동자의 구매 행동은 저임금 노동자보다 고임금 사무직과 더욱 유사하다고 주장하였다. 다른 몇 연구에서도 이러한 주장을 한 연구도 있었지만, 만일 이러한 점이 사실이라면, 사회계층 자체보다는 사회계층 내의 상대적인 소득이 소비자 행동을 더 유효하게 설명하는 결정인자일 것이다.

4 현재의 사회계층 vs 과거의 사회계층: 지위일관성 정도

몇몇 연구에서는 어린이가 사회화하는 과정이 추후의 소비자 행동에 영향을 미친다고 주장하고 있다. 예를 들어, 대공황 시 경제적인 궁핍을 경험했던 상류층 가장은 그러한 공황의 경험이 없었던 상류층 가장과는 다른 소비행태를 보일 것이다. 이러한 연구에 따르면 현재의 지위보다 과거의 지위가 현재의 구매 행동을 더 잘 설명하는 경우도 있으므로, 현재의 사회경제적인 지위뿐만 아니라 과거의 사회경제적 지위도 사회계층의 측정치에 고려되어야 한다는 의견이 있다.

다양한 지위의 차원들은 대체로 서로 연관되어 있다. 즉 부모의 사회적 지위는 자녀의 교육수준에 영향을 미치고, 그러한 교육수준은 다시 자녀의 직업과 소득 수준에 영향을 미칠 것이다. 이처럼 하나 차원의 높은 지위를 차지한 개인이 다른 차원들 상에서도 높은 지위를 차지한다면(즉 개인이 모든 지위 차원들 상에서 일치성을 많이 가질수록) 그 개인의 지위는 일관성을 갖는 것이다.

5 사회계층은 점차 없어지는가? 그렇다면 마케팅관리자에게는 타당성이 없는가?

소비자 행동의 연구에서 사회계층의 이용도가 줄어들 수 있는 또 다른 문제점은 사회계층이 점차 명확한 구분이 없어지고 있다는 것이다. TV의 보편화 된 보급은 모든 사람이 대량의 커뮤니케이션에 노출됨을 의미한다. 이와 더불어 대량 머천다이징(merchandising)의 등장과 소비재 제품의 표준화는 대부분의 사람이 결국 유사한 제품을 구입한다는 것을 의미한다. 또한, 대부분의 가정이 자동차를 보유하게 되어 이동성은 증가 되었고, 대학교육이 일반화되고 그러므로 더 나은 직업으로의 이동은 전체적으로 하층에 속했던 소비자들의 사회계층 진보를 의미하였다.

그러나 최근의 연구조사에서는 사회계층 구분선이 더욱 명확해진다고 설명하였다. 미국 경제의 1990년대 초의 불황은 많은 중류층에 속하던 소비자들을 하류층으로 이동시켰다. 이러한 하향 이동과 동시에 첨단 기술 분야의 확충으로 인하여 전문가가 많이 필요하여 많은 중류층 소비자들이 상류층으로 이동하였다. 이 결과 상류층과 하류층 간의 구분은 더욱 명확해졌다. 다른 조사에서도 상류층과 하류층은 승용차, 가구, 세제, 방취제를 구매할 때 상표 선택에 매우 다르게 반응을 보였다. 이러한 점을 살펴볼 때 사회계층이란 현실적이며 소비자 행동을 설명하는데 고려되어야 할 것이다.

연/습/문/제

01 사회계층이 개인의 소비 행동에 준거집단으로 어떠한 영향을 미치는지를 설명하시오.

02 사회계층을 측정하는데 주관적인 방법보다 객관적인 방법이 선호되는 이유를 설명하시오.

03 사회계층을 결정하는 변수들은 어떠한 것들이 있으며, 각 변수의 중요도는 어떠한지를 논하시오.

04 소득은 사회계층과는 어떠한 관련이 있으며 소득만으로 사회계층을 측정하는 것의 한계점은 무엇인지 설명하시오.

05 사회계층에 따른 광고 전략, 가격전략, 유통 전략상의 차이를 설명하시오.

06 우리나라의 사회계층은 어떻게 분류하는 것이 타당하다고 생각하는가?

07 마케팅관리자가 특히 주목해야 할 최근의 두드러진 사회계층 변화 양상을 설명하시오.

참 고 문 헌

- 임종원, 김재일, 홍성태, 이유재, 소비자행동론: 이해와 마케팅에의 전략적 활용, 경문사, 2007.
- 황병일, 박승화, 김범종, 최철재, 소비재행동: 이해와 적용, 대경, 2009.
- 김형재, 이준관: 소비자 행동론, 박영사, 2017.
- Del l, Hawkins, David L. Mothershaugh, Hawkins의 소비자행동론, 이호배, 김학윤, 김도일, 이성근 역, 지필미디어, 2014.
- Leon G. Schiffman, Joseph L. Wisenblit, 소비자행동론, 황용철, 김나민, 김소영 역, 시그마프레스, 2016.
- Solomon, Michael R, 소비자 행동론, 이지은 역, 경문사, 2016.
- Wayne D. Hoyer, Deborah J. Macinnis, 소비자 행동론, 이명식, 김찬목, 이선수 역, CENGAGE LEARNING, 2012.
- Alexander Josiassen, "Consumer Disidentification and Its Effects on Domestic Product Purchases: An Empirical Investigation in Netherlands," Journal of Marketing, Vol. 75 (March 2011): 124–140.

- Assael, Henry , Consumer Behavior & Marketing Action, fourth edition, PWS–KENT, 1992, p. 335.
- Blackwell, Miniard, Engel, Consumer Behaviour, Thomson, SW, 2008.
- Blackwell, Roger D., Paul W. Miniard, and James F. Engel, *Consumer Behavior*, 10, Aufl., Mason, 2006.
- Charles, M. Schaninger, "Social Class versus Income Revisited: An Empirical Investigation," Journal of Marketing Research 18 (May 1981): 192–208.
- Coleman, Richard P., "The Continuing Significance of Social Class to Marketing," Journal of Consumer Research 10 (December 1983): 270.
- Coleman, Richard P., "The Significance of Social Stratification in Selling," in Martin L. Bell, ed., Marketing: A Maturing Discipline (Chicago: American Marketing Association, 1960), pp. 171–184.
- Ellis, Dean S., "Speech and Social Status in America," Social Forces, 45 (March 1967), 431–437.
- Gillett, Peter L., "A Profile of Urban In–Home Shoppers," Journal of Marketing, 34 (July 1970), 40–45.
- Hawkins, Delbert I., David L. Mothersbaugh, and Roger J. Best, *Consumer Behavior: Building Marketing Strategy 10/e*, McGrawHill, 1998.
- Hisrich, Robert D. and Michael P. Peters (1974), "Selecting the Superior Segmentation Correlate," Journal of Marketing, 38 (July), pp. 60–63.
- Hisrich, Robert D. and Michael P. Peters, "Selecting the Superior Segmentation Correlate," Journal of Marketing 38 (July 1974): 60–63.
- Hoyer, Wayne D., and Deborah J. Macinnis, *Consumer Behavior, 3rd*, Boston, 2004.
- Hugstad, Paul S. (1981), "A Re–examination of the Concept of Privilege Groups," Journal of the Academy of Marketing Science, 9 (Fall), pp. 60–63.
- Laumann, Edward O. and James S. House, "Living Room Styles and Social Attributes: The Patterning of Material Artifaces in a Modern Urban Community," Sociology and Social Research, 54 (April 1970), 324–27.
- Leon G. Schiffman and Joseph L. Wisenblit, *Consumer Behavior, 11th Edition*, Pearson, 2015.
- Levy, Sidney J., "Social Class and Consumer Behavior," in Joseph W. Newman, ed., On knowing the Consumer (New York: John Wiley, 1966), pp. 146–160.
- Mattews, Herbert Lee and John W. Slocum, Jr.(1969), "Social Class and Commercial Bank Credit Card Usage," Journal of Marketing, 33(Jan.), pp. 71–78.
- Michael R. Solomon(2008), *Connsumer Behavior: Buying, Having, and Being*, 8th Edition, Prentice Hall.
- Moschis, George P., and Gilbert A. Churchill, "Consumer Socialization: A Theoretical and Empirical Analysis," Journal of Marketing Research 15 (November 1978): 599–609.
- Munson, J. Michael and W. Austin Spivey, "Product and Brand User Stereotypes Among Social Classes," in Kent B. Monroe, ed., Advances in Consumer Research, vol.8 (Ann Arbor, Mich.: Association for Consumer Research, 1981), pp. 696–701.
- Myers, James H., Roger R. Stanton, and Arne F. Haug (1971), "Correlates of buying Be-

havior: Social Class vs. Income," Journal of Marketing, 35 (Oct.), pp. 8–15.
- Myers, James H., Roger R. Stanton, and Arne F. Haug, "Correlates of Buying Behavior: Social Class vs. Income," Journal of Marketing 35 (October 1971): 8–15.
- Myers, James H. and John F. Mount (1973), "More of Social Class vs. Income as Correlates of Buying Behavior," Journal of Marketing, 37 (Apr.), pp. 71–73.
- Peters, William (1970), "Relative Occupational Class Income: A Significant Variable in the Marketing of Automobiles," Journal of Marketing, 34 (Apr.), pp. 74–77.
- Prasad, V. Kanti, "Socioeconomic Product Risk and Patronage Preference of Retail Shoppers," Journal of Marketing, 39 (July 1975), 42–47.
- Rich, Stuart A. and Subhash C. Jain (1968), "Social Class and Life Cycle as Predictors of Shopping Behavior," Journal of Marketing Research, 5 (Feb.), pp. 41–49.
- Roscoe, A. Marvin Jr., Arthur LeClaire, Jr., and Leon G. Schiffman, "Theory and Management Applications of Demographics in Buyer Behavior," in Arch G. Woodside, Jagdish N. Sheth, and Peter D. Bennett, eds., Consumer and Industrial Buying Behavior (New York: North–Holland, 1977), pp. 74–75.
- Roscoe, Jr. A. Marvin and Jagdish N. Sheth, "Demographic Segmentation of Long Distance Behavior: Data Analysis and Inductive Model Building" in M. Venkatesan, Ed., Proceedings of the 3rd Annual Conference, Association for Consumer Research (1972), p. 268.
- Rozen, Leah "Coveted Consumers Rate Magazines over TV: MPA," Advertising Age, August 20, 1979, 64.
- Schaninger, Charles M. (1981), "Social Class Versus Income Revisited," Journal of Marketing Research, 18 (May), pp. 192–208.
- Shimp, Terence A. and J. Thomas Yokum, "Extensions of the Basic Social Class Model Employed in Consumer Research," Advances in Consumer Research, vol. 8, pp. 702–707.
- Slocum, John W. Jr., and Herbert Lee Mattews (1970), "Social Class and Income as Indicators of Consumer Credit Behavior," Journal of Marketing, 34 (Apr.), pp. 69–78.
- Wind, Yoram, "Incongruency of Socioeconomic Variables and Buying Behavior," in Philip R. McDonald, ed., American Marketing Association Fall Conference Proceedings, Series No. 30 (1969), pp. 362–367.
- Zielinski, Robertson and Ward, Consumer Behavior, 1984, p. 526.

그/림/출/처

- http://news.chosun.com/site/data/html_dir/2019/01/25/2019012501980.html?utm_source=naver&utm_medium=original&utm_campaign=news
- http://www.asiatoday.co.kr/view.php?key=20190414010009366 (중국빈부격차)
- https://m.yna.co.kr/view/(영국–사회계층 7단계)
- 네이버지식백과–프레피룩
- 아시아투데이 "폭동 일어날 수준의 中 빈부격차, 정말 심각"(2019.04.14)

CHAPTER

05

준거집단과 가족

1. 준거집단의 개념과 유형에 대해 이해한다.
2. 준거집단의 특성과 기능을 살펴본다.
3. 제품유형과 소비상황에 따른 준거집단의 영향력에 대해 학습한다.
4. 준거집단 중 가족이 소비자 행동에 미치는 영향에 대해 학습한다.
5. 가족구매의사결정의 특징을 살펴본다.
6. 가족수명주기의 개념을 이해한다.

제 1 절 준거집단

1 준거집단의 의의

준거집단이란 사람들이 자신의 신념, 태도, 행동을 결정하는데 참고하는 집단을 말한다. 준거집단을 살펴봄으로서 우리는 소비자에게 정보를 제공하거나 영향력을 미칠 수 있는 방법을 찾아 낼 수 있다. 준거집단의 영향력을 이용하는 전형적인 광고로 유명인을 광고에 등장시키는 경우, 소비자가 실제 그가 속한 집단이 아니라 그가 속하기를 열망하는 집단의 대리인으로 등장시킨다. 유명인과 자신을 동일시함으로써 소비자들이 영향을 받게 되는 것이다. 한 예로 프로축구 선수인 크리스티아누 호날두를 이용한 명품시계광고나 김연아를 등장시킨 하우젠 에어컨, 맥심 커피광고 등을 들 수 있다〈그림 5-1〉. 또한 평범한 이웃과 같은 일반인들을 광고 모델로 사용하는 경우도 자주 있다. 일반인 모델은 바로 구매자의 규범이나 가치를 나타내는 것으로 표현이 되며, 소비자 준거집단의 대리인으로 설정되는 것이다. 이는 모두 특정인이나 이웃을 통하여 소비자들에게 영향을 미치려는 시도인 것이다.

준거집단은 소비자의 욕구와 구매행동에 직접적으로 영향을 미친다. 특히 준거집단의 유형 중 하나인 가족은 가족 구성원의 아침 식사에 영향을 미치며, 십대 청소년들의 동료 집단은 그들이 어떤 라디오 프로그램을 듣고 어떤 텔레비전 프로그램을 볼 것인가에 영향을 미친다. 또한 직장이라는 조직집단은 근무 시 어떠한 복장을 착용할 것인가에 영향을 미친다. 준거집단은 우리가 어떻게 행동해야 하는 것과 관련된 정보를 제공해 주며, 집단의 규범에 개인이 동일시되도록

제이콥 앤 컴퍼니 명품시계 광고출현
축구선수 크리스티아누 호날두

맥심 커피광고출현
피겨스케이팅선수 김연아

▲ 그림 5-1 유명 스포츠인을 이용한 광고

압력을 행사한다. 또한 집단규범에 적응되어 가면서 가족, 동료집단, 또는 조직의 가치관을 수용하게 된다. 따라서 준거집단은 태도와 행동을 준거집단에 기준하여 비교할 수 있게 해준다. Bearden과 Rose의 연구에 의하면 개인들이 준거집단에 의해 영향을 받는 정도는 차이가 크다고 제안한다. 집단이 개인들에게 가장 많이 영향을 미치는 경우는 다음과 같다.

첫째, 그 집단이 구매하는 제품인 경우 둘째, 어떤 특정 옷이나 화장품, 오락과 같이 그 집단이 자신들에게 적합하다고 느끼는 경우 셋째, 소비자의 행동에 집단 구성원들의 반응이 강할 때 그리고 집단으로부터 적합하거나 부적합한 행동에 대하여 보상이나 제재가 있는 경우이다.

2 준거집단의 유형

준거집단은 어떤 소비자가 자신의 태도를 평가하는 기준점을 제공해 주며, 자신과 어떤 집단을 동일시(identification)하는 경우에 나타난다. 소비자는 그 준거집단의 구성원일 수도 있으며 또는 그 집단에 속하기를 열망하는 사람일 경우도 있다. 즉, 가족과 같이 그 준거집단의 구성원인 경우는 그는 회원집단에 속하는 경우이며, 테니스 선수들과 알고 지내기를 열망하는 테니스 초보자와 같이 회원이 아닌 경우는 열망집단에 속하게 된다. 준거집단을 또한 부정적으로 간주하는 경우도 있는데 예를 들어 개인이 집단에 속하고 있으나 그 집단의 가치를 거부하는 경우에는 개인에게 이 집단은 거부집단이 된다. 마지막으로 그 집단에 회원이 되는 것을 피해야 한다고 생각할 경우에는 이러한 집단은 회피집단이 된다. 이러한 네 가지 유형의 준거집단이 〈그림 5-2〉에 나타나 있다.

마케팅 관점에서 보면 소비자들은 부정적인 신념이나 태도보다는 긍정적인 신념과 태도에 의하여 제품을 구입하고, 동기부여가 되기 때문에 긍정적 준거집단이 부정적 준거집단 보다 더 중요하다. 이러한 이유에서 광고주들은 어떤 집단을 피하거나 거부하려는 열망에 소구하기보다는 어떤 집단에 참여하려는 열망에 소구하는 것이 더 효과적이다. 불일치에 소구하는 광고들도 어떤 집단에서 자신을 회피하려는 부정적인 면을 강조하는 것이 아니라, 다른 사람과 달리 특별하다는 긍정적인 면에 입각하여 소비자에게 소구하는 것이다. 그러므로 마케터들은 긍정적 준거집단에 집중하는 경향이 있다.

그림 5-2 ▶
준거집단의 유형

	소속회원	비회원
긍정적 태도	긍정적 회원집단	열망 집단
부정적 태도	거부 집단	회피 집단

회원집단의 유형

	비공식적 회원집단	공식적 회원집단
일차적 회원집단	가족, 동료집단	학습집단, 사업집단
이차적 회원집단	쇼핑집단, 스포츠집단	동창회, 향우회

	열망집단의 유형
접촉	예상적 열망집단
비접촉	상징적 열망집단

1) 회원집단

앞에서 설명한 바와 같이 긍정적 집단은 마케터에게 가장 중요하기 때문에 〈그림 5-2〉에서와 같이 회원집단과 열망집단으로 구분할 수 있는데, 긍정적 회원 집단은 다시 일차적/이차적 그리고 비공식/공식의 기준에 따라 분류된다.

일차적 집단은 가족, 친구, 사업동료, 등과 같이 정규적으로 빈번하게 접촉을 하는 사람들로 구성이 된다. 이차적 집단은 쇼핑집단, 정치집단, 조합원, 스키 동호인과 같이 일차적 집단에 비해 상대적으로 빈번한 접촉을 안하는 경우가 이에 해당된다. 일차적 집단은 개인이 제품신념, 취향이나 선호도 등을 형성하는데 더 영향을 많이 미칠 뿐 아니라 구매행동에 직접적인 영향을 미치므로 마케터에게는 이차적 집단보다 더 중요하다. Reingen과 동료들은 여러 상황에서 가장 접촉을 많이 하는 집단의 회원들 즉, 일차집단의 회원들은 동일한 상표를 구매하는 경향이 높다고 설명하고 있다.

▼ 그림 5-3
1차 집단을 활용한 광고

공식적 조직구조와 역할 여부를 기준으로 집단을 공식집단과 비공식집단으로 구분할 수 있다. 공식집단이란 사장, 재무이사, 비서와 같은 특정한 조직구조와 자금모집, 교육, 정보 조정과 같은 특정 역할을 가지게 되는데, 비공식집단도 구조와 역할은 있을 수 있으나 명확하지가 않다.

따라서 회원집단은 〈그림 5-2〉에서와 같이 네 가지로 분류할 수 있다.

(1) 일차적 비공식집단

일차적 비공식집단에 해당하는 준거집단으로는 가족과 동료집단을 들 수 있다. 일차적 비공식집단은 서로 자주 접하고 서로 가깝다는 점에서 대단히 중요한 집단이다. 이러한 점을 이용하여 가족구성원이나 친구들과 함께 제품을 사용하는 광고가 자주 등장하게 되는 것이다〈그림 5-3〉.

(2) 일차적 공식집단

일차적 공식집단은 자주 대면을 하면서도 일차적 비공식집단 보다는 좀 더 공식적인 구조를 가지고 있는 경우인데, 여기에 해당하는 준거집단으로 매일 함께 일하는 직장동료나 또는 같은 반의 프로젝트 팀과 같은 경우를 들 수 있다. 광고주들은 이러한 일차적 공식집단의 회원들이 제품에 대하여 인정을 하는 광고를 종종 사용한다.

(3) 이차적 비공식집단

이차적 비공식집단에 해당하는 준거집단의 경우는 어떤 공식적인 구조를 가지고 있거나 서로 구성원끼리 빈번하게 만나지는 않는다. 이러한 준거집단으로는 쇼핑을 함께 다니는 집단이나 또는 가끔 서로 운동을 즐기는 운동클럽 같은 경우가 여기에 해당한다. 이러한 집단도 구매행동에 직접적인 영향을 미칠 수가 있다. 쇼핑을 하는데 이차적 비공식집단이 미치는 영향을 연구한 연구에 의하면 3명 이상이 함께 쇼핑을 할 경우에 개인들은 본래 계획하였던 것보다 더 많은 쇼핑을 하게 될 확률이 두 배 이상 증가한다고 한다.

(4) 이차적 공식집단

이차적 공식집단의 경우는 구성원들은 서로 자주 만나지를 못하며 서로 가깝게 연결되어 있지 못한 구조이기 때문에 개인들에게도 중요성이 떨어질 뿐 아니라 자연히 마케터에게도 중요성이 떨어지는 집단이다. 이러한 집단에 해당되는 준거집단으로 동창회 집단이나 향우회 집단이나 종친회집단 등을 들 수 있다. 여행사나 경영자 프로그램과 같은 어떤 특정한 제품의 경우는 이러한 집단에 관심을 가지는 경우가 있으나 전국적인 상표제품의 마케터에게는 별 큰 매력이 없는 시장이다.

2) 열망집단(aspirational group)

열망집단은 개인이 그 집단에 대한 구성원자격이 없고 대면접촉을 하고 있지는 않지만, 그 집단의 구성원이 되거나 그 집단의 구성원들과 같아지기를 갈망하는 집단이다. 열망집단은 예상적 열망집단(anticipatory aspirational group)과 상징적 열망집단(symbolic aspirational group)으로 분류된다.

(1) 예상적 열망집단

예상적 열망집단은 개인이 미래의 언제인가는 참여되기를 원하고, 또 참여가 가능할 수도 있는 집단이다. 이러한 준거집단의 예로는 조직 위계상 높은 위치에 있는 집단 같은 경우이다. 이러한 집단으로의 욕망은 권력과 신분, 권위, 부와 같은 보상에 기초하고 있다. 더 높은 열망집단으로 진출하고 싶어 하는 욕망에 소구하는 광고를 자주 접할 수 있는데, 의류나 화장품과 같은 경우에 사업적인 성공과 권위의 맥락에서 광고가 제시되는 것을 살펴볼 수 있다. 남성의류와 향수 등의 경우는 전통적으로 이러한 맥락에서 광고를 제시하였으며 여성의 경우도 취업여성이 증가함에 따라 이러한 형식의 소구가 늘어가고 있다.

(2) 상징적 열망집단

상징적 열망집단의 경우는 개인이 그 집단의 신념과 태도를 가지고 있음에도 실질적으로 소속이 될 것 같지 않은 집단이다〈그림 5-4〉. 예를 들어, 세계적으로 유명한 그룹 방탄소년단을 광고에 등장시키어 상징적 열망집단을 이용하여 소구하는 광고가 이용되기도 한다. 이러한 경우 그 유명인은 그 제품의 전문가이라기보다는 명성에 의해 등장하는 것으로써 그러한 스타와 동일시하는 소비자들에게 큰 영향을 미칠 수 있을 것이다.

▼ 그림 5-4
방탄소년단을 등장시킨 LG G7 ThinQ 광고

(3) 회피집단

회피집단이란 개인이 속해 있지도 않으면서 대면관계를 유지하고 있지도 않고 집단의 가치, 태도, 행동을 받아들이려고 하지도 않는 집단이다. 따라서 개인은 그 집단의 가치나 태도와 반대되는 태도나 행동을 하게 된다.

3 준거집단의 특성

준거집단은 소비자에게 영향을 미치는 특성들을 가지고 있다. 규범, 역할, 지위, 사회화, 권력 등이 그러한 특성이며 그 내용을 살펴보면 다음과 같다.

1) 규범(norms)

규범이란 그 집단에 의해 설정된 규칙과 행동기준이다. 집단에 속한 구성원들은 이러한 규범에 일치할 것을 요구되는데, 규범은 입는 옷이나 식사습관 소유자동차 종류나 화장품의 종류 같은 것에서도 적용이 된다. 예를 들어 베드민턴 동호회 회원 간에 요넥스(yonex)나 비트로(vitro)가 하나의 규범적 제품이 된 경우와 같은 것이다. 규범은 작은 집단에도 있고 큰 집단에도 있다. 사회계층은 사회계층의 규범이 있으며, 하위문화는 하위문화의 규범이 그리고 사회는 사회의 규범이 있다.

다른 사람들의 기대값과 동일하게 행동해야 한다는 압력은 삶의 여러 방면에서 나타난다. Stafford는 소비자의 상표선택에 미치는 준거집단의 영향에 대하여 연구하였다. 그는 가정주부를 대상으로 빵을 가지고 준거집단의 영향을 분석하였다. 연구에 사용한 실제 빵의 포장이나 내용은 동일했으며 다만 알파벳으로 구별되는 이름만 차이가 있었다. 그 결과 실험대상자들은 시간이 지나면서 그 동안 생긴 비공식집단의 리더가 선택한 빵을 선택하였다. 준거집단 이론에 의하면 집단의 영향력이 가장 잘 미치는 제품은 가시적이거나 복잡하거나 또는 인지된 위험이 크고 시용가능성이 적은 경우라고 설명하고 있다. 한 예로 Venkatesan의 연구결과에서는 사업상 입는 정장과 같은 고관여 제품의 경우에는 집단의 규범과 일치하려는 경향이 높음을 확인하였다. 그러나 빵과 같은 저관여 제품은 이러한 기준에 일치되는 것이 아니다. 즉, Stafford의 연구결과에서 저관여 제품에서도 준거집단의 영향력을 보여주었다. 이와 반대로 Ford와 Ellis의 연구결과에서는 저관여 제품은 준거집단의 영향과 별 관계가 없음을 확인하였다.

2) 역할(role)

역할이란 집단의 목적을 달성하기 위하여 개인이 맡거나 집단이 개인에게 요구한 기능을 의미한다. 집단구매행동에서는 최선의 제품을 구매하기 위하여 특정 역할들이 할당되기도 한다. 가족구매의 경우 제안자, 영향자, 구매결정자, 구매자, 사용자의 역할을 나누어 파악할 수 있다.

사람들은 자신이 학습한 역할에 일치하게 함으로써 자아개념을 유지한다. 예를 들어 전통적인 어머니의 역할에는 가족 중 누군가가 아플 때는 따뜻한 국을 끓여 주는 것도 포함이 될 것이다. 그러므로 감기약광고에는 이러한 상황과 함께 제시하는 것이 효과적 일 것이다. 광고에 나오는 의사들은 사회에서 그들의 역할과 일치하게 행동을 할 것이며, 교수는 분석적이고 박식하게 표현이 된다. 그러나 때때로 시청자 중 그러한 역할에 공감을 하지 않는 위험도 있을 수 있다. 그리고 이러한 역할에 대한 전형성(stereotype)도 변화될 수 있다.

일상생활 중에 개인은 사회에서 1인 3역내지 4역을 수행하는 가운데 역할 갈등(role conflict)을 경험하게 된다. 그들은 가족과도 충분한 시간을 보내며 동시에 경영자로서 일에 많은 시간을 보내야 할 경우도 생기게 된다. 이러한 역할 갈등은 문제를 인식하게 해주며, 문제인식은 바로 마케팅기회와 효과적인 커뮤니케이션의 전제 조건이 된다.

3) 지위(status)

지위란 개인이 조직 내에서 가지고 있는 위치를 의미한다. 조직 내의 지위가 높다는 것은 그 만큼 조직 내에서 큰 힘과 영향력을 가지고 있음을 의미한다. 기업체의 회장은 그 기업에서는 가장 높은 지위를 가지고 있고 가장 큰 영향력을 가지고 있으나 자신이 사는 동네의 등산모임에서는 가장 영향력이 낮은 회원일 수도 있는 것이다. 입는 의복이나 골프회원권 유무 등을 보고 지위의 높낮이와 연관되기도 하는데, 사장실의 고급 카페트가 지위를 상징하듯, 자동차 정비공장의 정비복도 그 지위를 나타낸다. 소비자들은 지위를 나타내기 위하여 제품을 구매하기도 한다. 예를 들어 고급의류나 비싼 고급차는 지위의 상징물일 수도 있다.

4) 사회화(socialization)

개인이 집단의 규범이나 역할에 대하여 학습하는 과정을 사회화라 한다. 개인이 직장을 다른 곳으로 옮긴 경우 그 조직의 공식적인 규칙과 기대에 부응해야 할뿐 아니라 새로운 직장 동료들의 비공식 규칙과 기대도 학습하여야 한다. 소비자 사회화란 소비자들이 시장에서 활동할 수 있는 지식과 기법을 획득하는 과정을 말한다. 즉, 아이들이 자라면서 학습하게 되는 사회화와 다른 지역에서 이사온 새로운 거주자로서 경험하고 배우게 되는 과정이 사회화이다.

따라서 어린 시절에 배운 소비역할을 이해하기 위해 어린 시절의 사회화를 살펴볼 필요가 있다. 주로 가정에서 소비역할을 학습하지만, 학교나 교회와 같은 종교 집단들도 어린이에게 행동에 대한 규범을 학습시킨다. 소비행동과 관련하여 어린이들은 어떻게 지식, 기술, 태도, 과정들을 학습하는가에 대한 연구에서, Ward는 어린 시절에는 부모가 중요하나 사춘기가 되면서 부모의 영향보다는 동료들의 영향이 더 커진다고 설명하고 있다. 이 분야의 연구가 아직 부족한 형편이나, 어릴 때 배운 소비자 태도는 상당한 지속성이 있는 것으로 나타나고 있다. 이러한 근거로 부모와 성인이 된 자녀들의 선호하는 상표가 유사하다는 점을 들 수 있다. 부모와 자녀와의 영향에 대한 연구에서 Moschis는 자녀의 소비자 행동에 대한 부모의 영향은 직접적인 경우도 있고 간접적일 수도 있으며 상황에 따라 다를 수 있다고 설명하였다. 즉, 제품에 따라서 소비자의 특성에 따라서 그리고 의사결정 단계에 따라 다르다고 설명하였다.

5) 권력(power)

집단이 개인에게 미치는 영향의 정도는 그 집단이 가지고 있는 힘과 비례한다고 하겠다. 여러 원천에서 집단의 영향력이 있으나 마케팅 전략상 유용한 것들은 전문력(expert power), 준거력(referent power), 보상력(reward power) 등을 들 수 있다.

(1) 전문력

전문성은 개인이나 집단이 경험과 지식을 가지고 있는 경우에 생기는 것이다. 어느 친구가 자신보다 어떤 특정 제품에 대하여 더 많은 경험과 지식을 가지고 있는 경우에는 그 친구의 추천을 높이 평가하게 되는 것이다. 이러한 관점에서 본다면, 판매원도 고객에게 신뢰성을 줄 수 있다면 판매원 자신도 전문가로 평가받을 수 있는 것이다.

(2) 준거력

준거력은 개인이 집단의 구성원으로 동일시함으로써 발생하는 것이다. 즉, 개인의 신념과 태도가 그 집단의 신념과 태도와 유사할수록 그 집단의 준거력은 더 커진다. 이러한 경우 그 개인은 그 집단의 구성원인 경우나 그 집단에 참여하기를 열망하는 경우에도 나타난다.

(3) 보상력

보상력은 그 집단이 얼마나 개인에게 보상을 줄 수 있는가에 따라 힘이 달라진다. 예를 들어 기업체는 자사의 직원에게 돈과 직위로 보상을 해줄 수 있으며, 가정에서는 아이들에게 칭찬과 인정으로 보상을 할 수 있다. 사회집단도 구매

행동에 대해 보상을 줄 수 있는데, 그 집단 구성원들이 옷이나 용모 등을 인정해 줌으로서 개인의 선택을 더욱 보강시킬 수 있다.

4 준거집단의 기능

준거집단은 소비자 선택에 대해 3가지 영향을 미친다. 첫째는, 전문력에서 나오는 정보제공기능이다. 전문가가 등장하는 광고나 경험과 지식이 많은 친구의 경험 등이 정보제공기능을 수행하는 경우이다. 둘째는, 준거집단의 비교기능이다. 준거력에서 생기는 비교기능은 개인들이 집단의 신념과 태도, 행동 등과 자신의 신념, 태도, 행동과 비교하게끔 하는 것이다. 준거자로서 준거집단은 소비자들이 자아 이미지를 평가할 평가기준을 제공하는 기능을 수행한다. 셋째는, 준거집단이 개인에게 집단의 규범에 입각한 태도와 행동을 하도록 영향력을 행사하는 기능이다. 이 기능을 준거집단의 규범적 기능이라 한다. 이러한 세 가지 기능은 집단의 전문력(정보제공기능), 준거력(비교기능), 보상력(규범적 기능)과 연결되어 있다〈표 5-1〉.

〈표 5-2〉에 정보제공기능, 비교기능, 규범적기능을 측정하는 문항이 제시되어있다. 본 문항은 Park과 Lessig가 20가지의 제품을 대상으로 정보제공기능과 비교기능 그리고 규범적 기능의 상대적 중요도를 측정한 연구에서 사용한 문항들이다. 문항 1-5까지는 정보제공기능에 관한 문항이며, 6-9까지는 비교기능, 그리고 10부터 12까지는 규범적 기능에 해당하는 문항이다.

표 5-1 ▶ 준거집단의 영향 유형

기능	목적	원천의 인지된 특성	영향력의 유형	행동
정보제공	지식	신뢰성	전문력	수용
비교	자기유지 충실화	유사성	준거력	동일시
규범적	보상	권력	보상력	동조

출처 : Assael, Henry, Consumer Behavior and Marketing Action, 5th ed., 1995, p. 534.

◀ 표 5-2
정보제공기능, 비교기능, 규범적 기능의 조건

정보제공 기능
1. 소비자가 전문가 집단이나 또는 개별 전문가로부터 여러 상표들에 대한 정보를 얻으려 한다.
2. 소비자가 직업적으로 그 제품을 다루는 사람으로부터 정보를 얻으려 한다.
3. 소비자가 그 상표들에 대해 신뢰성 있는 정보를 가지고 있는 친구, 이웃, 친척, 또는 직장 동료들로부터 상표들 간의 성능비교와 같은 상표와 관련된 지식이나 경험을 얻으려 한다.
4. 독자적인 실험 기관의 승인이 찍힌 도장을 보고 상표선택에 영향을 받는다.
5. 경찰이 타고 다니는 차를 관찰하거나 또는 TV수선공들이 사는 TV를 관찰하는 등, 전문가가 하는 행위를 소비자가 관찰하여 그가 상표선택에 반영한다.
비교기능
6. 소비자가 특정 상표를 사용하거나 구매하는 것이 다른 사람들의 그에 대한 이미지를 높일 것이라고 생각한다.
7. 소비자가 특정 상표를 구매함으로써 다른 사람들에게 자신이 보이고 싶어하는 성공한 사업가나 운동선수 등으로 보이는데 도움이 될 것이라고 생각한다.
8. 소비자가 특정 상표를 사용하거나 구매하는 사람들은 그가 가지기를 원하는 특성을 가지고 있다고 생각한다.
9. 소비자가 때때로 특정 상표를 사용하는 광고에 나오는 사람과 같은 사람이 되고 싶다고 느낀다.
규범적 기능
10. 소비자가 사교 생활을 하는 사람들의 선호도가 그의 특정 상표 구매결정에 영향을 미친다.
11. 소비자의 가족들의 선호도가 그의 특정 상표 구매결정에 영향을 미친다.
12. 다른 사람들이 그에게 가진 기대치를 만족시키려는 바램이 특정 상표 선택에 영향을 미친다.

출처 : Park, C. Whan and V. Parker Lessig, "Students and Housewives: Differences in Susceptibility to Reference Group Influence," Journal of Consumer Research 4 (September 1977), p. 105.

1) 정보제공기능

소비자는 정보가 제품선택에 대한 지식을 풍부하게 해 줄 것이라고 생각을 하는 경우에는 그 정보를 수용할 것이다. 준거집단은 직접 소비자가 중요하다고 생각하는 정보를 제공하여 주거나 또는 소비자가 준거집단 구성원의 행동을 관찰함으로써 정보제공기능을 수행한다.

(1) 정보제공기능의 특징

앞의 〈표 5-1〉에서 살펴본 바와 같이 준거집단의 정보제공기능에 있어서 소비자의 목표는 지식을 획득하고 정보를 받아들이는 조건은 신뢰성이며, 이러한 힘의 원천은 전문력이고, 최종 행위는 정보를 수용하는 것이다.

그러면 준거집단의 정보제공기능은 언제 가장 중요한가? 이 문제에 대해 Friedman과 Churchill의 연구에 의하면 준거집단의 정보제공기능은 제품을 구입할 때 사회적 재정 또는 성능상의 위험이 있는 경우에 가장 효과적이다. 예를 들어 자동차는 고가에 기계적 결함의 위험도 있고, 사회적인 현시성이 있으므로, 자동차를 구입하려 할 때, 소비자들은 기계에 대해 잘 아는 친구나 가족 또는 판매원에게 정보를 얻으려고 할 것이다. 그러므로 전문가의 추천은 훨씬 더 설득력이 있을 것이다. 소비자들은 또한 광고와 같은 상업적인 정보 원천보다는 친구나 이웃과 같은 더 신뢰성이 가는 개인적 원천의 추천을 보다 긍정적으로 평가할 것이다. 기업의 광고 내용은 제품을 판매하기 위한 목적이 있다고 판단하여 주장을 의심 없이 받아들이기가 쉽지 않기 때문이다. 여러 연구에서 이러한 정보의 개인적 원천의 중요성이 증명되었다. Robertson은 그의 연구에서 식료품의 경우에도 개인적 원천이 중요하지만, 가전제품의 구매에서는 상업 광고보다 개인적 정보원천이 더욱 중요하다고 설명하였다. 그의 연구에 의하면 전문성은 전문가의 전문의견뿐 아니라 친구나 이웃의 경험의 사용에 근거하여 생기기도 한다. 조직구매행동에서도 정보의 개인적 원천이 중요한 역할을 한다. 조직의 신제품 수용의 경우에도 동료와의 개인적인 접촉을 통한 정보의 흐름이 가장 중요한 정보 원천임과 동시에 가장 큰 영향을 미치었다는 연구 결과들도 제시되었다.

(2) 전문가 광고모델의 이용

마케터들은 광고에 전문가를 등장시키어 정보제공적 영향을 미치려고 노력한다. 전문가가 제품을 사용하고 성능을 보장하는 광고를 제시함으로써 소비자들의 구매행동에 영향을 시도하는 방법이다〈그림 5-5〉. 이러한 증언 방식의 광고

스테판 커리의 언더아머

이연복 쉐프를 이용한 팔도 짜장면

▲ 그림 5-5
전문가 모델

는 소비자들이 메시지 전달자를 그 제품에 관한 전문가로 어느 정도 인정하는가에 성패가 달려 있다. 치과의사의 치약 광고나 껌광고, 농구선수의 농구화 광고 같은 경우가 이에 해당되는 광고이다. 또한 회사대표가 자사 제품광고에 출현하는 경우도 이에 해당된다.

2) 비교기능

소비자들은 끊임없이 자신들의 태도를 중요하다고 생각하는 집단의 태도와 비교를 한다. 이러한 비교과정에서 그들은 본인들이 원하는 집단과는 연결시키고 원하지 않는 집단과는 멀리함으로 태도와 행동을 합리화시키게 된다. 이러한 비교기능은 개인을 다른 구성원과 비교하여 그 집단이 자신의 태도와 행동에 동조적인가를 판단하는 역할을 한다. 예를 들어 새로운 집으로 이사를 하였을 경우, 부모들은 이웃들과 교육, 환경, 아이 양육 방법 등에 대한 생각과 태도를 이웃과 비교를 하게 되며 또한 이웃들이 가지고 있는 자동차나 구입하는 물건들을 자신과 비교하게 된다. 이러한 과정을 거치어 자신의 태도와 행동을 강화시켜 주는 유사한 특성을 가진 이웃과 친근감을 느끼게 된다.

(1) 비교기능의 특징

〈표 5-1〉에서 알 수 있듯이 비교기능이란 자기유지 및 충실화의 과정이다.

이 경우 개인의 목적은 자아 이미지를 강화시켜 주고 자기 충족에 도움이 되는 집단과 관련을 맺음으로써 자아 이미지를 고양하는 것이다. 이러한 힘의 원천은 준거력이며, 개인은 준거집단에 대하여 동일시한다. 다시 말해 준거집단이 비교기능을 수행하기 위한 조건을 살펴보면 그 집단의 회원으로서 자아 이미지를 고취시키는 경우와 열망 집단의 구성원으로 자신이 좋아하거나 존경하는 사람과 동일시하는 경우이다. 즉 개인이 특정 상표를 구매하거나 사용함으로써 다른 사람이 그에게 느끼는 이미지를 고양시킨다고 생각하는 경우나 다른 사람들에게 자신이 나타내고 싶은 사람으로 보일 수 있다고 생각하는 경우이다.

비교기능이란 영향을 받는 사람이 영향을 미치는 사람과 유사한 특성이 있다는 것을 의미한다. 소비자들은 자신과 유사하다고 느끼는 친구들로부터 정보를 얻으려 하며 그러한 정보의 원천들을 신뢰성이 있다고 생각한다. 이러한 관점에서 살펴본다면 소비자들과 유사한 평범한 인물을 광고 모델로 사용하는 것이 효과적이며 소비자들에게 신뢰감도 줄 수 있다. 영향을 받는 사람과 영향을 미치는 사람간의 유사성은 구매자와 판매원의 관계에까지 확장할 수 있다. 판매원이 고객과 취향이나 태도 그리고 종교 등이 유사한 경우에 더 효과적으로 고객에게 영향력을 미칠 수 있다는 연구 결과들도 제시되었다. 비교기능은 또한 근접성에 기인할 수도 있다. 여러 연구에 의하면 영향을 미치는 자와 받는 자가 서로 가까이 사는 사람인 경우가 많았다. 은퇴한 노인들이 사는 아파트를 대상으로 한 연구에 의하면 신제품에 관한 정보교환의 약 81%가 같은 층에 사는 사람들 간에 이루어졌다.

(2) 준거인 모델

일상생활에서 우리가 자주 볼 수 있는 평범한 사람들이 광고모델로 등장하기도 한다〈그림 5-6〉. 보통 소비자와 같은 평범한 사람들이 그 제품을 좋아한다는 것을 소비자에게 설득시키기 위하여 이러한 비교기능이 이용되는 것이다. 전형적인 소비자형의 광고모델은 소비자들이 공통적으로 가지고 있는 욕구와 문제를

일반인 등장 삼성기업광고

모델 최민의 KTX광고

맥심커피 이현미씨

▲ 그림 5-6
일반인 모델

환기시킴으로써 잠재 고객과 유사하다는 것을 나타낸다. 주부를 대상으로 한 TV 광고에서 유명인이 아닌 평범한 주부들이 모델로 등장하는 광고가 이에 해당된다고 하겠다.

또 다른 형태의 준거인을 사용하는 광고는 유명 인사를 등장시키는 경우이다. 이러한 방법은 표적 소비자들이 등장하는 모델을 좋아하며 그와 동일시하려는 경우에 효과적이다. 전문가를 모델로 사용하는 광고는 주로 제품이 어떤 종류이던 위험이 내포되어, 전문가가 안전하다고 소비자들을 설득하는 경우에 효과적으로 많이 사용된다. 예를 들어 의약품이나 스포츠 용구, 전기전자제품 또는 주식투자와 같은 경우가 이에 해당된다고 할 수 있다. 준거인을 모델로 사용하는 경우 자아 표현과 관련이 있는 제품의 경우에 가장 효과적이며, 광고는 친밀함과 매력을 표현할 수 있게 제작하는 것이 효과적이다. 이러한 종류에 해당하는 제품으로는 다이어트 음식이나 화장품 또는 의류 같은 것을 들 수 있다.

그러면 광고에 유명 인사를 어느 때 전문가로 등장시키며 어느 경우에 준거인으로 등장시키는 것이 타당한가? 당연히 그 제품군에 대한 지식이 있다고 소비자들이 생각하고 광고 주장의 타당성을 전달할 수 있는 경우에는 전문가로 등장하는 것이 가장 효과적일 것이다. 예를 들어 타이거 우즈(Tiger Woods)와 같은 골프 스타가 골프공 광고에 등장하는 것은 대단히 신뢰성이 있으며 효과적이다. 이러한 원칙은 TV 프로에서 맡은 역할을 이용하여 광고로 확장하는 경우도 있다. 한 예로 반려견 훈련에 대한 TV 프로그램에서 MC이자 훈련사인 강형욱이

LG생활건강의 유기농 강아지 사료인 '시리우스 윌'의 광고모델로 등장하는 것도 이러한 원리를 이용한 것이다.

많은 소비자들이 동일시하고자 하고 호감이 가는 유명인사의 경우는 준거인으로 등장하는 것이 효과적이다. 물론 이러한 경우 제품 자체가 유명 인사를 준거인으로 동일시하게끔 하는 경우에 더욱 효과적일 것이다. 전문가로 나왔을 경우는 지식과 타당성을 지녀야 하며, 준거인으로 나왔을 경우는 호감과 매력이 있지 않은 경우에는 광고가 실패할 확률이 높아진다.

3) 규범적 기능

규범적 기능이란 집단의 규범과 기대에 일치하도록 집단이 영향력을 미치는 것을 의미한다. 준거집단의 구성원들은 준거집단으로부터 지속적으로 구성원으로서 인정받기 위해 그 집단 내에서 통용되는 지배적인 기준이나 표준에 따라야 한다. 준거집단은 그 구성원에게 행동의 기본을 세워 주고 이를 실행하게 하는데, 이러한 기능을 준거집단의 규범적 기능이라 한다.

(1) 규범적 기능의 특징

소비자는 그들이 속한 집단의 규범과 행동에 동조하게끔 동기부여를 받는다. 특히, 이러한 동조에 대해 상당한 보상과 그러하지 못했을 경우 처벌이 가해지거나, 또는 개인의 동조하려는 행동이 그 집단에 쉽게 드러나는 경우에 더욱 동기부여를 한다.

조직의 규범과 행동에 대한 동조의 일차적인 대가는 수용이다. 행동이 가시적인 경우에는 집단의 규범적 기능이 더욱 활성화된다. 제품이 눈에 띄는 의류, 가구, 가전제품 등의 경우 집단의 규범적 기능이 구매에 큰 영향을 미친다. 또한 눈에 잘 띄지 않는 구강 세척제, 의치같은 경우에도 다른 사람이 알지 않을까 하는 두려움 때문에 영향을 받게 된다. 이러한 가시성은 정보제공기능과 비교기능에서는 상대적으로 중요하다. 왜냐하면 이 두 가지의 경우 목표가 지식이나 자아

고취이지 순응적 일치가 아니기 때문이다.

가시성의 중요도는 에어컨이 처음으로 시장에 침투할 때를 살펴보면 잘 나타난다. 직접적인 영향은 친구와 이웃들에 영향을 받아 제품을 구매하게 되는 경우이나, 이웃집 창문에 달려 있는 에어컨을 봄으로써 가장 큰 영향을 받는 것이다. 한 연구에서 16가지의 제품군에 대한 연구에서 가시성의 중요성을 살펴보았는데, 대부분의 경우 눈에 띄는 제품은 집단의 규범적 영향을 상대적으로 더 받았다. 규범적인 영향은 집단으로부터 보상을 받고 싶은 욕망에 그 기본이 있다. 이러한 영향력을 미칠 수 있는 힘은 보상과 강압에서 온다.

(2) 광고에서의 규범적 영향

집단의 수용을 보여주어서 규범적 영향을 미치려는 광고가 많이 사용되고 있다. 커피가 맛이 있다든지, 욕실이 반짝거린다는 칭찬이나, 머릿결이 아름답다든지, 자동차 핸들링이 부드럽다는 칭찬 같은 것은 모두 사회적 인정의 한 단면을 광고에서 제시한 것들이다. 이러한 경우 모두 소비자에게 중요한 사람 즉 아내나 남편, 이웃이나 친구 또는 직장 동료들로부터 소비자의 선택이 잘 되었다는 것을 승인하는 내용이다.

또한 마케터들은 그 제품을 사용하지 않음으로써 오는 결과를 제시함으로 규범적 영향을 행사하기도 한다. 입냄새가 지독하게 남으로써 주위로부터 배척받는 장면을 제시한 입냄새 제거를 위한다는 후라보노 껌광고가 이에 해당된다고 하겠다. 이러한 광고들에서는 제품을 사용하면 배척이 승인이 되는 것을 보여주어 강압적 힘과 보상적 힘을 서로 연결하여 제시하는 경우이다. 즉, 집단의 규범에 순응하도록 하기 위하여 집단의 강압적 힘에 대한 두려움에 소구하는 경우이다. 예를 들어, '옷을 잘 입는다고 반드시 직장에서 성공하는 것은 아니지만 옷을 잘못 입으면 실패할 수도 있습니다'라고 두려움에 소구를 하는 것이다.

(3) 소비자 행동에서의 동조성(conformity in consumer behavior)

집단규범의 일치는 규범적 기능의 궁극적 목표이다. 즉, 소비자가 집단이 인정한 제품들과 상표들을 구매한다는 것을 의미한다. 마케터들은 이러한 모방적 행동에 대단히 관심이 크다. 왜냐하면 일단 그 집단에서 가장 영향력이 있는 구성원이 인정한 제품은 눈덩이처럼 불어나는 효과가 있기 때문이다. 다른 사람과 보조를 맞추려는 생각 때문에 남들과 같이 모방을 하는 행동을 하게 된다. 여러 연구들에 의해 소비자들이 집단행동을 모방한다는 결과가 제시되었다. 이러한 연구들은 주로 실험을 통한 연구들이었는데, 그 중 잘 알려진 한 실험에서는 7명부터 9명까지의 대학생들로 구성된 집단에게 카드에 그려진 선의 길이를 판단하게 하는 것이었다. 각 실험 집단 대상자중 1명만 제외하고 다른 사람은 모두 틀린 답을 하라고 지시하였다. 실험 내용을 모르고 있던 한 사람은 다른 사람들이 만장일치로 틀린 답을 제시하는 상황에 있게 되었다. 실험 결과 약 37%가 자신이 느낀 것과는 다르게 생각이 되었으나 집단과 동조하였다. Venkatesan이 연구한 실험에서는 동일한 정장 3벌에 A, B, C 라벨을 붙이고 C가 품질과 메이커가 다르다고 설명한 후, 각 집단에 속한 4명의 학생 중 3명에게 B를 선택하도록 미리 지시해 놓았더니 나머지 학생도 대부분 B를 선택하였다. 그러나 나머지 3명과 동일한 답을 하도록 압력을 주었더니 오히려 일치의 가능성이 낮아졌다. 그 학생은 그러한 압력에 부정적으로 반응하였다. 반작용(reactance)이라고 부르는 이러한 상황은 어느 정도까지 소비자들이 집단규범에 일치하려 하지만 집단 압력이 너무 크면 소비자는 집단규범을 거부하고 독립적 행동을 하게 된다.

5 준거집단의 영향

1) 제품과 상표에 따른 일치

물론 개별 소비자에게 집단이 행사할 수 있는 압력에는 한계가 있지만, 제품의 경우에 따라 상대적 크기에 차이가 있다. Bourne은 준거집단에 대한 여러 연구를 살펴본 후 집단규범에 일치하려는 압력은 배타적이며 가시적인 제품인 경우에 더 크다고 주장하였다. 배타적 제품이란 사치로운 제품으로 소수의 사람만 가지고 있는 제품이다. 가시적 제품이란 사람들 앞에 보이면서 소비하는 제품을 의미한다. 배타적 제품의 경우 예를 들어 요트와 같은 제품을 소유하였다는 것만으로도 의미하는 바가 있음으로 제품 구매여부에 집단의 영향이 클 것이며 로렉스 시계와 같은 가시적인 제품은 배타적인 제품은 아니더라도 상표가 눈에 띄는 것이기 때문에 상표결정에 집단의 영향이 크다고 설명하였다. 이와 같이 집단은 제품에 따라 어느 경우는 제품의 구입에, 다른 경우는 상표의 선택에 또는 두 가지 모두에 영향을 미칠 수 있다. 준거집단의 영향력을 제품별, 상표별로 〈그림 5-7〉와 같이 설명하였다.

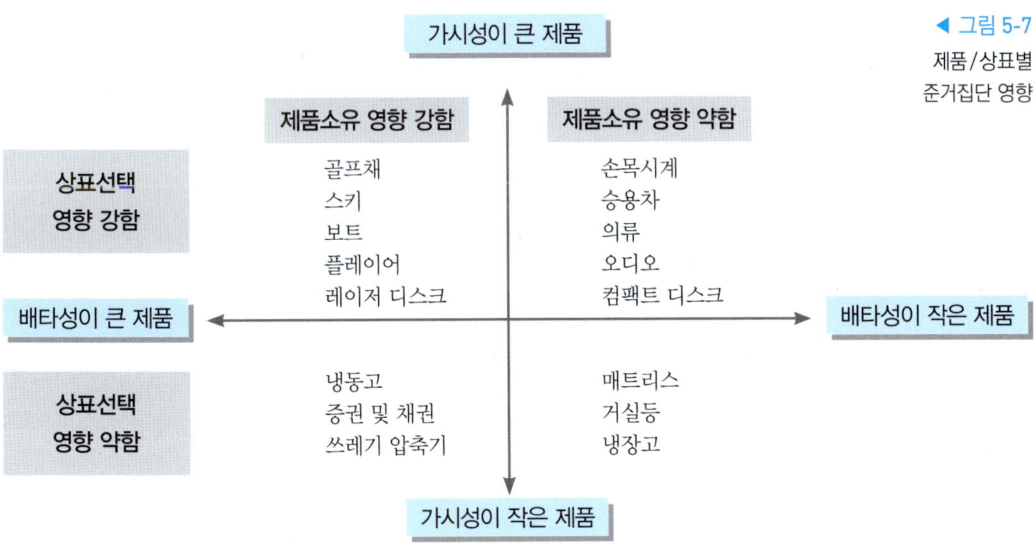

◀ 그림 5-7
제품/상표별 준거집단 영향

한편, 유사한 맥락에서 Bearden과 Etzel은 소비자 구매행동에 있어서의 준거집단 영향정도를 연구하면서 두 가지의 기준을 활용했다. 구체적인 내용은 다음의 〈표 5-3〉과 같다.

첫 번째 기준은 제품이 다른 사람들이 볼 수 있는 곳에서 소비되는가에 따라서 공공장소에서 사용하는 공공제품과 개인적으로 사용하는 개인제품으로 구분했다. 공공제품의 경우는 준거집단의 영향이 강하고 개인제품의 경우는 약한데, 예를 들어 자동차의 경우 공공장소에서 사용하는 제품이기 때문에 준거집단이 많은 영향을 미치는데 반해 침대 매트리스는 개인적으로 사용하는 제품범주에 가깝기 때문에 그 영향력이 미약하다.

두 번째 기준은 제품을 소유하는 소비자의 수로 필수품과 사치품으로 구분했다. 이는 제품 자체의 구매여부에 결정적 영향을 미친다. 필수품의 경우에는 준거집단의 영향이 미약하지만 사치품의 경우는 그 영향력이 크다. 예컨대, 골프클럽은 사치품으로 준거집단이 큰 영향을 미칠 수 있으나 일반 손목시계의 경우에는 그렇게 큰 영향을 미치지 않는다.

특정 제품에 대한 준거집단의 영향은 한 가지 기준만을 고려하는 것이 아니라 두 가지 기준을 동시에 고려할 때 보다 정확한 구매행동 패턴이 파악된다.

표 5-3 ▶ 제품과 상표선택에 미치는 준거집단 영향

	필수품 (제품선택에 약한 영향)	사치품 (제품선택에 강한 영향)
공공적으로 사용하는 제품 (상표선택에 강한 영향)	공공필수품 손목시계 자동차 양복	공공사치품 골프클럽 스키 요트
개인적으로 사용하는 제품 (상표선택에 약한 영향)	개인필수품 침대 매트리스 마루용 램프 냉장고	개인 사치품 비디오 게임 쓰레기 압축기 제빙기

출처 : Bearden, William O. and Michael J. Etzel, "Reference Group Influence on Product and Brand Purchase Decisions," Journal of Consumer Research 9 (September 1982): 185–186.

손목시계의 경우 제품자체를 구매할 것인가의 여부는 다른 사람들에게 영향을 받지 않으나 실질적으로 구매할 경우 어떤 상표를 선택할 것인가를 다른 사람들에 의해 영향을 받을 수 있다. Bearden과 Etzel의 연구에서도 배타적 제품에 대한 준거집단의 제품 소유에 대한 영향과 가시적 제품의 경우 상표선택에 대한 준거집단의 영향에 대해 Bourne의 연구와 일치한 결과가 나왔으며 두 연구맥락을 종합하여 보다 구체적으로 분석해 보기로 한다.

(1) 제품소유와 상표선택에 영향을 미치는 경우

제품의 소유 여부와 상표선택에도 영향을 미치는 범주에 속하는 제품들은 배타적 제품인 동시에 가시성이 높은 제품이다. Bearden과 Etzel은 골프채, 스키, 보트 등은 가시성이 높고 이러한 스포츠 활동에 참여하는 사람은 특정 소비자 세분시장으로 파악되기 때문에 이러한 제품군에 해당된다고 설명하였다. 또한 오디오와 비디오 기능을 합친 레이저 디스크와 같은 신제품들도 배타성이 큰 제품이며 잘 보이는 환경에서 사용되기 때문에 제품 소유에도 영향을 미치며 상표선택에도 영향을 미친다. 그러나 이러한 신제품이 독특성이 없어지고 대중적으로 수용이 된 후에는 제품소유에 대한 영향은 약해지며 상표선택에 대한 영향만 강하게 남아 있을 것이다. 이러한 예는 VCR과 미니 컴포넌트에서 살펴 볼 수 있는데, 제품이 시장에 출시된 초창기에는 준거집단의 영향력이 제품 소유여부에 미치었는데, 점차 많은 사람들이 제품을 소유하게 되자 준거집단의 영향은 상표선택으로 옮겨지었다.

(2) 상표선택에만 영향을 미치는 경우

이 집단에 속하는 제품들은 가시성은 크나 더 이상 배타성이 약한 경우이다. 이 경우에 속하는 제품으로는 손목시계, 자동차, 의류 등을 들 수 있다. 특히 특정 상표가 사치품에 속하는 경우 상표에 대한 영향이 강하게 된다. 준거집단은 시계나 자동차 소유 여부에는 영향을 미치지 않으나, 상표선택에는 즉, Rolex

시계나 BMW차와 같은 상표를 구매하게끔 영향은 미칠 것이다. 배타성이 높은 제품들은 시간이 흐름에 따라 점차 배타성이 없어지며 이 집단으로 옮겨오게 된다. 예를 들어, 준거집단은 더 이상 VCR구입 여부에는 영향을 미치지 않으나, 고급 기능을 갖춘 Sony VCR의 선택에는 영향을 미칠 수 있다.

(3) 제품소유에만 영향을 미치는 경우

어떤 제품의 경우, 배타성은 집단의 규범을 나타낼 수 있을 만큼 강하나 가시성은 별반 없는 경우가 있다. 예를 들어, 도시의 한 가정에서 냉동고를 구입할 경우 준거집단에 의하여 영향은 받으나 눈에 잘 띠는 곳에서 사용을 하지는 않기 때문에 가시성은 떨어진다. 그러므로 상표선택에는 별 영향을 안 받을 것이다. 비슷한 예로, 증권이나 채권을 가지고 있다는 것은 어떤 사회경제적인 지위나 지식이나 권위를 가지고 있다는 것을 의미할 수 있기 때문에, 준거집단의 영향을 받을 수 있다. 이러한 경우 준거집단의 영향은 제품의 소유 여부에만 영향을 미치고 구매하는 상표에는 영향을 미치지 않는다.

(4) 준거집단이 영향을 미치지 못하는 경우

여기에 해당하는 제품들은 배타성도 낮고 가시성도 낮은 경우이다. Bearden과 Etzel은 매트리스, 마루용 램프, 냉장고 등을 예로 들었다. Bourne은 냉장고의 경우 상표선택에 준거집단이 영향을 미친다고 설명하였으나, 시대가 지남에 따라 냉장고가 오늘날에는 가정에서 눈에 띠는 부엌 가구가 아니기 때문에 Bearden과 Etzel은 준거집단에 영향을 받지 않는 제품으로 구분하였다.

소비자들은 준거집단의 영향력이 거의 없는 이러한 제품의 경우, 제품 속성에 기준하여 구매의사결정을 한다. 냉장고 구매 시에는 이웃의 조언보다는 에너지의 효율성이나 냉장고의 크기 같은 제품속성이 제품선택에 더 영향을 미친다.

2) 사회적 승수효과(social multiplier effect)

〈그림 5-7〉에서와 같이 미니 컴포넌트는 배타성은 적으나 가시성은 높은 범주의 제품군에 위치해 있다. 여기에 해당되는 제품들은 제품 소유에 대한 준거집단의 영향력은 없고 상표선택에 대한 영향력은 큰 경우이다. 그러나 이러한 컴포넌트가 처음 시장에 나왔을 때는 준거집단의 영향은 상표선택뿐 아니라 제품 소유에도 영향을 미치었다. 미니 컴포넌트가 소비자들에게 일반적으로 수용되어 배타성이 없어지는 과정은 전시효과(demonstration principle)와 일치한다. 경제학자 James Dusenberry가 처음 제안한 전시효과에 따르면 소비자의 이동성과 구매력의 증가함에 따라 새로운 제품과 접촉할 기회가 많아지며 구매도 일반화 된다. 일단 한 가구가 미니 컴포넌트를 구매하면, 친구들과 이웃들이 곧 그 제품과 접촉하게 되며, 그들은 유사한 소득수준을 가지고 있기 때문에 그들도 그 제품을 구입하게 되는 것이다. 그러면 또 다른 개인들이 최근에 구입한 제품을 접촉하게 될 것이며 그러한 현상은 널리 전파되어 소유권의 패턴은 집단 내부와 또 다른 집단에게 퍼져 나가게 된다. 이와 같이 전시효과란 새로운 제품을 소유하도록 하는 사회적 압력의 요소 때문에 "남들과 비슷하게 함께 하자"라는 아이디어와 유사하다. 제품을 소유하는 사람의 수가 집단영향 및 제품의 가시성의 함수로 승수로 증가하기 때문에 이러한 현상을 사회적 승수효과라 부른다. 사회적 승수효과는 오늘날 경제에 있어서 집단영향의 휘발성을 나타내 주고 있다. 어떤 상표나 제품은 오늘날에는 가시성이 크고 집단규범을 나타내고 있으나 앞으로 5년 내지 10년 후에는 그러한 영향은 극소화 될 것이다. 사회적 승수효과 때문에 녹음기나 냉장고 자동차와 에어컨과 같이 사치품으로 여겨져 왔던 제품들이 이제는 필수품으로 간주되고 있다. 어느 정도는 사회적 승수효과에 의해 경제규모와 생활의 질이 향상되었다.

3) 정보, 비교, 동조성

소비자의 구매행동에 미치는 집단 영향의 주된 원천은 준거집단이 제공하는 정보에 의해서인가? 집단과 동일시함에서 오는가? 또는 준거집단이 개인에게 행사하는 압력에 의해서인가? 물론 이 세 가지 모두 소비자에게 영향을 미치나, 고려하는 제품의 종류에 따라 다르다.

(1) 제품형태에 따른 영향

Park과 Lessig는 20개의 제품을 대상으로 하여 정보제공영향과 비교영향 그리고 규범적 영향의 상대적 효과를 측정하였다. 표본으로 추출된 대학생들을 대상으로 20개의 제품에 대하여 〈표 5-2〉에 있는 문항에 따라 평가하도록 지시하였다. 정보제공영향을 가장 많이 받는 제품 종류는 자동차, TV, 에어컨과 같은 기술적으로 복잡한 제품이나 또는 보험이나 병원, 두통약과 같이 선택을 하기 위한 객관적인 정보의 기준이 필요한 제품으로 나타났다. 비교영향에 가장 큰 영향을 받는 제품들은 의류나 가구와 승용차와 같이 자기표현 방법이 될 수 있는 제품들이다. 자동차나 의류 같은 제품은 규범적 영향에도 영향을 많이 받는데, 그러한 제품들은 가시성이 크고 집단의 규범에 일치하는 수단으로 사용될 수 있기 때문이다. 자동차와 의복이 한 가지 이상의 준거집단 영향을 받는 것은 이러한 제품이 대학생들에게 매우 중요한 제품이라는 것을 설명해 준다.

(2) 정보의 중요성

준거집단의 영향력 중에서 가장 중요한 것은 정보제공기능에서 오는 영향이다. 비교기능과 규범적 기능의 연구들을 보면 소비자들은 준거집단을 동일시와 보상의 방법으로 사용하기도 하지만 준거집단을 정보를 얻으려는 방편으로 더 많이 이용한다.

Hansen은 준거집단의 규범과 동조성에 대한 연구들은 실제로는 준거집단이 제공하는 정보처리를 다루고 있다고 주장하고 있다. 준거집단이 구매하는 제품이나 상표를 구매하려는 경향은 두 가지로 해석이 가능한데, 하나는 소비자가 집단 규범과 일치시키려는 것이며, 다른 하나는 그 집단내의 구매행동과 동일하게 하는 것이 상표가 실제 질적으로 가장 뛰어나다고 생각하기 때문이다. 즉, 이 경우는 규범과의 동조성에 의한 것이 아니라 믿을 만한 정보에 기초한 행동을 의미한다.

Burnkrant와 Cousineau도 준거집단은 집단의 규범에 순응시키는 영향보다는 정보를 제공하는 것이 더 중요하다고 주장하였다. 그들의 연구결과에 의하면 동료집단이 제공한 정보에 대한 신뢰성이 커피 상표를 평가하는데 집단규범과 동조하는 것 보다 큰 영향을 미치었다. Park과 Lessig도 정보제공기능이 대부분 제품에 대해 비교기능이나 규범적 기능보다 더 대학생들에게 영향을 미치었다고 주장하였다. 또한 Ward와 Reingen의 연구에서도 집단의 구성원들이 집단규범에 동조시키려는 압력 때문이 아니라 토론과 공유된 지식이 신념에 변화를 일으키어 집단의 입장으로 자신들의 입장을 바꾸었다고 제안한다. 이러한 연구들을 요약하면서 Kaplan과 Miller는 일반적으로 정보제공기능의 영향력이 규범적 기능의 영향력 보다 신념의 변화를 더 잘 일으킨다라고 주장하고 있다.

마케터는 이러한 주장을 고려하여 볼 때 준거집단을 순응의 원천보다는 정보제공의 원천으로 더 강조하여야 할 것이다. 그런 의미에서 광고는 전형적인 소비자가 적합한 제품속성에 대하여 정보를 제공하거나 그들의 경험을 이야기하여 주는 것이 효과적일 것이다. 예를 들어 마루 청소용 세제를 광고 할 때 빤짝이는 마루를 걸레로 미는 여자를 보여주어 청결이라는 집단의 규범에 순응하는 것을 제시하여 주는 것보다는 신제품의 발전된 내용에 대한 정보를 전달하여 주는 여성을 보여주는 것이 더 적절할 것이다. 또한 소비자와 유사한 인물을 등장시키는 일반인 광고는 소비자들이 광고의 인물과 동일시 하고 그의 판단을 받아들임으로써 정보를 제공하는데 효과적일 것이다.

(3) 집단의 영향과 제품평가

준거집단의 정보제공기능이 대단히 중요하다면 과연 얼마만큼 중요하며, 이러한 정보제공기능의 영향이 객관적인 제품평가를 대체할 수 있을 정도로 큰 것인가를 살펴볼 필요가 있다. 즉, 친구나 이웃 등 준거집단이 좋다고 하니까 그 제품을 구입하고 상표평가과정을 생략하는가 하는 문제인데, 많은 경우는 준거집단의 영향이 상표평가를 대체한다.

Rosen과 Olshavsky는 그들의 연구에서 준거집단의 추천이 상표평가를 대체하는 경우가 많다고 설명하였다. 그들은 두 개의 동떨어진 제품인 피자와 스테레오에 대한 상표선택에 대하여 연구를 하였다. 그들이 제시한 대안은 다음과 같이 세 가지였다.

첫째, 소비자는 상표평가를 하지 않고 준거집단의 추천과 동일하게 행동을 할 것이다.

둘째, 소비자들은 상표들을 평가 할 것이다.

셋째, 소비자들은 준거집단의 추천을 받아 선택 가능 상표를 좁혀서 몇 개의 상표만 가지고 평가를 할 것이다.

연구 결과에 따르면 준거집단의 추천이 두 제품의 경우 모두 상표속성 평가보다 더 비중이 있었다. 즉, 대부분의 소비자들은 준거집단의 추천대로 그대로 행동을 하든가 또는 추천에 따라 선택대안들을 좁힌 후에 몇 개의 대안들에 대하여만 상표평가과정을 거쳤다. 위험도가 낮은 제품인 피자뿐 아니라 위험도가 높은 스테레오 제품에서도 마찬가지로 동일하게 나타났다. 이러한 연구 결과들을 언급하면서 Moschis는 동료들에게 정보를 의존하는 결과로 소비자들은 자주 객관적인 속성은 평가하지 않고 제품을 선택하는 경우가 있다고 결론적으로 말하였다.

4) 준거집단의 사회적 힘과 마케팅활용

준거집단의 영향력과 준거집단의 가치, 규범, 행동에 순응하도록 하는 힘은 준거집단의 사회적 힘으로부터 나온다. 준거집단의 사회적 힘은 소비자가 특정 제품을 구매, 사용, 처분하는 과정에서도 같은 영향을 미치는 데 크게는 5가지의 사회적 힘이 작용할 수 있다. 첫째, 앞서서 살펴본 준거적 힘으로 준거집단에 대해 호감이나 매력을 느끼거나 존경함으로 인해 준거집단의 가치, 규범, 행동에 순응하거나 열망하는 힘을 말한다. 둘째, 합법적 힘으로 이는 공식적인 권한이나 규약에 의해 준거집단의 가치, 규범, 행동에 순응하도록 하는 힘을 의미하다. 셋째, 보상적 힘으로 준거집단에 순응하면 금전적, 물리적, 심리적 보상을 받게 될 때 미치는 영향력을 의미한다. 넷째, 전문적 힘은 의사나 전문가와 같이 준거집단의 전문적인 지식이나 권위, 능력에 의해 형성되는 힘을 말하며 마지막으로 강압적인 힘은 준거집단에 순응하지 않을 경우 금전적, 물리적, 심리적 피해나 벌을 받게 되는 경우에 미치는 영향력을 의미한다.

구체적으로 마케터들은 유명 인사를 준거집단으로 내세워 자사제품에 대한 이미지 향상이나 구매를 유도하는 데 활용한다. 유명 인사를 광고 등에 부각시켜 자사 제품을 보증하거나 사용소감을 제공하거나 제품의 대변인으로서의 역할을 수행하게 하여 그 제품과 동일시하며 유명인사가 제품을 사용하는 장면을 영화나 드라마에서 보여주는 PPL(Product Placement) 등도 활용된다. 하지만, 유명 인사만이 준거집단으로 활용되는 것만은 아니며 일반인의 활용 또한 성공적인 경우가 많다. 소비자가 유사하거나 친숙한 일반인이 제품사용에 대한 만족감을 피력할 경우 유명인보다 더 효과적인 경우가 종종 확인됨을 앞서의 사례에서도 확인했다.

제 2 절 가족

1 가족의 의의

어떤 제품이나 서비스는 개인이 단독으로 구매하여 사용하지만 여행, 자동차, 외식 등은 가족이 함께 구매의사결정에 참여하고 소비한다. 마케터가 가족에 관심을 갖는 이유는 가족구성원의 수나 가족수명주기에 따라 필요로 하는 제품이나 서비스의 유형이 다르고, 구성원들의 구매의사결정과정에 미치는 영향정도에 차이를 보이기 때문이다. 가족은 준거집단 가운데 가장 빈번한 접촉으로 개인의 행동에 직접 또는 간접적으로 영향을 미치므로 구매의사결정 단위로서 가족에 대한 이해는 마케터에게 매우 중요하다.

가족은 결혼이나 혈연관계 또는 입양 등으로 맺어져 함께 살아가는 기본적인 사회단위이다. 핵가족(nuclear family)은 남편과 아내 그리고 그들의 자녀들로 구성되며, 확대가족(extended family)은 핵가족에 조부모, 사촌과 같은 친족들이 추가된 형태이다. 이에 비해 가계 또는 가구(household)는 주거단위를 함께 사용하는 사람들의 집단이다. 가족 구성원들 가운데 1명 이상이 가구를 구성할 수 있으며, 가족관계가 아닌 둘 이상의 사람들(예: 룸메이트)이 구성하는 비가족가구(nonfamily household)도 있다.

가족은 다음과 같은 몇 가지 이유 때문에 마케터가 필수적으로 이해해야 하는 중요한 단위이다. 첫째, 가족은 함께 생활하면서 가치관, 문화, 경제력 등을 공유하기 때문에 개인이 구매하고 사용하는 제품이나 서비스의 구매의사결정에 영향을 미친다. 둘째, 가족이 함께 사용하는 제품이나 서비스는 가족의사결정을 통해 구매가 이루어지므로 적합한 마케팅전략을 수립하기 위해서는 가족구성원들의 영향력과 의사결정분야를 이해해야 한다. 셋째, 가족구성원의 변화는 필요로 하는 제품이나 서비스의 유형에 영향을 미치므로 신제품 개발의 좋은 기회가 될 수 있다. 넷째, 여성들의 사회진출이 증가함에 따라 가정에서의 성역할이 변화하여 남편들이 쇼핑에 참여하는 빈도가 늘고, 외식 및 시간절약제품에 대한 수요가 증가한다. 다섯째, 전통적으로 익숙하지 않은 가구의 유형이 증가함에 따라 이에 대한 이해의 필요성이 증가하였다. 1인 가구와 비가족가구, 아이가 없는 부부가구들은 전통적인 형태의 가구와는 다른 마케팅문제를 갖게 된다. 이 가운데 1인 가구의 급격한 증가는 이들을 위한 새로운 제품 및 서비스의 확대 기회가 되고 있다.

2 가족의사결정

1) 가족의사결정의 의의

대부분의 소비자들은 가족의 구성원으로서 제품구매 시 다른 가족 구성원의 영향을 받는 경우가 많다. 가족은 기본적인 의사결정단위로서 가족 전체가 소비 · 사용하는 제품뿐만 아니라 개인이 소비 · 사용하는 제품의 구매에도 영향을 미친다. 즉, 제품을 사용하는 당사자가 유일한 구매의사결정자이거나 또는 구매자가 아닌 경우도 있다. 그러므로 마케터는 가족 내에서의 구매의사결정 참여자를 찾아내어 최종구매를 결정하거나 그에 영향을 미치는 구성원에게 광고를 소구하여야 할 것이다.

2) 가족의사결정 모델

가족의사결정은 〈그림 5-8〉과 같이 나타낼 수 있다. 가족의사결정이 개인의 의사결정 보다 더 복잡하며 세 가지 면에서 차이가 난다. 첫째, 가족구성원들이

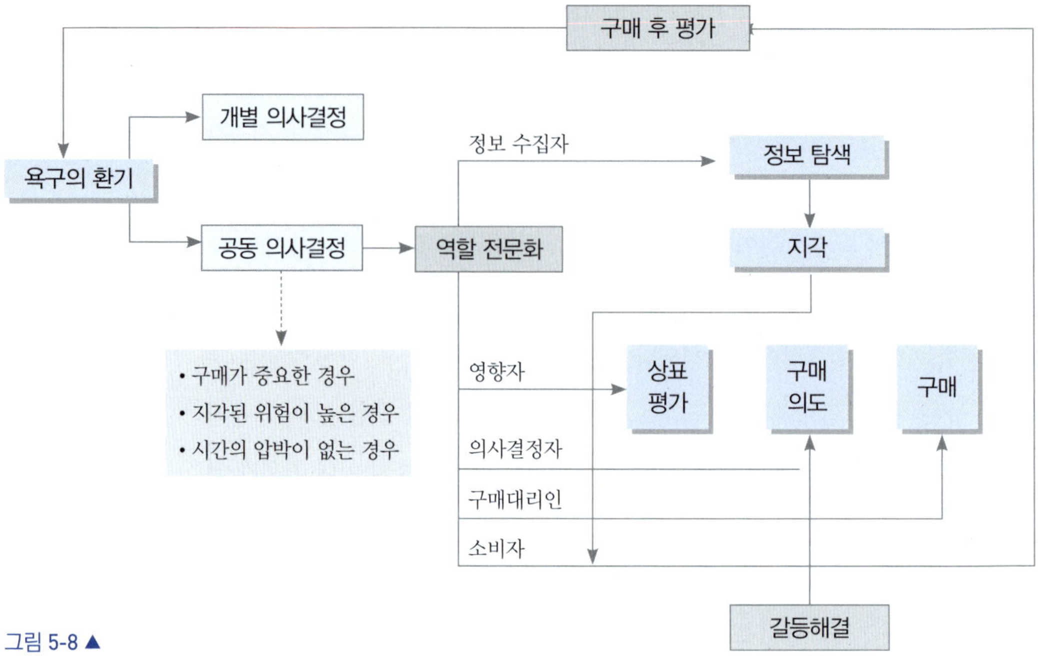

그림 5-8 ▲
가족의사결정모델

참여하는 공동의사결정이 이루어지는 경우가 많다. 둘째, 의사결정과정에서 가족 구성원들이 각각 다른 역할을 수행하게 된다. 셋째, 가족구성원들이 구매의사결정에 참여할 때 발생하는 갈등을 해소해야 한다.

(1) 공동의사결정

공동의사결정은 일반적인 구매의사결정과정인 문제인식(욕구인지), 정보탐색, 대안평가, 구매결정, 구매 후 행동이 가족구성원 한 사람에 의해서만 수행되지는 않는 상황이다. 공동의사결정은 가족구성원이 의사결정에 참여하는 것으로 더 많은 정보를 수집하고, 구성원의 다양한 의견을 반영할 수 있으며, 구매에서 발생할 수 있는 위험을 미리 예방할 수 있다. 그러나 공동의사결정은 깊이 있는 의사결정이 수행되어 구매위험을 낮출 수 있는 장점은 있는 반면, 시간이 오래 걸리고 구성원 간 갈등이 발생하는 문제가 있다. 어떤 제품의 경우에는 사용자와 구매자가 다르기 때문에 공동의사결정이 필요하기도 하지만 다음과 같은 상황적 요인에서 공동의사결정이 더 빈번하게 발생한다.

제품구매 시 지각된 위험이 높을 경우

구매의사결정의 결과가 가족구성원들에게 심리적, 재무적, 사회적 위험을 가지고 있는 경우 공동의사결정을 하는 경우가 많다. 공동의사결정은 주의 깊은 구매의사결정을 하게 되므로 구매의 위험과 불확실성을 감소시키는 좋은 전략이 된다. 예를 들어 새로운 주택을 구입하는 경우, 재정적인 위험이나 심리적 위험 그리고 이웃과의 관계와 같은 사회적인 위험이 높기 때문에 의사결정의 질을 높이기 위해 공동의사결정을 수행할 가능성이 높다. 공동의사결정과정에서 나타나는 현상 가운데 하나가 위험이전현상(risky shift phenomenon)이다. 공동의사결정을 하는 경우에는 결정이 잘못된다 하더라도 모든 구성원이 함께 책임을 나누기 때문에 위험도가 높은 의사결정을 하는 경향이 있다. 즉, 남편이나 부인이 혼자서 의사결정을 하는 경우보다는 둘이 함께 공동의사결정을 할 경우 비싼 제품을 구매할 가능성이 커진다는 것이다.

구매결정이 가족에게 중요한 사항일 경우

가족구성원들이 함께 사용하는 제품은 공동의사결정이 이루어질 가능성이 높다. 더구나 가족에게 중요한 구매의사결정은 공동의사결정을 수행하는 것이 일반적이다. 일반적으로 화장지, 치약등과 같은 저관여 제품에 비해 자동차, 오디오시스템, TV와 같은 고관여 제품들은 가족 모두의 관여도가 높아 공동의사결정을 수행할 가능성이 높다.

구매시간에 대한 압박이 적을 경우

구매시간에 대한 압박이 클수록 가족 중 어느 한사람이 구매결정을 하게 된다. 실제로 많은 제품의 경우에는 가족들이 모두 의사결정에 참여하여 노력과 시간을 들일 필요가 없는 경우도 많다. 주부가 직장을 가지게 되는 경우에는 시간적 압박이 크므로 일반적으로 공동구매해야 하는 제품의 경우에도 개별결정에 의해 구매하기도 한다.

인구통계적인 특성에 따라 공동구매하는 정도의 차이가 있다.

공동구매결정을 더 많이 하는 집단의 인구통계적 특성은 다음과 같다.

- 젊은 부부의 가정에서 공동구매결정이 더 많이 발생한다. 결혼한지 1년 동안이 가장 공동구매결정을 많이 한다. 결혼기간이 길어질수록 공동구매결정은 서로가 서로에게 받아들일만한 결정이 어떤 것인가를 알게 되었기 때문에 점차 줄어든다.
- 가정에 자녀가 없는 경우에 공동구매결정을 많이 한다. 자녀들이 늘어남에 따라 역할이 명확하게 구분되며 남편과 부인은 서로에게 권한을 위양하여 공동구매결정의 필요가 감소된다.
- 부모 중 한 명만 일을 할 때, 상대적으로 맞벌이 부부에 비해 시간 압박이 적기 때문에 공동구매결정이 많이 발생한다.

(2) 가족구성원의 구매과정에서의 역할

각 가족구성원들은 의사결정에 있어서 여러 가지 역할을 수행하게 된다. 이들은 제품에 관심을 나타내기도 하며 정보를 수집하는 역할을 하기도 하며 실제 구매하거나 사용하는 역할을 수행한다. 가족구성원들의 역할은 제품에 따라 달라지며, 같은 제품이라도 가족에 따라서 각 구성원들의 역할이 달라지므로 가족의 역할에 따른 마케팅전략을 도출하기는 쉬운 일이 아니나 잠재시장에 속하는 대다수 가정의 의사결정 형태는 파악이 가능하다. 이러한 의사결정과정에서의 역할을 분류해 보면 다음과 같으며, 의사결정과정에서 가족구성원 각각은 여러 역할을 수행할 수 있다.

- **제안자**(initiators): 가족구성원들 모두가 제품이나 서비스에 대한 필요를 표현하여 가족의사결정을 시작하게 할 수 있다.
- **정보수집자**(information gatherer): 제안된 제품이나 서비스에 대한 정보를 탐색하는 가족구성원으로 때로는 정보원천별로 여러 명이 나누어 정보를

수집하기도 한다. 일반적으로 정보원천을 알고 있거나, 정보에 접근하는 경로를 가지고 있는 구성원이 정보수집자의 역할을 수행한다.

- **영향력 행사자**(influencer): 영향력 행사자는 대안들을 평가하는 방법에 영향을 미친다. 제품이나 서비스를 선택하기 위한 의사결정기준과 평가에 영향력을 행사한다. 자동차 구매에 있어서 고려해야할 기준과 함께 안전성을 중요하게 고려하게 할 것인가, 경제성을 중요하게 반영하게 할 것인가에 영향을 미칠 수 있다. 일반적으로 정보수집자가 많은 정보를 가지고 의사결정에 영향력을 행사하기도 하지만 다른 구성원이 더 크게 영향력을 행사하기도 한다.
- **의사결정자**(decision maker): 의사결정자는 최종적으로 구매여부를 결정하는 사람으로 구매시기, 구매장소, 구매량 등 구체적인 의사결정을 함께 수행하기도 한다. 제품에 따라 다르기는 하지만 의사결정자는 가족구성원들 사이의 권력구조에 의해 결정된다.
- **구매자**(purchaser): 의사결정자가 정한 구매내역에 따라 실제로 제품을 구매하는 사람이다. 이 사람은 점포의 선택, 구매협상에 있어서 재량권을 행사한다.
- **사용자**(user): 구매한 제품을 실제로 사용하는 사람으로 가족구성원 전체 또는 개별 구성원이 될 수 있다. 제품을 실제로 사용한 후 평가를 하고 다른 가족들에게 알려주며 그 제품을 재구매하는 것이 바람직한지 알려주는 역할을 한다.

마케팅의 관점에서 보면 구매자와 사용자를 구별할 필요가 있다. 구매자와 사용자를 구분하지 않고 마케팅 전략을 구성하는 경우도 있으나, 사용자가 아니라 구매자가 사용자를 대신하여 상표를 선택하는 경우도 많다. 예를 들어, 한 맥주 시장에 대한 조사에 따르면 맥주 소비자들의 약⅓가량은 자신의 부인에게 맥주를 선택하여 사도록 하며, 구매자인 부인들의 90%정도는 소비자의 맥주 취향을 알고 있었다. 이러한 조사결과에서 보듯이 부인들에게도 어느 정도는 맥주 광고를 실시하는 것이 효과적이라 하겠다.

(3) 가족구매의사결정에서의 갈등

개인의사결정과는 달리 공동의사결정에서는 구매목적, 선택기준, 상표에 대한 지각의 차이 등에 기인한 갈등이 나타난다. 갈등이 커질수록 구매의사결정이 지연되고, 의사결정에 참여한 가족들의 감정을 상하게 하거나, 합리적인 구매의사결정을 방해한다. 일반적으로 갈등은 누가 구매결정을 할 것인가, 정보탐색의 정도나 유형은 어떻게 할 것인가, 그리고 결정된 사항을 누가 실행할 것인가에서 발생한다. 한 연구에 의하면 집이나 자동차를 구매하거나 가족계획에 관한 부부의 공동의사결정에서 서로 생각하는 대안이나 태도에는 커다란 차이를 보인다고 한다. 남편의 경우 가족규모가 작을수록 생활비가 적게 들고 자녀들 교육에 긍정적인 영향을 미칠 것으로 평가한 반면, 부인들은 부부들의 자유시간이 많아서 좋다고 생각한다는 것이다.

(가) 가족구매의사결정의 갈등해소 전략

가족구매의사결정에서 발생되는 갈등을 해소하기 위해서는 먼저 어떤 방법으로 갈등을 해소할 것인지에 대한 목표를 설정해야 한다. 의견일치를 목표로 한 경우에는 문제해결, 역할위임, 예산할당 전략을 사용할 수 있고, 타협을 목표로 한 경우라면 협상과 설득전략을 고려할 수 있다.

- **문제해결전략**: 갈등이 발생한 문제를 해결하기 위해 가족 가운데 경험자 또는 전문가에게 문의하여 의견일치에 도달할 수 있다. 또는 가족 간 토의를 통하여 더 나은 대안이 있는지 탐색할 수 있다. 갈등이 초래된 대안들을 각각 구매할 수 있다면 대안 모두를 구매하는 방법도 생각할 수 있다.
- **역할위임전략**: 공동의사결정으로 발생한 갈등을 원천적으로 해소하기 위하여 가족구성원 가운데 한 사람에게 단독의사결정을 하도록 하는 전략이다.

이 방법은 해당 의사결정문제에 가장 적합한 구성원에게 구매의사결정을 위임하고 결정된 사항을 따르는 것이다.

- **예산할당전략**: 의견일치에 이르는 또 다른 방법은 가족의 일원에게 예산에 관한 권한과 책임을 부여하는 것이다. 지출되는 예산을 통한 조정자의 역할에 따라 의견 일치를 보는 것이다.
- **협상전략**: 의견이 불일치되는 경우 구성원 상호간에 협상을 통해 갈등을 해소할 수 있다. 이러한 경우에는 협상 규칙이 필요한데 구매할 때마다 한사람씩 번갈아서 제품구매권한을 갖거나, 문제가 해결될 때 까지 구매를 연기하는 방법도 고려된다. 또한 일단 어떤 제품이거나 구매한 후에 사후적으로 협상을 시도할 수도 있다.
- **설득전략**: 다른 사람이 어떤 조치를 받아들이게끔 다른 구성원을 설득할 수 있다. 비난은 의사 결정의 부정적인 면을 강조하여 현재 주장하는 사람의 입장을 약화시키는 방법이다. 의사소 통이 유연해지는 분위기를 알고 있다면 이를 활용하는 것도 좋은 방법이다. 특히 부부간에 벌어진 갈등은 논리적이라기보다 분위기와 같은 감성적인 방법으로 해결하는 것이 더 나은 경우가 많다. 강압은 권력을 활용하여 자신의 대안을 관철시키는 것이다.

마케팅관리자는 가족의사결정에서 발생하는 갈등의 원인과 해결방법을 잘 이해하고, 갈등에 따른 적절한 전략을 숙지해야 한다. 또한 판매원들의 경우 가족이 구매 장소에서 갈등이 발생했을 때 대처할 수 있는 전략을 수립해야 한다. 자

◀ 표 5-4 가족구매의사결정 과정에 있어서 갈등해소 전략

목 표	전 략	수행방안
의견 일치	문제해결	• 경험자 문의 • 더 좋은 대안 • 여러 대안 선택
	역할위임	• 전문영역 설정
	예산할당	• 조정자
타 협	협상	• 구매권한 위임 • 구매연기 • 충동구매
	설득	• 비난 • 적합한 분위기 • 강요 • 공동쇼핑

동차를 구매하기 위해 방문한 부부의 선택기준이 다를 경우 어떤 속성을 더 강조하는 것이 바람직한가, 누구를 설득하는 것이 효과적인가에 대한 전략이 있어야 한다. 또한 남편과 아내 가운데 누가 상표선택자이고, 누가 사용자인가, 가격은 누가 지불하는가, 권력구조는 어떤가에 대한 사전지식은 설득에 도움을 줄 것이다.

(나) 갈등해결이 쉬운 상황

가족구매결정에서 발생한 갈등이 다음과 같은 경우에는 쉽게 해결될 수 있다.

첫째, 가족 중 한 명이 정당한 권한이 있다고 인정될 때는 의사결정을 그 개인에게 위양함으로써 간단히 갈등이 해소될 수 있다. 둘째, 가족 가운데 한 명이 다른 사람들 보다 그 의사결정에 더 많이 개입하고 있을 경우에는 문제에 몰두하고 있는 사람에게 의사결정을 맡기는 쪽으로 합의가 될 가능성이 높다. 셋째, 가족의 일원이 다른 사람의 원하는 바에 동조적인 경우는 쉽게 갈등이 해소될 수 있다.

3 가족수명주기

전통적으로 젊은 독신자들은 결혼을 통해 가정을 형성하고 아이를 양육하고, 중년과 노년을 거치면서 자녀들의 결혼, 배우자의 사망에 이르는 일련의 과정을 거치는데 이를 가족수명주기라고 한다. 가족수명주기에 따라 가족수, 연령, 가처분소득 등이 달라지기 때문에 가족이 구매해야 할 제품유형에 영향을 미친다. 가족수명주기에 따라 의사결정에 참여하는 구성원의 수나 역할도 변하게 된다.

1) 전통적 가족수명주기

전통적 가족수명주기는 결혼은 지속적으로 유지되는 것으로 이해하는 가족관의 관점이다. 전통적 가족관은 〈표 5-5〉에서처럼 결혼과 자녀의 출생, 자녀의 결혼, 노년으로 이어지는 일반적인 주기를 가지고 있다고 본다. 마케팅적 의미에서 가족수명주기는 〈표 5-5〉에서 보는 바와 같이 9단계로 이루어진다. 이 모델은 각 단계에서 구매되는 제품과 의사결정과정을 설명하고 있기 때문에, 최근까지 인구통계적인 자료나 소비자 분석에 유용하게 사용되고 있다.

젊은 독신자들이나 신혼부부들은 가족이 많지 않기 때문에 지출이 적은 대신 맞벌이 등으로 상당한 가처분소득을 가지고 있는 집단이다. 독신자들은 의류 · 오락 · 여행 등과 같은 취미생활에 소비를 많이 하는 반면, 신혼부부들은 내구재 구매에 더 많은 돈을 지출하게 된다. 자녀들이 생기게 되면, 자연스럽게 육아와 관련된 제품의 구매가 늘게 되고, 더 큰 집으로 이사하는 경우에는 필요한 가전제품도 많아진다. 이러한 경비 지출로 가처분 소득이 감소하여 더 경제적인 구매활동을 할 가능성이 높다. 자녀들이 아직 어린 중년부부 1기와 2기에 이르면 필요한 음식이나 가정용품이 더 많아진다. 이 시기에는 장난감이나 의복 등 어린이 관련 제품의 구매빈도와 지출규모가 많아진다. 자녀가 성장함에 따라 중년부부 3기 이르게 되고, 자녀의 교육비 지출이 증가한다. 노년기에 들어가면 자녀 양육과 관련된 지출이 줄어들기 때문에 가처분소득이 증가하고, 부모들은 자신들에게 더 많은 관심을 가질 수 있게 된다. 이 시기에는 여행이나 사치품 등에 지출할 여유가 생긴다. 노년기 2기에 들어가 정년퇴직을 하면서 가처분소득은 줄어들고 건강에 대한 관심이 증가하여 건강관련제품이나 의료비가 증가하게 된다.

가족수명주기는 의사결정의 특징에도 영향을 미친다. 가족수명주기 초기에는 구매 관련 경험이 부족하여 공동의사결정을 하는 경우가 많다. 그러나 부부의 구매경험이 쌓이면서 서로에게 구매의사결정을 위양하게 된다. 자녀들이 태어나면 육아시간이 길어져 구매의사결정에 투입할 수 있는 시간이 점점 제한되기 때문에 공동결정은 더욱 줄어들게 된다. 이렇게 공동의사결정보다 개별의사결정이 많아지는 이유 가운데 하나는 이미 경험한 공동구매의사결정과정을 통해 선택기

가족수명주기상의 단계		구매 또는 행동 패턴
1. 미혼단계	젊고 독립하여 혼자 살고 있는 단계	재정적 부담이 거의 없음. 패션의 의견선도자. 오락지향적. 기본적인 부엌장비 · 가구 · 자동차 · 휴가용품 구입.
2 신혼부부기	자녀가 없음	미래보다 경제적으로 풍부함. 내구재 구매율이 가장 높음. 자동차 · 냉장고 · 난로 · 가구를 구입. 휴가를 즐김.
3. 중년부부 1기	막내자녀가 6세 미만	가족구매가 절정에 달함. 유동자산과 저축금액이 적음. 신제품에 관심이 많음. 세탁기 · 건조기 · TV · 아이용 음식 · 기침 감기약 · 비타민 · 인형 · 장난감차 · 스케이트 등을 구입.
4. 중년부부 2기	막내자녀가 6세 이상	재무상태가 호전됨. 취업주부가 늘어남. 광고로 부터 영향을 적게 받음. 보다 큰 포장제품을 구입. 많은 식품 · 자전거 · 피아노 등을 구입.
5. 중년부부 3기	부양자녀가 있는 장년 부부	재무상태가 더욱 호전됨. 취업주부가 더 많음. 직업을 가지는 자녀도 생김. 광고에 영향을 잘 받지 않음. 내구재 구매가 많음. 새로운 가구를 구입하며 자동차 영행을 즐기고, 보트 · 잡지를 구입함. 치과치료를 받음.
6. 노년부부 1기	자녀가 출가하고 가장은 취업한 상태	자기집 소유비율이 최고조에 달함. 재무상태와 저축수준에 만족. 여행 · 오락 · 자기교육에 관심이 있음. 기부와 사회 봉사활동을 함. 신제품에 관심이 없음. 휴가를 즐기고 호화품 구입.
7. 노년부부 2기	자녀가 출가하고 가장은 퇴직한 상태	소득이 현격하게 감소함. 집은 소유하고 있음. 건강 · 수면 · 소화를 증진시키는 의료제품을 구입함.
8. 고독 생존 1기	배우자와 사별하고 소득 있음	소득은 아직 양호한 수준임. 그러나 집을 소유하고 있지 않은 경우가 많음.
9. 고독 생존 2기	배우자와 사별하고 퇴직한 상태	가장이 퇴직한 다른 가정과 같은 의료서비스와 관련제품을 필요로 함. 소득이 격감함. 특별한 주의, 애정, 보호가 필요함.

출처 : Peter, J. Paul and Jerry C. Olson, Consumer Behavior, 1987, p. 459.

▲ 표 5-5
전통적 가족수명주기

준, 적합한 상표, 구매 장소, 수량 등에 대한 지식이 쌓였기 때문이다.

2) 현대적 가족수명주기

우리나라의 전통적인 사회에서는 대부분의 가족이 유사한 가족수명주기 흐름을 가지고 있었다. 그러나 산업화, 정보화, 교육수준의 향상, 세계문화의 자유로운 이전 등은 가족에 대한 전통적인 가치관을 변화시키게 되었다. 이에 따라 핵가족화, 가족의 분열, 이혼률의 증가, 출생율 저하, 미혼모의 증가가 나타났으며, 이에 따라 다양한 형태의 가족이 출현되었다. 이러한 다양한 가족형태를 반영한 〈그림 5-9〉와 같은 새로운 가족수명주기모델이 제시된다.

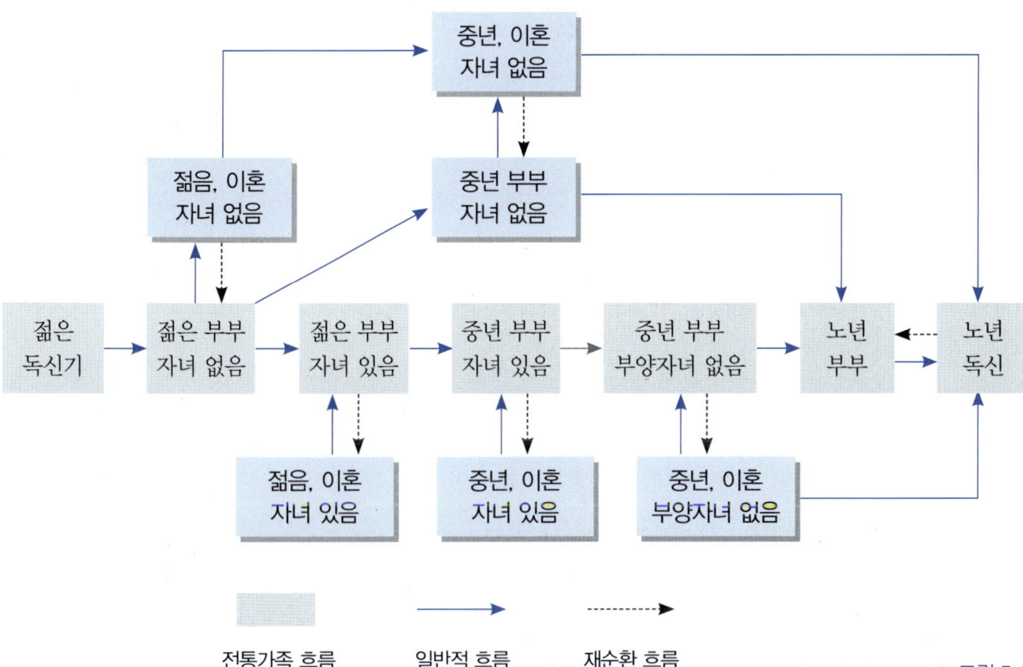

▲ 그림 5-9
현대적 가족수명주기

4 가족구성원 간의 영향력 관계

1) 남편과 아내의 영향

남편과 아내는 가족의사결정에 있어서 가장 큰 영향력을 행사한다. 이러한 이유로 대부분의 연구는 의사결정에서 부부간의 상대적인 영향에 초점을 맞추고 있다. 고려하는 제품의 유형, 의사결정의 단계, 의사결정상황 및 가족 특성에 따라 남편과 아내의 상대적 영향력은 달라진다.

(1) 제품유형

제품유형에 따라 남편과 아내의 의사결정은 남편주도형(husband-dominated), 아내주도형(wife-dominated), 공동형(joint), 자율형(autonomic) 등 네 가지로 구분된다. 남편주도형은 자동차나 주류 등의 구매에서 나타나며, 아내주도형은 주방용품, 세탁용품, 음식 · 화장품 및 소형 주방용 기구에서 나타난다. 주택 · 여행 · 가구 · 가정용 전자제품 등의 구입에 대해서는 공동으로 의사결정이 이루어지고, 남편 의류나 카메라와 같은 제품들은 자율적으로 독자적 판단에 의해 결정된다.

부부간의 영향력에 대한 연구에서 Davis와 Rigaux는 벨기에의 가정을 대상으로 25가지 제품의 구매에 관한 상대적인 영향력을 측정하여 남편의 영향이 지배적인 제품, 아내의 영향이 지배적인 제품, 자율적인 결정에 의한 제품, 공동으로 결정을 하는 제품으로 구분하였다.

〈그림 5-10〉은 제품유형에 따른 남편과 아내의 역할을 보여주고 있다. 수직축은 남편과 아내의 상대적인 영향력을 나타내며, 위로 올라갈수록 아내의 영향력이 크고 아래로 내려갈수록 남편의 영향력이 크다. 수평축은 역할의 전문화 정도를 보여주고 있으며 오른쪽으로 갈수록 공동의사결정이 강하고, 왼쪽으로 갈수록 자율적인 결정이 강하다. 그러므로 왼쪽 위에 속하는 제품들은 아내 지배적이며, 왼쪽 중간에 속하는 제품들은 각자 자율적으로 구입을 결정하는 제품들

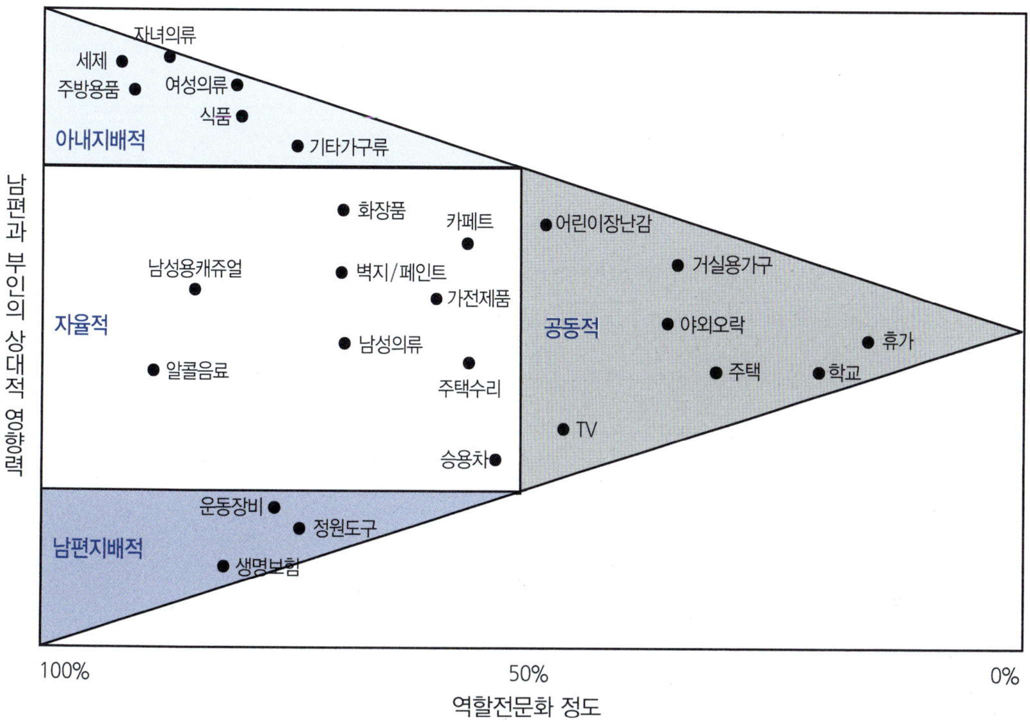

▲ 그림 5-10
제품범주별 남편-부인의 상대적 역할

에 속하고 왼쪽 아래에 속하는 제품들은 남편 지배적인 제품에 속한다. 오른쪽에 있는 제품들은 남편과 아내의 영향을 동등하게 받는 공동의사결정에 속하는 제품들이다.

이러한 분류는 중요한 마케팅 단서가 되는데, 제품이 남편이나 아내의 지배적인 범주에 속하는 경우라면 메시지도 지배적인 역할을 수행하는 사람에 맞게 만들어야 하며 매체도 그에 맞게 남성이나 여성 지향적인 매체를 선정하여야 할 것이다. 공동결정에 속하는 제품들은 광고 문안과 매체 등이 남편과 부인 공통으로 모두에게 적합하게 계획되어야 한다. 이 경우 남편과 아내에게 적합한 매체와 메시지를 개발하여 활용할 수 있다. 예를 들어 남성 의류를 광고하는 경우에 부부 모두에게 소구하는 광고 캠페인을 개발하는 것 보다 부인의 영향력을 고려하여 부인과 남편에게 각각 소구하는 두 종류의 광고 캠페인을 시도하는 것이 더 효과적이다.

(단위 : %)

	아내결정	남편결정	공동결정	자녀함께	자녀결정
여성복	65	11	19	-	-
남편캐주얼	22	31	44	-	-
남편정장	12	35	51	-	-
일상용품/잡화	68	12	15	-	-
가정상비약	65	18	14	-	-
냉장고	30	16	51	-	-
가구/침대	23	17	53	-	-
오디오	13	19	57	-	-
TV	12	21	59	-	-
저축/보험	25	19	54	-	-
자동차	2	37	49	6	-
카메라	10	29	52	7	1
컴퓨터	3	23	34	25	4
유아복/용품	57	7	13	14	1
어린이 장난감	35	12	18	22	5
자녀용신발	34	8	10	33	13
자녀용청바지	39	5	7	30	16
외식장소/메쥬	5	11	43	39	3
휴가/여행	3	12	55	27	2

▲ 표 5-6
가족구성원의 구매결정권 실태–우리나라의 경우

이러한 통계분석결과는 다음과 같이 요약된다. 주부 자신의 옷은 물론 주부 단독으로 결정하는 경우가 많으며 남편 옷도 주부의 동의에 의해 구매되는 경우가 많다.

- 가정일상용품은 주부의 소관이다.
- 가구, 가전제품, 저축/보험은 부부 합의사항이다.
- 자동차나 카메라는 남편발언권이 강하며 컴퓨터 구매결정에는 자녀도 한몫을 차지한다.
- 자녀가 어릴 때(유아)는 주부가 결정하며, 장난감 구매시에는 남편도 개입한다.
- 자녀용 신발이나 청바지 구매에는 주부와 자녀의 발언권이 비슷하다.
- 외식장소/메쥬, 휴가/여행결정은 온 가족의 합의사항이다.

우리나라의 경우 한 조사에 의하면 부부간 의사결정 권한 중 일상생활비 지출은 65.3%가 부인이 결정하는 것으로 나타났다. 부부가 공동 결정한다는 응답은 29.0%, 남편이 결정한다는 응답은 5.7%에 불과했다. 특히 자녀양육과 교육에 대한 의사 결정은 부부공동결정이 57.7%로 가장 많았지만 부인이 결정하는 비율도 39.9%에 달했고, 남편이 결정한다는 응답은 3.1%에 그쳤다. 또 다른 조사에서 나타난 우리나라 가족의 제품별 구매의사결정 권한을 알아보기 위하여 대홍기획은 가정을 가진 성인 남녀 2,279명을 대상으로 소비용품들에 대한 구매결정권에 관한 설문조사를 실시하였는데 그 분석결과는 〈표 5-6〉과 같다.

(2) 의사결정단계

남편과 아내의 상대적인 영향력은 의사결정의 단계에 따라서 달라진다. 예를 들어 부부 중 한명이 의사결정을 제안하고, 다른 사람은 정보를 수집하며, 최종 결정은 두 사람이 협의하여 최종 결정을 내릴 수도 있다. 가족계획에 대하여는 남편이나 부인 모두가 제안을 하는데 정보 수집에서는 남편보다 아내가 더 몰입되어 있다. Davis와 Rigaux는 25가지 제품에 대한 남편과 아내의 상대적 영향력을 의사결정의 세 단계, 즉 문제인식 · 정보탐색 · 최종의사결정 단계 각각에서의 영향력을 조사하였다. 그들은 문제인식에서 정보탐색단계로 이동함에 따라 대부분의 제품에 있어서 남편의 영향력이 커지며, 정보탐색에서 최종의사결정단계로 이동할 때는 부부의 영향력이 거의 동등해진다는 것을 발견하였다.

〈그림 5-11〉에 의사결정 단계에 따른 남편과 부인의 영향력의 변화가 나타나 있다. 승용차의 경우 문제인식의 단계에서는 남편이 부인보다는 조금 더 영향력이 있으나 둘 다 독자적으로 문제인식을 하였다는 것을 알 수 있다. 그러나 문제인식에서 정보탐색의 단계로 넘어가면 남편의 영향력이 더욱 커졌다. 또한 화살표가 왼쪽으로 향한다는 것은 독자적인 경향을 의미한다. 정보수집에서 최종결정으로 가는 단계에서는 화살표는 오른쪽 위로 올라갔다. 즉, 부인의 영향력이 증가하였고 최종결론은 공동결정이 되었다.

그림 5-11 ▶
의사결정단계별 남편-부인의 역할의 변화

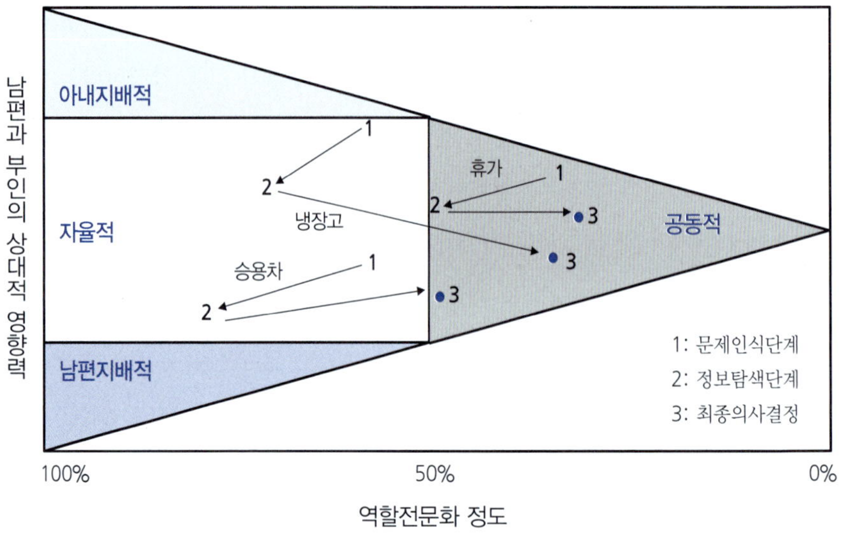

(3) 구매에 미치는 영향의 특성

남편-부인의 역할은 구매에 미치는 영향의 특성에 의하여 설명될 수 있다. 가족 구매의사결정에서 역할은 도구적 역할(instrumental roles)과 표현적 역할(expressive roles)로 구분한다. 도구적 역할이란 집단이 최종 구매결정을 하게끔 도와주는 역할을 의미한다. 즉, 예산결정, 언제 살 것인가, 제품에 대한 결정 등 과업 지향적인 역할이 여기에 해당된다. 표현적 역할이란 집단의 규범을 표현해 주는 역할을 말하며 집단에 사회적, 정서적 받침목이 되어 주는 것을 의미한다. 색깔이나 모양 등 디자인에 대한 결정은 집단의 규범을 반영하기 때문에 표현적 역할에 해당된다.

전통적으로 남편은 도구적 역할을 수행하고 부인은 표현적 역할을 많이 수행하여 왔다. 가구와 승용차에 대한 남편-부인의 역할도 이와 유사하여 남편은 구매시기와 구매가격결정에 더 영향력을 미치는 반면, 부인은 스타일이나 색상 등에 대하여 더 영향력을 미쳤다. 가구의 경우도 스타일이나 색상은 부인이 지배적으로 영향을 미친 반면 언제 구매하고 얼마나 비싼 것을 사는가는 남편과 부인이 동등하게 영향을 미치는 것으로 나타났다.[1)]

(4) 가족의 특성

제품에 따라서 남편 지배적인 경우가 있고 또 부인 지배적인 경우도 있지만 이러한 지배력은 가족의 특성에 따라 다르게 나타난다. 또한 제품에 상관없이 남편이 지배적인 역할을 하는 경우도 있으며 그 반대의 경우도 있다. 여러 연구결과를 살펴보면 일반적으로 다음과 같은 상황에 남편이 부인보다 더 지배적인 역할을 한다.

- 남편의 교육수준이 부인보다 높을 때
- 남편의 소득과 직업이 부인보다 높을 때
- 부인이 직업을 가지고 있지 않을 때
- 가족수명주기 상 초기단계일 경우
- 자녀수가 평균보다 많을 경우

물론 가족의 특성이 이와 반대인 경우는 부인 지배적인 가족이기 쉽다. 남편이 지배적인 역할을 하는 가정은 부부관계에 있어서 전통적인 가치관과 태도를 가진 경우이다. 남편의 고소득은 가정에서의 경제적 힘을 의미하며, 낮은 교육수준의 미취업 부인들은 일반적으로 전통적 가치관을 가지고 있는 경향이 높다. 남편 지배적인 가정은 전통 지향적인 성향이 강하다. 부인들의 성향도 의사결정에 영향을 미치는데 진보적인 부인들은 보수적인 부인들보다 구매결정을 더 많이 하는 경향이 있다.

2) 부모-자녀간의 영향

많은 제품군에서 자녀들은 중요한 가족 구매의사결정에 참여자일 뿐 아니라 자녀들이 단독으로 의사결정을 하는 경우도 있다. 어린 자녀들은 영화, 스낵, 캔디 등에 대하여 구매결정을 내린다. 청소년들은 구매력이 늘어나고 의류나 음

---

1) Davis, Harry L. and Benny P. Rigaux, "Perception of Marital Roles in Decision Processes," Journal of Consumer Research 1 (June 1974): 51-62.

반, 독서에 필요한 책들에 있어서 주요 의사결정자이다. 또한 그들은 음식, 휴가 계획, 오락, 식당, 컴퓨터 구입 등 가족이 사용하는 제품의 경우에도 영향을 미친다. 부모-자녀간의 영향에 대한 연구는 주로 두 부문에 집중되었는데 하나는 12살 이하의 어린이들이 어떻게 시장에서 구매를 하고 소비를 하는 것을 배웠는지, 그리고 그러한 과정에서 어머니와 자녀간의 상호작용은 어떠한지 살펴본 연구이다. 다른 하나는 청소년의 경우 부모와 동료집단의 상대적 영향력의 크기에 관한 비교연구이다.

(1) 소비자 사회화

소비자 사회화(consumer socialization)는 아이들이 어떻게 제품이나 서비스, 그리고 소비관련기술(예: 가격탐색기술, 성능비교기술, 점포에서의 협상기술, 절약하는 기술 등)에 대한 지식을 획득하는가이다. 아이들은 이런 지식들을 가족, 동료, 매체(TV, 잡지, 인터넷 등), 광고 등에서 배우게 된다. 사회화과정은 두 가지 경로를 통해 이루어지는데 하나는 의도적인 교육에 의한 것이고, 다른 하나는 간접적인 방법이다. 부모들은 의도적으로 아이들에게 소비관련기술을 가르치거나 직접 수행하게 한다. 이것을 통해 아이들은 예산을 작성하고, 가격을 매기고, 상표에 대한 태도를 형성하는 일련의 소비관련행동을 습득하게 된다. 또한 부모들은 제품이나 서비스 또는 쇼핑에 대한 이야기 등 자신들의 경험을 들려주는 간접적인 교육을 한다.

소비자 사회화는 예산작성, 가격책정, 상표태도 형성과 같은 소비와 직접적으로 관련된 것들과 내면적 동기처럼 간접적인 소비와 관련된 것이 있다. 내면적 동기는 어린 남학생이 처음으로 면도기를 구입하는 것 또는 어린 여학생이 처음으로 브래지어를 구입하는 것처럼 간접적인 소비와 관련된 것이다. 소비자 사회화의 두 구성요소가 모두 중요하지만 사람들이 제품을 왜 구입하는지를 이해할 필요가 있는 마케팅 관리자에게는 내면의 동기요인을 설명하는 간접적 요인이 더 중요하다.

어린 시절에 형성된 상표에 대한 지식, 구매경험 또는 부모들이 구입한 상표에 대한 지식은 성인이 되어서도 영향을 받는다. 부모들이 구입한 상표를 사용한 어린이가 자연스럽게 그 상표를 기억하고, 구매를 반복할 가능성이 높다. 자동차 업체가 미래의 잠재고객인 청소년들의 캠프에 스폰서를 제공하는 것은 어린 시절에 상표에 대한 호감을 쌓아 성인이 되어서 구매로 이어지게 하기 위한 마케팅 전략이다. 한 조사에 의하면 어린이들은 부모에 비해 어린이 브랜드에 대한 충성도가 약 10~20%로 낮기는 하지만 나름대로 선호하는 브랜드를 가진 것으로 파악되고 있다.[2)]

(가) 소비자 사회화에서 부모의 역할

가족이 어떻게 자녀들의 구매행동과 소비행동에 영향을 미치는가는 자녀들이 사회화하는 과정에서 부모의 유형에 따라 다르다.[3)]

- **권위주의적 부모**: 권위주의적 부모는 아이들에 대하여 엄한 통제를 하며 맹종을 요구한다. 그들은 외부로부터 자녀들에게 영향이 미치지 못하게 한다.
- **무관심 부모**: 이에 해당하는 가정에서는 부모들은 자녀들과 거리를 두고 자녀들에 대한 통제도 약하다. 자녀들의 능력을 개발하거나 유지하는데 별로 노력을 기울이지 않는다.
- **민주적 부모**: 민주적 부모는 부모의 권리와 자녀의 권리 사이에 균형을 잡으려 노력한다. 이 가정에서는 자녀들은 자기표현과 자신의 가치관이 권장된다. 자녀들에 대하여 부드럽고 협조적이나 자녀들에게도 성숙한 행동을 기대한다.
- **허용적 부모**: 가능한 한 자녀들에게 어떠한 제한도 두지 않으려고 한다. 자녀들도 권리는 어른과 마찬가지로 있고, 다만 책임만 없다고 믿는다.

---

2) 한국방송광고공사(KOBACO), '2005년 어린이 조사', p. 44.

3) Carlson, Les and Sanford Grossbart, "Parental Style and Consumer Socialization of Children," Journal of Consumer Research 15 (June 1988): 77–94.

그들의 연구결과에 의하면 민주적인 부모가 자녀의 사회화에 가장 적극적인 역할을 수행하고 그보다 정도는 약하지만 허용적 부모가 적극적 역할을 수행하는 것으로 나타났다. 이 두 집단에 해당하는 부모들은 권위주의적이거나 무관심한 부모보다 자녀들의 조언을 많이 구하려 하였다. 결론적으로, 의사소통과 독립성을 권장하는 가정에서는 부모가 소비자 사회화의 주요 원천이며 부모가 자녀들에게 복종과 경의를 요구하는 가족의 경우는 동료집단과 TV가 부모보다 사회화에 더 영향을 미친다.

(2) 어머니-자녀의 상호작용

제품을 구매할 때 부모와 자녀간의 영향에 관한 연구는 어머니와 자녀간의 상호작용을 주로 조사하였다. 어린이들은 대부분 그들 스스로 직접 제품을 획득하지 못하며 어머니한테 구매를 요청을 하게 된다. 어머니는 최종의사결정자로서 역할을 하며 구매대리인의 역할을 수행하게 된다. 그러나 이러한 과정에서 어머니와 자녀간의 상호작용은 구매에 영향을 미친다.

자녀들이 나이가 들어감에 따라 어머니들은 자녀의 요구에 더 많이 양보하는 경향이 있다.[4] 자녀들은 성장함에 따라 경제적 여유로움으로 부모에게 요구하는 정도는 줄어들고 독자적인 의사결정의 증가한다. 구매와 관련된 의견은 부모보다는 친구들로부터 구하기 시작하고, 어머니와 함께 쇼핑가능 횟수도 줄어든다.

자녀들의 영향에 관한 비교문화적인 한 연구에 의하면 미국의 자녀들은 2주 동안에 19번의 상품 구매 요청을 하는 반면, 일본의 자녀들은 2주 동안 9번 상품 구매 요청을 하는 것으로 나타났다. 일본의 부모들은 자녀들의 요청은 적었지만 요구를 들어주는 비율은 더 높았고, 미국의 부모들은 자녀들과 그들의 요구에 대하여 협상과 토론을 더 많이 하였다.

어린이용 제품에 관한 구매의사결정은 부모와 어린이가 함께 참여하는데 〈그

4) Ward, Scott and Daniel B. Wackman, "Children's Purchase Influence Attempts and Parental Yielding," Journal of Marketing Research 9 (August 1972): 316–319.

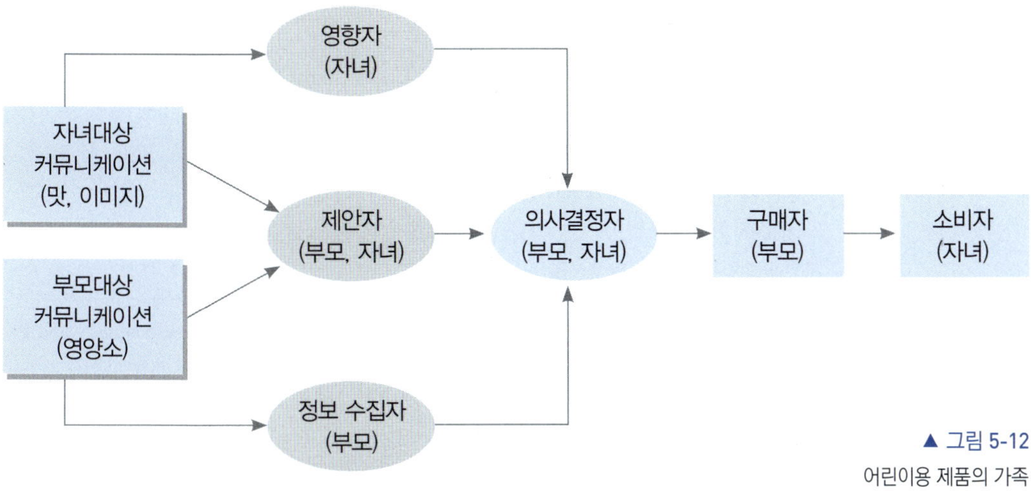

▲ 그림 5-12
어린이용 제품의 가족
구매의사결정 단계

림 5-12⟩에서 보는 바와 같이 의사결정단계 마다 역할이 다르다. 그러한 예로 시리얼 제품의 경우 기업은 어린이에게는 맛과 이미지를, 부모에게는 영양요소를 각각 소구하는 것이 바람직하다. 자녀는 구매 제안자이며, 상표선택에 영향자이다. 부모는 관련된 정보수집자가 되고, 의사결정은 자녀와 함께한다.

(가) 어머니-자녀간의 협상

자녀의 구매요구에 대한 어머니의 대응유형은 자녀의 요구에 즉각적으로 순응하거나 거부하는 것, 그 제품을 구입하기는 하나 우선 자녀와 토론하는 것, 안된다고 하고 이유를 설명하는 것, 나중으로 미루거나 다른 대체품을 제시하는 것으로 분류할 수 있다.

전체적으로 어머니들은 50%를 약간 상회하여 순응을 하였는데 대부분 저가상품인 시리얼이나 과자 스낵 등에서 순응이 높게 나타났으며, 고가품인 스포츠용품이나 장난감 등에서는 낮게 나타났다. 고가품의 경우는 지연이나 대체품 제시가 높게 나타났으며, 토론 후 순응이나 거부 후 설명도 많이 나타났다. 그러나 즉각적인 거부는 높지 않았다⟨표 5-7⟩.

표 5-7 ▶ 자녀의 구매요구에 대한 어머니의 반응

(단위 : %)

	씨리얼	캔디	장난감	의류	운동기구	스낵	합계
즉각적 순응	65.7	55.0	20.0	45.7	20.7	63.7	50.7
토론후 순응	10.0	14.8	13.0	20.9	16.8	12.6	14.3
즉각적 거부	2.9	10.5	10.7	2.5	5.6	4.4	6.2
거부후 설명	9.6	11.5	22.3	9.2	22.9	11.5	13.0
지연 또는 대체품	11.7	8.2	33.2	21.7	34.1	7.9	15.8

출처 : Isler, Leslie, Edward T. Popper, and Scott Ward, "Children's Purchase Requests and Parental Responses: Results from a Diary Study," Journal of Advertising Research 27 (October-November 1987): p. 35.

(3) 사춘기 청소년들의 부모와 동료집단의 영향

부모가 모두 일하는 가정이 늘어남에 따라 청소년들이 구매에 미치는 영향은 더 증가하였다. 특히 식품, PC, 자동차 등의 경우는 청소년들이 가정에서 40~60%정도의 발언권이 있다고 한다. 전통적인 관점에서는 자녀들이 사춘기에 들어서면 부모보다는 동료그룹과 가까워져 부모의 영향이 감소한다. 그러나 여러 연구의 결과에 의하면 자녀들은 사춘기에 들어가서도 정보 등을 부모에 의존하며 중학생의 경우도 초등학생과 마찬가지로 부모의 승인에 의존한다. 한 연구에 의하면 16살부터 19살 사이의 청소년들도 스포츠 용품이나 작은 전자제품을 구매할 때 친구들보다는 부모에게 영향을 더 받는 것으로 나타났다. 또한 가격이 고가이거나 복잡한 제품의 경우는 동료들보다는 부모의 영향에 더 의존하였다.

부모가 구매결정에 미치는 영향력이 크다 하여 동료집단이 중요성이 감소되는 것은 아니다. 십대 청소년들은 나이가 더 들어감에 따라 정보를 다양하게 찾으며, 동료집단이 구매의도에 미치는 영향력은 증가한다.

5 가족의사결정과 마케팅전략

1) 광고메시지의 내용

가족의사결정의 다양한 특징은 광고메시지의 내용에 영향을 미친다. 만약 남편이나 부인중 한 명이 의사결정에 더 많은 영향력을 행사한다면, 광고메시지는 바로 그 영향력을 행사하는 당사자의 욕구에 소구하여야 한다. 만일 의사결정이 공동으로 이루어질 때는 문제가 더 어려워진다. 남편과 부인이 추구하는 혜택이 다른 경우는 각각 다른 광고메시지 채택 여부가 문제가 될 수 있다. 부모의 동의가 필요한 자녀들에 필요한 물건을 구입하는 경우에도 광고메시지에 부모가 원하는 내용을 강조하는 것이 효과적이다.

2) 매체

구매결정에 누가 참여하고 있는가에 따라 광고 매체의 선택을 결정하여야 한다. 남편중심의 지배적인 의사결정은 남성 지향적인 텔레비전 프로그램이나 잡지에 광고를 하여야 할 것이며 부인중심의 지배적인 의사결정의 경우는 여성 취향적인 텔레비전 프로그램이나 잡지를 선택할 필요가 있다. 만일 그러한 의사결정이 자율적이어서 남편이나 부인에 의해서 거의 동등한 정도로 의사결정이 이루어지는 경우에는 예산을 어느 종류의 매체에 할당하느냐 또는 한 군데만 소구하느냐 하는 문제에 당면하게 된다. 예를 들어 남자 의류의 경우 여성 잡지에 광고를 낼 수도 있고 남성 잡지에 광고를 낼 수도 있다. 두 잡지에 모두 광고메시지를 달리한 광고게제도 예산이 분산되어 효과가 절감될 수 있다는 위험이 있으나 가능한 대안이다.

공동의사결정의 경우에서 문제는 한 매체를 이용하여 남편과 부인에게 모두 소구하는 것이 좋은가 또는 각각 남성지향적인 매체와 여성지향적인 매체를 통하여 소구하는 것이 더 효과적인가 하는 결정을 하여야 한다. 부모와 자녀간의 공동 의사결정의 경우는 일반적으로 부모들과 자녀에게 각각 다른 혜택에 대해 소구하고 있다.

3) 제품개발

제품개발은 가족의사결정에 문제되는 제품이 한 사람이 사용하는 것인지 여러 명이 사용하는 것인지에 따라 영향을 받는다. 아이들의 옷은 주로 부인의 요구에 부응하여 생산되었다. 치약과 같은 제품의 경우는 전통적으로 전 가족을 고려하여 생산하며 광고는 어른들에게 소구하였다. 한 예로 Procter and Gamble(P&G)사가 1987년에 어린이용 치약을 발매하였을 때, 어린이용 치약이 어른용 보다 어린이들에게 좋은 점이 있다는 것을 설득, 2종류의 치약을 구매하도록 유도하였는데 그 당시 어려움을 겪었다.

4) 가격결정

누가 의사결정을 하는가에 따라 가격전략이 달라질 수 있다. 치약 시장의 경우 가격에 민감한 소비자는 남편인 것으로 파악되었다. 가격에 민감한 소비자는 여자들 만이라는 가정은 현명한 판단이 아니다. 일반적으로 남편들이 자동차 구매가격 범위를 정하고 부인들은 가구의 구매가격 범위를 결정하는 경향이 있는데, 이는 바로 제품들의 가격 수준은 이들 남편과 부인들의 가격 민감도에 따라 결정될 수 있다.

5) 유통

유통전략 또한 가족의사결정의 특성에 따라 달라진다. 공동으로 의사결정이 이루어지는 경우에는, 남편과 부인이 함께 올 수 있는 시간을 배려하여 개점 시간이 길어야 할 것이다. 상점내의 전시도 구매에 영향을 미치는데, 자녀들이 집에서 요구하는 것보다 점포에서 요구할 경우 부모들이 더 수용하는 경향이 있다.

그러므로 스낵, 캔디, 치약과 같은 제품의 경우 점포 내 촉진은 어른뿐 아니라 자녀들에게도 소구되어야 한다.

연 / 습 / 문 / 제

01 다음의 용어를 설명하시오.

- 준거집단
- 회원집단
- 열망집단
- 회피집단
- 일차적 집단

02 정보제공기능과 규범적 기능을 설명하고, 준거집단의 이러한 영향력을 이용한 광고나 마케팅 프로그램의 예를 들어보시오.

03 준거집단이 구매에 미치는 영향을 상표, 가시성, 배타성, 필수품, 사치품에 따라 구분해서 설명해 보시오.

04 사회적 승수효과란 무엇인가? 사회적 승수효과가 발생하게 되는 조건을 설명하고 예를 들어 보시오.

05 어떠한 유형의 제품들이 정보제공영향, 비교영향과 규범적 영향에 민감한지 예를 들고 그 이유를 설명하여 보시오.

06 가족이 사회화에 미치는 영향을 설명하시오.

07 최근에 가족이 구매한 주요 구매품을 약술하고 각 가족 구성원이 수행한 역할을 분석하시오.

- 제안자
- 보수집자
- 영향자
- 의사결정자
- 구매자
- 사용자

08 가족수명주기를 이용하여 아래제품들에 대한 전략을 수립하시오.

- 화장품
- 식료품
- 휴가상품
- 주택

09 아래의 요인들은 가족구매에서 남편–부인의 역할에 어떠한 영향력을 미치는가?

- 사회계층
- 인지된 위험
- 제품의 중요성
- 시간의 촉박함

참 고 문 헌

- 김동기, 이용학, 이성호, 디지털시대의 마케팅전략 적용, 2007, 박영사.
- 유필화, 김용준, 한상만, 현대마케팅론, 6판, 2007, 박영사.
- 임종원, 김재일, 홍성태, 이유재, 소비자행동론: 이해와 마케팅에의 전략적 활용, 2009, 경문사.
- 한국방송광고공사(KOBACO), 2005년 어린이 조사, 2005.
- AlAllen, Vernon L., "Situational Factors in Conformity," in Leonard Berkowitz, ed., Advances in Experimental Social Psychology, vol.2 (New York: Academic Press, 1965), pp. 133–175.
- Assael, Henry, Consumer Behavior and Marketing Action, 5th ed., South–Western College Publishing, 1995.
- Bourne, Francis S., "Group Influence in Marketing and Public Relations," in Rensis Likert and Samuel P. Hayes, Jr., eds., Some Applications of Behaviroal Research, Paris: UNESCO, 1957 ; H. Assael, Consumer Behavior and Marketing Action, 3rd ed., p. 382.
- Bearden, William O. and Michael J. Etzel, "Reference Group Influence on Product and Brand Purchase Decisions," Journal of Consumer Research 9 (September 1982): 183–194.
- Bearden, William O. and Randall L. Rose, "Attention to Social Comparison Information: An Individual difference Factor Affecting Consumer Conformity," Journal of consumer Research 16 (March 1990): 461–471.
- Calder, Bobby J. and Robert E. Burnkrant, "Interpersonal Influences on Consumer Behavior: An Attribution Theory Approach," Journal of Consumer Research 4 (June 1977): 29–38.
- Carlson, Les and Sanford Grossbart, "Parental Style and Consumer Socialization of Children," Journal of Consumer Research 15 (June 1988): 77–94.
- Hawkins, Del I., Roger J. Best, and Kenneth A. Coney, Consumer Behavior : Building Marketing Strategy, 8/e, Irwin McGraw–Hill, 2001, p. 207.
- Evans, F. B., "Selling as a Dyadic Relationship – A New Approach," American Behavioral Scientist 6 (May 1963): 76–79; and Timothy C. Brock, "Communicator–Recipient Similarity and Decision Change," Journal of Personality and Social Psychology 1 (June 1965): 650–654.
- Ford, Jeffrey and Elwood Ellis, "A Reexamination of Group Influence on Member Brand Preference," Journal of Marketing Research 17 (February 1980): 125–132.
- French, J. R. P. and B. Raven, "The Bases of Social Power," in D. Catwright ed., Studies in Social Power, Ann Arbor MI: Institute for Social Research (1959) pp. 150–67.
- Friedman, Margaret L. and Gilbert A. Churchill, Jr., "Using Consumer Perceptions and a Contingency Approach to Improve Health Care Delivery," Journal of Consumer Research 13 (March 1987): 503.
- Granbois, Donald H., "Improving the Study of Customer In–Store Behavior," Journal of Marketing 32 (October 1968): 28–33.
- Davis, Harry L. and Benny P. Rigaux, "Perception of Marital Roles in Decision Processes," Journal of Consumer Research 1 (June 1974): 51–62.

- Davis, Harry L., "Decision Making Within the Household," Journal of Consumer Research 2 (March 1976): 241–260.
- Jolson, Marvin, Ralph E. Anderson, and Nancy J. Leber, "Profiles of Signature Goods Consumers and Avoiders," Journal of Retailing 57 (Winter 1981): 19–38.
- Kaplan, Martin and Charles Miller, "Group Decision Making and Normative versus Informational Influence: Effects of Type of Issue and Assigned Decision Role," Journal of Personality and Social Psychology 53 (1987): 306–313.
- Leonard–Barton, Dorthy, "Experts as Negative Opinion Leaders in the Diffusion of a Technological Innovation," Journal of Consumer Research 11 (March 1985): 914–926.
- Leslie Isler, Edward T. Popper, and Scott Ward,"Children's Purchase Requests and Parental Responses: Results from a Diary Study," Journal of Advertising Research 27 (October–November 1987): 28–39.
- Miniard, Paul W. and Joel B. Cohen, "Modeling Personal and Normative Influences on Behavior," Journal of Consumer Research 10 (September 1983): 169–180.
- Moschis, George P., "Social Comparisons and Informal Group Influence," Journal of Marketing Research 13 (August 1976): 237–244.
- Moschis, George P., "The Role of Family Communication in Consumer Socialization of Children and Adolescents," Journal of Consumer Research 11 (March 1985): 898–913.
- Park, C. Whan and V. Parker Lessig, "Students and Housewives: Differences in Susceptibility to Reference Group Influence," Journal of Consumer Research 4 (September 1977): 102–110.
- Murphy, Patrick E. and William A. Staples, "A Modernized Family Life Cycle," Journal of Consumer Research 6 (June 1979): 12–22.
- Peter, Paul J. and Jerry C. Olson, Consumer Behavior, 1987, p. 459.
- Reingen, Peter H. et al., "Brand Congruence in Interpersonal Relations: A Social Network Analysis," Journal of Consumer Research 11 (December 1984): 771–783.
- Maynard, Peter E. and David H. Olson, "Circumplex Model of Family Systems : A Treatment Tool in Family Counseling," Journal of Counseling and Development 65 (March 1987): 502–504.
- Robertson, Thomas S., Innovative Behavior and Communications (New York: Holt, Rinehart and Winston, 1971).
- Rosen, Dennis L. and Richard W. Olshavsky, "The Dual Role of Informational Social Influence: Implications for Marketing Management," Journal of Business Research 15 (1987): 123–144.
- Schiffman, Leon G., "Social Interaction Patterns of the Elderly Consumer," in Boris W. Becker and Helmut Becker, eds., Combined Proceedings of the American Marketing Association, Series No.34 (1972), p. 451.
- Schiffman, Leon G. and Leslie L. Kanuk, Consumer Behavior (Englewood Cliffs, N.J.: Prentice–Hall, 1978), p. 214.
- Stafford, James E., "Effects of Group Influence on Consumer Brand Preferences," Journal of Marketing Research 3 (February 1966): 68–75.
- Venkatesan, M., "Experimental Study of Consumer Behavior Conformity and Indepen-

dence," Journal of Marketing Research 3 (November 1966): 384–387.

- Ward, James C. and Peter H. Reingen, "Sociocognitive Analysis of Group Decision ing Among Consumers," Journal of Consumer Research 17 (December 1990): 245–262.
- Ward, Scott, "Consumer Socialization," in Harold H. Kassarjian and Thomas S. Robertson, eds., Perspectives in Consumer Behavior, 3rd ed. (Glenview, Ill.: Scott, Foresman and Company,1981) pp. 380–396.
- Ward, Scott and Daniel B. Wackman, "Children's Purchase Influence Attempts and Parental Yielding," Journal of Marketing Research 9 (August 1972): 316–319.
- Webster, Frederik E. Jr., "Informational Communication in Industrial Markets," Journal of Marketing Research 7 (May 1970): 186–189: and John A. Martilla, "Word–of–Mouth Communication in the Industrial Adoption Process," Journal of Marketing Research 8 (May 1971): 173–178.

그/림/출/처

- Bourne, Francis S., "Group Influence in Marketing and Public Relations," in Rensis Likert and Samuel P. Hayes, Jr., eds., Some Applications of Behaviroal Research, Paris: UNESCO, 1957 ; H. Assael, Consumer Behavior and Marketing Action, 3rd ed., p. 382.
- Murphy, Patrick E. and William A. Staples, "A Modernized Family Life Cycle," Journal of Consumer Research 6 (June 1979): 12–22.
- Davis, Harry L. and Benny P. Rigaux, "Perception of Marital Roles in Decision Processes," Journal of Consumer Research 1 (June 1974): 51–62.
- Hawkins, Del I. Roger J. Best, and Kenneth A. Coney, Consumer Behavior : Building Marketing Strategy, 8/e, Irwin McGraw–Hill, 2001, p. 207.

CHAPTER

06

상황적 요인

1. 상황적 요인의 본질과 유형에 대하여 알아본다.
2. 상황적 영향에 근거한 소비자 행동 모델에 대해 알아본다.
3. 소비자 의사결정에 대한 상황적 영향에는 어떤 것들이 있는가?
4. 마케팅 전략에 상황적 변수를 어떻게 이용하는가?

제6장 상황적요인

제 1 절 상황적 영향요인의 본질

소비자들이 제품을 구매하고 사용하는 상황도 소비자 행동에 영향을 미친다. 소비자들이 어떤 상표를 좋아하여 선택하는가 하는 문제는 언제, 어디서, 왜, 그 상표를 사용하려는 상황과 관련이 있다. 예를 들어 자신이 마시려는 커피와 손님에게 접대하는 커피는 다른 브랜드일 수 있으며, 사업용 여행을 다니는데 필요한 자동차와 동네 쇼핑을 다니기 위한 자동차는 아마도 다른 브랜드의 자동차일 것이다. 이러한 상황적인 요인을 이용하여 마케터는 제품을 포지쇼닝할 수 있다.

〈그림 6-1〉에서와 같이 상황적 영향요인이란 특정 시기와 장소의 상황에 따라 발생하는 순간적인 조건이나 기분이다. 마케터들은 마케팅전략을 수립하는데 특정 상황 요인에 대한 소비자의 욕구나 선호를 이해해야만 한다. 따라서, 소비자 행동에 영향을 미치는 상황의 유형과 상황의 특성 등을 살펴볼 필요가 있다.

그림 6-1 ▶ 상황적 요인과 소비자 행동

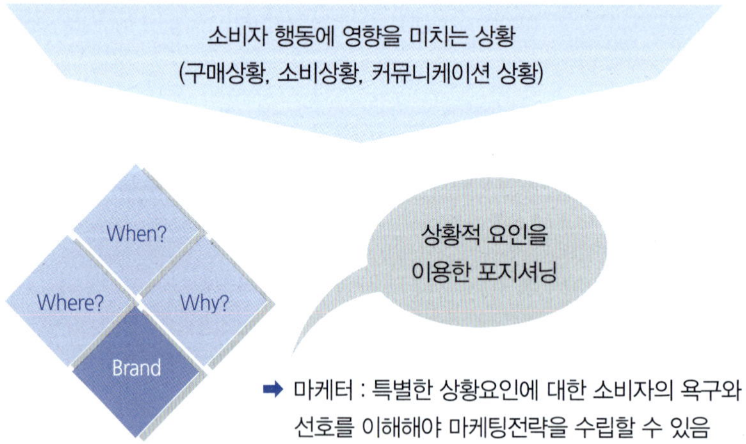

1 상황의 유형

소비자의사결정에 영향을 미치는 세 가지 유형의 상황으로 소비상황, 구매상황, 그리고 커뮤니케이션 상황의 세 종류로 구분된다.

1) 구매상황

구매상황은 소비자 의사결정에 영향을 줄 수 있다. 이러한 구매상황은 (1) 점포 내 구매상황, (2) 선물을 주기 위한 구매상황, (3) 예상하지 못한 구매상황 등으로 구별하여 설명할 수 있다.

(1) 점포 내 구매상황

제품 이용 가능성, 진열대의 위치, 가격판촉, 전시 및 쇼핑의 용이성과 같은 점포 내 자극은 소비자의 구매결정에 영향을 미친다. 특히 미리 계획하지 않은 구매의 경우에 더 큰 영향을 미치게 된다.

구매상황의 한 예로 점포 내 환경을 들 수 있다. 점포 내 환경이 소비자 선택에 미치는 영향을 분석해보면, 제품의 유무 · 가격변화 · 경쟁적 할인 및 쇼핑편이 등과 같은 상황적 요인이 소비자의 선택에 영향을 미친다. 그러므로 점포 내 상황의 효과를 파악하기 위하여 제조업자는 다음과 같은 구매상황이 상표 선택에 어떠한 영향을 미치는가를 조사할 필요가 있다.

- 선호상표재고가 떨어졌을 땐 타점포로 가는가? 대체품을 사는가? 또는 구매를 연기하는가?
- 지난번 보다 선호하는 상표의 가격이 지난번보다 10% 인상이 되어 있으면 어떻게 하겠는가?
- 귀하가 가끔 사용하던 상표가 가격을 할인해주면 어떻게 하겠는가?
- 점포에 들어갔을 때 계산대에 줄이 길게 늘어서 있으면 어떻게 하겠는가?

- 선호하는 상표가 없는 경우 찾아 달라고 도움을 청하겠는가? 경쟁 상표를 구매하겠는가?

(2) 선물을 주는 상황

제품구매가 남에게 선물하기 위한 것인가? 또는 자신을 위해 구매하는 가도 연구 대상이 되는 구매상황이다. 다른 사람들에게 주기 위하여 시계나 옷 등을 구매할 경우에는 그들이 평상시 자신을 위한 물품을 구매할 때와는 상이한 평가 기준을 사용할 수도 있다. 선물의 경우에는 물리적인 제품 자체만이 아니라 제품의 상징적인 내용도 선물에 포함되기 때문에 선물의 종류뿐만이 아니라 가격이나 상표명도 상징적인 의미를 지니게 된다. 그러므로 본인이 사용하기 위한 제품을 사는 것보다는 선물로써 물건을 선택할 경우에 더 많은 시간이 걸린다. 또한 소비자들은 브랜드를 평가하는 것에서 차별적 기준을 사용하고 자신을 위해서 구매할 때 보다 차별적 브랜드를 선택할 가능성이 크다.

비록 제품 자체는 관여 수준이 낮더라도 선물을 구매하는 경우에는 제품에 대한 소비자들의 관여 수준은 높아지게 된다. Clarke와 Belk의 연구에 의하면, 비누나 담요와 같은 저관여 제품을 선물로 구매하는 경우에도 소비자들은 더 많은 점포를 방문하고, 더 많은 시간을 점포탐색에 소비하는 것으로 나타났다.

고관여 제품의 선물을 주는 상황에서도 소비자들은 선택 상황에서 더 많은 위험을 인식할 가능성이 있다. 즉 소비자는 유명 브랜드를 구입하거나 잘 알고 있는 점포에서 쇼핑할 가능성이 매우 크다. 선물구매 행동에 관한 Ryans의 연구 결과에 따르면 소비자들은 선물용 가전제품을 구매할 때 고품질 이미지를 갖고 있는 점포를 이용할 가능성이 매우 큰 것으로 밝혀졌다.

(3) 예상하지 못한 구매상황

구매상황의 경우도 소비상황과 마찬가지로 예상하지 못한 상황이 있을 수 있다. 시간에 쫓기는 상황이라든가 예기치 못한 가격 인상이나 구매에 영향을 미칠 수 있는 다른 사람들과의 쇼핑 같은 것을 들 수 있다. 예기치 못한 상황 변수는 특히 스낵, 맥주, 치킨과 같은 제품의 구매를 설명하는데 중요하다. 즉, 음식에 대한 소비자 행동은 예상하지 못한 상황을 변수로 포함할 때 더 잘 설명이 된다. 재고품이 고갈이 나는 경우나 제품이 고장이 나는 경우와 같은 예상하지 못했던 상황은 구매 필요를 앞당기게 된다.

2) 소비상황

소비상황은 소비자들이 브랜드를 사용하는 상황이다. 예를 들어 집에서 사용하는 컴퓨터와 직장에서 사용하는 컴퓨터의 경우는 다른 상표를 고려할 수 있다. 또 혼자 있을 때는 즉석커피를 마시는 사람도 손님이 온 경우에는 원두커피를 마시기도 한다. 이처럼 소비상황에 따라 상표 선택이 달라질 수 있다. 그러므로 마케터는 제품에 관련된 소비상황들을 파악해야 할 것이다. Berden과 Woodside는 맥주 시장에 대한 그들의 연구에서 다음과 같은 소비상황들을 찾아내었다.

- 친한 친구들을 집에서 접대하는 상황
- 주말 저녁 식당이나 스카이라운지에 가는 상황
- 스포츠 경기나 좋아하는 TV 쇼를 시청하는 상황
- 스포츠 활동이나 취미 활동을 하는 상황
- 주말여행을 가는 상황
- 집에서 집안일을 하는 상황
- 집에서 휴식을 취하고 있는 상황

이와 같은 상황들은 일반적으로 미리 예측 가능한 상황들로서 대부분의 경우 소비자는 친구를 집에서 대접하게 될 것인지 함께 식당에 갈 것인가를 미리 알고 있다. 그러나 어떤 경우는 예상에도 없는 친구의 방문이나 순간적이며 즉흥적인 주말여행 결정 같은 상황도 발생하게 된다. 이런 상황에서는 소비자는 낮은 가격의 제품을 찾아 돌아다닐 시간이 없으므로 신속하게 구매해야 하기 때문에 평소에는 구매하지 않았을 비싼 가격에 구매하게 된다.

3) 커뮤니케이션 상황

커뮤니케이션 상황이란 소비자가 정보에 노출되는 환경을 의미한다. 이러한 상황은 친지나 판매원으로부터 이야기를 듣는 인적 매체일 수도 있고 광고나 점포 내 진열 등을 통한 비인적 매체를 통할 수도 있다. 커뮤니케이션 상황에 따라서 소비자들은 지각하고 이해하고 정보를 보유하는데 영향을 받게 될 것이다. 예를 들어 자동차를 타고 가면서 라디오 방송에서 광고를 듣는 경우와 거실에서 듣는 경우는 다를 것이며, 혼자서 TV를 보는 경우와 여러 사람들이 함께 보는 것은 다른 결과를 보일 것이며, 관심이 많은 TV 프로그램 중간에 광고가 있는 경우와 그렇지 않은 경우는 효과가 다르게 나타날 것이다. 이처럼 각기 다른 상황들은 광고의 내용과는 별개로 광고 효과에 영향을 미친다.

커뮤니케이션에 대한 반응에 영향을 미칠 수 있는 두 번째 상황적 변수는 광고가 제시되는 맥락이다. 즉, TV광고가 제시될 때 방영하는 프로그램의 종류도 광고 반응에 영향을 미친다. 유쾌한 프로그램 내용은 슬픈 프로그램 내용과 비교해 광고 노출도 중 더 긍정적 생각을 많이 하며 회상 수준도 더 높다고 한다.

세 번째 상황적 변수는 커뮤니케이션을 수용할 때의 소비자의 기분 상태이다. 소비자들의 감정에 따라 브랜드 정보를 처리하고 회상하는 데 영향을 미치어 결과적으로 소비자들의 기분 상태는 광고 메시지를 이해하고 유지하는 데 영향을 미칠 가능성이 있다.

2 소비 및 구매상황의 특징

Belk는 소비 및 구매상황의 일반적인 특성을 다음과 같은 5가지로 분류하였다. 〈그림 6-2〉에서 소비와 구매상황의 일반적 특성과 예시를 들어 보았다.

1) 물리적 환경

물리적인 환경이란 소비자 활동을 둘러싸고 있는 환경의 구체적인 물리적 공간적 측면으로 위치, 장치, 음악, 조명, 날씨, 제품, 진열, 색상 등을 말한다. 물리적 환경의 영향은 소비자의 감각 기관을 통하여 소비자 지각에 영향을 준다.

2) 사회적 환경

사회적인 환경이란 다른 사람들이 소비나 구매상황에 미치는 영향을 말한다. 소비자의 행동은 주위 사람들에 의하여 어느 정도의 영향을 받게 된다. 소비자 행동의 결과는 상황과 소비자 자신과 제품 간의 복합된 영향력의 결과로 나타난다. 예를 들어 구매나 소비를 하는 시점에 손님이 방문한다던가, 중요한 사회적인 모임에서라든가, 또는 이웃이나 친구가 있는 경우에는 소비자 행동에 영향을 받게 된다.

3) 시간

상황적 특성으로의 시간은 아침 식사, 점심 식사, 또는 식간과 같은 하루 중의 특정 시간으로부터 의복구매 시의 여름과 겨울과 같은 계절적 요소나 구매 시점으로부터 시간 간격 등이 포함된다. 상황적 특성으로의 시간은 개별 소비자와 제품과는 별도로 구매행위에 영향을 미칠 수 있다. 예를 들어 구매의사결정을 하는데 어느 정도 시간을 이용할 수 있는가 하는 문제는 정보탐색이나 상표의 평가 등에 영향을 미치게 된다. 제품 구매 간의 시간 간격이 길면 길수록 소비자는 더욱 정보탐색을 많이 하게 되며 상표충성도는 덜 영향을 미치게 된다. 일반적으로 시간이 없을수록 정보탐색은 감소하고 정보의 이용도 줄어든다. 또한, 구매 시간이 제한되면 고려되는 제품의 대안 수도 감소하는 경향이 있다.

4) 구매과업

구매과업은 소비자의 구매동기를 의미하며, 특정한 구매를 선택하거나 이에 관한 정보를 획득하려는 의도 또는 요구 사항을 포함하는 상황적 특성을 말한다. 예를 들어, 손님을 초대하기 위하여 시장을 보는 경우와 평상시와 같이 식구들의 식사를 위하여 시장을 보는 경우는 다른 상황일 것이며, 친지의 결혼 선물로 물건을 구매하는 것과 자신이 사용하려고 물건을 구매하는 경우는 같은 종류의 제품이라도 다른 상황에 있게 된다.

그림 6-2 ▶
소비 및 구매상황의 일반적인 특성

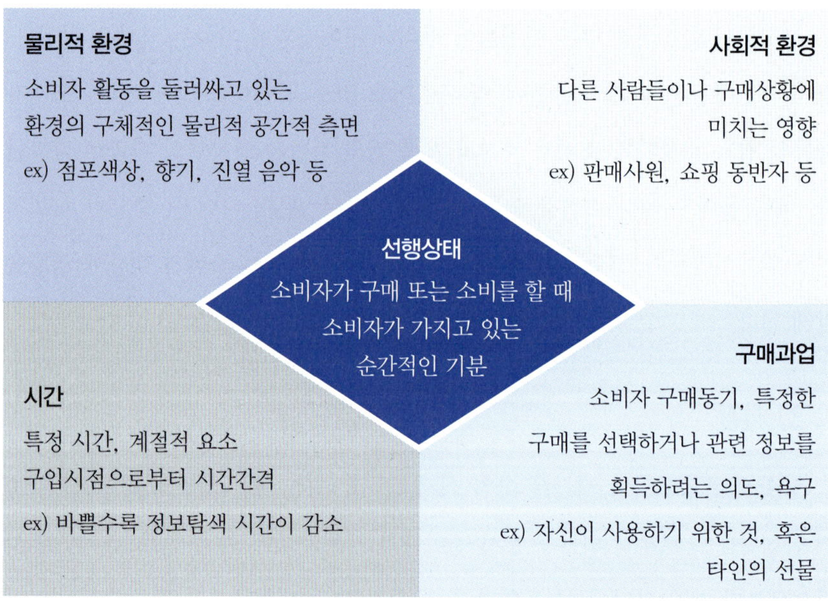

5) 선행상태

상황적 특성으로의 선행상태(先行狀態)는 소비자가 구매 또는 소비를 할 때 소비자가 가지고 있는 피곤함이나 흥분, 유쾌함 등과 같은 순간적인 기분을 말한다. 소비자의 기분과 같은 선행상태는 소비자의 마음의 상태에 따라 결정되기 때문에 소비자 내적인 요소이며 다른 4종류의 상황적 특성들은 환경에 의하여 결정되기 때문에 소비자 외적인 요소이다.

이러한 상황들은 몇 가지의 특성을 함께 가지게 되는데, 예를 들어 저녁때 가족들이 함께 먹기 위한 과자를 구매할 때의 구매상황은 집안이라는 물리적인 환경과 가족이라는 사회적 환경, 저녁이라는 시간적 특성과 가족이 먹기 위해 구매를 하는 구매과업을 가지게 된다.

제6장 상황적요인

제 2 절 상황적 영향요인 모델

상황적 영향요인 모델에서는 상황과 제품과 고객에 의해 소비자 행동이 결정된다고 설명하고 있다. 〈그림 6-3〉에 상황적 영향요인 모델이 제시되었다.

상황과 제품은 소비자에게 영향을 미치는 두 외부요인이다. 소비자는 제품과 상황에 따라 구매할 상표를 선택하게 된다. 소비자와 상황과 제품의 상호작용에 따라 소비자는 선택의 과정을 거치게 되며 결과적으로 구매 행동에 이르게 된다.

상황적 영향요인 모델은 매우 단순하여 보이나 주의를 기울여야 할 다음과 같은 세 가지 논점이 있다.

첫째, 소비자가 그의 행동을 상황으로 귀인 하는가 아니면 제품으로 귀인 하는가 또는 두 가지 모두에 귀인 하는가? 행동을 제품에 귀인 한다는 말은 여러 다양한 상황에서도 행동이 일치되게 나타나며 상표충성도가 존재한다는 의미이다. 반면에 행동을 상황에 귀인 한다는 말은 상표마다 행동의 변화가 있다는 말이며, 이는 상황에 따라 각기 다른 상표가 구매된다는 것을 의미한다.

둘째, 제품, 소비자 그리고 상황 간의 관계는 어떠한 것인가? 소비자의 행동은 상황과 관계없이 제품에 대한 상표충성도에 의해 결정된 것일 수 있으며 제품

그림 6-3 ▶
상황적 영향요인 모델

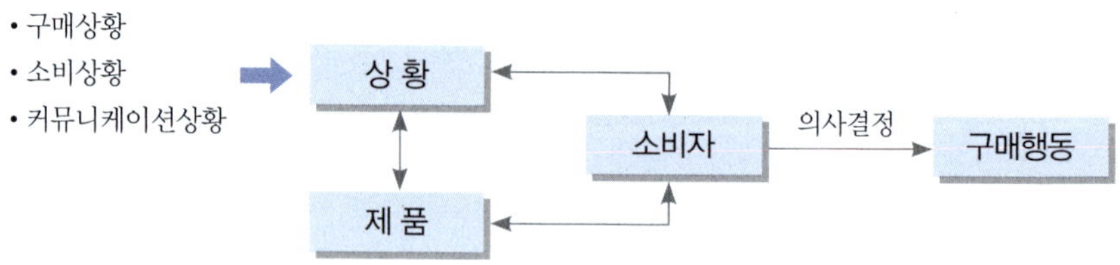

자료 : Russell W. Belk, "Situational Variables and Consumer Behavior", Journal of Consumer Research 2(December 1975), p. 158.

과는 무관하게 상황에 의해서 결정될 수도 있다. 그러나 일반적으로 소비자의 행동은 제품과 상황 그리고 소비자 간의 상호작용의 결과일 것이다.

셋째, 상황과 행동의 간격은 어떠한 영향을 미치는가? 상황이 시간적인 면에서 구매 행동과 가까이 있을 경우에는 행동에 더 결정적인 영향을 미치는 요인이 될 것이다. 예를 들어, 파티 시간에 임박해서 음료수를 구매할 경우에는 가격이나 상표와 관계없이 제품을 구매하게 되는 경향이 클 것이다. 반면에 상황과 구매 행동의 간격이 클 경우에는 상대적으로 덜 영향을 미치게 될 것이다.

1 상황 대 제품에 대한 소비자 귀인

상황 모델에서 가장 중요하게 고려해야 할 점은 과연 소비자가 자신의 행동을 제품 특성으로 귀인 하는가 상황에 귀인하는가? 하는 문제이다. 귀인이론에 따르면 사람들은 자신의 과거 행동을 검토하고 그 행동에 원인을 부여한다. 만약, 소비자가 자신의 구매 행동을 제품 탓으로 설명한다면 그 제품에 대한 태도가 더욱 우호적으로 되며 그 제품을 다시 구매할 가능성이 커진다. 예를 들어 소비자가 어떤 과자를 구매한 이유가 할인판매 중이라는 이유(상황적 요인) 대신에 영양가(제품 속성) 때문이라고 생각한다면 그 과자에 대한 태도는 호의적일 것이며, 다시 구매할 가능성이 크다. 반면에 상황으로 귀인을 한다면 (나는 할인 판매 때문에 그것을 샀다), 그 과자에 대한 태도는 별로 호의적이지 못할 것이다.

상황과 제품 중 어느 것이 더 소비자 행동에 영향을 크게 미치는가를 결정하는 몇 가지 원칙은 다음과 같다.

첫째, 상표충성도가 높을수록 상황적 영향이 덜 중요하다. 예를 들어, 특정 맥주만 마시는 충성스런 고객은 혼자서 마시든지, 손님과 함께 있든지, TV를 시청할 때든지, 식사 때든지 별 차이 없이 동일 맥주를 좋아하며, 소비상황이 구매 행위에 영향을 미치지 않을 것이다.

역으로, 상표충성도가 낮은 경우에는 소비상황이 상표 선택에 중요한 요소가 된다. 소비자는 특정 상표를 다른 상표들보다 값이 싸고 적절하다고 생각하여 좋아 할 수 있다. 그러나 파티와 같은 사교적인 모임과 같은 상황에서는 값이 비싼 프리미엄 맥주를 구매하는 예도 있다.

둘째, 지속적인 제품 관여도가 높을수록 상황적 요소의 영향은 감소한다. 지속적 관여도란 그 제품에 대한 지속적인 관심을 의미하며 상황적 관여도란 그 제품을 구매할 필요가 생겨났을 때 발생된 그 제품에 대한 관심이다. 지속적 관여도가 높은 경우에는 상황적 요인에 의해 행동이 결정되지 않는다. 지속적 고관여하에서는 제품 자체에 대한 관심이 행동에 영향을 미치며, 지속적 저관여하에서는 그 제품을 구매할 필요에 따라 상표평가를 하게 된다. Clarke과 Belk는 4가지 제품군에 대하여 상황적 관여도와 지속적 관여도를 연구하였다. 그들의 연구에 따르면 지속적인 제품관여도가 낮을 때 상황이 행동을 결정한다. 지속적 관여도가 높을 때는 상황이 그다지 중요하지 않았다.

셋째, 소비재 포장제품인 비내구재에 속하는 청량음료, 스낵, 맥주, 육류, 구강 청결제 등을 연구한 결과에서 소비상황은 행동에 직접적으로 영향을 미치는 것으로 나타났다. 반면에 여러 번 사용하는 내구재 같은 제품의 경우는, 상황적 요소의 중요도가 적어진다. 예를 들어, TV나 오디오를 시청 상황이나 청취 상황에 따라 여러 개를 구매하지는 않기 때문이다.

요약해 보면 상황적 요인은 소비자가 특정 상표에 충성적일 때, 지속해서 제품에 대한 관여도가 높은 경우, 그리고 여러 번 사용하는 제품일 때 중요도가 낮아진다.

2 상황, 제품, 소비자의 상호작용

여러 연구에서 상황, 제품, 소비자의 구매 행동에 대한 영향을 연구하였다.

Belk가 음료와 금융서비스 등 7개의 제품군에 대하여 연구한 결과가 〈표 6-1〉에 나타나 있다. 표에는 소비자 행동에 영향을 미치는 상황, 제품, 소비자의 각각의 영향력과 각 변수들의 상호작용효과가 나타나 있다. 이러한 연구들에 의하면 구매 행동을 설명하는 데 상황, 제품 또는 소비자만의 주 효과는 극히 미약하였다. 주 효과란 어떤 변수가 다른 변수의 수준과 관계없이 동일한 영향을 미치는 것이다. 예를 들어 소비자 유형이나 상황에 관계없이 제품의 특성이 소비자 구매를 결정한다면 제품이 주 효과를 갖는 것이다. 그러나 상황이나 제품의 독자적인 영향력은 그다지 크지 않다.

일반적으로 행동은 이 세 가지 요인들의 상호작용에 의해 영향을 받고 있다. 상호작용효과란 어떤 변수의 영향이 다른 변수의 수준에 따라 변하는 것이다. 예를 들어 소비자들이 구매하는 상표가 상황에 따라 달라진다면 상황-제품 간의 상호작용이 있는 것이다. 위의 표에서 보듯이 예를 들어 음료의 경우 상표 선택은 제품과 상황으로 가장 잘 설명할 수 있다. 제품과 상황 두 요인이 결합하여 음료 시장의 변이의 약 39.8%를 설명하고 있다. 예를 들어, 대부분의 소비자들이 파티에서만 콜라를 마신다고 한다면 이러한 경우에는 제품과 상황 간의 상호

▼ 표 6-1
소비자 행동에 미치는 상황, 제품, 소비자의 영향 효과

원 천	응답 범주 (%)						
	음료	육류	스낵	패스트 푸드	여가활동	영화	금융서비스
소비자(C)	0.5	4.6	6.7	8.1	4.5	0.9	12.5
상황(S)	2.7	5.2	0.4	2.2	2.0	0.5	0.4
제품(P)	14.6	15.0	6.7	13.4	8.8	16.6	14.5
S×P	39.8	26.2	18.7	15.3	13.4	7.0	16.5
S×C	2.7	2.9	6.1	2.2	4.0	1.9	2.9
P×C	11.8	9.7	22.4	20.1	21.2	33.7	17.7
S×P×C	27.8	36.4	39.0	38.7	46.1	39.4	35.4
합계	100.0	100.0	100.0	100.0	100.0	100.0	100.0

자료 : R. W. Belk, "Situational Variables and Consumer Behavior," Journal of Consumer Research 2 (December 1975), p. 160. Data for financial services from Rajendra K. Srivastava, Mark I. Alpert, and Allan D. Schocker, "A Customer-Oriented Approach for Determining Market Structures," Journal of Marketing 48 (Spring 1984), pp. 32–45.

작용효과가 있게 된다. 이 경우는 주어진 파티라는 특정 상황하의 제품이 행동에 미친 가장 큰 효과이므로 상호작용이 크다고 하겠다. 표에서 보듯이 음료 시장에서 S × P가 높은 수치를 보이는 것은 대부분 소비자들이 특정 상황 하에서 제품을 구매한다는 것을 의미한다. 만일 코카콜라를 주로 젊은이들이 파티를 위해 구매한다고 한다면 그 경우에는 상황과 제품과 소비자 사이에 상호작용이 있게 된다. 위의 표에서 S × P × C가 높은 수치를 보이는 것은 특정 형태의 소비자들이 자주 특정 상황을 위하여 제품을 구매한다는 것을 보여 주고 있다.

또 다른 상호작용효과는 소비자와 제품 간의 효과이다. 이러한 효과는 특정 소비자는 특정 제품을 상황과 관계없이 구매한다는 것을 나타낸다. 이러한 소비자와 제품 간의 상호작용효과는 특정 소비자 세분 시장이 상황에 관계없이 특정 제품을 구매하는 상표충성도와 관련이 있다. 예를 들어 젊은 사람들은 콜라를 파티에서도 마시며 식간에도 마시고 스낵을 먹을 때도 마신다는 것이다.

〈표 6–1〉에서와 같이 상황–제품의 상호작용은 음료나 육류에 중요한 것으로 나타났는데, 이는 이러한 제품들이 상황적 영향을 많이 받는다는 것을 의미한다. 제품–소비자의 상호작용은 모든 제품군에서 중요하게 나타났다. 그러나 특히 영화에서 그러하였으며 스낵이나 음료에서는 상대적으로 덜 중요하게 나타났다. 이러한 관찰은 어떤 사람들은 상황과는 관계없이 특정 형태의 영화를 선호한다는 것을 말한다. 영화는 또한 고관여 제품이기 때문에 상황적 영향을 덜 받을 수 있다. 음료나 육류와 같은 제품의 경우 상황에 관계없이 어떤 특정 제품에 상표 충성도를 가진다는 것은 쉽지 않다.

3 상황과 행동의 간격

구매와 상황이 시간상으로 가까이 있다면 상황이 상표 선택에 영향을 미칠 것이다. 당일 저녁에 큰 잔치가 있는 경우 소비자는 평상시 구매하지 않던 상표의 식품들을 살수도 있다. 또한, 특정 상표의 가격이 많이 내린 것을 안 소비자가 일상적으로는 구매하지 않던 가격 인하된 상표를 구매할 수 있다. 이런 경우의 구매 행동은 상황에 따른 것이다. 반면에 일상용으로 식품을 사는 경우의 소비자는 나중에 사용하기 위해 미리 구매하고 있으며, 상황의 요구가 약하기 때문에 자신이 좋아하는 상표를 살 것이다. 이런 구매행위는 상황에 의한 것이 아니라 제품에 대한 선호도에 기인한 것이다.

제6장 상황적요인

제 3 절 소비자 의사결정에 대한 상황적 영향

소비자 의사결정에 대한 상황적 영향은 제품 태도, 제품선택, 소비자 의사결정과정의 세 분야로 나누어 살펴볼 수 있다.

1 제품 태도에 대한 상황의 영향

많은 연구가 제품에 대한 소비자의 태도가 상황에 따라 변화된다는 것을 보여주었다. 이러한 연구에서는 다양한 상황에 대해 소비자에게 제품 속성을 평가하도록 하는 다속성접근을 하고 있다. 상황에 따른 다속성태도모델은 다음과 같다.

$$\text{상표태도 } (A_O) = \Sigma b_{i,s} \times e_{i,s}$$

$b_{i,s}$ = 상황(s)하에서 속성(i)에 대한 상표신념(b)

$e_{i,s}$ = 상황(s)하에서 속성(i)에 대한 평가

기본적인 다속성 모델에 상황을 첨가시킨 것은 다음과 같은 이점이 있다.

첫째, 연구자는 소비자의 신념이 상황에 따라 변화하는지를 확인할 수 있다. 예를 들어 소비자가 목마른 상황에 있어서 특정 맥주를 맛이 있다고 하나 식사 상황에 있어서는 그렇지 않다고 생각할 수 있다.

둘째, 어떤 제품 속성이 특정 상황에서 다른 상황에 비해 더 중요하다고 평가되는지를 확인할 수 있다. 예를 들어 간편함이라는 속성이 저녁 식사 때 보다 간

식 상황이나 점심 상황에서 더 중요할 수 있다. 가족에게 좋다는 점은 점심이나 스낵보다는 저녁 식사 상황에 더 중요할 것이다. 교통 문제에 관한 한 연구에서 특정 속성에 대한 가치는 상황에 따라 변한다는 것을 발견하였다. 예를 들어, 버스를 타고 다니지 않는 사람들은 버스를 타고 다니는 사람들보다 교통 시간이 적게 걸리며 직장에 다니는데 편리하다는 점에 가치를 두고 있는 것으로 나타났다. 이러한 상황에 따른 욕구나 태도의 차이는 마케팅 전략에 중요한 시사점을 의미한다. 승용차를 몰고 직장에 가지 않고 버스를 타고 통근을 하게 하기 위해서는 버스가 자동차만큼 편안하고 빠른 교통수단이라는 것을 설득시켜야 한다.

셋째, 상황적 태도 모델은 어떤 속성이 특정 상황에서만 관련이 있을 수 있다는 가능성을 허용한다. 예를 들자면 어떤 커피를 마셔도 잠드는 데 지장이 없다는 신념(b_i)은 잠자리라는 상황에서만 평가(e_i)된다.

넷째, 상황에 따른 태도의 차이를 통해 상표의 장점과 단점을 파악할 수 있다. 만약, 특정한 스낵 음식이 파티용이나 사교 모임에서 특히 맛이 없다고 평가받았다면 마케터는 이 약점을 보완하려 할 것이다. 제품성분의 배합에 문제가 있는가, 아니면 상표의 이미지에 문제가 있는가를 파악하고 성분의 배합이나 상표 이미지를 변경시켜야 한다. 또한 특정 상황에서 상표가 강점을 가지고 있다면 그러한 강점을 이용하는 전략이 필요하다.

Miller와 Ginter는 제품태도의 상황적 결정인자에 관한 포괄적인 연구를 하였다. 소비자들에게 8개의 패스트 푸드 식당을 서비스의 속도 · 다양성 · 청결성 · 편의성 등의 속성에 대하여 다음과 같은 4가지 상황에서 평가하도록 하였다.

- 평일의 점심 식사
- 쇼핑 중의 스낵
- 시간에 쫓기는 상황 하의 저녁 식사
- 시간이 넉넉한 상황 하의 가족과 함께 하는 저녁 식사

소비자들에게 4가지 상황 하에서 일반적으로 어떠한 속성이 중요한지 평가를 하도록 하였다. 편의성과 서비스의 속도가 평일 중 점심 식사와 시간에 쫓기는 상황 하의 저녁 식사의 경우에 가장 중요하다고 평가되었으며, 넉넉한 시간에 가족과 저녁 식사를 하는 상황에서는 메뉴의 다양성과 아이들에게 인기가 있는 식당이 가장 중요하게 나타났다. 이렇게 소비자들은 상황에 따라 제품 태도를 차별화하였다.

2 제품선택에 대한 상황의 영향

상황이 미치는 영향을 고려하면 제품선택을 예측할 수 있을 것인가? Miller와 Ginter의 연구에서 4가지 상황을 고려하여 소비자의 식당 선택을 예측하여 보았다. 〈표 6-2〉에 제시된 결과와 같이, 상황적 모델은 비상황적 모델 보다 모든 경우에 예측력이 더 높았다.

예를 들어, 주중의 점심 식사의 경우 비상황적 모델을 이용하여 예측하였을 때는 30.5%이었으나 상황을 고려한 상황적 모델을 이용한 경우는 예측률이 41.3%가 되었다.

Stanton과 Bonner의 연구에서도 음식을 고르는데 인구통계적인 변수나 태

표 6-2 ▶ 상황적 모델과 비상황적 모델을 이용한 패스트 후드점 선택의 예측

상 황	표본 크기	정확한 예측 (%)	
		비상황적 모델	상황적모델
주중의 점심식사	210	30.5	41.3
시간에 쫓기는 상황하에서의 저녁식사	159	38.6	44.0
시간이 넉넉할 때 가족과 함께 저녁식사	128	45.9	49.5
쇼핑중의 간식	94	31.6	34.7

자료 : Kenneth E. Miller and James L. Ginter, "An Investigation of Situational Variation in Brand Choice Behavior and Attitudes," Journal of Marketing Research 16 (February 1979), p. 121.

도를 가지고 예측을 하는 것보다 상황 변수를 이용하여 예측하는 것이 더 뛰어났다. Umesh와 Cote의 연구에서도 유사한 결론이 나왔는데 상황변수를 도입함으로써 청량음료의 선택에 대한 예측력을 높일 수 있었다.

3 의사결정에 상황이 미치는 영향

상황이 의사결정에 미치는 영향에 관한 연구는 몇 개 없다. 그러나 소비상황이나 구매상황에 따라 고려되는 상표의 수나 정보탐색의 양, 정보의 유형, 정보의 원천 등은 달라질 것이다. 예를 들어 친구와 함께 쇼핑할 경우는 혼자 쇼핑을 하는 경우보다 더 많은 가게에 들르게 되며 계획하지 않은 구매를 더 많이 하게 된다.

몇몇 연구에서 소비자가 자기 자신을 위해 제품을 구매하는 경우와 선물용으로 구매하는 경우의 의사결정의 차이를 검토하였다. 일반적으로 선물구매상황이 개인적 사용 상황과 비교해 관여도가 높고 이에 따라서 정보탐색도 더 본격적이다.

선물을 구매할 때의 특징들을 보면 다음과 같다.

- 판매원과 같은 상점 내 정보 원천이 광고와 같은 상점 외 정보 원천보다 더 이용된다.
- 가격 한도를 미리 정해 놓는다.
- 고급 상점에서 구매하며 명성이 있는 상표를 고른다.
- 물품 반환에 대한 정책을 더 중요하게 생각한다.

상기에 언급한 연구들은 구매상황에 대한 의사결정의 차이를 평가한 것들인데, Ptacek과 Shanteau은 소비상황에 따른 의사결정의 차이를 연구하였다. 그들은 종이 타월의 사용 상황을 힘든 일, 가벼운 일, 냅킨 대용 등으로 구분하였다.

그들의 연구 결과에 따르면 힘든 일에 사용하려고 종이 타월을 구매할 경우는 질김과 강함이라는 판단기준에 따라 간단한 의사결정을 하였으나, 가벼운 일에 사용하려고 종이타월을 구매하는 경우는 여러 판단기준을 이용한 복잡한 의사결정을 거치었다. 이처럼 구매상황뿐만 아니라 소비상황에 따라서도 소비자들이 제품을 선택하는 방법이 달라진다.

제6장 상황적요인

제 4 절 마케팅 전략에의 상황적 변수의 이용

마케팅 전략을 수립하는데 마케터들은 (1) 새로운 상황을 도입함으로, (2) 기존 상황을 표적화함으로 상황적 변수를 사용할 수 있다.

1 새로운 사용 상황의 도입

효과적인 마케팅 전략이란 새로운 사용 상황에 대해 제품을 사용하도록 소비자에게 영향을 미치는 것이다. Wansick와 Ray는 사용 확장 전략의 정황과 새로운 상황 하에서 어떤 브랜드를 사용하도록 하는 광고가 소비자들을 어떻게 고무시키는지를 시험했다. 그들은 새로운 사용의 경우가 제품을 사용하는 방법에 대해 소비자들이 가지고 있는 기존의 생각과 일치하는 한 광고가 새로운 사용을 제시하는 데 효과적이라는 사실을 밝혔다. 예를 들어, 캠벨의 수프가 아침 식사용으로 마시는 수프를 제시한다면, 아침식사용으로 뜨거운 시리얼을 먹는 것과 수프를 마시는 것의 차이를 전혀 인식하지 않는 소비자들은 사용 확장 전략을 수용할 가능성이 있다.

같은 맥락에서 존슨의 왁스는 소비자들이 사용 확장을 적합한 것으로 인식했기 때문에 자동차에도 가구용 왁스를 사용할 수 있다는 것을 "귀하의 식탁처럼 자동차를 광나게 해드립니다"라는 광고를 할 수 있었다. 그러나 펩시는 사용 상황이 탄산 청량음료 사용의 기존 생각과 일치하지 않았기 때문에 소비자들로 하여금 아침에 펩시 AM을 마시도록 하는 데 실패했다.

2 기존 사용 상황에 표적화

마케팅 전략을 수립하는데 마케터들은 기존 상황을 표적화함으로써 상황적 변수를 사용할 수 있다. 즉, 상황적 변수들은 시장을 세분화하고 신제품을 개발하고 제품 포지셔닝이나 광고 또는 유통, 그리고 구체적인 상황에 대해 웹사이트를 표적화함으로써 기존 사용 상황을 표적화 할 수 있다.

1) 시장세분화

소비자의 소비상황을 이용하여 시장세분화가 가능하다. 예를 들어 스낵식품 시장을 영양식 소비자, 대량 소비자, 파티 소비자로 세분화가 가능하다. 영양식 시장의 소비자는 스낵을 많이 먹지 않는 소비자들이며 간식도 야채와 과일을 주로 먹는다. 대량 소비자는 식간에 스낵을 즐겨 먹으며 파티 소비자는 사교 모임에서 주로 스낵을 먹는다. 상황적 요인이 중요하지 않은 세분시장은 무차별 스낵 고객으로 사용 상황과 관계없이 스낵을 먹는 사람을 말한다.

2) 신제품 개발

특정한 상황을 위해 신제품을 개발 할 수 있다. Dickson은 소비자 유형에 대한 제품 혜택과 특정 상황을 겨냥한 제품 혜택을 구별하고 있다. 그는 아래 〈표 6-3〉과 같이 상황별로 소비자 메트릭스를 제안하였다. 아래 표에서는 썬텐 로션에 대한 4범주의 고객과 4가지 상황을 보여 주고 있다. 우측끝에는 상황별 혜택이 제시되었고 각 칸의 끝에는 고객별 혜택이 제시되었다. 상황과 고객이 교차되는 곳이 신제품을 개발한 기준이 되는 혜택이 되어야 할 것이다. 성인여성 시장에 마케팅을 하기 위하여 일련의 상황별 제품 특성들이 제시되었다. 물론 기업이 이 모든 기회를 이용하지는 않을 것이나 이러한 분석을 함으로써 신제품 개발에 지침이 될 수 있다.

<table>
<tr><th rowspan="3">상황</th><th colspan="8">고객 집단</th><th rowspan="3">상황별
혜택</th></tr>
<tr><th colspan="2">어린이</th><th colspan="2">청소년</th><th colspan="2">성인 여성</th><th colspan="2">성인 남성</th></tr>
<tr><th>흰피부</th><th>검은피부</th><th>흰피부</th><th>검은피부</th><th>흰피부</th><th>검은피부</th><th>흰피부</th><th>검은피부</th></tr>
<tr><td>해변/
보트
일광욕</td><td></td><td></td><td></td><td></td><td>여름</td><td>향수</td><td></td><td></td><td>• 바람으로 인한 피부염 보호
• 열을 견뎌낼 수 있는 성분 및 용기
• 용기가 물에 뜨고 쉽게 눈에 띔</td></tr>
<tr><td>가정-
수영장
일광욕</td><td></td><td></td><td></td><td></td><td>합성</td><td>수분</td><td></td><td></td><td>• 펌프식 대형용기
• 나무나 가구 등에 때 안 묻음</td></tr>
<tr><td>태양등
일광욕</td><td></td><td></td><td></td><td></td><td>합성 및
마사지</td><td>수분
오일</td><td></td><td></td><td>• 태양 등에 맞게 특별 고안
• 인위적 썬텐 성분</td></tr>
<tr><td>스키</td><td></td><td></td><td></td><td></td><td>겨울</td><td>향수</td><td></td><td></td><td>• 날씨와 약한 광선으로부터 보호
• 얼지 않는 성분</td></tr>
<tr><td>고객별
혜택</td><td>특별보호
• 치명상으로부터 보호
• 비독성</td><td></td><td>특별보호
• 청바지 주머니에 넣음
• 의견 선도자가 사용</td><td></td><td>특별보호
• 여성용 향취</td><td></td><td>특별보호
• 남성용 향취</td><td></td><td></td></tr>
</table>

자료 : Peter R. Dickson, "Person–Situation: Segmentation's Missing Link," Journal of Marketing 46 (Fall 1982), p. 62.

▲ 표 6-3
썬텐 로션의 상황 혜택별 가설적 소비자 도표

3) 제품포지셔닝

한 대규모 식품회사에서는 다음과 같은 4가지의 상황과 여러 식품과 연결하기 위하여 조사를 실시하였다.

- 특별한 식사 모임
- 가족 식사

- 정규적인 일상적 식사
- 스낵 및 간단한 식사

이러한 조사를 통하여 과연 어떠한 제품들이 어떤 상황과 연결되는가를 알아보려고 하였다. 과연 소비자들은 구운 스테이크를 특별한 식사로 여기는지 가족 식사로 생각하는지 또는 일상적인 식사와 연결하는지를 살펴보며, 만일 특별한 식사로 여긴다면 감자요리나 야채요리와 함께 연상하는지를 조사하였다.

표본으로 추출된 소비자들에게 16개의 제품과 이러한 상황을 연결하도록 한 결과가 〈그림 6-4〉에 제시되어 있다. 각 4분원은 이러한 식사 상황의 하나를 나타낸다. 차가운 고기 조각이나 구운 치즈 영국식 머핀 등은 스낵이나 간단한 식사와 함께 연상되며 햄버거나 더운 샌드위치는 정규적인 식사와 그리고 구운 고기나 삶은 야채 등은 특별한 식사로 연상되었다. 이러한 연구 결과는 상황적인 배경에서 광고를 할 때 필요한 제반 지침을 제시하여 준다. 예를 들어, 마케터는 햄버거를 간단한 식사로 추측을 하였을 수도 있으나 연구 결과에서 보는 바와 같이 햄버거는 정규 식사 상황을 배경으로 광고를 하여야 효과적일 것이다.

그림 6-4 ▶
네 가지 식사 상황에 따른 제품포지셔닝

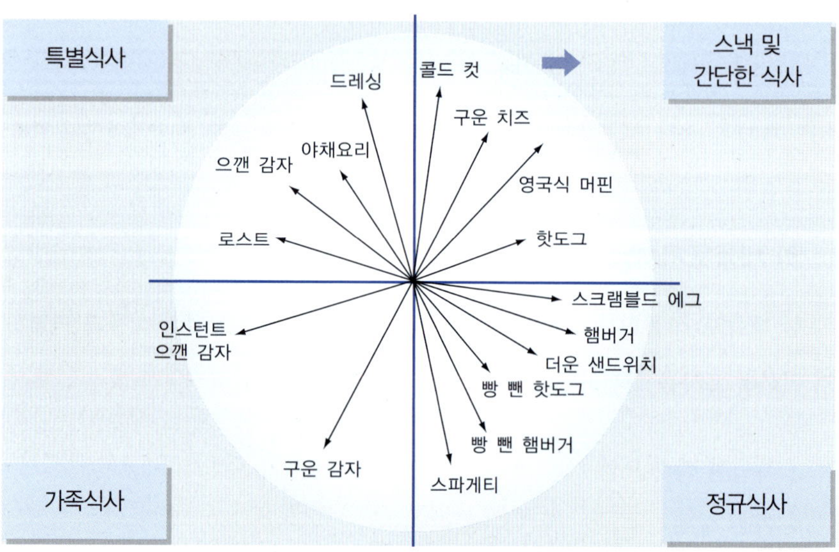

4) 광고

소비상황은 또 어떤 촉진전략을 세워야 하는가를 결정하는 데 도움이 된다. 만약, 청량음료가 주로 사교적 모임을 위해서 구매된다면 사교 모임 상황에서 광고해야 효과적일 것이다. 이와 같이 제품을 그 소비상황의 맥락에서 광고하는 것을 프레이밍(framing)이라고 한다. 즉, 소비상황이 제품을 소비자에게 관련 있는 배경으로 둘러싸는 것이다. 이런 경우 광고는 소비자에게 제품을 사용함으로써 무엇을 얻을 수 있는지를 알려주고 사용 기회를 높이며 상표충성도를 야기한다. 두통약 광고에서 머리가 아파 고통스러워하는 상황 속에 광고를 제시하는 것도 이러한 예이다.

선물을 주는 상황이나 계절적인 사용 등도 광고에 사용될 수 있다. 예를 들어 선물을 주는 맥락에서 제시하면서 제품을 광고하기도 하며 계절적으로는 여름에 팥빙수 광고나 추운 겨울에 따뜻한 호빵 광고 등을 예로 들 수 있다. 여름에 게토레이의 소비가 크기 때문에 게토레이를 스포츠 음료로서 갈증 해소 음료로 뿐만 아니라 감기 걸린 고객들에 필요한 전해질 음료로서 광고함으로 수요를 어느 정도 고르게 할 수 있다. 상황을 이용한 광고는 상황 제시와 함께 제품 혜택과의 연결을 나타내 주어야 한다. 예를 들어, 〈그림 6-5〉의 두통약 광고는 두통으로부터 안전하고 부드럽게 두통이 완화되는 것을 보여 주어야 한다.

▼ 그림 6-5
프레임을 이용한 광고(두통약)

보편적으로 상황적 요인 광고를 많이 활용하는 사례로는 〈그림 6-6〉에서와 같이 음료를 마시는 상황을 고려해서 광고하는 방법일 것이다. 격한 운동을 하였을 때는 갈증 해소에 좋은 이온 음료를 갈증 해소용 음료 광고를 하고 아침에 간단한 샌드위치를 먹으면서 마시는 영양 음료인 오렌지 주스나 토마토 주스의 경우는 영양음료를 부각하는 광고를 하고 영화를 보거나 TV를 볼 때 마시는 콜라나 사이다는 청량음료 광고를 하고 저녁에 숙면을 잘 취하기 위해 마시는 경우는 라벤더 음료나 레몬차를 마시는 광고를 하는 경우를 사례로 들 수 있다.

운동할 때 마시는 이온음료
(게토레이, 포카리스웨트)

아침에 영양공급을 위한 음료
(토마토주스, 오렌지주스)

TV나 영화볼 때 마시는 음료
(콜라, 사이다)

숙면을 도와주는 음료
(레몬차, 라벤더 음료)

그림 6-6 ▲
음료를 마시는 상황을 고려하여 광고하는 사례

5) 유통

상황은 또한 유통전략에도 영향을 미친다. 편의점 광고 같은 경우에는 다른 슈퍼마켓이 문을 닫았을 때 발생하는 예기치 않은 상황을 판매 기회로 이용하기 위해 항시 문을 연다는 점을 강조하고 있다. Perrier사의 유통전략은 상황적 영향을 이용한 전략이다. 미네랄 워터는 식사 시간에 주로 먹기 때문에 Perrier사는 호텔이나 식당 또는 바에 유통을 집중하여 매출의 30% 이상을 이곳에 공급하고 있다. 반면에 최대 경쟁자인 Evian은 이 시장에서 매출액의 약 5~10% 내외를 판매하는데 머무르고 있다.

연/습/문/제

01 상황의 유형을 설명하고 각 유형별로 5가지씩의 예를 들어 보시오.

02 소비 및 구매상황의 일반적인 특성을 예를 들어 설명하시오.

03 음료수, CD와 옷을 구매할 때 상황과 제품, 그리고 소비자 간의 상호작용을 설명하고 예를 들어 보시오.

04 어떤 조건에서 상황이 제품 특성보다 더 상표 선택에 영향을 미치는가? 그 반대인 경우는 어떠한 때 인가?

05 헤어드라이어 시장이 구매상황에 따라, 즉 자신이 쓰기 위한 시장과 선물을 하기 위한 시장으로 나누어진 경우, 각 구매상황에 소구하기 위한 포지셔닝은 어떻게 해야 하는가? 또한, 이러한 경우에 상표를 평가하는 데는 어떠한 차이가 있는가?

06 광고에서 프레이밍(framing) 효과가 의미하는 것이 무엇이고 이와 관련된 사례를 두 가지만 추가로 설명하시오.

07 유통전략에 영향을 미칠 수 있는 구매상황이나 소비상황은 어떠한 것들이 있는가?

참 고 문 헌

- Assael, Henry, Consumer Behavior : A Strategic Approach, Houghton Mifflin, 2003.
- Belk, "An Exploratory Assessment of Situational Effects in Buyer Behavior," Journal of Marketing Research 11 (May 1974), p. 160.
- Belk, Russell, "Gift-Giving Behavior," in J. Sheth ed., Research in Marketing, vol. 2 (Greenwich, Conn.: JAI Press, 1979), pp. 95-126.
- Belk, Russell W. A Free Response Approach to Developing Product-Specific Consumption Market Planning, Cambridge, Mass.: Marketing Science Institute, 1979, p. 178.
- Belk, W. "Situational Variables and Consumer Behavior," Journal of Consumer Research 2 (December 1975), p. 159.

- Clarke, Keith and Russell W. Belk, "The Effects of Produce Involvement and Task Definition on Anticipated Consumer Effort," in William L. Wilkie, ed., Advances in Consumer Research, vol. 6 (Ann Arbor, Mich.: Association for Consumer Research, 1979), pp. 313–318.
- Clark, Margaret S., Milberg Sandra, and John Ross, "Arousal Cues Arousal–Related in Memory; Implications for Unerstanding Effects of Mood on Memory," Journal of Verbal Learning and Verbal Behavior 22, 1983. pp. 633–649.
- Cote, Joseph A., James McCullough, and Michael Reilly, "Effects of Unexpected Situations on Behavior–Intention Differences: A Garbology Analysis," Journal of Research 12 (September 1985), pp. 188–194.
- Dickson, Peter R. "Person–Situation: Segmentation's Missing Link," Journal of Marketing 46 (Fall 1982), pp. 56–64.
- Miller, Kenneth E. and James L. Ginter, "An Investigation of Situational Variation in Brand Choice Behavior and Attitude," Journal of Marketing Research 16 (February 1979), pp. 111–123.
- Ryans, Adrian B. "Consumer Gift Buying Behavior: An Exploratory Analysis," in Barnett A. Greenberg and Danny N. Bellenger, eds., Proceedings of the American Marketing Association Educators' Conference, Series No. 41 (1977), pp. 99–104.
- Stanton, John L. and P. Greg Bonner, "An Investigation of the Differential Impact of Purchase Situation on Levels of Consumer Choice Behavior," Advances in Consumer Research vol. 8 (Ann Arbor, Mich.: Association for Consumer Research, 1980), pp. 639–643.
- Umesh, U. N. and Joseph A. Cote, "Influence of Situational Variables on Brand–Choice Models," Journal of Business Research 16 (1988), pp. 91–99.

출/처

- Russell W. Belk, "Situational Variables and Consumer Behavior", Journal of Consumer Research 2(December 1975), p. 158.

CHAPTER

07

지각

1. 소비자정보처리과정에 대해 이해한다.
2. 절대식역과 변별식역에 대해 익힌다.
3. 지각의 3측면이 무엇인지 알아본다.
4. 인간의 기억구조에 대해 이해한다.
5. 지각된 위험과 위험 해소전략에 대해 생각한다.

제7장 지각

제 1 절 소비자의 정보처리과정

지각과정에서 동반되는 소비자 정보처리 과정의 주요 단계는, "노출"→ "지각"→"해석"의 흐름을 갖는 소비자의 지각과정 및 "감각기억" → "단기기억" ↔ "장기기억"의 흐름을 갖는 소비자의 기억에 관한 내용으로 구성된다〈그림 7-1〉.

그림 7-1 ▶
소비자 정보처리과정

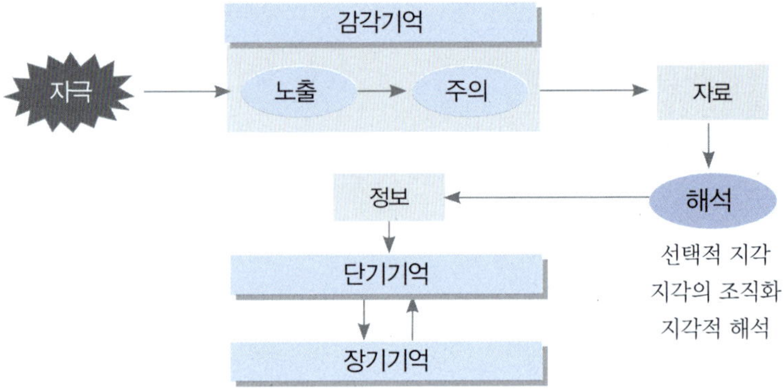

소비자의 정보취득과정과 지각은 눈, 귀, 코, 혀, 피부의 오관이 시각, 청각, 후각, 미각, 촉각의 오감을 포함한 감각(sensation)으로부터 시작된다. 주의를 끌어 두뇌로 들어온 정보는 지각(perception)의 과정을 거치는데, 이는 정보를 선택하고 조직화하는 과정을 뜻한다. 지각된 정보에 대해서 사람들은 그 의미를 해석하는 과정을 거치고 최종적으로 이를 단기기억과 장기기억에 저장한다. 장기기억에 저장된 정보나 지식은 필요에 따라 인출되어 사용된다. 소비자의 정보처리 과정에서 지각의 개념에 대한 이해는 매우 중요하다. 지각의 선택과 조직화 및 지각의 해석과 기억과정을 포함하는 소비자의 정보처리 과정 전반을 이해함으로써 지각과 연관된 실효성 높은 마케팅전략을 도출할 수 있을 것이다.

제7장 지각

제 2 절 지각의 개념

1 지각과 감각

지각은 개인이 접하게 되는 환경과 대상(객체)에 의미를 부여하기 위해 선택, 조직, 해석하는 과정으로 지각을 통해 감각으로 받아들인 자료(data)를 걸러내고, 수정하고, 해석하여 정보화(information)한다. 두 개인이 동일한 조건에서 같은 자극을 받을 수 있지만 그들이 자극을 어떻게 인식하고, 선택하며, 조직하고 그리고 해석하는가는 각 개인 자신의 욕구, 가치 및 기대에 따라 달라지는 전적으로 개인적인 과정이다.

개인이 자극을 의미 있고 이치에 맞는 세상의 그림으로 선택하고 조직하고 해석하는 과정인 이러한 지각(perception)에서 자극(stimulus)은 감각에 대한 투입의 단위이다. 감각적 투입인 자극의 예는 광고, 포장, 상표명, 촉진물 등이 있다. 감각기관(sensory receptors)은 감각적 투입을 받는 신체기관인 눈, 귀, 코, 입 및 피부 등이다. 이들의 감각기능은 보고, 듣고, 냄새를 맡고, 맛을 보고, 느끼는 것이다. 이들 기능은 대부분의 소비재(consumer product) 구매와 평가 및 사용과정에서 단일 혹은 복합으로 이용된다.

감각(sensation)은 단순한 자극인 광고물, 포장, 상표명에 대한 감각기관의 즉각적이고 직접적인 반응이다. 인간의 감수성은 감각의 경험에 영향을 준다. 자극에 대한 감수성은 시각이나 감각과 같은 개인의 감각기관과 개인에게 노출되는 자극의 양 혹은 강도에 따라 다양하다. 예를 들면 시각장애인은 일반적인 시력을 지닌 사람들보다 고도로 발달된 청각을 가지고 보통 사람이 들을 수 없는 소

어떤 채플린이 가장 크게 보이나?

신문지면속 컬러광고

그림 7-2 ▲
지각의 사례

리를 들을 수 있다. 감각정도는 투입 에너지의 변화 혹은 차이에 따라 달라진다. 주변환경이 지속적으로 유지될 경우에는 감각투입의 강도에 관계없이 거의 혹은 전혀 감각을 일으키지 못한다. 한 예로, 도심의 번잡한 거리에 살고 있는 사람은 자동차 경적소리, 타이어 굴러가는 소리 및 소방차의 경적소리와 같은 시끄러운 자극이 있더라도 거의 감각을 받지 못한다.

반대로, 주변 자극이 적고 미미한 조건 하에서는 감각투입이 조금만 감소해도 최대한의 감수성을 얻는 지점까지 그 강도의 변화를 간파하는 능력은 증가한다. "너무 조용해서 핀이 떨어지는 소리를 들을 수 있다"는 이야기, 4색의 컬러광고물로 꽉 찬 잡지에서 흑백광고물은 주의력을 더 증가시킨다는 사실, 배경에 따라 실제가 달라보이는 사실 등은 이를 잘 설명하고 있다〈그림 7-2〉.

2 절대식역

개인이 감각을 경험할 수 있는 제일 낮은 수준을 절대식역(absolute threshold)이라 한다. '있는 것'과 '없는 것' 사이의 차이를 간파할 수 있는 지점이 바로 절대식역이다. 한 예로, 운전사가 고속도로에서 특정 간판을 주의할 수 있는 거리는 개인의 절대식역이다. 함께 탄 두 사람이 표지판을 발견하는 데 시간차이가 있음은 서로 다른 절대식역을 의미한다. 계속해서 표지판을 지날 때와 같이 일정한 자극조건 하에서 절대식역은 증가하는데, 이는 감각이 둔화됨을 의미한다. 이러한 감각의 적응은 올림픽 게임과 같은 특별한 프로그램이 방영되는 동안 많은 TV 광고주들이 경험하는 문제이다. 많은 광고주들이 서로 경쟁적으로 화려한 광고를 방영하기 때문에 특정 광고가 특별히 눈에 띄기는 어려울 것이다. 이러한 감각의 적응문제 때문에 광고주들은 광고효과를 유지하기 위해서 광고 캠페인을 주기적으로 바꾼다. 절대식역은 사람의 오감 모두에 존재하는데, 다섯가지 감각기관이 지각할 수 있는 절대식역에 관해 한 학자가 제시한 내용은 다음의 〈표 7-1〉과 같다.

◀ 표 7-1 오감에 관련한 절대식역

감각	절대식역
시각	맑은 날 밤 50km 떨어진 곳의 촛불
청각	조용한 가운데 6m거리에서 손목시계가 째깍이는 소리
미각	8l도의 물에 녹아있는 설탕 한 숟갈
후각	방이 셋 있는 아파트에 향수 한 방울
촉각	1cm 높이에서 뺨 위로 떨어뜨린 벌의 날개

자료 : Galanter(1962)에서 인용

광고의 혼란을 단절하고 소비자들이 광고에 더 주목하도록 하기 위해 노력으로 마케터들은 감각적 투입을 증가시킨다. 예를 들면 애플 컴퓨터는 독자들이 그들의 광고에 더 주목하도록 「뉴스위크」잡지에서 모든 광고지면을 사용하였던 적이 있다. 마케터들은 주의를 끌기 위하여 특이한 매체를 찾아 광고물을 게재하려고 한다. 방향제품과 같은 경우에 마케터들은 직접우편이나 잡지광고물 속에 샘플을 삽입하여 제시하는 경우도 있다. 〈표 7-2〉는 마케터들이 감각적 투입을 증가시키기 위해 시도하는 여러 가지 방법들을 보여 주고 있다.

표 7-2 ▶
감각적 투입을 증가시키기 위한 광고주들의 시도

잡지 삽입물	• Calvin Klein 같은 향수제조업자는 잡지와 우송물에 향기가 나는 샘플을 사용했다. • 보드카광고 잡지에 '징글벨, 산타클로스를 연주하는 마이크로칩'을 삽입했다. • Camel담배 75주년을 맞아 흥겨운 노래에 맞춰 낙타가 다음 페이지로 움직이도록 광고했다.
구매시점 전시	• Kraft사는 쿠폰과 Kraft식품 요리법을 인쇄해 주고 소비자 질문에 답하는 전자게시판을 개발했다. • 소비자들의 피부를 포함한 신체정보 투입에 따라 자문하는 컴퓨터프로그램을 개발하였다. • 점포를 찾는 고객들이 단추를 누르면 제품 메시지를 연주하는 미니 레코드를 개발하였다.

자료 : Leon G. Schiffman and Leslie Lazar Kanuk, *Consumer Behavior*, 5th Ed., Prentice-Hall, p. 165.

3 변별식역과 Weber의 법칙

두 자극 사이에서 분간할 수 있는 최소한의 차이를 변별식역(differential threshold) 혹은 최소가지차(最小可知差)(J.N.D=just noticeable difference)라고 부른다. 19세기의 독일 과학자인 Weber는 두 자극 사이의 최소가치 차이는 절대적 양에 있는 것이 아니라 첫 자극의 강도에 대한 상대적인 양이라는 사실을 발견하였다. Weber의 법칙은 최초의 자극이 강할수록 두 번째 자극이 차이가 있는 것으로 지각되기 위해서는 더 큰 추가적인 강도가 필요하다는 것을 말한다. 예를 들면 자동차가격이 10만원 상승했다면 아마도 그 차이를 못 느낄 수 있으나, 200만원 상승했다면 그 차이를 인지할 것이다. 반면, 휘발유 가격이 5만원에서 6만원으로 올랐다면 최초비용에 비해 상당비율의 변화로 가격인상을 매우 잘 느낄 것이다.

이와 같이 마케터는 가격과 같이 마케팅 자극에서의 변화가 소비자에 의해서 지각되고 있는지를 아는 것이 중요하다. 예를 들면 특별판매를 촉진하고 있는 소매점이 소비자가 할인된 가격이 정상가보다 충분히 낮아진 것을 지각하지 못한다면 소매점은 실망스러운 결과를 경험하게 될 것이다. 마찬가지로 제품개선을 요구하는 소비자들이 이전 제품과 새로운 제품 간의 차이를 지각하지 못한다면 마케터의 제품개선 노력은 비효과적으로 나타날 것이다.

이러한 상황에서 바로 느낄 수 있는 자극강도에서의 매우 작은 변화를 나타내는 변별식역의 개념이 아주 중요하다. 다음의 등식으로 표현되는 Weber의 법칙에 의하면, 변별식역에 도달하기 위해 필요한 변화의 실제 양은 최초에 시작되는 양에 달려 있다.

$$K = \frac{\Delta I}{I}$$

단, K : 자극이 주의를 받는 데 필요한 상수
ΔI : J.N.D에 요구되는 자극의 최소 변화
I : 최초의 자극강도

최초의 자극강도가 증가하면 J.N.D를 얻기 위해선 더 큰 변화의 양이 필요하다는 것을 Weber의 법칙이 암시하고 있다. 예를 들어, 소비자를 유인하는 데 세일기간동안 15% 가격인하가 필요하다고 믿고 있다. K가 15%로 가정됨에 따라 소비자는 정말로 비용 상의 절감을 느끼기 위해선 1만원의 품목에 대해서 적어도 1천 5백원의 할인이 필요하다. 1만 5천원의 품목이라면, 이와 똑같은 1천 5백원 인하는 효과적이지 못하다. 왜냐하면 $\Delta I/I = K$가 10%(1,500/15,000)가 되어 필요한 15%보다 작기 때문이다. 즉 1만 5천원의 품목에 대해 가격인하 효과를 보기 위해선 가격의 15%에 해당하는 2,250원 인하가 필요하다.

Weber의 법칙은 마케팅에서 매우 중요하게 사용되고 있다. 마케터는 첫째, 제품크기의 축소, 제품가격의 인상 혹은 저하된 품질과 같은 부정적인 변화는 일반 소비자에게 쉽게 분간되지 않도록 하고, 둘째, 새로워진 포장, 커진 크기 및 낮아진 가격 등의 제품개선은 소비자가 쉽게 분간하도록 결정을 한다. 예를 들어 비용 때문에 가격을 인상하거나 기존 가격으로 제공된 제품양을 축소시켜야 하

는 선택에 직면하기도 한다. Hershey社는 지난 25년 동안 초콜릿 가격을 4번 인상하고 질량은 14번이나 축소했다. 초콜릿은 우선 상대적으로 비싸지 않기 때문에 가격인상이 소비자에게 쉽게 인지되기 때문에 J.N.D 바로 아래로 크기를 줄이는 것이 전략적으로 더 선호되었다. 가격 인상을 소비자에게 인식시키는 것이 기업에게 유리할리 없기에 소비자들이 차이를 인식할 수 없는 수준에서, 즉 K를 넘지 않게 조금씩 여러 번에 걸쳐 인상한 것이며, 가격할인은 그 할인을 확실히 인식할 수 있도록 K를 넘어선 가격변화를 취한다.

한편, 품질을 하향을 선택한 제조업자는 그 변화가 J.N.D 지점의 바로 아래 놓이도록 노력한다. 예를 들면 커피콩의 가격이 올라갈 때 커피가공업자는 소비자가 맛에서 차이를 느낄 수 있는 지점 이하의 열등한 콩을 사용함으로써 질을 낮춘다. 또한, 식품회사 등은 포장크기를 줄이거나 내용물을 줄이기도 하는데, 실제로 소비자에게 보이지 않는 가격인상을 행하는 것이다. 제품을 개선할 때에도 마케터들은 소비자의 변별식역을 충족시키거나 초과시키기를 원한다. 마케터들은 제품에서 꼭 달성해야 하는 개선의 양을 결정하기 위하여 J.N.D를 사용한다. 개선이 J.N.D보다 작으면 개선이 지각되지 않기 때문에 낭비된 노력이고 개선이 J.N.D보다 지나치게 크면 개선이 낭비가 될 수 있다.

제 3 절 지각의 3측면

1 지각의 선택

소비자들은 욕구, 태도, 경험 및 개인적 특성이 고유하기 때문에 마케팅 자극을 선택적으로 지각한다. 선택적 지각(selective perception)은 똑같은 광고물, 포장, 제품도 두 소비자가 매우 다르게 지각한다는 것을 의미한다. 마케팅 자극을 선별적으로 지각한다는 증거는 충분하다. 예를 들면 많은 소비자들은 상표에 라벨이 붙어 있지 않을 때 여러 상표의 맛과 냄새를 구별할 수 없지만 상표의 표찰이 보이면 맛의 강도와 질의 선호도를 이야기한다. 그러나 이들 소비자는 상표의 물리적 속성의 차이를 구분하지 못한다.

개인은 어떤 자극을 인식하는가에 대해선 매우 선택적이다. 심리학적 원리에 따라 개인은 잠재적으로 인식하는 자극을 조직하게 되고 그들의 욕구, 기대 및 경험에 따라 주관적으로 그러한 자극을 해석한다. 지각의 3가지 측면인 자극의 선택(selection), 조직(organization) 및 해석(interpretation)에 대해서 좀 더 자세히 살펴본다. 어떤 자극을 선택하느냐는 자극 자체의 특성 이외에 두 가지 주요 요인에 달려있다. 기대에 영향을 주는 소비자의 이전 경험과 선택상황에서의 동기이다. 이들 요인 각각은 자극이 지각될 확률을 증가 혹은 감소시킨다.

1) 지각의 선택에 영향을 주는 요인

(1) 자극의 특성

소비자행동에 영향을 주는 가장 중요한 자극은 마케팅 자극과 환경적 자극이다. 사회적 및 문화적 영향요소로서의 환경적 자극은 앞에서 다루었기 때문에 이 장에서는 마케팅 자극만을 취급한다. 마케팅 자극은 소비자에게 영향을 주기 위하여 설계된 물리적 자극과 커뮤니케이션이다. 물리적 자극은 제품의 구성요인인 포장, 내용물, 물리적 속성 등이며 1차적 자극이다. 커뮤니케이션 자극은 소비자행동에 영향을 주기 위하여 설계된 2차적 자극이며 이에는 단어, 그림 및 가격, 판매원의 영향과 같은 상징물 등 그 제품과 관련된 자극이다. 마케팅 자극의 차별적이고 계속적 노출은 경쟁시장에서 생존하는 필수요건이다.

광고와 마케팅 자극에서 가장 중요한 요소는 소비자에게 잘 지각되는 메시지를 만드는 것이다. 이는 구조적요인(크기, 위치, 색상, 대조, 신기함)과 감각적요인(냄새, 느낌, 소리, 맛)으로 나뉘며, 구조적요인은 인쇄광고에서 감각적요인은 제품경험 형성에 큰 의미가 있다.

구조적 요인

- **크기** 일반적으로 자극이 클수록 주의를 더 잘 끈다. 광고물의 크기가 클수록 더 지각이 잘 된다. 인쇄광고의 크기를 증가하는 것은 소비자의 주의를 잘 끌기 위해서이다. 점포에서 주의를 끌 가능성은 그 제품에 할당된 선반의 크기나 양에 따라 달라진다.

- **위치** 자극은 단순히 위치의 속성에 의해서도 주의를 더 받는다. 식료품의 공급자는 이를 잘 알고 있으므로 통로의 끝과 눈높이에 있는 선반의 좋은 위치를 차지하기 위해 선점경쟁을 한다. 인쇄매체에서 위치는 중요하다. 잡지 뒷부분보다는 앞부분, 왼쪽보다는 오른쪽 페이지, 안쪽 전면이나 뒤쪽 커버 광고가 더 주목을 끈다. 페이지의 왼쪽 상단의 코너에 있는 광고가

가장 주의를 잘 받고 오른쪽 하단 코너가 주의를 가장 적게 받는다.

- **색상** 자극에 대해 주의를 끄는 힘은 컬러의 사용을 통해서 더 증가될 수도 있다. 일반적으로 컬러광고물은 흑백광고보다 주의를 더 받는다. 그러나 컬러광고에 추가적인 비용을 더 들일 가치가 있는지는 약간의 의문점이 있다. 대부분의 광고가 컬러광고라면 흑백광고가 대조 때문에 더 이점이 있을 것이다.

- **대조** 일반적으로 대조(contrast)는 자극에 대한 주의와 관심을 가장 잘 끌어당기는 속성이 있다. 광고주들은 최대의 대조를 이루기 위해서 극단적인 주의를 얻는 장치로 소비자의 지각영상에 침투한다. 인쇄광고에서 많은 흰 여백의 사용, 광고의 시작장면에서의 소리의 생략 등은 충분한 대조를 제공하기 때문에 환경으로부터 차별화를 이루어 소비자의 주의를 받는다. 출산위기 극복을 위한 공익광고에서는 대조효과를 통해 자녀출산을 유도하고 있다〈그림 7-3〉.

- **신기함** 개인의 적응수준을 이탈하는 특이하고 기대하지 않았던 자극. 즉 신기함(novelty)은 주의를 얻는 또 다른 장치이다. 광고주들은 신기함의 가치를 주의를 끌기 위해서 자주 이를 사용한다. 그러나 신기함이 자체로 주의는 끌지만 메시지의 효과적인 커뮤니케이션을 보장하지는 않는다. 예를 들어, 맥도날드는 신기하고 아이디어넘치는 옥외광고를 사람들이 많이 지나다니는 거리에 비치하였는데, 신기하고 특이한 소비자 참여형 광고이다〈그림 7-3〉.

▼ 그림 7-3
대조효과와 신기함에 기인한 광고사례

대조효과에 기인한 광고

신기함과 움직임에 기인한 광고

• **움직임** 정지된 동작보다는 움직이는 동작이 더 주의를 끄는데 정지된 사진 속에서도 움직이는 모습을 표현하여 주의를 끄는 기법을 광고 속에서는 흔히 볼 수 있다. 맥도날드의 신기하고 아이디어 넘치는 옥외광고는 이러한 움직임에 소구한 광고컨셉이기도 하다.

감각적 요인

감각적 요인도 대상이 지각되는 방법에 영향을 미친다. 두 개의 향기를 똑같은 화장용 화장지에 첨가했으나 소비자는 하나의 화장지는 우아하고 값비싼 것으로, 다른 하나는 부엌에서 사용하는 화장지로 지각했다. 이와 같이 향기뿐만 아니라 맛, 느낌 및 컬러도 자극을 지각하는데 영향을 미치는 주요한 감각적 요인이다.

(2) 기대

사람들은 자신이 원하는 방향으로 지각하는 경향이 있다. 이와같이 기대(expectation)에 부응하는 것은 과거의 경험이나 친숙성 또는 사전에 조건화된 상황에 따라 영향을 받는다. 마케팅 상황에서 사람들은 자신의 기대에 따라 제품과 제품속성을 지각하는 경향이 있다. 새로운 맥주가 쓴맛을 가지고 있다고 친구로부터 얘기를 들은 사람은 아마도 그 맛이 쓸 것이라고 지각할 것이다. 어떤 광고주들은 성적인 표현이 적절하지 않은 제품에 대해서도 광고물에 성적인 소구를 사용하면서 그러한 광고물이 상당한 정도의 주의를 끌 수 있다고 믿는다. 그러나 독자들은 성적인 상황을 기억하는 경향은 있지만 제품이나 상표를 기억하지는 못한다. 그럼에도 불구하고 광고주들은 사무용 가구에서부터 청바지에 이르기까지 다양한 제품을 촉진하는데 이러한 성적인 소구를 계속적으로 활용하려는 경향이 있다.

(3) 동기

사람들은 본인이 욕구하고 욕망하는 것을 지각하는 경향이 있다. 욕구가 강하면 강할수록 환경에서 무관한 자극을 무시하는 경향이 더 크다. 일반적으로 자신의 욕구와 관심에 적절한 자극은 높게 인식하고 그러한 욕구에 무관한 자극의 인식은 감소한다. 개인의 지각적 과정은 단순히 그 사람에게 중요한 환경적 요소에 더 밀접하게 반응한다. 배가 고픈 사람은 식당의 간판을 더 쉽게 찾아 지각한다. 마케팅 관리자들은 제품을 소비자들의 지각된 욕구에 표적화시킬 때 마케팅의 효율성이 증가한다는 것을 잘 인식하고 있다. 지각된 소비자의 욕구를 확인함으로써 많은 시사점을 얻을 수 있는데, 마케터는 소비자의 욕구에 기초하여 시장을 세분화할 수 있고 각 세분시장에서 제품이 소비자들의 고유한 욕구, 욕망 및 관심을 충족시켜 주고 있다고 지각이 되도록 제품광고를 다양화시킨다.

2) 선택적 지각의 과정

선택적 지각과정은 선택적노출, 주의, 이해, 보유의 과정을 거쳐 이루어진다.

- 선택적 노출(selective exposure) 선택적 노출이란 인간의 감각기관이 여러개의 자극에 대해서 선택적으로 문을 열어 놓고 받아들인다는 것이다. 좋아하는 입후보자의 정치적 메시지에 더 많이 노출되고 의복구매 욕구가 있을 때는 의류브랜드나 매장이 더 잘 보이며 배고픈이는 식당간판이 눈에 잘 들어 올 것이다. Engel은 신차 구매자가 본인이 구매한 차량에 대한 광고에 가장 큰 상기력과 흥미를 가지고 있다고 조사하였다.
- 선택적 주의(selective attention) 일반적으로 지지하는 정보에 대한 인식은 증가하고 반대적인 정보는 회피한다. 욕구나 관심을 충족시키는 자극에 대해서는 높은 인지도를, 그리고 욕구에 무관한 자극에는 낮은 인지도를 갖고 있다. 그래서 소비자들은 욕구를 만족시키는 제품이나 친숙한 점포에 대한 광고는 주시하고 관심이 없는 것들은 무시하려고 한다. 사람들은 관심이 있는 유형의 정보와 그들이 선호하는 매체형태는 매우 다양한데, 어떤 사람들은 가격 어떤 사람들은 모양에 또 어떤 사람은 사회적 수용에 관심을 보인다. 이와같이 소비자들의 상업적 자극에 보이는 관심은 매우 선

택적이라는 것을 알 수 있다.

- **선택적 이해**(selective comprehension) 선택적 이해는 모순된 정보를 자기의 신념과 태도에 일치하도록 해석하는 것을 의미한다. Kassarjian과 Cohen은 비흡연자의 80%는 흡연과 폐암이 관련이 있다고 생각하고 있으며, 골초 흡연자는 52%만이 흡연과 폐암이 관계가 있다는 것을 받아들이고 있다고 보았다. 즉 담배를 많이 피는 흡연자들은 흡연과 암을 연결하는 정보를 회피하고 그 관계를 부정하는 반대의 정보에 관심을 보임을 연구했다.
- **선택적 보유**(selective retention) 선택적 보유는 구매의사결정에 적합하고 기존의 신념과 태도에 일치하는 정보를 기억하는 과정이다. 미래의 소비행동에 영향을 미치는 어떤 정보가 기억속에 유보되느냐가 기업에게는 주요 관심일 것이다. 대부분 광고는 소비자에게 의미있는 것과 의미없는 것으로 양분되며 의미있는 광고라 할지라도 빠른 망각효과를 갖는다. Bogart는 많은 응답자가 2분 전에 본 광고를 확인하지 못했다고 보고하고 있다. 광고를 확인한 사람들 중에 광고내용을 상기하는 수준은 겨우 12% 이하였다.

3) 지각적 경계와 방어

(1) 지각적 경계(perceptual vigilance)

소비자들은 욕구와 상표평가에 가장 적합한 정보만을 받아들인다는 것은 선택적 지각이 이를 잘 증명하고 있는데 이러한 과정을 지각적 경계라 한다. Spence와 Engel은 선호하는 상표의 이름을 타제품의 이름보다 더 빨리 인식한다는 것을 파악했다. 지각의 경계는 소비자를 필요한 정보로 안내하고 또 불필요한 정보는 걸러내는 역할을 한다. 보통의 소비자는 하루에 3백 내지 6백 개의 광고물에 노출된다고 평가되고 있다. 소비자는 선별적으로 정보를 걸러내지 않으면 안

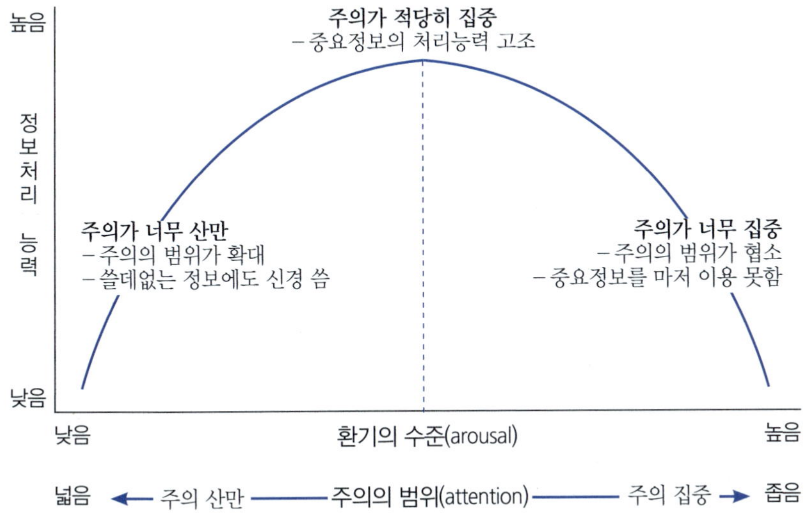

◀ 그림 7-4
요크스-다드슨 법칙

된다.

지각적 경계는 소비자욕구의 함수이며 욕구구조에 의해 결정된다. 어떤 욕구를 충족시키기 위한 욕망이 자극을 선택하게 하고 여기에 관심을 기울이게 한다. 자동차의 연비에 중요성을 두는 소비자는 연비에 관한 정보를 제공하는 광고에 더 많은 주의를 보일 것이다. 일반적으로 욕구가 크면 클수록 지각적 경계는 더 크다. 지각적 경계는 욕구수준이 낮을 때 또한 커지는데, 대부분의 정보를 선별하기 때문이다. 소비자 관여도가 아주 높거나 낮을 때 지각적 경계는 최대가 되는데, 고관여 하에서는 욕구에 무관한 정보가 걸러지고, 저관여 하에서는 일상적이고 기대되는 정보가 걸러질 것이다. 이 관계를 설명하는 이론이 요크스-다드슨 법칙 〈그림 7-4〉으로 주의집중도가 너무 높거나 너무 낮으면 지각적 경계수준이 높아져서 정보처리능력이 떨어지게 되고, 차라리 중간 정도의 적정한 주의를 기울이는 것이 지각적 경계수준을 낮추어 정보처리 능력이 가장 높다는 법칙이다. 지각적 경계수준에 따른 정보처리 능력은 얼마나 집중하고 있는지, 정보처리를 하도록 얼마나 환기(arousal)되었는지에 따라 달라진다는 것이다.

(2) 지각적 방어(perceptual defence)

소비자들은 비록 노출이 이미 일어났을지라도 그들이 보려고 하지 않는 중요한 자극을 잠재적으로 걸러낸다. 위협적이거나 해로운 자극은 같은 수준으로 노출되어 있는 중성적인 자극보다 의식적으로 덜 지각하려고 한다. 더욱이 개인은 그들의 욕구, 가치관 및 신념에 일치하지 않는 정보를 무의식적으로 왜곡시킨다. 이것이 지각적 방어라 불리우는 선택적 지각의 두 번째 기능인데 이는 위협적이거나 반대되는 자극으로부터 개인을 보호해 준다. 지각적 경계가 가장 적절한 정보를 얻기 위한 욕망의 함수인 반면, 지각적 방어는 갈등적이고 대립되는 메시지를 회피하고자 하는 욕망의 결과이다. 지각적 방어는 잠재적으로 관련된 정보를 회피하거나 잘못 해석하게 한다. 다음의 조건 하에서는 지각적 방어가 더 잘 발생한다.

상표에 대한 신념과 태도가 강할수록 지각적 방어의 가능성은 더 커진다

Sherif의 사회적 판단 이론(social judgment theory)에 의하면, 개인의 신념이 굳은 경우에는 대안적 신념을 받아들이는 허용범위(latitude of acceptance)가 좁고 거절의 범위(latitude of rejection)가 넓어진다. 소비자의 신념과 일치하는 메시지는 소비자에게 받아들여지고 그 메시지는 그러한 신념의 방향으로 맞춰지면서 왜곡되어진다. 소비자가 강하게 취하고 있는 신념과 일치하지 않는 메시지는 그 소비자로부터 거절되거나 소비자의 의견과 대조되어 왜곡되어진다. Sherif의 이론에 의하면 전자는 동화효과(assimiliation effect)를 후자는 대조효과(contrast effect)를 나타내고 있는 것이다.

경험의 일관성이 클수록 지각적 방어의 가능성은 더 커진다

어떤 상표에 강한 애호도를 갖고 있는 소비자는 일관되고 긍정적인 상표의 경험에 반대되는 정보를 거부할 가능성이 크다. 어떤 담배상표에 애호도를 보이는 소비자가 시장에서 그 담배가 타르함유량이 가장 높다는 말을 들으면 그는 그 정보를 무시하거나 합리화시키면서 10대 이래 같은 담배를 계속 피우고 있지만 건강 상태가 좋다고 말하는 지각적 방어에 의지할 것이다.

자극에 의해 창출된 불안이 클수록 지각적 방어의 가능성은 더 커진다

지각의 균형(perceptual equilibrium)을 유지하는 방법은 소비자로 하여금 불안과 공포를 낳는 자극을 피하게 하는 것이다. Stuteville은 지각적 방어의 3가지 유형을 제시하고 있다. 첫 번째는 "그런 것이 나한테 일어날 수가 없지"라면서 흡연이 항상 죽음으로 이끌지는 않는다고 방어한다. 두 번째는 메시지 타당성을 부정하는 것이다. "흡연이 암을 일으킨다는 실험상의 증거는 없지"라고 생각한다. 세 번째는 부정적 메시지의 긍정적 요소만을 지각하는 것이다. 즉 담배광고에서 출연하는 매력적 모델을 근거삼아 흡연의 해로움을 왜곡시킬 수 있다.

구매 후 부조화 수준이 클수록 지각적 방어의 가능성은 더 커진다

소비자는 구매가 이루어진 후 대립되는 메시지를 받을 때 그 상표에 대한 긍정적인 정보는 선택적으로 탐색하고 부정적인 정보는 무시함으로써 올바른 선택을 했다는 확실성을 증가시키려고 한다. 지각적 방어의 또 다른 전략은 구매 후의 기대를 줄임으로써 구매행동의 중요성을 최소화하는 것이다. 흡연태도의 연구에서 Kassarjian과 Cohen은 상당히 많은 흡연자는 "많은 세상사는 운이다"라고 말함으로써 비흡연자와 비교해 건강의 중요성을 극소화시키는 경향이 있다.

2 지각적 조직화(perceptual organization)

사람들은 환경으로부터 선택되는 여러 가지 자극을 분리하거나 불연속적으로 경험하지는 않는다. 오히려 그것들을 집단으로 조직화해서 하나의 전체로서 지각하는 경향이 있다. 그래서 아무리 간단한 자극이라도 소비자들이 지각하는 특성은 그 자극이 전체의 어디에 속하는 것처럼 전체의 한 기능으로 보려고 한다.

소비자가 마케팅 정보를 조직화하는 데 도와주는 원리에는 두 가지가 있다. 첫 째 원리는 정보를 논리적 범주화 속으로 담는 경향이다. 범주화(categorization)는 소비자가 이미 알려진 정보를 빨리 그리고 효율적으로 처리하도록 도와준다. 뿐만 아니라 범주화는 소비자가 새로운 정보를 분류하도록 도와준다. 두 번째 조직화의 원리는 통합(integration)이다. 통합은 여러 가지 자극을 하나의 조직된 전체로 지각하는 것을 의미한다. 이러한 조직은 정보처리를 단순화하고 자극에 대해서 통합된 의미를 제공한다. 심리학의 한 학파로 불리워지는 형태심리학(gestalt psychology, 독일어로 gestalt는 전체의 유형 혹은 모양을 뜻한다)의 원리는 광고 메시지를 하나의 통합된 전체로서 해석하는 틀을 제공한 이래 마케팅 전략에도 직접적으로 적용되고 있다. 예를 들면 잡지광고에서 그림, 배역, 주제 및 위치가 별개의 요소가 아니라 광고물과 상표에 상호작용을 하여 전반적인 반응을 보이게 한다.

1) 지각적 범주화

마케터는 지각적 범주화의 과정을 촉진시킨다. 그들은 소비자가 상표가 제품 계층의 일부분으로 확실히 인식하기를 원하지만 상표가 타 상표를 직접적으로 모방한 제품으로 지각되기를 원하지 않는다. 제품 포지셔닝은 제품의 범주화와 제품의 고유성을 확립하기 위해 시도되는 전략이다.

범주화의 과정

소비자들이 마케팅 자극을 지각할 때 정보의 다양성을 이해하기 위하여 범주화해야 한다. 소비자는 자극을 수준별, 연상별 및 일반화별로 자극을 범주화할 수 있다. 가격정보는 높거나, 중간이거나 혹은 낮은 수준별로 범주화할 수 있고 포장크기는 대형, 중형, 소형으로 범주화할 수 있다. 정보는 연상별로 범주화될 수 있다. 코카콜라 같은 상표로고는 제품과 연상된다. 상표에 대한 정보는 소비자에게 정보를 빨리 확인하고 범주화하도록 해주어 상표명이나 다른 어떤 연상을 항상 갖게 한다. 정보가 새로운 것이라면 범주화를 가장 쉽게 하는 방법은 친숙한 것에 일반화하는 것이다.

스크립트

소비자가 정보를 범주화할 때 그들은 정보의 일부를 기억 속에 저장한다. 그들이 구매할 때 더 효율적으로 구매에 접근할 수 있도록 조직화된 상황 속에서 정보를 상기해 낸다. 경험과 정보는 소비자들에게 행동의 결과를 예측하도록 하는 일련의 사건 혹은 지각적 스크립트(perceptual script)를 제공한다. 스크립트는 일반적이고 어의적인 지식에 대한 추상적 구조이지만 절차에 대한 조직적인 순서를 지닌다. 예를 들면 고급식당에 대한 스크립트는 그 상황에서 가장 잘 나타날 수 있는 많은 절차를 포함한다. 다음에 제시하는 표는 스크립트의 한 예를 나타내고 있다. 이러한 예는 소비자가 구매와 의사결정을 촉진하기 위해 정보를 지각적 스크립트 속으로 조직화하는 것을 제시하고 있다. 소비자는 환경과의 폭넓은 경험을 통해 많은 스크립트를 형성하고 있다.

▼ 표 7-3
고급레스토랑에서의 스크립트 예시

고급식당에서의 적절한 스크립트	
1. 식당에 들어간다.	9. 첫코스가 도착하면 스프나 샐러드를 먹는다.
2. 지배인에게 예약 이름을 알린다.	10. 식사가 도착하면 주요 코스를 먹는다.
3. 식탁에 안내되기를 기다린다.	11. 식사가 끝나면 디저트를 주문한다.
4. 식탁으로 걸어가서 앉는다.	12. 청구서가 도착할 때까지 얘기한다.
5. 웨이터가 요청하면 음료수를 주문한다.	13. 청구서를 정확히 검사한다.
6. 메뉴에서 식사종류를 선택한다.	14. 청구금액 지불을 위해 카드를 꺼낸다.
7. 웨이터가 도착하면 식사를 주문한다.	15. 카드청구서에 싸인하고 계산을 한다.
8. 첫코스 도착시까지 음료를 마시며 담소한다.	16. 식당을 떠난다.

자료 : Gordon H. Bower, John B. Black and Terrence J. Turner, "Scripts in Memory fox Text", *Congnitive Psychology*, Apr. 1979, pp. 177-220.

2) 지각적 통합

지각적 통합의 원리는 사람은 대상에 대한 완전한 그림을 형성하기 위해 지각을 조직한다는 Gestalt 심리학자의 기본 가정에 입각해 있다. 지각적 통합은 분리된 많은 자극을 조직화된 하나의 전체로 형성하는 과정이다. 텔레비전 화면에 나타난 그림이 좋은 예인데 실제로 이는 수천 개의 작은 점으로 구성되어 있지만 화면에 나타난 그림과 실제 사이에 차이가 없도록 이들 점들이 응집된 하나의 전체로 통합된다.

지각적 통합의 가장 기본적 원리의 세 가지는 주체와 배경(figure and ground) 혹은 맥락(context), 집단화(grouping) 및 완결(closure)이다.

맥락

소비자들은 맥락에 의해서 대상을 지각한다. 광고의 구성은 제품의 지각에 영향을 준다. 하나의 광고물이 두 개의 상이한 매체 때문에 아주 다르게 지각될 수 있다. Fuchs의 연구에 의하면, 동일한 광고물이라도 권위가 높은 잡지에 있는 광고를 권위가 낮은 잡지에 있는 광고보다 더 높게 평가를 하는데 이는 매체의 맥락이 광고의 지각에 직접적으로 영향을 주는 하나의 예이다.

맥락의 가장 중요한 원리는 주체와 배경이다. 일찍이 강조된 바와 같이 환경과 대조되는 자극은 눈에 잘 띈다. 가장 간단한 시각적 도해는 배경 위에 주체로 구성되어 있다. 주체는 이의 배경과 대조되어 주체의 경계가 잘 나타나게 되고, 견고하게 보이고, 중심부분에 있는 것으로 보이기 때문에 보통은 배경보다 주체

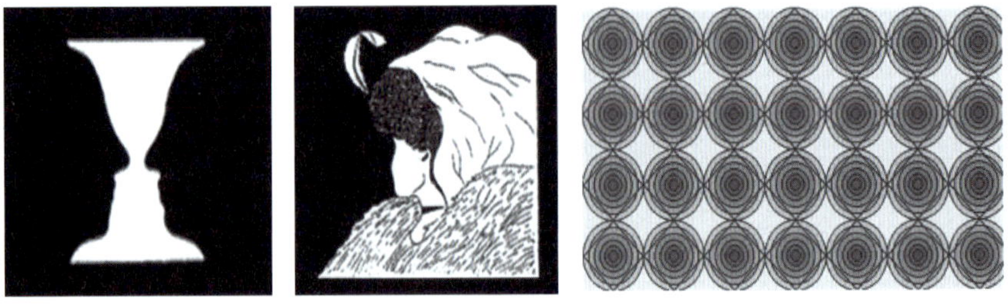

그림 7-5 ▶ 주체와 배경의 예

가 분명하게 지각된다. 그러므로 배경은 보통 불분명하고, 흐릿하고 그리고 연속적인 것으로 지각된다. 주체와 배경을 분리하는 공통의 선은 배경의 요소라기보다는 주체에 속하는 요소로 지각한다. 음악의 자극을 고려해 보자. 사람들은 음악을 들으면서 목욕을 할 수도 있고 아니면 음악에 귀를 기울일 수도 있다. 첫 번째의 경우에는 음악은 다른 활동에 단지 배경이고 두 번째의 경우는 음악이 주체이다. 주체는 지배적인 것으로 보이기 때문에 좀 더 분명히 지각되고, 배경은 종속적으로 보이므로 대조적으로 덜 중요하게 지각된다.

사람들은 흔히 자극을 주체와 배경으로 구분하여 그들의 지각을 조직화하려는 경향이 있다. 그러나 사람들의 동기, 기대, 신체적 조건 등에 따라 어느 것이 배경으로 지각되느냐 하는 것이 결정된다. 〈그림 7-5〉에서 사람들은 주체와 배경을 어떻게 구분하느냐에 따라 80세의 할머니로 혹은 20대의 여자로 각각 다르게 지각할 것이며, 보기에 따라서는 하나의 흰 술잔으로 혹은 두 개의 얼굴을 맞대고 있는 것으로 보일 수도 있다. 또한 그림에서 보여주는 직선들이 주체와 배경이 어울리면서 곡선으로 지각되기도 한다.

따라서 광고주들은 그들이 원하는 눈에 띄는 자극이 주체로 보여지고 배경으로는 보여지지 않도록 주의깊게 광고물을 계획하지 않으면 안 된다. 즉 광고물의 배경은 제품의 의미를 떨어뜨려서는 안 된다.

집단화

개인은 단일의 그림이나 인상을 형성하기 위하여 자극을 자동적으로 집단화하는 경향이 있다. 소비자들은 다양한 정보를 분리된 단위라기보다는 덩어리(chunk)로 지각한다. 소비자들은 정보의 여러 조각들을 조직화된 전체로 통합하며 이렇게 자극을 지각하는 것이 기억과 상기력을 촉진시켜 준다. 우리는 주민등록번호를 13개의 분리된 숫자라기보다는 2개의 덩어리로 자동 집단화하는 것과 같이 전체적인 이미지를 사용하여 타 상표에 대해 한 상표를 평가하도록 해준다. 형태심리학으로부터 도출한 집단화의 3원리는 근접성(proximity), 유사성

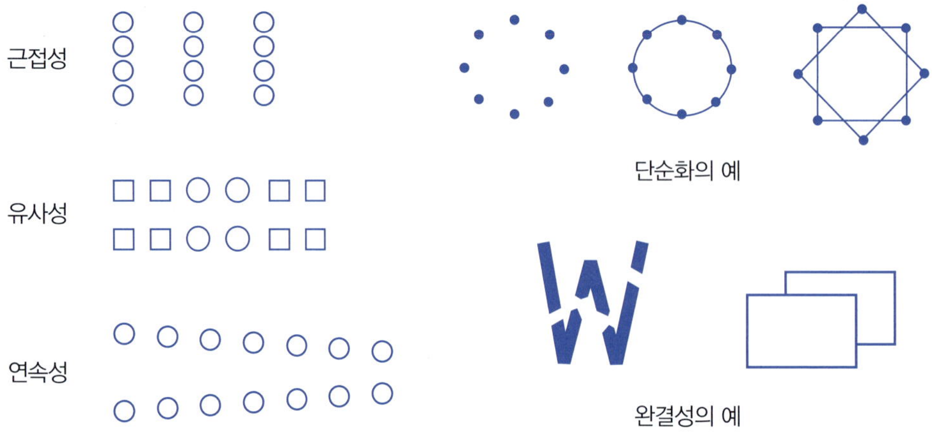

▲ 그림 7-6
집단화의 원리

(similarity) 및 계속성(continuity)이며 이는 〈그림 7-6〉에 나타나 있다.

근접성에 의해 자극을 조직화하는 경향은 한 대상이 타 대상과 가까이 있기 때문에 그 대상과 관련이 있는 것으로 지각하는 것을 의미한다. 〈그림 7-6〉에 있는 12개의 점은 수직적 근접성 때문에 3개의 점들이 4줄씩 있는 것이 아니라 3칸에 4개의 점들이 있는 것으로 보인다. 대부분의 광고는 제품과 그 제품에 가까운 긍정적인 상징이나 이미지를 연합하는 근접성의 원리를 이용한다. 예를 들면 차의 광고물은 불꽃이 일어나는 벽난로가 있는 아름답게 꾸민 방에서 차를 한 모금 마시는 남녀를 보여 준다. 근접성의 원리에 의한 이러한 자극의 집단화는 소비자가 차를 마시는 것으로부터 로맨스, 훌륭한 거실 및 겨울의 따뜻함을 연상하도록 해준다. 소비자들은 또한 유사성에 의해서 제품을 집단화 한다. 8개의 사각형과 4개의 원은 이의 유사성 때문에 4개의 사각형으로 된 2조합과 4개의 원으로 된 1조합을 합한 3조합으로 집단화된다. 또한 소비자들은 불연속적인 모양이라기보다는 연속적이고 방해받지 않은 모양으로 자극을 집단화하는데, 3번째 그림의 점들은 점들의 칸이라기보다는 오른쪽으로 뻗어나가는 화살로 보여진다.

완결

개인은 완결(closure)의 욕구가 있어서 노출된 자극의 유형이 불완전하더라도 완전한 것으로 지각하려는 경향을 가지고 있다. 즉 그들은 의식적 혹은 무의식적으로 그림에서 빠져 있는 부분을 채워 넣는다. 그래서 일부분의 원둘레가 빠져 있는 원이라 해도 부채꼴이 아니라 변함없이 원으로 지각한다. 한 쪽 구두가 떨어지면 나머지 한 쪽도 떨어지기를 기다리는 것과 같이 메시지의 시작을 들으면 나머지를 들으려 하는 욕구가 발전된다. 그 결과 일어나게 되는 긴장은 이미 들은 메시지에 대한 기억을 향상시킨다. 완결은 마케터에 재미있는 시사점을 준다. 불완전한 광고 메시지는 소비자에게 완결을 '간청'하고 있고, 완성의 바로 그 행위는 그들을 메시지 자체에 깊숙이 관여하도록 하는 효과가 있다. 한편, 보통 사람들은 복잡한 것을 싫어하며 단순하고 간결한 것을 선호한다. 포지셔닝의 결과로 나타나는 지각도가 일반적으로는 2차원이고 3차원을 넘겨서 표현하지 않은 것도 이러한 이유이다.

3 지각의 해석

1) 지각적 추론과 왜곡

지각적 추론(perceptual inference)이란 어떤 자극에 대해 평가할 때 그 자극 자체를 가지고 평가하기 보다는 다른 단서들을 가지고 평가하는 방식이다. 예를 들어, 어떤 사람을 평가할 때 졸업한 학교, 다니는 회사, 옷차림, 액세서리, 말투 등의 단서로 그 사람을 평가하는 경향이 있다. 어떤 자극을 지각할 것인가에 대해서 선택성을 발휘하며, 이들 자극은 심리적 원리에 기초하여 조직화 된다. 자극의 해석 또한 다분히 개인적인 것이다. 왜냐하면 개인은 지각의 시점에서 과거의 경험 및 그들의 동기와 관심에 기초하여 자극을 해석하기 때문이다.

자극이 매우 모호할 때 개인은 개인의 욕구, 희망, 관심 등을 채우는 방향에서 자극을 해석하게 된다. 이것이 투사법(projective test)의 합리적 근거를 제공한다. 개인이 모호한 그림을 어떻게 해석하고, 어떤 의미를 부여하는가는 자극 자체가 아니라 대상자의 욕구, 욕망 및 바람직한 것을 반영하게 된다는 것이다.

모호한 자극의 해석을 통해 응답자는 자기 자신의 많은 것을 나타내게 된다.

개인의 지각의 해석이 진실에 얼마나 근접해 있는가는 자극의 명료성, 지각자의 과거 경험 및 지각시점의 동기와 관심에 달려 있다. 개인은 지각을 왜곡시키는 여러 가지 요인에 영향을 받기 쉽다. 왜곡의 영향 요인 몇 가지를 아래에서 논의해 보겠다.

- **물리적 외관**(physical appearance) 사람들은 품질의 원인을 어떤 사람과 관련이 있는 것처럼 보는 유사성의 탓으로 돌리는 경향이 있다. 이러한 이유로 광고물과 TV광고에서 모델의 선정은 그들의 육체적 용모에 따라 제품의 질을 판단하기 때문에 마지막 설득의 과정에서 매우 주요한 요소가 될 수 있다. 육체적 용모에 대한 연구에서 매력적인 모델이 평범하게 보이는 모델보다 더 설득적이고, 소비자의 태도와 행동에 더 긍정적인 영향을 주고 있는 것으로 나타났다.

- **상동성**(stereotype) 개인은 다양한 종류의 자극이 주는 의미에 대해서 마음속에 이미 그림을 지니고 있다. 상동성은 어떤 특정 상황, 인물 및 사건들이 무엇과 같을 것이라는 기대를 갖는 것이며 상동성에 영향을 받아 새로운 자극이 궁극적으로 어떻게 지각될 것인가를 결정하게 된다.

- **무관한 단서**(irrelevant cue) 지각적 판단이 어려울 때 소비자들은 무관한 자극에 반응하여 선택을 결정한다. 예를 들면 고가의 자동차를 기계적 · 기술적 우월성에 입각해서라기보다는 차의 색깔, 신축성, 전조등, 가죽소파 같은 화려한 선택사항 때문에 선택한다.

- **첫인상**(first impression) 첫인상이 오래 지속되는 경향이 있다. 첫인상이 오래 지속되기 때문에 신제품이 완성되기 전에 이를 소개하는 것은 최종 성공에 중대한 영향을 미칠 수 있다. 왜냐하면 새로 출시된 신제품의 부수적인 정보가 사실일지라도 과거의 다른 신제품이 초기에 실패했다는 기억

때문에 새로 나온 신제품 자체가 가끔 부정될 수 있다.

- **결론으로의 비약**(jumping to conclusion) 사람들은 관련증거를 모두 조사하기 전에 결론으로 비약하는 경향이 있다. 예를 들면 소비자들은 단지 광고 메시지의 시작을 듣고 그러한 제한된 정보에 입각하여 광고된 제품이나 서비스에 관한 결론을 도출한다. 이러한 이유로 광고문안에서는 가장 설득적인 논쟁점을 마지막에 남겨두지 않도록 주의를 한다.

- **현혹 효과**(halo effect) 여러 차원에 걸쳐 대상이나 사람을 평가하는 것이 아니라 단지 하나 혹은 몇 개의 차원의 평가에 기초하여 전체 상황을 평가한다. 소비자 행동주의자들은 상표명이나 대변인과 같은 한 차원의 평가에 입각해서 제품계열과 같은 다수의 대상을 평가하는 현혹효과의 개념을 확대시키고 있다. 마케터들은 한 제품의 계열에 관련된 상표명을 다른 계열에 연장할 때 현혹효과의 개념을 이용한다.

2) 지각적 범주화

지각적 범주화(conceptual categorization)는 일종의 지각적 분류의 과정이다. 이것은 '소비자가 주어지는 정보를 자신의 지식구조에 포함시킬 때 이를 체계적으로 정돈하고자 한다. 즉 어떤 자극을 접했을 때, 그것을 소비자 자신이 가지고 있던 스키마(schema)에 따라 분류하여 이해하는 것이다. "스키마"라는 것은 우리의 경험을 바탕으로 기억 속에 자리 잡고 있는 일련의 지식들의 집합 또는 네트워크로 학습과 지식편에서 보다 자세하게 다루어 질 것이다. 마케팅전략의 핵심인 포지셔닝전략(positioning strategy)이나 제품과 관련된 하나 이상의 특성에 대해 경쟁상표와 비교하여 소비자에게 제품이 어떻게 보이는가를 결정하는 지각도(perceptual mapping)는 소비자의 지각적 범주화를 마케팅전략으로 표현한 대표적 개념이다.

제 4 절 소비자의 기억

기억은 소비자가 제품에 관한 정보를 얻는 시점에서부터 구매행동에 이르기까지 매우 중요한 역할을 한다. 따라서 기업은 자기 회사 제품의 상표, 특성 등을 소비자에게 기억시키기 위해 다양한 방법을 동원한다. 그러나 계속적인 기업의 노력에도 불구하고 소비자들은 상표나 광고를 잘 기억하지 못하거나, 기억을 하더라도 상표와 잘 연관시키지 못하는 경우도 있다. 왜 이러한 현상이 발생하는지를 이해하기 위해, 또한 이에 적절히 대응하기 위해 소비자 기억의 구조와 기능을 살펴보는 일은 중요하다 하겠다. 소비자의 기억구조를 살펴본 후 기억의 구조에 대한 3가지 이론을 제시하기로 한다.

1) 기억구조

일반적인 인간의 기억은 크게 세가지로 구성되는데, 컴퓨터의 기억장치와 대단히 유사하다. 컴퓨터의 하드디스크가 있다면 사람에게는 장기기억(long-term memory), 컴퓨터에 램(RAM)이 있다면 인간에게는 작업기억(short-term memory)이 있다. 어떤 것을 보고 듣고 맛 보고 느낀 정보는 감각기억(sensory register)로도 투입되며 감각기억에 있는 정보 중 어떤 것은 다시 단기기억으로 넘어간다. 감각기억의 기억의 인출에 중요한 역할을 하기 때문에 단기기억과 장기기억의 관계성에서 감각기억을 마케팅적으로 잘 활용하는 것이 중요하다.

단기기억은 당면한 문제를 해결하거나 의사결정을 하는 등의 인지과정에 중요한 역할을 수행하는데, 20초 내에 반복하지 않으면 정보가 사라지며, 일반인이 한번에 저장할 수 있는 단기기억 정보단위를 청크(chunk)라고 하는데, 보통

4-6청크가 일반인이 기억하는 정보의 단위이기 때문에 광고 등을 통해 전달하는 정보가 창의적이고 차별적으로 명쾌하지 않으면 소비자에게 소구되지 못함을 반증하는 것이다.

단기기억에서 장기기억으로 넘어가려면 특별한 과정이 필요한데, 리허설(rehearsal)을 통해 반복하는 것이 기본이고 다음으로 단기기억에 떠 있는 정보를 장기기억 내의 정보와 연관짓는 코딩(coding)이 필요하다. 즉 정보를 장기기억으로 전환하기 위해서 반복을 하거나 기존에 알고 있던 것과 연관을 짓는 것이다. 장기기억은 문맥 의존성(context dependent)이 높기 때문에 기억할 때 내용뿐만 아니라 정황상의 단서(contextual cue)도 함께 기억해야 장기기억화 가능성이 높아진다. 인출할 때의 상황이 기억 당시와 비슷할수록 더욱 높은 기억 능력을 보여준다. 이러한 기억의 구조를 광고를 포함한 다양한 마케팅믹스 전략에 효율적으로 활용하면 효과를 극대화 할 수 있을 것이다〈그림 7-7〉. 그림에서 단기기억과 장기기억의 상화작용에서 나타나는 인출과 부호화 과정이 그림에서 제시된 바와 같은 다양한 마케팅전략과 연관이 되어 있으며 그 과정에서 감정과 감각기억이 주요한 역할을 하기 때문에 최근에는 다양한 마케팅전략 창출과정에서

▼ 그림 7-7
기억구조의 마케팅적 활용

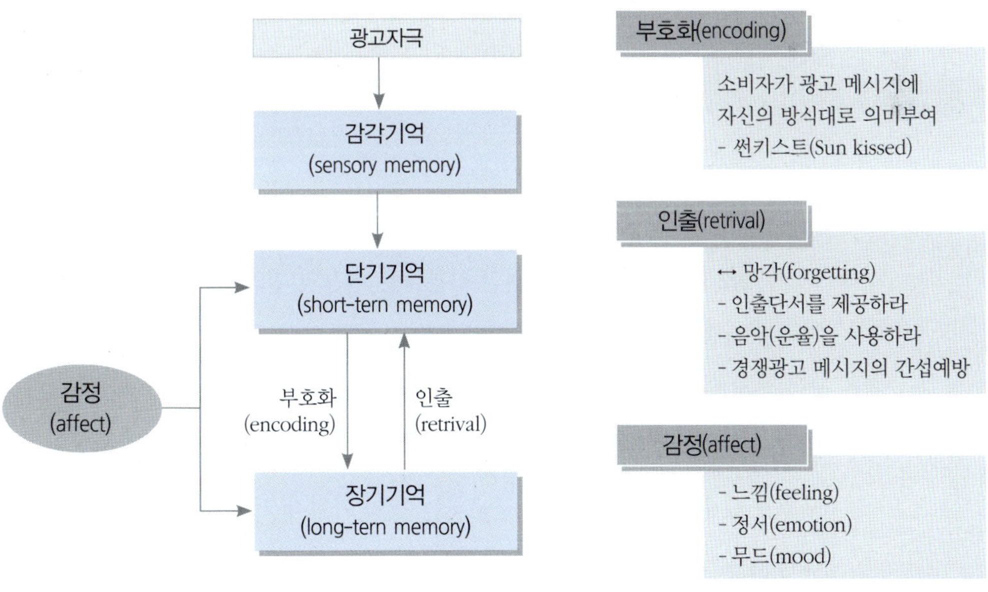

고객경험력 극대화가 주요 이슈가 되고 있다.

2) 기억구조 이론

(1) 정보처리수준 이론

정보처리수준이론(level of processing model)은 제한된 정보처리용량이 정보처리의 수준에 맞추어 할당된다고 주장한다. 단순사실을 확인하는 정도의 낮은 정보처리수준에서는 정보처리용량이 적게 할당되지만 복잡하고 구체적인 정보처리 수준이 요구되는 상황에서는 많은 정보처리용량이 할당된다. 정보처리 수준이론은 상이한 정보처리수준에 의해 제한된 처리용량을 지닌다고 보며, 기억의 구조가 단일한 것으로 간주한다.

(2) 활성화 모델

활성화모델(activation model)에서 기억이란 하나의 구조를 가지며, 이 단일 기억구조 안의 일부분이 특정시기에 활성화되어 정보를 처리한다고 가정한다. 활성화모델의 본질은 정보의 빈도 또는 강도로 인식되고 있다. 즉, 정보처리자의 노력에 의하여 정보처리용량을 다르게 할당한다는 것이다. 입력된 정보를 처리하는 데 있어서 정보처리용량의 제한은 주로 활성화된 전체용량이 부족하기 때문이다.

(3) 복수저장 이론

기억을 단일체계로 보는 위의 이론들은 인간의 기억현상을 설명하는데 많은 한계를 노출하였다. 이에 복수저장이론(multi-store approach)이 제시되었다. 복수저장이론은 기억의 구조를 감각기억, 단기기억, 장기기억의 세 가지로 구분하고 각 기억구조가 서로의 역할을 나누어 수행한다고 보고 있다. 이 이론은 기억구조를 단순하게 물리적으로 구분하는 것이 아니라 기억구조 기능에 있어서 본질적 차이가 있음을 설명한다는 특징이 있다.

제 5 절 구매과정에서의 지각된 위험

소비자들은 상표간의 선택의 결과에 대해서 확신을 갖지만 잘못된 구매결정의 결과에 대해선 걱정을 한다. 지각된 위험(perceived risk)의 두 가지 구성요소 중 하나는 구매의사결정에 대한 불확실성이고 다른 하나는 구매의사결정에 대한 잠재적 결과이다.

마케터는 소비자들이 자신의 상표를 구매할 때 위험을 축소해 줌으로써 경쟁상의 우위를 찾으려고 한다. 예를 들면 주요 설비품과 자동차의 경우에는 구매에 대한 보장과 보증을 해줌으로써 소비자가 갖는 재무적 위험을 줄여 준다. 신제품의 구매와 관련된 위험은 소비자들이 갖고 있는 정보와 과거의 경험이 부족하기 때문에 높을 수밖에 없다. 그래서 많은 제조업자들은 경험을 제시하는 입장에서 무료 견본을 제공한다. 정부기관이나 사설 검사기관에 의한 제품의 인정은 지각된 위험을 줄이는 수단으로 광고된다. 이들 모든 경우에서 보듯이 마케터는 보증에 의해 손실의 결과를 낮춰 주거나, 무료견본이나 정부기관의 검사에 의해서 결과에 대한 확신을 증가시켜줌으로써 위험을 축소하려고 한다.

1 지각된 위험과 관련된 요인

여러 요인들이 소비자들이 구매에서 지각하는 위험을 증가시킨다. 지각된 위험은 다음과 같을 때 더 커진다〈표 7-4〉.

표 7-4 ▶
지각된 위험을 증가시키는 요인

• 제품계층에 대한 정보가 적다. • 제품계층내에서 상표 경험이 없다. • 제품이 신제품이다. • 제품이 기술적으로 복잡하다.	• 소비자가 상표평가에 자신이 없다. • 상표간에 품질이 다양하다. • 가격이 높다. • 구매가 소비자에게 중요하다.

예를 들면 하이앤드 노트북을 구매할 때의 지각된 위험은 위에 있는 대부분의 기준을 충족하고 있기 때문에 높다. 모델과 기종이 새롭고 대안에 대한 경험이 없으며, 기술적으로 복잡하기 때문에 평가는 더욱 어려우며 상표를 선택할 때의 소비자들이 갖는 자신감은 낮다. 위험을 줄이기 위한 시도로서 소비자들은 상표를 구매한 친구 혹은 소비자 관련 잡지와 같은 공평한 신뢰성이 높은 정보의 원천에 의지하는 경향이 있다.

2 위험의 유형

소비자들은 구매의사결정에서 다음의 위험유형에 직면한다.

- 재무적 위험은 소비자의 가처분소득에 대한 제품비용의 함수이다. 고가의 자동차를 구매하기 위해 4년 동안 저축을 한 소비자는 매 2년마다 가처분소득에서 같은 자동차를 구매할 수 있는 개인보다 더 큰 위험을 가지고 있다.
- 사회적 위험은 구매가 중요한 준거집단의 기준을 충족시키지 못하는 위험이다. 옷, 자동차, 가구와 같은 가시적인 품목과 화장품, 구강세제와 같은 사회적 매력을 높이기 위해 설계된 품목들은 특히 사회적 위험을 받기 쉽다.
- 심리적 위험은 소비자에게 중요한 제품이 자기의 이미지와 일치하지 않을 때의 위험이다. 예를 들면 의복이나 자동차가 자기 이미지와 어울리는 느낌이 들지 않는 경우이다.

- 성능상의 위험은 제품실패에 대한 위험이다. 제품이 기술적으로 복잡하고 건강과 안전문제가 포함될 때 위험이 크다.

3 위험 축소전략

마케터와 소비자들은 구매과정에서 지각한 위험을 감수하기 위한 전략에 관여하고 있다. 〈표 7-5〉는 이들 전략을 범주화한 것이다.

1) 마케터가 주도하는 전략

마케터는 구매 전에 제품실패에 대한 결과를 줄여 주거나 제품이 적절한 기능을 발휘할 것이라는 확신을 증가시켜줌으로써 소비자를 안심시킬 수 있다. 〈표 7-5〉와 같이 실패의 결과는 결점이 있는 제품에 대해 보증, 환불의 보장 및 교환정책을 제공함으로써 줄일 수 있다. 이들 전략은 제품구매 시 성능상의 위험에 대한 지각이 아니라 재무적 위험에 대한 지각을 줄여 주는 경향이 있다. 지각

▼ 표 7-5
위험축소 방법

마케터가 주도하는 전략	
다음을 제공하여 실패의 결과를 축소한다	다음을 제공하여 구매결과에 대한 확신을 높인다
• 더 향상되고 장기간의 보증을 제공한다. • 환불의 보장을 제공한다. • 자유로운 교환정책을 제공한다. • 저가격의 대안을 제공한다. • 작은 포장단위를 제공한다.	• 신제품에 대한 무료견본을 제공한다. • 전문가의 보증서를 제공한다. • 정부기관이나 민간단체에 검사결과를 제공한다. • 성능에 대한 완전한 정보를 제공한다. • 성분에 대한 완전한 정보를 제공한다.
소비자가 주도하는 전략	
다음을 시도하여 실패의 결과를 축소한다	다음을 시도하여 구매결과 확신을 증가시킨다
• 저가의 상표를 구매한다. • 작은 양을 구매한다. • 구매 전에 성과에 대한 기대를 줄인다.	• 같은 상표를 구매한다. • 인기 있는 상표를 구매한다. • 추가정보를 찾고 비교구매로 신중을 기한다.

된 성능상의 위험을 줄이기 위해서 소비자는 제품사용을 경험해야 한다. 낮은 가격으로 혹은 작은 포장단위로 제품을 제공하는 것은 처음 제품을 시도하는 소비자의 위험을 극소화시킨다. 한편, 마케터는 구매의 결과에 대한 확신을 증가시키는 시도를 할 수 있다. 전문가의 보증은 소비자가 구매에 대해서 확실하지 않을 때 제품성능에 대한 확실성을 소비자에게 심어 줄 수 있다. 무료견본은 구매 전에 신제품의 시용할 기회를 소비자에게 제공하게 되는 것이다. 확실성을 증가시키기 위한 하나의 합리적 전략은 건전한 선택 기준을 갖고 소비자에게 충분한 정보를 제공하는 것이다.

2) 소비자가 주도하는 전략

소비자가 제품실패에 대한 결과를 줄이는 가장 보편적인 수단은 저가의 품목이나 소량으로 구매하는 것이다. 소비자의 또 다른 전략은 구매 전에 기대수준을 낮추는 것이다. 자동차를 사기로 결정한 구매자가 어느 정도의 기계적 문제는 있을 수 있는 일이고, 제대로 성능을 발휘하지 않는다면 수리비용은 실망스러운 수준이 아닐 것이라 기대한다면 비록 재무적 위험과 성능상의 위험이 줄지 않더라도 심리적 위험과 사회적 위험은 상당히 제거될 것이다.

상표애호도(brand loyalty)는 소비자가 그 제품으로부터 기대할 내용을 알고 있기 때문에 구매결과에 대한 확신을 높여 준다. 구매에서 불만족의 가능성을 피하는 가장 좋은 방법은 첫째, 합리적으로 수용할 수 있는 대안이 나타날 때까지 기다리는 것이다. 이것은 소비자의 구매행동에서 뿐만 아니라 산업자의 구매행동에서도 분명하게 나타난다. 위험축소의 결과는 비록 타 공급원의 비용이 저렴할지라도 수년 동안 같은 공급자에 애호도를 갖는 것이다.

둘째, 가장 유명한 상표를 구매하는 것도 안전한 전략이다. 정보가 부족한 소비자에게는 가장 인기 있는 상표의 구매는 구매결과에 대한 확실성을 증가시키는 가장 좋은 수단이다. 가구, 텔레비전, 오디오를 구매하는 소비자는 상표를 비교하는 데 자신감이 결여되어 있을 수 있다. 어떤 상표가 가장 많이 판매되고 있다는 사실은 수많은 구매자들이 잘못 구매할 리 없다는 확신을 설명해 주는 것이다.

셋째, 제품을 안전하게 사용하는 하나의 대안은 추가적인 정보를 탐색하는 것이다. 자동차나 의상을 구매하는데, 사회적 위험을 지각하는 소비자는 구매를 결정하기 전에 친구나 친지, 지인의 의견을 구하는 것이다.

지각된 위험은 구매 전에 다양하게 고려하게 할 것이다. 그러나 어떤 소비자들은 시간을 갖고 폭 넓은 정보의 탐색이나 비교쇼핑에 요구되는 노력을 하지 않을 수도 있다. 그래서 특정 상표의 가장 유명한 상표를 구매하고 애호도를 보이는 것은 시간의 절약은 되지만 어떻게 보면 비용의 증가를 가져 올 수도 있다.

연 / 습 / 문 / 제

01 절대식역과 변별식역의 차이를 설명하시오.

02 Weber의 법칙을 마케팅에 적용한 예를 들어 설명하시오.

03 지각의 선택성에 영향을 미치는 요인을 설명하시오.

04 지각적 경계와 지각적 방어를 비교설명하시오.

05 지각적 통합의 원리를 설명하시오.

06 지각의 해석을 왜곡시키는 요인에는 무엇이 있는지 설명하시오.

07 소비자의 지각된 위험의 유형과 이것을 축소시키는 방법을 설명하시오.

참 고 문 헌

- Bogart, Leo, *Strategy and Advertising*, N.Y. Harcourt Brace Jovanovich, 1967 Ch.5.
- Fuchs, A. Douglas, "Two Source Effects in Magazine Advertising," Journal of Marketing Research 1, August 1964, pp. 59–62.
- Hawkins, Del, "The Effects of Subliininal Stimulation on Drive Level and Brand Preference," Journal of Marketing Research 7, August 1970, pp. 322–326.
- Hinge, John B., "Critics Call Cuts in Package Size Deceptive Move," The Wall Street Journal 5, FEB. 1991. B1.
- Kassarjian, Halold H. and Joel B. Cohen, "Cognitive Dissinance and Consumer Behavior," California Management Review 8, Fall 1965. pp. 55–65.
- Parasurman, A., Leonald L. Berry, and Valarie A. Zeithaml, "Refinement and Reassesment if the SERVQUAL Scale," Journal of Retailing 67(4), Winter 1991, pp. 420–450.
- Sherif, M. and Hovland, C. E., Social Judgment, New Haven, Yale University Press, 1964.
- Schiffman, Leon G. and Leslie Lazar Kanuk, Consumer Behavior, 5th Ed. 1994.
- Spence, Homer E. and James F. Engel, "The Impact of Brand Preference in the Perception of Brand Names: A Laboratory Analysis," in David T. Kollat, Roger D. Blackwell, and Stuteville, John R., "Psychic Defense Against High Fear Appeals : A Key Marketing Variable," Journal of Marketing 34, Apr. 1970, pp. 39–45.

CHAPTER

08

학습과 지식

1. 소비자행동과 학습이론의 관계성과 활용방안을 이해한다.
2. 고전적조건화, 도구적조건화 및 대리학습과 소비행동의 관련성을 이해한다.
3. 인지주의 학습과정과 소비자전략의 연계성을 이해한다.
4. 소비자행동과 지식이론의 관계성과 활용방안을 이해한다.
5. 지식의 개념과 내용을 이해한다.
6. 지식의 측정방식과 마케팅적 활용방안을 이해한다.

제 1 절 학습

1 학습의 개념

소비자들은 왜 광고를 그렇게 명확하게 기억하지 못하는가? 광고를 기억하지 못하는 것은 광고가 비효율적이라는 것을 의미하는가? 광고에 대한 기억력을 높이는 방법은 없는가?

소비자들의 학습방법을 살펴보면 이러한 질문들에 대한 해답의 근거를 찾을 수 있을 것이다. 소비자들의 취향, 가치, 신념, 선호도 및 습관은 그들의 쇼핑, 구매 및 소비행위에 크게 영향을 주는데 이들은 모두 과거에 학습된 결과이다. 따라서 학습에 대한 정확한 이해는 소비자행동의 명확한 이해에 아주 중요한 조건이다.

학습(learning)이란 과거 경험의 결과로 일어나는 지식, 태도 및 행동의 변화로 정의된다. 소비자들은 제품을 구매하고 소비함에 따라 좋아하는 상표와 싫어하는 상표 및 특정 상표의 특성을 배우게 된다. 위의 학습의 정의는 학습의 두 가지 주요 학파인 인지주의와 행동주의를 나타내고 있다. 인지적 접근방법(cognitive approach)에서는 학습이란 지식의 변화를 반영하는 것으로 보고 있다. 인지주의는 정보가 장기 기억 속으로 어떻게 전환되는가에 초점을 맞추는 정신적 과정이다. 학습의 결과로써 나타나는 소비자의 지식, 태도와 같은 심리적 상황의 변화에 초점을 두고 있는 인지주의학파는 복잡한 구매의사결정(complex decision making)을 설명하는 데 더 적합하다.

이와 대조적으로 학습에 대한 행동적 접근방법(behavioral approach)은 관찰할 수 있는 행동에 관심을 둔다. 관찰할 수 없고 추론할 수밖에 없는 정신적 과정은 이 접근방법 하에서는 무시된다. 그래서 오히려 학습이란 자극과 반응 사이의 연상 때문에 일어나는 행동의 변화라고 정의한다.

행동주의학파는 자극의 결과로 일어나는 반응의 변화에 관심을 갖고 있다. 행동주의 심리학은 두 가지 형태의 학습이론인 고전적 조건화(classical conditioning)와 도구적 혹은 작동적 조건화(instrumental or operational conditioning)로 나누어진다.

학습에 대한 양자의 접근방법이 이 장에서 다 취급되지만 우선 행동주의 관점에서 학습의 두 가지의 기본 유형인 고전적 조건화와 도구적 조건화를 먼저 다룬 다음 인지주의 학습을 설명하겠다. 마지막으로 인지적 및 행동적 접근방법의 요소를 결합한 대리학습(vicarious learning)의 형태를 설명하고자 한다.

2 고전적 조건화

1) 고전적 조건화의 학습이론

고전적 조건화이론에서는 자극-반응의 관계에서 연상이 이루어지면 학습으로 이어진다고 본다. 이들 연상의 발달은 고전적 조건화의 초점이다. 고전적 조건화는 고전적 조건화의 아버지로 불리우는 Pavlov의 개에 관한 실험에서 유래하였다. Pavlov는 다음과 같은 절차로 이 형태의 학습을 증명해 보였다. 무조건적 자극(unconditioned stimulus)으로 명명되는 음식이 무조건적 반응(unconditioned response)에 해당되는 타액 분비를 이끌어내듯이 자극-반응의 관계가 성립된다. Pavlov는 음식(무조건적 자극)을 보고 개가 침을 흘리기(무조건적 반응) 때문에 종소리와 같은 중성 자극도 무조건적 자극(음식)과 밀접하게 연상된다면, 개가 침을 흘릴 수 있다고 했다. 이 이론을 검증하기 위해 Pavlov는 개에게 음식을 제공할 때마다 종소리를 울렸다. 몇 번의 시행 후에, 개는 종소리와 음식사이의 연상을 학습하고 음식이 없이도 종소리(조건적 자극)을 들을 때마다 침을 분비했다(조건적 반응). 종소리와 같은 조건적 자극(conditioned stimulus)이라 불리는 새로운 자극이 음식(무조건적 자극)과 함께 반복해서 쌍으로 제공된다. 결국 조건적 자극은 원래 무조건적 자극에 의해 발생했던 반응과 매우 유사한 조건적 반응(conditioned response)이라 불리는 반응을 이끈다. 이러한 각각의 개념은 소비자를 대상으로 한 광고와 구체적으로 연결 지을 수 있다〈그림 8-1〉.

그림 8-1 ▶
고전적 조건화의 과정

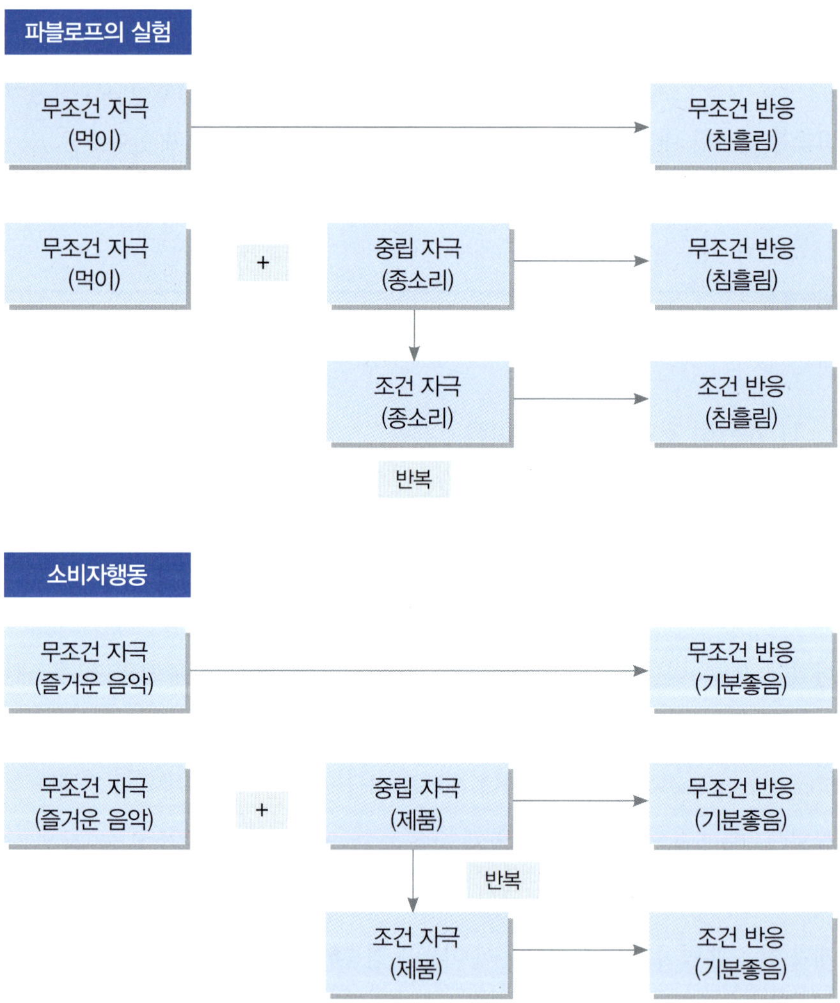

고전적 조건화는 제품이 긍정적인 자극과 연상되도록 마케팅에 적용된다. 예를 들면 Hite 맥주는 유명연예인이나 스포츠 스타를 내세운 기분 좋은 상황 하에서 자주 광고된다. 유명연예인에 의해 생성된 흥분은 제품과 반복되어 쌍으로 연상되기 때문에 Hite의 상표로 옮겨지게 된다. 이러한 연상이 사람들에게 그 상표를 사도록 영향을 준다.

효과적인 광고 캠페인은 제품이 긍정적인 감정을 환기시키는 자극과 연계가 된다. 예를 들면 〈그림 8-2〉와 같은 Marlboro 카우보이 캠페인은 많은 사람들이 카우보이를 보면 힘, 남성다움 및 평온한 안정을 느낀다는 사실에 초점을 두고 있다. 카우보이는 무조건적 자극이며 카우보이가 상기하는 (힘, 남성) 긍정적 감정이 무조건적 반응이다. Marlboro 담배는 반복적인 광고와의 결부에 의해서 항상 카우보이가 연상된다. 제품은 카우보이의 긍정적인 감정과 동일하게 상기되기 때문에 조건적 자극이 된다. Marlboro 담배 캠페인은 이와 같은 긍정적인 연결 때문에 매우 성공적이었다. Marlboro 담배의 구매는 조건적 반응이며 그 결과 카우보이는 Marlboro 담배를 구매할 흡연자에게 영향을 주고 또 그들에게 재구매를 상기시켜 준다.

▼ 그림 8-2
유명인을 이용한 고전적 조건화 광고

2) 고전적 조건화의 결정요소

단순히 무조건적 자극과 제품(조건적 자극)을 쌍으로 연결한다고 해서 항상 고전적 조건화가 일어난다는 보장은 없다. 다음에 기술되는 여러 요인들은 조건화의 결정에 영향을 준다.

(1) 무조건적 자극의 강도

무조건적 자극의 강도는 조건화의 양을 부분적으로 결정한다. 강한 무조건적 자극은 조건화를 높이며 무조건적 자극이 약할 때 조건화는 유도되지 않을 것이다.

(2) 반복정도

반복은 고전적 조건화에 큰 영향을 미친다. 단 한 번만의 무조건적 자극과 조건적 자극을 쌍으로 제시해도 제품선호도의 조건화를 이룰 수 있다. 그렇지만 단 한 번만의 쌍으로 조건화가 이루어진다 해도 조건화의 최대효과를 위해서는 추가적인 쌍의 연상이 더 필요할 것이다. 제품 태도에 대한 조건화가 최대화되기 위해서는 아마도 30번 이상의 쌍이 더 필요할지도 모른다.

(3) 자극의 순서

조건화는 조건적 자극과 무조건적 자극이 제시되는 순서에 따라 달라진다. 3가지의 순서가 가능하다. 선행적 조건화(forward conditioning)는 조건적 자극이 무조건적 자극 앞에 선행할 때이며 후행적 조건화(backward conditioning)는 무조건적 자극이 조건적 자극 앞에 올 때이다. 마지막으로 조건적 자극과 무조건적 자극을 동시에 제시하는 것은 동시적 조건화(simultaneous conditioning)이다.

비록 조건화는 이들 순서의 어느 것을 사용해도 일어나지만 선행적 조건화가 가장 효과적인 것 같다. 이것은 광고실무에 여러 가지 시사점을 주고 있다. 좋아하는 음악을 포함하는 TV광고를 개발한다고 가정해 보자. 이 음악(무조건적 자극)은 제품(조건적 자극)에 비해 언제 나타나야 되는가? 제품제시가 음악 다음에 오는 것보다 제품이 차라리 앞서 있을 때, 혹은 제품이 음악과 동시에 제시될 때 더 나은 결과가 기대된다.

(4) 친숙성

자극에 대해서 과거에 친숙해 있거나 경험한 적이 있으면 조건화를 약화시킨다. 예를 들면 잘 알려진 노래는 그 제품을 위해 특별히 만들어진 노래보다 효과가 적다. 고전적 조건화는 기존 제품보다는 신제품에 더 효과적이다. 잘 알려지지 않은 상표에 대해 조건화가 잘 이루어진다는 연구결과가 이를 지지하고 있다.

(5) 관여도

메시지를 처리하는 동안 관여도는 고전적 조건화에 영향을 미친다. 고전적 조건화는 소비자가 비교적 적게 관여할 때 메시지가 잘 처리되는 것처럼 쟁점과 관련된 사고의 수준이 낮을 때 잘 일어난다.

3) 고전적 조건화의 소멸과 일반화

(1) 소멸

소멸(extinction)은 조건적 자극이 더 이상 조건적 반응을 일으키지 못할 때 일어난다. 고전적으로 조건화된 반응은 시간이 지나면서 단순하게 사라지지는 않는다. 오히려 조건적 자극과 무조건적 자극 사이의 관계가 깨질 때 고전적 조건화는 없어진다.

조건적 자극-무조건적 자극 관계는 어떻게 깨어지는가? 한 방법은 무조건적 자극 없이 조건적 자극만으로 작동하는 것이다. 음악과 제품을 쌍으로 하여 고전적 조건화를 사용하는 기업의 광고를 상상해 보자. 음악 없이 제품만으로 운영되는 광고는 효과가 줄어들 것이다. 따라서 제품이 무조건적 자극과 쌍으로 되지 않는 광고는 쌍으로 된 광고보다 효과가 약화될 것이다. 자동차와 의복 같은 제품은 비누와 세제 같은 다른 유형의 제품보다는 TV광고가 아닌 다른 매체에서도 광고를 자주 보게 된다. 이러한 경우 조건적 자극인 제품이 무조건적 자극 없이도 관찰될 수 있기 때문에 조건적 자극만이 존재할 때 소멸이 쉽게 일어날 수 있다. 그러므로 고전적 조건화는 조건적 자극만으로 운영되지 않는 제품에 조건화의 효과가 더 있을 것이다. 무조건적 자극 없이 조건적 자극만의 존재는 소멸을 높인다.

(2) 일반화

일반화(generalization)는 기존의 자극-반응이 관계에서처럼 기존 자극과 매우 유사한 새로운 자극이 동일한 반응을 이끌어 낼 때 일어난다. 예를 들면 Pavlov의 실험에서 종소리와 매우 유사한 다른 소리도 타액 분비의 반응을 일으킨다. 기업들은 상이한 제품에 같은 이름을 붙이는 공통상표(family branding)의 형태로 일반화를 사용한다. General Electric 회사는 소비자들이 기존의 GE제품에 대한 호의적인 감정을 다른 제품에도 일반화할 것이라고 기대한다. 예를 들면 이러한 일반화의 원칙을 이용하여 삼성그룹에 속했던 동방생명과 안국화재 해상보험을 삼성생명과 삼성화재 해상보험으로 개명하여 기존에 형성된 호의적인 감정을 이전시켜 영업의 신장을 이루었다.

최근에는 신제품에 별도의 상표를 개발하는 것보다 기존의 제품계열로 일반화하여 신제품을 포지셔닝하는 경향이 있다. 비록 Dole 상표는 전통적으로 슈퍼마켓에서 신선하고 캔으로 된 과일로 연상되고 있지만, Dole 상표는 냉동부문의 제품계열에서도 여전히 적용된다.

(3) 차별화

유사한 자극에 같은 반응을 피하려는 과정이 차별화(discrimination)이다. 기업은 항상 소비자들이 그들의 제품과 경쟁회사 제품의 차이를 구별하기를 원한다. 고전적 조건화를 통해 차별화를 시키는 가장 좋은 방법은 제품에 독특한 혜택과 특성을 부여하고 이를 조건화 과정에 추가하는 것이다. 보드카의 경우 고전적 조건화 학습메커니즘을 지속적으로 활용하면서도 새로운 주제와 상황에 부합하는 특성을 광고에 반영하여, 늘 변화지만 변화지 않는 광고라는 수식어를 창출해 왔다. 차별화는 상표명의 보호라는 차원에서 매우 중요하다. 상표명을 차별화하지 못한 마케터는 그들의 등록상표의 의미를 잃을 위험이 있다.

3 도구적 조건화

1) 도구적 조건화의 학습이론

식품점에서 쇼핑을 하면서 소비자는 시리얼 제품의 새 상표를 주시하고 그것을 사기로 결정한다. 그 다음날 아침 그것을 시식해 보고 그 맛에 매우 만족해 한다. 시리얼 제품에 만족하여 다음 쇼핑에서 시리얼 한 상자를 더 구입할 것을 기억해 둔다. 이러한 단순한 예는 학습이 도구적 조건화의 결과로서 어떻게 일어나고 있는 지를 예시하고 있다. 도구적 조건화는 행동의 결과가 다시 수행되는 행동의 빈도나 확률에 어떻게 영향을 미치고 있는가에 관심을 보이고 있다. 소비자가 시리얼을 먹으면서 경험한 만족이 반복구매의 가능성을 높여 준다. 그러나 시리얼이 소비자를 만족시키지 못한다면 반복구매는 일어나지 않는다.

도구적 조건화에 의한 학습은 Skinner의 실험을 예로 들을 수 있다. 상자에 막대기를 설치하고 굶주린 비둘기를 집어넣은 경우를 생각해 보자. 실험자가 막대기를 누르면 그 결과가 세 가지 중 어느 한 가지의 결과로 나타나도록 상황을 만든다. 첫째의 상황은 막대기를 누르면 모이가 나오도록 하는 것이고, 둘째는 상자 내에 약간의 전기가 흐르도록 한 다음 막대기를 누르면 전기가 흐르지 않도록 하고, 셋째는 처음에서는 전기가 흐르지 않다가 막대기를 누르면 전기충격이 오도록 상황을 만드는 것이다. 비둘기는 호기심 혹은 우연히 그 막대기를 누를 수 있는데 몇 번의 반복 끝에 그 막대기를 누르면 결과가 어떻게 된다는 것을 학습하고 그 다음부터는 스스로 막대기를 누르거나 혹은 절대 누르지 않게 된다.

〈그림 8-3〉의 결과는 3가지 방법 중 어느 하나가 행동에 영향을 미치고 있음을 보여 주고 있다. 이 실험에서 막대기는 자극이며 누르는 행동은 반응인데 그 결과는 세 가지 경우 각각 다르게 나타나다. 첫 번째의 경우는 막대기를 누른 결과 모이가 나옴으로써 비둘기에 만족을 주는 것으로 비둘기는 막대기를 누르는 것과 같은 동일한 반응을 계속하게 된다. 이와 같이 자극에 대한 반응의 내용에

그림 8-3 ▶
도구적 조건화의
세 유형

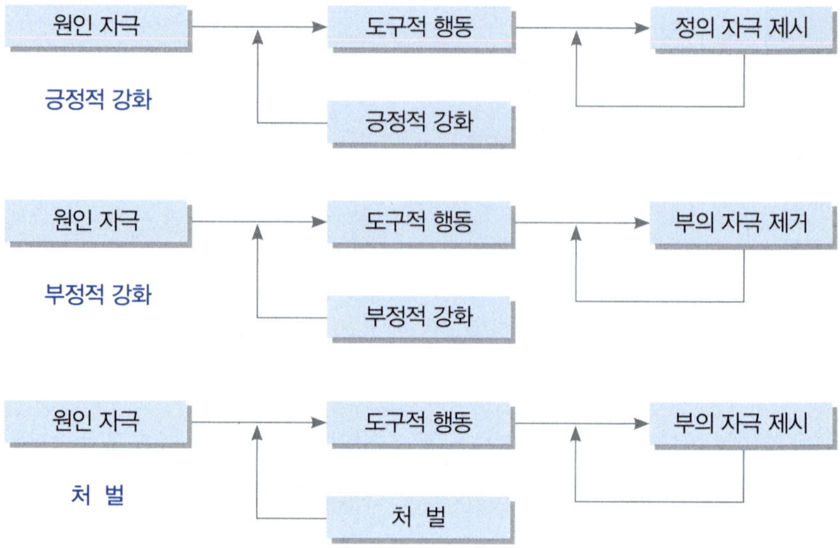

따라 긍정적 결과가 제시되는 것을 긍정적 강화(positive reinforcement)라 한다. 소비자는 구매의 결과로 긍정적 강화가 제시되어 긍정적 결과가 커지기를 기대한다. 그러므로 어떤 행동의 결과 긍정적 강화가 존재한다면 그 행동을 다시 일으킬 가능성을 높여 준다. 두 번째의 경우는 약간의 전기가 상자 내에 흐르다가 그 막대기를 누르면 전기가 흐르지 않아 편안하므로 비둘기는 의도적으로 그 단추를 누르는 행위를 하는데 이를 부정적 강화(negative reinforcement)라 한다. 소비자는 구매에서 그들이 원치 않는 부정적인 강화를 제거하고 기대하는 결과가 나타나기를 원한다. 세 번째의 경우는 막대기를 누르면 전기충격이 오므로 다음부터는 그 막대기를 누르지 않게 된다. 이와 같이 자극에 대해 반응을 함으로써 부정적인 결과가 발생되는 것을 처벌(punishment)이라고 한다. 소비자는 그들의 구매에서 부정적인 결과가 나타나는 처벌을 회피하는 행동을 보일 것이며 처벌은 이러한 행동이 다시 일어날 가능성을 줄여 준다.

도구적 조건화 학습 메커니즘을 활용한 마케팅 수단들이 다수 활용되는데, 시용, 시음, 쿠폰 및 캐시백 적립과 같은 촉진 수단들 모두가 이를 활용한 것이다. 다음에 제시하는 〈그림 8-4〉 역시 도구적 조건화를 응용한 광고에 해당한다.

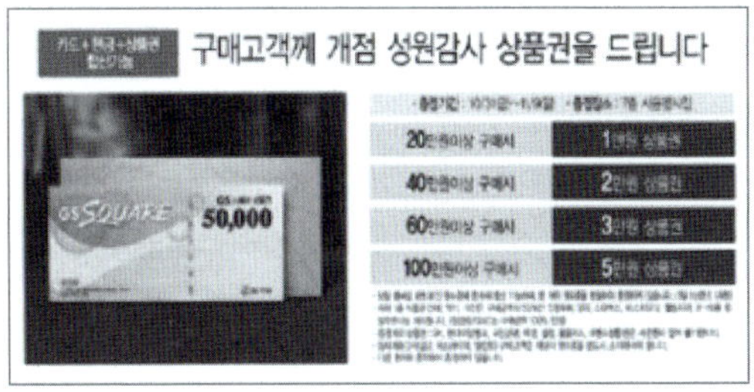

▲ 그림 8-4
도구적 조건화를 응용한 광고

2) 도구적 조건화의 고전적 조건화의 비교

고전적 조건화는 확립된 자극-반응 연결관계에 기초를 두고 자연적으로 학습됨에 반해, 도구적 조건화는 학습자가 보상을 가져올 수 있는 적절한 반응을 발견함으로써 학습이 이루어짐을 가정한다. 고전적 조건화는 학습자의 행위에 의존하지 않는 데 반해, 도구적 조건화는 학습자의 능동적 반응이나 행위가 학습자의 상황이나 환경을 변화시킨다. 행동주의 심리학에 기초한 두 조건화 학습메커니즘의 차이는 다음의 〈표 8-1〉과 같다.

◀ 표 8-1
도구적 조건화와 고전적 조건화의 비교

고전적 조건화	도구적 조건화
• 확립된 자극-반응 연결관계에 기초를 두고 자연적으로 학습됨	• 학습자가 보상을 가져올 수 있는 적절한 반응을 발견함으로써 학습이 이루어짐
• 학습자의 행위에 의존하지 않음	• 학습자의 능동적 반응(행위)이 학습자의 상황이나 환경을 변화시킴
• 학습은 반응 이전에 제시된 자극에 의해 이루어짐	• 주어진 자극에 대한 반응의 결과에 의해 이루어짐

3) 도구적 조건화의 관련 개념

(1) 제품강화의 유형

제품 소비의 결과로써 일어나는 강화의 정도는 그 제품의 재구매에 중요한 결정요소이다. 그 제품이 소비자를 강화하지 못하거나 처벌이 따를 때에는 반복구매는 일어나지 않는다. 제품에 의해서 제공된 강화의 수준은 만족의 정도를 재는 측정치로 사용되고 있다.

강화의 유형은 긍정적 강화와 부정적 강화로 나눌 수 있다. 기업은 종종 소비자들에게 무료 견본을 제공한다. Coca Cola회사가 Coke라는 새로운 제품을 개발했을 때 소비자의 문 앞까지 배달하였다. 식품 제조업자는 슈퍼마켓의 통로를 지나다니는 쇼핑 고객에게 제품을 무료견본으로 제공하여 그 제품의 장점을 인식시켰다.

왜 기업은 이런 것을 하면서 비용을 발생시키고 공생을 하는가? 그것은 무료견본으로 얻을 수 있는 성과를 기대할 수 있기 때문이다. 자동차 광고에서는 자사의 제품에 시승하도록 권유하여 제품의 강화를 평가할 기회를 제공하고 또 구매가능성을 높여 준다.

(2) 다량사용자의 강화

기업은 제품소비로부터 얻는 강화에 추가적인 강화를 얻는 데 특별히 신경을 쓰고 강조를 하여야 한다. 다량사용자들은 소량소비자들보다 제품소비를 많이 하는 소비자들이다. 다른 모든 상황이 동일하다면, 보통의 사용자(moderate user)나 소량사용자(light user)보다 다량사용자(heavy user)를 유인하고 유지하는 정책이 더 바람직하다. Marriott 호텔은 자주 호텔을 이용하는 자에게 3일 밤을 숙박하면 무료 1박을 제공하는 촉진 프로그램을 사용하였다. Harley 호텔은 다량소비자를 표적으로 그들이 매 7박째마다 $25를 받는 환불 프로그램을 사용하였다.

(3) 강화의 일정

상이한 강화의 일정은 상이한 행동유형을 유발한다. 동물행동에 대한 실험연구에서 바람직한 행동을 보일 때 반응행동의 전체를 강화하면 학습이 가장 빨리 일어난다고 제시하고 있다. 그러나 바람직한 행동을 보일 때 반응행동의 일부만을 강화해도 학습은 더 오래 지속될 수 있다고 한다. 즉, 학습자에게 반응의 일부만을 강화해서 제공해도 학습자는 소멸에 대한 저항을 보임으로써 학습을 오래 지속시킨다. 부분 강화의 일정은 매 세 번째 반응마다 강화하는 것과 같은 체계적 강화일 수 도 있고, 첫 번째에 반응과 강화를 만들고 어느 정도 시간을 둔 후에 네 번째에 다시 강화하는 등의 임의적 강화일 수도 있다.

전체 강화의 상대적 효율성은 버스 탑승자에 대한 연구에서 조사되었다. 일정계획에 따라 탑승자 전원에게 할인권을 제공하는 전체강화만큼이나 매 세 번째 사람마다 할인권을 제공하는 부분일정도 탑승을 높이는 데 효과적인 강화일정으로 조사되었다. 버스회사는 부분일정에 강화하는 것이 비용 상 훨씬 저렴하기 때문에 많은 절약의 효과를 가져왔다.

부분강화가 항상 최선의 전략은 아니다. 부분강화일정은 소비자가 강화를 받지 않은 시기에 다른 상표로 전환할 수도 있기 때문에 어떤 상황에는 비효과적일 수도 있다.

(4) 소멸과 망각

도구적 조건화의 이론은 소비자의 습관적 구매의 중지 행동에 대한 이해에 도움이 된다. 소비자가 제품의 구매와 사용에 더 이상 만족이 따르지 않는다면 소멸(extinction)의 과정이 이어진다. 즉 자극과 반응의 결과에서 기대되는 보상의 연상이 제거된다. 소멸은 같은 상표가 재구매될 확률을 급격히 줄인다. 성공적인 비흡연 광고는 담배와 흡연의 즐거움 사이의 연상을 제거함으로써 소멸을 증가시킨다.

망각은 소멸과는 다르다. 망각(forgetting)은 자극이 더 이상 반복되지 않거나 지각되지 않을 때 일어난다. 제품이 사용되지 않거나 광고가 계속되지 않는다면 소비자는 그 제품을 망각할 것이다. Sapiro 비누는 선도적 상표로서 Ivory 비누와 동등한 위치에 있었다. Sapiro 상표는 매우 잘 알려져 있으니 광고를 감축해도 시장성이 충분히 보장될 것이라고 생각했을 때부터 이미 이 회사의 몰락은 시작 되었다. Sapiro 상표가 여전히 소비자를 만족시킬 수 있었기 때문에 소멸은 일어나지 않았지만 반복의 결여가 망각과 장기적인 쇠퇴의 결과를 가져왔고 그 후에는 제품이 시장에서 자취를 완전히 감추게 되었다. 망각의 또 다른 이유는 경쟁광고의 간섭 때문이다. 즉 이는 경쟁광고의 메시지가 해당 광고의 메시지를 간섭하기 때문이다. 광고의 홍수는 소비자의 마음을 혼란시키고 자극과 보상 사이의 연상을 약화시킨다.

마케터는 반복을 통해서 망각을 막을 수 있다. 경쟁을 고려하여 일정한 수준으로 광고지출을 유지하면서 광고를 반복시킴으로써 기업은 소비자에게 나타나는 심각한 망각현상을 회피할 수 있다. 그러나 같은 광고를 몇 번이고 되풀이 한다는 것은 소비자를 귀찮게 하는 것이기 때문에 반복 그 자체는 제한적으로 사용되어야 한다.

망각을 회피하는 것보다 소멸을 회피하는 것이 훨씬 더 중요하다. 망각보다 소멸이 재구매 가능성을 떨어뜨릴 가능성이 더 크기 때문이다. 상표의 구매와 사

그림 8-5 ▶ 강화, 소멸과 망각의 비교

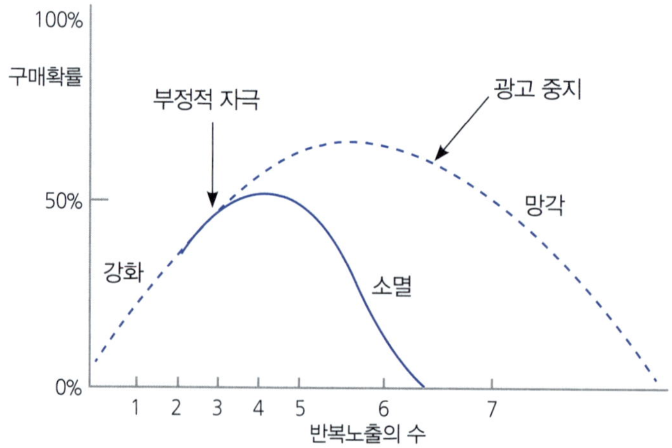

용에서 충분한 보상이 결여되어 있다는 것은 소멸을 재촉하기 때문에 상표의 빠른 종말을 가져온다. 소멸을 회피하는 가장 중요한 수단은 제품의 품질수준을 일정하게 유지함과 동시에 포지셔닝을 적절하게 유지 및 변화시켜 나가는 것이다.

〈그림 8-5〉는 광고노출과 관련하여 강화, 소멸 및 망각을 반영하고 있는 학습곡선을 나타내고 있다. 광고에서의 반복적 노출이 이루어져서 재구매확률이 높아지고 있다면 이는 강화가 일어나고 있는 것이다. 비록 소비자가 그 제품의 광고를 계속 보고 있을지라도 부정적인 자극으로 인해 소멸이 이루어지고 있다면 재구매확률이 낮아질지도 모른다. 망각은 광고빈도의 감소 때문에 일어나는 것이고 이로 인해 재구매확률이 낮아지고 있다면 결국 이는 제품의 장기적인 쇠퇴의 결과를 가져온다.

(5) 형성행동

형성행동(shaping)은 조형행동이라고도 하는데 바람직한 행동이 일어나기 전에 먼저 수행되어야 할 행동에 강화하는 것을 의미한다. 훈련사가 동물에게 주는 보상은 복잡한 묘기를 부리기 전에 제공되어야 성공적인 행동을 기대할 수 있다. 훈련사는 복잡한 묘기로 이어지는 단계마다 동물에게 보상을 준다. 형성행동의 원리는 마케터가 유리하게 이용할 수 있다. 소매점의 제품구매가 바람직한 반응이라면 이러한 반응에 앞서 일어나야만 되는 행동은 소매점포의 출입일 것이다. 소매점은 소비자의 소매점 출입을 유도하기 위해 문전에 경품을 진열하거나 손실유도품(loss leader products)을 제시한다. 자동차 판매원들은 무료 커피와 도너츠를 제공하는 등의 전술을 전시실을 방문하는 소비자를 위해 사용한다. 그런 다음 자동차 판매원은 시험운전을 해보는 선택된 방문자에게 재정적 인센티브를 제공한다. 백화점에서 특별해외풍물전 등 전시회를 하거나 영화관, 문화센터 등을 유치하는 것은 일단 고객을 백화점 건물로 오도록 유인하고자 하는 것이다. 소비자가 매장에 발을 들이도록 하는 매력적인 옥외광고물도 이러한 형성행동에 기반하고 있다〈그림 8-6〉. 형성행동은 마케터에게 어떤 행동이 최종 구매행동

그림 8-6 ▶
형성행동을 유발하는
옥외광고물

에 앞서 선행되어야 하는지를 그리고 이들 행동이 어떻게 적절한 강화를 통해 독려 될 수 있는지에 대해 생각하게 해준다.

4 인지주의 학습

1) 인지주의 학습이론

인지주의 심리학(cognitive psychology)은 학습을 자극과 반응 사이의 연상의 발달이라기보다는 문제해결과정으로 보고 있다. 인지주의 학습은 자극을 받고, 자극을 욕구에 연상시키고, 상표의 대안을 평가하고, 기대가 충족되었는지의 여부를 평가하는 과정이다. 학습은 문제해결과정에 강조를 두기 때문에 복잡한 의사결정(complex decision making)과정과 일치한다. 인지주의 학습은 〈그림 8-7〉와 같은 과정으로 제시할 수 있다.

그림 8-7 ▶
인지주의 학습이론

목 표 → 의도적 행동 → 통 찰 → 목표 성취

인지주의 학습이론은 1920년 대 초기에 시행된 원숭이에 대한 Kohler의 실험에서 생성되었다. 원숭이가 몇 개의 상자가 있는 우리 속에 갇혀 있으며, 바나나가 천정에 매달려 있다. 매달려 있는 음식을 손에 넣기 위해 몇 번 시도하고 실패한 후, 원숭이는 바나나 아래에 상자를 쌓음으로써 문제를 해결할 수 있음을 알아내었다. 학습은 자극과 반응이나 강화 사이의 결부(contiguity)의 결과가 아니라 학습상황을 관찰한 통찰(insight)의 결과이다. 학습에 대한 인지주의 접근은 목표의 인식, 목표를 성취하기 위한 의도적 행위, 문제해결을 위한 통찰 및 목표의 성취의 과정이다. 학습이 일어나기 위해서는 목표성취의 인식이 있어야 하는 것과 같이 강화는 인지주의 학습이 일어나는 한 부분에 지나지 않는다. 그러나 목표의 특성은 처음부터 이해될 수 있어야 하고 바나나를 먹는 것과 같은 보상의 기대가 예견되어야 한다.

인지주의 학습은 소비자의 복잡한 의사결정의 과정을 이해하는 데 적합하다. 소비자들은 욕구를 인식하고 목표 그 욕구를 충족시키기 위한 대안을 평가하고(의도적 행동), 욕구를 가장 잘 만족시킬 제품을 선택하고(통찰), 그런 다음 그 제품이 욕구를 충족시키는 정도를 평가한다(목표성취). 인지주의 학습은 혁신의 수용과정을 이해하는 데에도 특히 중요하다. 소비자들은 광고, 친구와 친지 및 '소비자 시대'잡지와 같은 공평한 정보원천으로부터 혁신을 배운다. 신제품을 고려할 때는 제품을 수용할 것인가 말 것인가를 결정하기 전에 소비자는 일련의 인지적 단계인 인식, 관심, 평가의 단계를 거쳐야 한다. 소비자가 정보를 바탕으로 정보한 의사결정을 행하는 과정은 다음의 〈그림 8-8〉과 같은 프로세스로 이루어진다.

◀ 그림 8-8
소비자의 학습과정

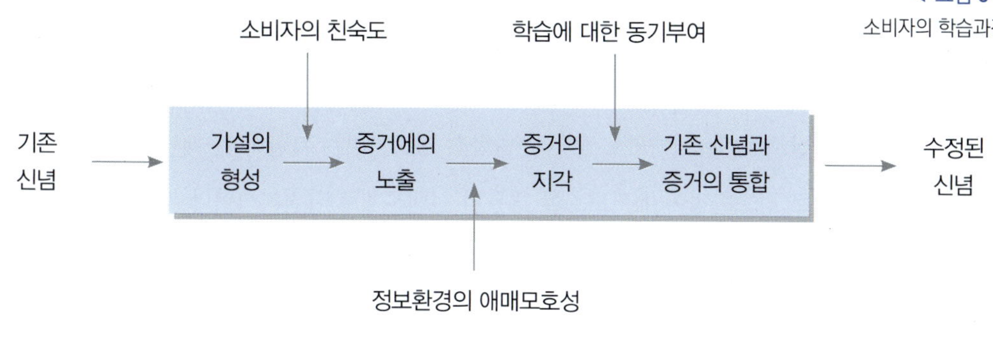

소비자가 상품이나 서비스를 선택하면서 기존의 신념이나 믿음을 수정하는 과정은 과학자들이 가설을 세우고 경험적인 증거를 통해 이를 검증하는 과정과 유사하다. 즉 소비자들은 기억속에 있는 기존 신념이나 광고주장을 가설로 설정하고 이러한 가설의 검증과정에서 기존제품이나 신제품을 선택하며 그 과정에서 때로는 선택오류를 범하기도 한다. 일반적으로 본인이 세운 가설을 기각하기보다는 지지하는 방향으로 여러 정황을 해석하는 경향이 있는데, 이를 확증편향이라고 한다. 소비자의 학습과정을 세부적으로 설명하면 다음과 같다.

(1) 친숙도

친숙도가 높은 소비자는 좀더 세분화되고 위계적으로 조직화된 지식구조와 소비상의 원칙들을 지니고 있으며, 상품경험에 대해 강한 기대와 믿음을 형성하고 있다. 제품에 친숙한 소비자는 친숙하지 않은 소비자에 비해 더 많은 정보를 흡수하며 여러 선택대안이 존재할 경우에 친숙도가 중간 정도인 소비자가 가장 많은 정보를 기억한다. 즉 학습과 친숙도는 역U자 모양의 관계성을 보인다.

(2) 동기부여

동기부여는 현재 상태에서 바람직한 상태로 옮겨가는 것을 통제하는 매커니즘으로 소비자 학습행동의 방향과 목표 및 강도를 결정한다.

(3) 정보환경의 애매모호성

애매모호성은 하향식 정보처리 상황과 상향적 정보처리 상황으로 구분해 이해되어야 한다. 상향식 정보처리는 경험 또는 자료 위주의 정보처리로 정보환경이 애매모호하지 않을 경우의 선택으로, 그랜저와 스파크를 선택할 경우에 나타날 수 있는 애매모호성이다. 하향식 정보처리는 가설 또는 개념 위주의 정보처리로 정보환경이 애모모호할 경우의 선택문제로 사전지식이나 기대에 따라 해석이 달라질 수 있다. 예를 들어, 맥주맛에 대한 해석이 이러한 유형에 해당한다.

2) 정보처리로서의 인지주의 학습과정

(1) 리허설

리허설(rehearsal)은 단기기억을 위해서 마음 속으로 정보를 반복하는 것 혹은 단순히 정보를 재순환해 보는 것을 의미한다. 리허설은 두 가지 기능을 제공한다. 첫째는 단기기억 속으로 정보를 유지하는 것이다. 긴 전화번호를 한 번 쳐다보고 그 번호를 마음 속으로 반복할 때 이것이 리허설의 한 예로서 긴 정보를 활성화하기 위해서 리허설한다. 두 번째는 단기기억을 장기기억으로 정보를 전환시키는 것도 리허설에 포함되는데, 장기기억으로 이전하는 힘을 증가시켜 주며 이전 후의 인출가능성을 높여 준다. 기업이 자사의 브랜드와 상품을 소비자에게 알리는 첫 걸음은 광고나 프로모션을 통해 노출빈도를 높이는 것이다.

(2) 정교화

자극이 처리되고 또 이 자극과 기존 지식과의 통합을 결정하는 정교화(elaboration)의 양은 학습의 양에 영향을 미친다. 정교화의 낮은 수준에서는 동일한 유형의 자극만을 처리한다. 예를 들면 AJN-268의 자동차 번호판을 기억하기를 원하는 사람은 단순히 A-J-N-2-6-8을 반복함으로써 정교화과정 없이도 이러한 자극을 기억할 수 있다. 그러나 이러한 면허숫자를 더 정교화 하는 기호화과정은 문자를 JAN이라는 이름으로 기억하고 26세인 Jan의 나이에 어떤 숫자를 더하고 그런 다음 Jan이라는 26세의 소녀를 시각화하는 것이다. 실제로 이것은 은행 강도현장에서 강도가 떠나는 것을 목격하고 그 자동차 번호를 기억하고자 사용했던 방법이었다. 그가 도망자의 차를 목격한 후 경찰에 전화를 해서 차량번호를 알려 주었다. 혐의자는 체포되고 그는 보상금을 받았다.

정교화가 클수록 일반적으로 학습이 잘 이루어진다. 즉 사람이 정보의 조각에 더 많이, 또 깊게 정교화를 할수록 새로 받아들이는 정보와 이미 기억 속에 저장된 정보 사이에 형성되는 연결고리 수는 더 많아진다. 이는 정보가 기억으로부터 검색될 수 있는 경로의 수가 증가함을 의미한다. 검색이 가능한 연관과 경로의 수가 많을수록 본질적으로 기억은 더 쉬워진다. 새로운 정보를 배우고 기억하는 능력을 증가시키기 위하여 기억 전문가가 제시하는 많은 기법은 정교화의 방법이다.

광고주들은 메시지의 기억력을 높이기 위해서는 제품의 유리한 장점을 알리면서 정교화를 도와 주는 광고를 사용해야 한다. 아주 단순하게 보면 정교화를 도와 주는 광고가 그렇지 않은 것보다 더 잘 기억된다. 그러면 광고는 어떻게 정교화를 도와 줄 수 있는가? 예컨대 특정 기업과 브랜드의 이름과 기억 속에 존재할 것 같은 단어를 연결시켜 주는 것이 하나의 방법이 될 수 있다. 정보를 처리하는 동안 일어나는 정교화의 양은 개인의 동기와 능력 그리고 환경에 의해서 크게 영향을 받는다.

(3) 동기와 능력

새로운 정보에 노출될 때 개인이 지닌 동기(motivation)는 기억할 내용에 상당히 영향을 미친다. 신차에 관심이 많은 소비자는 적극적으로 광고를 처리하고 있고, 그 결과 정교화를 많이 한다. 메시지를 처리하는 동안 동기화가 많이 된 소비자는 메시지에 관심이 적은 사람보다 더 많은 몰입과 학습을 한다. 동기수준에 따라 달라지는 이러한 학습은 직접적 학습(directed learning)과 우연적 학습(indirected learning)으로 나누어지게 한다. 직접적 학습은 다가오는 시험을 준비하기 위해서 교과서를 읽는 학생과 같이 정보를 직접 처리하는 동안 일어나는 학습이다. 그러나 수업이 시작되기를 기다리는 동안 대학신문을 뒤적거리면서 무엇을 발견하는 것처럼 학습이 직접적인 목적이 아니더라도 대상을 처리하면서 우연히 일어나는 학습을 우연적 학습이라 한다. 비록 사람이 신중하게 학습을 하려고 하지 않을 때 일지라도 우연히 학습이 일어나지만, 우리가 많은 것을 보유(retention)하기 위해서는 직접적 학습을 해야 한다.

한편, 정보가 처리되는 동안 보다 의미있는 정교화를 가능케 하는 것은 기존

지식과 같은 개인능력이며 이는 학습의 중요한 결정요소이다. 과거의 지식이 학습을 어떻게 높이는가에 대한 연구는 서양장기의 사범과 초심자의 예가 이를 잘 보여 주고 있다. 능력 있는 사범은 서양장기의 말 하나하나의 전체 위치를 기억하는 데 있어서 신참자에 비해 훨씬 유리하다. 어떤 정보가 전문가의 지식구조에 일치할 때는 실질적인 학습효과가 있다.

(4) 보유를 높이는 방법

소비자가 정보를 처리하는 동안 동기부여가 되고 있고 리허설과 정교화에 관여하고 있다면 마케터의 노력은 훨씬 단순해진다. 이 경우는 소비자가 스스로 정보에 노출되어 해당 정보를 이해하는 노력을 기울이게 될 것이다. 그러나 마케팅 자극에 따른 리허설과 정교화에 마지못해 관여하거나 혹은 관여할 수 없는 소비자의 경우도 있다. 이럴 때에는 리허설과 정교화보다는 자극 자체를 기억하도록 기업이 추가적 노력을 가해야 한다. 일반적으로 기억 즉 보유를 높일 수 있는 방법을 소개하면 다음과 같다.

① 상호관련성 강화

보드카 상표에 대한 인쇄광고에서 "얼음같이 매끄럽고 차다. 얼음같이 투명하다. 아이슬랜드에서 수입한 냉동 보드카, 왜 인생에서 모든 것이 이렇게 매끄럽지 못할까요?"라는 광고문안을 사용하였다. 광고의 그림에는 매끄럽고 투명한 얼음으로 만들어진 것처럼 보이는 '얼음(Ice)'이라는 상표명이 있는 병을 보여 준다. 이 광고에서 상표명, 광고문안, 그림 등 모든 자극이 상호 관련되어 있다. 상호관련성은 여러 가지 이유로 기억력을 높여 준다. 각 광고의 요소가 동일한 기본개념을 활성화하는 정도에 따라 복수요소가 상호관련성이 있다고 기억하고 반복하게 되면, 궁극적으로 이러한 반복은 기억을 증가시켜 준다. 상호관련성은 기억 속에 저장된 정보와 또 다른 정보와의 사이에 관련성의 숫자와 강도를 증가시켜 준다. 상호관련성은 정보를 단어의 형태와 시각적 형태로 저장한다. 본질적으로 두 가지의 형태로 저장된 정보는 한 가지 형태로 저장된 정보에 비해서 그 정보를 검색할 가능성을 배가시킨다. 따라서 상표명에 대한 시각적 이미지를 제공하는 그림은 상표명의 기억을 높인다.

② 구체적 단어사용

구체적인 단어의 사용은 소비자의 보유를 도와주고 있으므로 마케터에게 중요한 메시지를 전달해 준다. 너무 많은 신제품이 오히려 추상적인 이름으로 소개되고 있다. 예를 들면 Actifed, Advil, Encaprin과 Nuprin 같은 추상적인 제품명과 Head & Throat, Easy-off나 Scrub Free 같은 구체적 이름을 고려해 보자. 부식방지제의 이름을 Thixo-Tex로 처음 소개를 한 후 제품명을 후속적으로 Rusty Jones로 구체화하여 재명명한 Matex 회사는 Rusty Jones로 바꾼 후 Matex 회사의 판매액은 몇 년 후에 2백만 달러에서 1억 달러로 증가되었다.

③ 자아와의 관련성 강화

자신과의 관련성(self referencing)은 정보가 자신의 자아와 경험에 관련되는 것을 의미한다. 광고문안을 통해 자아 관련성을 높여 주는 것이 기억에 도움이 된다. 자아 관련성을 활성화시키는 것은 '당신'이라는 단어를 사용하는 것이고 대상자들에게 과거의 제품경험을 검색해 낼 수 있는 문안을 사용하는 것이다.

④ 운율과 음악 및 그림과 숫자 활용

노랫가락이나 리듬에 맞춰 기억하는 것을 일반적인 기억강화법이다. 한국을 빛낸 100명이 위인이나 독도는 우리 땅과 같은 리듬이 역사적 사실기억에 도움을 준다. 그림을 연상해서 기억을 강화하는 방법도 많이 활용되는데, 기업에서 브랜드로고나 이미지의 차별화를 통해 브랜드자산을 강화해 오고 있다. 2080치약은 숫자를 활용하여 새우깡의 로고송인 음악을 활용하여 상당한 효과를 보았다.

⑤ 시간단축형 언어활용

핵심적이고 간결하게 시간단축형 언어를 활용하면 기억증대에 도움이 된다. 기술적 진보는 언어나 음향의 특성을 변질시키지 않고 광고주들에게 라디오 광고를 '압축'하게 해준다. 예를 들면 30초의 광고는 24초로 줄일 수 있다. 시간을 단축한 광고가 더 긴 광고보다 기억력을 높인다고 여러 연구가 있다. 그러나 또 다른 연구에서는 시간단축의 광고가 효과 면에서 정상적인 속도의 광고와 같거나 보다 떨어짐을 보여주면서 시간단축의 광고가 효과가 있기 위해서는 짧은 시간에 추가적인 사건이 덧붙여져야 한다고 강조하고 있다.

⑥ 반복

반복의 촉진효과는 매우 잘 입증되어 왔다. 같은 크기의 연속적 노출은 체감의 효과가 나타나지만 메시지의 학습효과는 연속적인 노출 이외의 추가적인 노출이 있다면 더 증가한다. 반복의 효과는 경쟁회사의 광고수준에 달려 있으며 경쟁회사의 광고가 최소한으로 존재한다면 자사광고의 반복은 기억력을 높인다. 그러나 경쟁회사의 광고가 높은 수준이면 이러한 반복의 효과는 사라진다. 또한 반복에 의해 정교화를 할 수 있는 추가적인 기회를 제공하는 매체는 인쇄광고보다 전파광고에서 더 유용하다.

한편, 위에서 언급한 기억이나 보유의 향상을 위해 기업이 행하는 과도한 광고는 역효과를 가져올 수 있다. 즉 일정한 수의 반복 이외의 추가적인 반복은 광고효과를 감소시키는데 이러한 현상을 광고마모(advertising wearout)라고 한다. 이러한 마모효과는 두 가지 이유 때문에 온다. 첫째, 소비자는 일정한 수의 노출 후에는 광고에 대해 관심을 줄이기 때문이다. 둘째, 소비자는 계속해서 광고에 관심을 두지만, 같은 광고를 반복해서 계속 봄으로써 싫증을 느끼기 때문이다. 마모문제의 해결방법은 동일한 메시지를 전달하는 연출전략에 차이를 두어 광고를 하는 것이다. 비록 복수의 광고를 제작하는 데 추가적인 비용이 발생하지만 이 비용은 광고마모의 문제를 줄이기 위해 투자할 가치가 있다. 수십년을 이어오고 있는 앱솔루트의 보드카 캠페인은 미국과 전 세계에 걸쳐서 해당 제품을 휴일, 트랜드, 문화적 상징과 관련시키는 매우 창조적이고 다양한 배경으로 주요

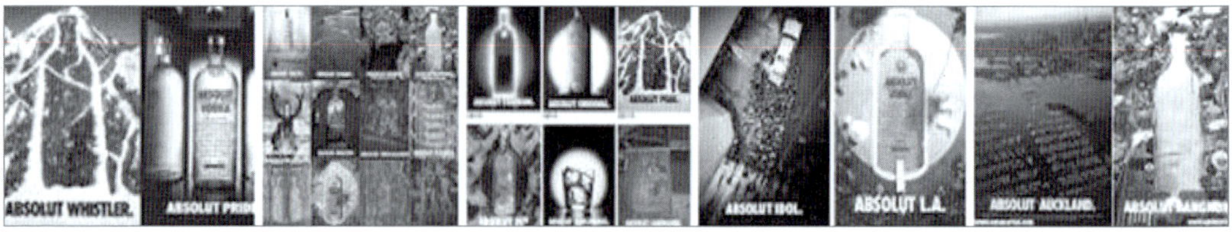

그림 8-9 ▲
결코 변하지 않으면서 늘 변화는 앱솔루트 보드카 광고

테마는 같음에도 소비자에게는 새로움으로 다가감으로써 그 효과를 극대화 해 왔다〈그림 8-9〉. KTF, 딤채, 경동보일러 등의 광고에서 여러 편을 제작하여 방영함으로써 광고마모 문제를 해결하고 있다.

3) 인지학습의 측정

인지학습을 측정하는 데 사용하는 두 가지 주요 접근방법은 인지(recognition)와 상기(recall)이다. 상기와 인지는 비슷한 말 같지만 실제로는 큰 차이가 있다. 누군가의 말을 듣고난 후 기억해 내는 것이 인지라면, 상기는 특정한 환경하에서도 자동적으로 기억해 내는 것이다. 인지의 측정은 소비자에게 기억을 촉진하기 위하여 어떤 단서의 유형을 제공하는 반면, 상기측정의 경우에는 어떠한 단서도 제공하지 않는다. 예를 들면 시험에서 학생들에게 정교화의 개념을 정의하라고 요구하는 것은 주관식 시험은 상기력을 측정하는 것이고 학생들에게 여러 가지 정의 중에서 올바른 정의를 확인하도록 요청하는 것은 객관식 시험은 인지력을 측정하는 것이다. 인지력에서 측정된 학습의 양은 일반적으로 상기력을 측정한 것보다 더 많이 나타난다. 인지력에 의해서 측정될 때 망각의 현상은 더 천천히 일어난다.

인지와 상기는 광고효과를 평가하는 데 많이 사용된다. 단순인지측정(simple recognition measure)은 사람에게 광고를 제시하고 전에 본 광고를 기억하는지를 물어보는 것이다. 이 측정은 학습에 대해서 가장 높은 추정을 하지만 전에 본 적이 없는 위조광고에 대해서도 때로는 높은 인지를 주장한다. 강제선택 인지측정(forced-choice recognition measure)은 광고 기억에 대한 더 현실적인 정보를 제공하고 그 정보를 평가할 수 있다. 이 접근방법은 특정 광고와 그 광고의 상표 요소의 기억력에 초점을 맞추어 검색하고 이 검색에 대해서 좀 더 자세한 분석을 할 수 있다. 응답자는 다항선택의 시험과 같이 정해진 응답 중에서 강제로 선택한다. 상기측정 혹은 회상 측정은 학습의 지표로서 사용되며 검색단서를 매우 다양하게 사용한다. 보조회상측정(aided recall measure)은 예컨대 "당신은 지난 밤 아카데미수상 프로그램이 방송되는 동안 방영된 청량음료의 광고를 기억하십니까?"라고 어떤 단서를 제공한다. 무보조회상측정(unaided recall measure)은, "당신이 광고에서 보았던 모든 상표의 이름을 열거하시오"라고 아무런 단서를 주지 않는다.

기업의 상품이나 서비스가 상기수준에 도달하는 것이 중요한데, 소비자가 어떤 제품을 갈망하고 있을 때, 특정 브랜드를 생각하면서 구입하려 하거나 관련 정보를 모으는 것이 일반적이기에 상기되지 않은 브랜드는 실질적인 구매로 이어질 가능성이 낮게 된다.

5 대리학습과 관찰학습

1) 대리학습

인지주의 학습과 행동주의 학습이론의 양쪽 측면을 통합하는 학습의 한 특별한 형태가 대리학습이다. 모델링(modeling)으로도 불리우는 대리학습(vicarious learning)은 개인이 타인의 행동과 그러한 행동의 결과를 관찰할 때 일어난다. 이러한 형태의 학습은 오늘날의 많은 광고에서 강조되고 있다. 소비자의 제품구매와 사용으로부터 긍정적인 결과를 받는 제품이 광고를 통해 촉진되고 있다. 예를 들면 세탁세제의 광고는 옷이 밝고 깨끗하게 세탁되므로 가족으로부터 칭찬을 받는 주부를 보여준다. 이와 유사하게 부엌용 세제광고는 젊게 보이고 매끄러운 손을 가질 수 있다는 약속을 사용자에게 제공한다. 때로는 경쟁상표를 사용함으로써 일어나는 부정적 결과에 초점을 맞춰 자사제품을 촉진한다. Wendy's의 광고에는 경쟁사 고객이 긴 라인으로 기다리는 장면을 보여 줌으로써 자사제품의 장점을 강조한다.

타인의 행동을 관찰하면서 학습하는 것을 공개적 모델링(외재적 모델링)이라 한다면 실제적 행동이나 결과를 관찰하지 않고 상상하도록 하면서 학습이 이루어지는 것을 비공개적 모델링(내재적 모델링)이라 한다. 무더운 여름 오후 운동을 한 후 지치고 갈증이 날 때 냉장고에서 차가운 맥주를 꺼내 마시는 것을 상상한다면 그 맥주는 얼마나 시원하고 맛있을까? 그리고 타인의 행동을 언어를 통해서 들려주는 것을 언어적 모델링이라 한다. 행동을 직접 보여주거나 상상을 하도록 하는 것이 아니라 말을 통해서 타인의 행동을 이야기해 줌으로써 학습이 일어나도록 한다. 다음 〈그림 8-10〉은 공개적모델링 과정을 보여준다. 예를 들어, 세탁세제를 사용한 결과로써 깨끗한 옷을 칭찬하고, 머리염색제품을 사용한 후 사회적 인정을 강화되거나, 향수나 의치를 사용하지 않음으로써 나타나는 어색한 상황을 통해 긍정적 또는 부정적으로 대리학습을 자극한다.

대리학습은 두 가지 형태로 행동에 영향을 미친다. 첫째, 만약 타인의 행동에서 긍정적인 결과를 본다면 그 행동을 모방할 것이다. 둘째, 타인의 행동에서 부정적인 결과를 본다면 그 행동을 회피할 것이다. 모델링효과에 영향을 미치는 요소는 모델의 특성과 관찰자의 특성 및 모델화된 행동특성이 있다. 모델이 보다

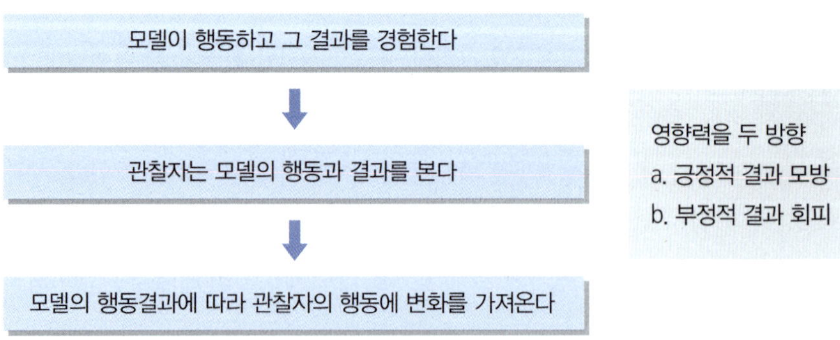

그림 8-10 ▶ 공개적 모델링 과정

매력적이고 신뢰성이 클 때는 모델링효과 또한 커지며, 모델이 전문적인 지식을 가지고 있다고 믿거나 관찰자와 유사한 친밀감을 느낄 때도 그 효과는 커진다. 관찰자가 보다 의존적이고, 자신감과 자아 존중도가 낮을수록, 그리고 모방에 따른 긍정적 경험이 많을수록 모델링효과는 커진다. 또한 모델화된 행동이 주의 깊고 생동적이며 보다 뚜렷하고 진실처럼 느껴질수록 모델링의 효과는 커진다.

2) 관찰학습

관찰학습(觀察學習, Observational Learning)은 행동주의 심리학의 이론으로, 다른 사람의 행동과 그 결과의 관찰로 학습이 이루어진다고 보는 사회학습이론이다. 이 이론은 스키너의 조작적조건화 이론(Operant Conditioning)에 그 뿌리를 두고 있는데, 개개인에게 개별적으로 어떤 행동을 수정하는 것이 아니라 모범행동을 보상하는 방법으로 더 많은 유기체가 그런 바람직한 행동을 학습하게 할 수 있다는 이론이다. 반두라(Bandura, 1971)는 인간을 사회적인 동물로 보고, 직접적인 보상이나 벌의 결과를 통해서만 바람직한 행동을 형성하는 것이 아니라 다른 사람의 행동과 그 결과를 관찰하는 것으로도 학습이 이루어진다고 보았다. 반두라의 사회학습이론 관련 실험 중 제일 유명한 것이 이 보보인형실험(Bobo doll experiment)으로 〈그림 8-11〉과 같이 공격적인 행동을 관찰한 3-6세 정도의 아이는 그 행동의 모델이 눈앞에 없더라도 그것을 모방하며 폭력적인 행동을 할 것이라는 가정을 두고 한 실험이다. 직접적인 보상과 처벌이 행동을 만든다고 주장했던 스키너와 달리 반두라는 관찰하는 것만으로도 행동이 형성된다고 주장했다. 광고가 여러 소비자층에 미치는 영향력을 고려할 때, 아동이나 청년을 대상으로 제품이나 서비스를 제공하는 기업의 경우에 광고의 영향력을 극대화 할 수 있다는 시사점과 함께 광고자체가 공익적으로 유익한 메시지를 담고 있어야 한다는 점에도 주목해야 할 것이다.

이 실험은 광고효과를 염두해 둔 광고모델 선정과도 연계된다. 즉 사람이 성장할수록 행위를 모방할 대상이 되는 사회적 모델을 계속 확대되어 가는데, 부모

그림 8-11 ▶ 반두라의 부부인형 실험

에서 형제자매, 친척, 또래, 교사, 그리고 TV나 영화 혹은 만화의 주인공들이 그 예에 해당하며, 광고주의 경우 해당 소비자에게 두드러지게 영향을 미칠 수 있는 광고모델 선정에 심혈을 기울이게 되는 것이다. 청년기에 이르면 연예인이나 운동선수 같은 대중매체의 주인공들이 자주 사회적 모델의 역할을 한다. 일반적으로 모델의 성과 연령이 관찰자와 비슷할 때, 지위가 높고 존경받을 때, 유능하고 막강할 때 그리고 매력적일 때 관찰자가 모델의 행동을 모방할 가능성이 크다.

제8장 학습과 지식

제 2 절 지식과 소비자행동

1 지식의 개념

마케팅의 공통적인 목표는 소비자의 지식에 영향을 주는 것이다. 특히 소비자에게 잘 알려진 제품보다는 잘 알려지지 않은 제품을 판매하는 것이 마케터에게는 더 어려운 과업이다. 기업은 소비자가 정보를 수용하고 수용된 정보에 따라서 행동하기를 바라면서 소비자에게 끊임없이 정보를 제공하고 있다. 기업은 광고된 제품에 대해서 호의적인 지식을 갖도록 의도된 정보를 계속 보낸다. 즉 기업은 소비자지식에 영향을 주기 위해 광고를 지속적으로 시행한다. 소비자가 무엇을 구매하고, 얼마를 지불하고, 언제 구매하느냐 하는 기본적인 결정은 소비자들이 보유한 지식에 달려있고 상품에 관한 개별 소비자의 지식에는 큰 차이가 있다. 방송국의 한 프로그램에서 백포도주 아닌 적포도주의 음주가 심장병의 위험을 줄여준다고 방송했을 때, Wine World Estates社는 프로그램의 내용을 발췌하여 적포도주 병에 그 내용을 꼬리표로 달았는데, 이로 인해 해당 적포도주의 판매는 40% 증가하였다. 이 촉진 방법은 정부가 적절한 음주는 몸에 이롭다는 주장을 인정한 것이기 때문에 특히 소비자에게는 그 의미가 공신력있게 다가갔을 것이다.

마케터는 소비자 지식의 차이를 확인하는 것 이외에 소비자의 지식 중 잘못된 부분에 대해서도 주의를 해야 한다. 부적절한 지식에 따른 기업에 대한 잘못된 지각은 해당 기업의 성공에 부정적 요인으로 작용한다. 경쟁점포와 동일한 가격으로 판매함에도 불구하고 비싼 제품을 취급하는 것으로 소비자들이 오해하고 있다면 그 소매점은 그만큼 불리한 위치에 있는 것이다. 소비자지식의 이해는 공공정책 입안자에게도 중요하다. 소비자가 제품을 선택하는데 충분한 정보가 부족하다고 판단할 때, 美연방거래위원회(FTC)와 같은 정부기관은 정보를 받지 못한 소비자를 보호할 목적으로 정책을 입안한다. 담배생산자에게 "흡연은 당신의 건강에 위험하다"라는 경고문을 "흡연은 폐암, 심장병 등을 일으킬 수 있고 태아를 위태롭게 한다"와 같이 구체적으로 명시하도록 변경해서 흡연에 따른 소비자의 피해를 줄이려 할 수도 있다. 일반적 수준에서 지식이란 기억 속에 저장된 정보로 정의될 수 있다. 이 장은 소비자 지식에 관한 지식의 내용, 지식의 조직 및 지식의 측정 문제를 다루고 있다.

2 지식의 내용

소비자지식이란 소비자의 장기 기억 속에 영구히 또는 일시적으로 저장되어 구매의사결정 시에 활용되는 제품구매와 관련된 모든 사전 정보이다. 어떤 제품에 대한 새로운 정보가 소비자 지식으로 전환되기 위해서는 그 제품에 대한 친숙도나 전문성이 필요할 것이다. 소비자가 제품이나 제품 사용과 관련하여 축적한 경험이 친숙도라면, 제품이나 제품사용과 관련된 업무를 성공적으로 수행할 수 있는 능력은 전문성이다. 마케팅 실무자에게는 지식내용을 범주화하고 체계화 내는 것이 중요할 것인데, 제품지식, 구매지식 및 사용지식으로 구분하여 조사하는 것이 일반적이다.

1) 제품지식

제품지식(product knowledge)에는 다양한 유형의 정보가 결합되어 있는데, 제품 범주와 이 범주 내에 있는 상표인식, 제품용어, 제품 속성과 특성, 그리고 일반적 및 특정 상표에 대한 신념 등을 포함한다. 일반적으로 마케터는 자신의 상표와 경쟁회사의 상표에 대한 소비자의 지식 혹은 정보에 아주 관심이 많다. 이러한 정보는 인지도 분석(awareness analysis)과 이미지 분석(image analysis) 및 가격지식에 의해서 세분화된다.

(1) 인지도 분석

상표인지를 평가하는 일반적인 접근방법은 먼저 생각을 기술(top-of-the-mind)하도록 하는 인지도 측정이다. 인지도 측정은 소비자에게 조사에 필요한 상표를 기억하도록 요청한다. 소비자들이 알고 있는 치약의 이름을 모두 적도록 요청하는 것은 매우 일반적인 조사이다. 기억하고 있는 상표의 이름을 모두 적게 하는 방법이외에 특정 혜택(충치예방)이나 사용상황(여행용)을 규정하여 적절한 상표를 적도록 하는 한정적인 조사가 이루어 질 수도 있다. 소비자에게 알려진 상표는 인지 조합(awareness set)을 구성하게 된다. 상표 인지도는 상표 이미지를 창조하는 기초이며 소비자가 선택의 대상으로 고려하는 고려 조합(consideration set)을 이룬다. 소비자들은 자기들이 알고 있지 못하는 상표는 고려의 대상에서 제외한다. 인지 조합은 고려 조합에 영향을 줄 뿐만 아니라 고려 조합 중에서 선택의 기준으로도 작용을 한다. 결국, 소비자들은 그 제품이 이점이 없다고 믿을지라도 잘 알려진 상표를 구매하게 된다. 상표명에 대한 소비자의 인지도를 조사하는 것은 소비자의 제품 지식을 이해하는 중요한 부분이지만, 상표 이미지의 분석은 상표의 위치를 확인하게 해준다.

(2) 이미지 분석

인지조합 내에서의 각 상표는 기억에 저장된 내용과 다른 정보가 연합되어 어떤 특정의 조합을 이룬다. 크레스트(Crest) 치약은 부식과 충치예방에 연결되어 있고 로렉스(Rolex) 시계와 벤츠(Benz) 자동차는 위신과 연결되어 있다. 굿이어(Goodyear)가 자주 사용하는 공중에 떠다니는 광고는 소형비행선을 연상하며, 나이키(Nike)라는 이름은 많은 소비자에게 "Just do it"이라는 광고를 생각나게 한다. 이들 각 상표는 언급된 것 이상으로 추가적인 연상을 지닌다. 이런 다양한 연상들이 상표의 이미지를 결정한다. 이들 연상은 제품소비에서 오는 혜택과 감정은 물론 제품의 물리적 속성으로부터 결정된다. 모든 소비자가 한 상표에 대해 같은 정도로 연상하지는 않는다. 따라서 이미지 분석의 두 번째 단계는 한 상표에 대한 연상의 강도를 평가하는 것이다.

(3) 가격지식

제품가격에 대한 지식은 소비자가 지닌 지식들 중에서 중요한 한 측면이다. 제품가격 중 절대적 가격과 상대적 가격에 대한 소비자의 지식을 조사하는 것은 마케팅 활동에 중요한 정보를 제공한다. 마케팅 관리자의 가격 결정은 소비자들이 기업이 최소한의 가격책정선으로 생각하는 원가와 소비자가 최대한 지불하고자 하는 최대가치 사이의 적절한 구간에서 이루어진다. 마케터는 경쟁력있는 가격수준을 결정해야 하는데, 소비자들이 가격에 대해서 잘 알고 있다고 믿고 있을 때는 가격경쟁에 이기기 위하여 가격인하에 무게를 두고, 가격 지식 수준이 낮을 땐 소비자들이 가격차이에 민감하지 않기 때문에 기존가격을 유지하거나 인상하는데 무게를 둔다. 소비자들이 상대적인 가격차이에 대해서 정보를 받지 못했던 과거에는 이런 무지를 이용하여 폭리가격을 취하여 무리를 일으킨 경우도 있었다.

권장소비자가격이라는 것이 있는데, 이는 제조업자가 유통업자와 소비자 사이의 거래에 참고할 목적으로 임의적으로 표시하는 가격으로 법적인 근거는 없으나 소비자가 상품을 구입할 때 가격정보의 역할을 한다. 이의 표시여부는 의무사항이 아닌 임의사항으로 이때 판매가격은 소매업자가 일반 소비자에게 판매하는 상품의 실제가격이므로 같은 회사의 같은 상품이라도 소매업소마다 다를 수 있다. 또한 실제 판매가격에 비해 권장소비자가격이 높게 표시되어 있으므로 적정가격 판단에 혼란을 주기도 한다.

2) 구매지식

구매지식은 제품을 얻는데 관련된 정보로 어디에서 구매해야 하는지에 관한 구매장소의 문제와 언제 구매해야 되는지에 관한 구매시기가 특히 중요한 의사결정 이슈이다.

우선, 구매장소는 구매 의사결정에서 소비자가 결정해야 하는 중요사항 중의 하나는 어디에서 제품을 구매해야 하느냐이다. 많은 제품은 매우 다양한 경로를 통해 얻어진다. 예를 들면, 화장품은 소매점을 방문해서 구매하거나, 카탈로그를 보고 주문을 하거나, 아니면 화장품 회사의 영업사원을 통해서 이루어질 수도 있다. 소비자의 구매경로에는 다수의 경쟁회사가 참여하고 있기 때문에 소비자가 어느 곳을 선호할지는 미지수다. 소비자가 소매점에서 구매한다고 하더라도 다양한 형태의 서로 다른 백화점, 대량양판점 및 전문점이 선택지로 존재한다. 이러한 상황에서 어디서 구매할 것인가의 최종 결정은 구매지식에 따라 달라진다. 앞의 논의된 제품지식에서와 인지와 이미지는 구매지식에서도 동일하게 중요한 구성요소이다. 예를 들면, 낮은 고객애호도는 표적 소비자 중에서 단순히 특정 점포의 인지도가 부족하기 때문에 나타날 수도 있고 이미지가 나쁘기 때문에 나타날 수도 있다. 또는 특정 점포의 상품제공범위, 가격, 편의성, 판매원과 같은 영역에서 경쟁자에 비해 열등하기 때문일 수도 있다. 앞서 기술한 이미지 분석이 소매점의 선택과정에 관련된 소비자지식을 조사하는데 유용하게 적용될 수 있을 것이다.

다음으로 구매시기는 언제 구매해야 하는가에 대한 소비자들의 의사결정사항은 구매지식의 또 다른 구성요소이다. 일년 중 어떤 특정한 때의 세일기간 동안에만 제품이 있다는 것을 아는 소비자들은 그러한 때가 올 때까지 구매를 연기할지도 모른다. 구매시기에 대한 지식은 혁신 재구매행위에 중요한 결정요인이 될 수 있다. 많은 소비자들은 가격은 시간이 지남에 따라 떨어진다고 믿고 있기 때문에 신제품을 즉각 구매하지 않을 것이다.

3) 사용지식

사용지식은 제품이 이떻게 이용되고 제품을 사용하는데 실제로 부엇이 요구되는 가에 대한 기억속에 있는 모든 정보이다. 소비자 사용지식에 대한 적절한 이해는 여러 가지 이유에서 중요하다. 첫째, 소비자들은 제품사용 방법에 대한 충분한 정보가 부족할 때 구매확률이 낮아지기 때문에 제품사용 방법에 대한 소비자의 교육에 마케팅 노력을 경주해야 할 것이다. 예를 들면, 어떤 소비자들은 사용방법에 대한 지식부족으로 문의전화를 피하려 할 것이다. 이 경우에는 플라스틱 카드에 사용방법만 제시해 주더라도 이용이 활성화 될 것이다. 둘째, 소비자가 제품이 사용되는 상이한 방법이나 상황에 대해서 불완전한 정보를 가질 때 구매장벽이 발생한다. Bayer社는 기존 두통약인 아스피린이 심장병의 위험을 줄인다는 새로운 사용을 소비자에게 알려 제품구매를 촉진하였다. 성숙제품의 경우에 특히 수요를 증가시키기 위하여 새로운 제품사용을 확인하고 촉진시키는 노력을 병행되어야 한다.

소비자 지식을 증가시키기 위해 기업이 무엇을 할지에 대한 고민도 필요한데, 때때로 제품과 무관한 주제에 대한 소비자 교육이 도움이 될 수 있다. 기업에게 불평을 말하고 행동을 취하는 방법을 담은 팜플렛을 출판한 Coca-Cola社는 소비자가 기업에 접근할 때 무엇을 어떻게 해야 하는지를 설명하고 있다. 이 팜플렛이 Coca-Cola회사의 특정 제품을 촉진하지는 않았지만 소비자 불평행동에 대해 소비자를 교육시킴으로써 혜택을 보았다. 불만족 고객이 불평을 심화해서 해당 기업을 힘들게 할 수 있는 개연성도 있겠으나, 이와 달리, 소비자에게 불평하는 방법을 교육한 것이 오히려 고객들을 유지하는데 도움이 될 뿐만 아니라, 이러한 정보를 바탕으로 기업이 개선할 수 있는 기회를 가질 수 있다. 한편, 소비자가 해당 제품에 대한 사용지식이 풍부하다는 것은 그만큼 제품에 대한 관여도가 높다는 것을 의미하기 때문에 이러한 소비자는 기업의 충성고객으로 전환할 수 있는 방안을 모색하는 것 또한 중요하다.

3 지식의 조직화와 측정

1) 지식의 조직화

지식의 조직화는 기억속에 있는 여러 가지 정보들이 어떻게 구조화 및 조직화 되어있는지에 관한 것이다. 기억조직이나 구조에 대해선 여러 가지 이론이 있지만 학문적으로는 주로 연상망(associative network)의 형태로 설명되고 있다. 연상망의 개념에 따르면, 기억은 개념을 나타내는 일련의 마디(nodes)와 마디와 마디사이의 연상을 대변하는 연결고리(links)로 구성되어 있다. 기억 속에 있는 여러 가지 마디의 조합은 지식을 더 복잡하게 만든다. 〈그림 8-12〉에서 볼 수 있듯이, IBM 컴퓨터라는 마디와 값이 비싼 상표라는 마디가 연결되어 "IBM은 값이 비싼 상표이다"와 같이 형성되는 내용은 어떤 신념이나 명제(proposition)를 이룬다. 이들 신념과 명제는 두 마디사이의 내용과 연상의 강도를 달리하며,

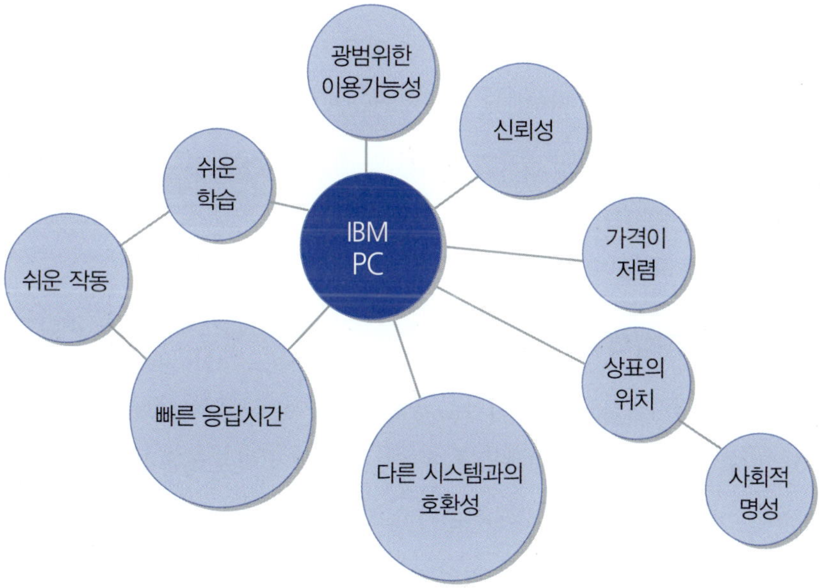

◀ 그림 8-12 IBM 컴퓨터의 지식의 연상망

자료 : James F. Engel, Roger D. Blackwell and Paul W. Miniard, *Consumer Behavior*, 8th, ed., The Dryden Press, 1995, p. 351.

이와 같은 명제들에 의해서 해당 소비자는 IBM은 비싸지만 운영방법을 배우기는 용이하다라는 것을 훨씬 더 확신할 가능성이 높나.

이러한 명제 내지 신념은 스키마(schema)라고 불리우는 고차원의 지식구조로 결합된다. 여기에서 스키마란 외부로부터의 정보를 조직화하고 인식하는 일련의 범주로서 의미를 조직화하고 통합하여 새로운 지식을 쉽게 흡수할 수 있게 해 주며 기존의 스키마에 의해 새로운 정보의 유입정도가 결정되기도 한다. 이러한 스키마를 마케팅영역에서 정의해 보면, 어떤 제품범주나 브랜드에 대해 소비자의 기대나 지식들 간의 네트워크로 인지구조 혹은 마음의 모델로 이해해 볼 수 있는데, 소비자에게 친숙한 대부분의 상표에 존재하며 여러 가지의 추상적인 형태를 형성한다. IBM컴퓨터의 지식연산망으로 제시된 〈그림 8-12〉는 스키마의 한 형태이다. 소비자는 모든 형태의 다양한 상표에 대해서 특정 스키마를 소유하고 있고 그러한 구조는 개인별로 다르게 나타난다. 동시에 이러한 브랜드스키마에 공통 분모를 형성하고 있을 것인데, 이러한 공통요소가 강하면 브랜드파워가 높아질 것이다.

스키마의 한 형태인 스크립트(script)는 어떤 사건이 일어나는 동안 행동을 시간적인 순서로 나타내는 지식으로 앞에서 언급된 바 있는데, 지각적 심상이나 정서적 특성을 비롯한 다양한 종류와 요소로 이 개념을 활용할 수 있다.

2) 지식의 측정

(1) 객관적 지식의 측정

소비자 연구자들은 소비자 지식을 측정하기 위하여 다양한 접근방법을 사용하고 있다. 어떤 연구들은 구매나 사용경험을 지식의 지표로서 삼지만, 지식을 측정하는 가장 분명한 방법은 아마도 기억의 내용을 직접 평가하는 것이다. 객관적 지식측정은 소비자가 실제로 기억 속에 저장되어 있는 것을 꺼내는 것이다. 소비자가 소유하는 관련 지식이 방대하다면 이 또한 쉬운 일은 아니다. 소비자가 알고 있는 지식의 내용은 소비자 지식을 구성하고 있는 다양한 정보로 제공된다.

제품지식의 측정	
• 용어 다음의 용어는 무엇을 의미하는가? a. Basic b. Terminal c. CPU • 속성 어떤 제품특성이 냉장고 구매결정에 중요한가?	• 상표인지도 기억할 수 있는 커피 상표목록을 열거하시오. • 제품 혜택 감자는 얼마나 기름진가? Coke와 Pepsi 중 어느 것이 더 맛이 좋은가? McDonald Big Mac은 얼마인가?
구매지식의 측정	
• 점포신념 소니TV는 어느 점포에서 취급하는가? 뉴코아와 롯데백화점 중 가격이 더 낮은 곳은?	• 구매시기 신차를 구입하는데 일 년 중 어느 때가 좋은가?
사용지식의 측정	
• 사용 작동 컴퓨터 자료파일 형성 단계를 기술하시오.	• 사용 상황 baking soda를 다른 사용 용도는?

▲ 표 8-2
객관적 지식의 측정

〈표 8-2〉에 나열된 목록은 소비자의 객관적인 지식을 측정하는데 사용되는 것으로 소비자의 제품, 구매 및 사용 지식에 대한 여러 측면을 나타내고 있다. 제품지식의 측정에는 용어, 속성, 상표인지도 및 제품혜택에 관한 제반 내용을 평가되고 구매지식 측정에는 점포신념과 구매시기가 평가되면 사용지식의 측정에는 사용작동내용과 사용상황에 관한 내용을 포함된다. 신제품 사용에 대한 의사소통이 성공 여부에 초점을 두고 있는 광고는 소비자의 사용지식에 초점을 맞춰야 하고 가격결정에 도움을 주려는 연구는 소비자의 가격지식에 초점을 맞춰야 할 것이다.

(2) 주관적 지식의 측정

지식을 측정하는 또 하나의 방법은 주관적 지식을 측정하는 것이다. 〈표 8-3〉에 나타나 있는 바와 같이 이 측정은 소비자 자신의 지식을 개발시키는 것이다. 소비자들에게 제품지식이나 친숙도의 측면을 평가한다. 소비자에게 알려진 특정 정보에 초점을 두는 객관적 지식의 측정과는 달리, 주관적 지식 측정은

표 8-3 ▶
주관적 지식의 측정

- 컴퓨터에 대해서 어느 정도 알고 있습니까?
  매우 많이 알고 있다 ——:——:——:——:——:——:—— 거의 알고 있지 못하다
- 보통의 소비자와 비교해서 당신의 컴퓨터 지식을 평가하시오.
  가장 많이 알고 있다 ——:——:——:——:——:——:—— 가장 적게 알고 있다
- 컴퓨터에 대해서 얼마나 친숙합니까?
  매우 친숙하다 ——:——:——:——:——:——:—— 매우 친숙하지 못하다

소비자의 전반적인 지식과 친숙도에 중심을 둔다. 그래서 친숙도와 지식측정의 결과, 소비자가 아스피린 약은 매우 잘 알고 있지만 심장병의 위험을 감소시키는 제품의 혜택에 대해선 잘 모를 수 있다. 일반적으로 마케터는 소비자들이 실제로 무엇을 아는 가에 가장 관심이 많다. 소비자의 상표인지도와 상표이미지에 대한 정보가 마케팅활동에 매우 유용하며 이 활동은 소비자의 구매와 사용지식의 내용을 이해함으로써 시작될 수 있다.

소비자의 주관적 지식을 측정하는 것은 가치가 없다고 할 수는 없다. 주관적 측정은 소비자가 구매의사를 결정하는 동안 새로운 정보를 얻기 위해 환경을 탐색할 가능성을 예측하는데 쓰인다. 소비자가 실제로 얼마나 많이 알고 있는 가에 관계없이 스스로를 충분한 양의 정보를 처리하는 것으로 지각할 때는 외부 환경을 탐색할 가능성이 적다. 실제로 많은 지식을 소유하고 있는 소비자라 할지라도 지식이 충분하지 않다고 믿는다면 외부환경을 많이 탐색할 것이다. 주관적인 측정은 환경으로부터 새로운 정보를 얻으려는 소비자의 경향을 예측하는데는 지식의 객관적인 측정방법보다 더 효과적이다.

연/습/문/제

01 도구적 조건화의 개념을 고전적 조건화와 비교하여 설명하시오.

02 소멸과 망각현상을 설명하시오.

03 인지적 학습방법의 과정을 설명하시오.

04 대리학습의 의미를 설명하고 마케팅적 활용방안을 제시하시오.

05 소비자지식의 측정방법을 설명하시오.

06 제품지식이 인지도분석, 이미지분석에 의해 어떻게 세분화되는지를 설명하시오.

참 고 문 헌

- 이학식, 안광호, 하영원, 소비자행동, 마케팅전략적 접근, 법문사.
- 인종원, 김재일, 홍성태, 이유재, 소비자행동론, 경문사.
- Blackwell, R. D., P. W. Miniard and J. F. Engel, Consumer Behavior(10th ed.), Thomson, 2006.
- Kohler, Wolfgang, The Mentality of Apes, N.Y. : Harcourt Brace and World, 1925.
- Markin, Rom J. Jr., Consumer Behavior, A Cognitive Orientation, N.Y. : Macmillan, 1974, p. 239.
- Skinner, B. F., The Behavior of Organisms : An Experimental Analysis, N.Y. : Appleton–Century–Crofts, 1938.
- Thorndike, E. L., The Psychology of Learning, N.Y. Teacher's College, 1913.
- Alba, W. Joseph and Lynn Hasher, "Is Memory 스키마(schema)tic?" *Psychological Bulletin* 93, March 1983.
- Anderson, R. John, "A Spreading Activation Theory of Memory," *Journal of Verbal Learning and Verbal Behavior* 22, 1983.
- Anderson, R. John, *The Architecture of Cognition*, Cambridge, Mass.: Harvard University Press, 1983.
- Brucks, Merrie, "A Typology of Consumer Knowledge Content," in Richard J. Lutz, ed., *Advances in Consumer Research* 13, Provo, Utah: Association for Consumer Research, 1986.
- Brucks, Merrie, "The Effects of Product Class Knowledge on Information Search Behavior";

Cole, Gaeth, and Singh, "Measuring Prior Knowledge"; Selnes and Gronhaug, "Subjective and Objective Measures of Product Knowledge Contrasted."

- Carolyn Turner Schenk and Rebecca H. Holman, "A Sociological Approach to Brand Choice: The Concept of Situational Self Image," in Jerry C. Olson(eds), Advances in Consumer Research, Vol. 7, 1980.
- Coleman, Lynn, "Advertisers Put Fear into the Hearts of Their Prospects," *Marketing News*, August 15, 1988.
- Crispell, Diane and Kathleen Brandenburg, "What's in a Brand?" *American Demographics*, May 1993.
- David L. Loudon and Albert J. Della Bitta, Consumer Behavior, 2nd ed., New York : McGraw-hill Book Co., 1984.
- Engel, F. James, Roger D. Blackwell and Paul W. Miniard, *Consumer Behavior*, 8th Ed., The Dryden Press, 1995.
- Geistfeld, V. Lyle, George B. Sproles, and Susan B. Badenhop, "The Concept and Measurement of a Hierarchy of Product Characteristics," in *Advances in Consumer Research*, vol. 4, ed.
- Green, E. Paul, Yoram Wind, and Arun K. Jain, "Benefit Bundle Analysis," *Journal of Advertising Research*, April 1972.
- Gutman, Jonathan and Donald E.Vinson, "Values Structures and Consumer Behavior," in *Advances in Consumer Research*, vol. 6, ed. William L. Wilkie, Ann Arbor, Mich.: Association for Consumer Research, 1979.
- Haley, I. Russell, "Benefit Segmentation: A Decision-Oriented Research Tool," *Journal of Marketing*, July 1972.
- Hoyer, D. Wayne and Steven P.Brown, "Effects of Brand Awareness on Choice for a Common, Repeat-Purchase Product," *Journal of Consumer Research* 17, Septmber 1990.
- Johnson, J. Eric and J. Edward Russo, "Product Familiarity and Learning New Information," *Journal of Consumer Research* 11, June 1984.
- Leon A. Festinger, "A Theory of Social Comparision," Human Relations, 14, 1954, pp. 48-64.
- Levitt, Theodore, "Marketing Myopia," *Harvard Business Review*, July-August 1960.
- Peter, L. Paul and Jerry C. Olson, *Consumer Behavior and Marketing Strategy*, 3rd Ed. Irwin, Boston, MA, 1993.
- Rao, R. Akshay and Wanda A. Sieben, "The Effect of Prior Knowledge on Price Acceptability and the Type of Information Examined," *Journal of Consumer Research* 19, September 1992.
- Rokeach, J. Milton, *The Nature of Human Values*, New York: Free Press, 1973.
- Schiller, Zachary and Mark N. Varmmos, "Liquid Tide Looks Like Solid Gold," *Business Week*, December 24, 1984.
- Theodore M. Newcombe, Social Psychology, New York, Holt, 1950, p. 328.
- Tulving, Endel, "Episodic and Semantic Memory," in Endel Tulving, ed., *Organization of Memory*, New York: Academic Press, 1972.
- Urbany, E. Joel and Peter R. Dickson, "Consumer Information, Competitive Rivalry, and

Pricing in the Retail Grocery Industry," working paper, University of South Carolina, 1988.
• Waldrop, Judith, "Educating the Customer," *American Demographics* 13, September 1991.

그/림/출/처

• James F. Engel, Roger D. Blackwell and Paul W. Miniard, Consumer Behavior, 8th, ed., The Dryden Press, 1995, p. 351.

CHAPTER

09

태도

1. 태도의 개념을 이해한다.
2. 태도의 형성(측정)에 대해 알아본다.
3. 태도 변화를 이해한다.

제 1 절 태도의 본질

1 태도에 대한 정의

태도는 오랫동안 심리학의 중요개념으로 여겨져 왔으며, 태도의 정의만 해도 100여개 이상이며 태도를 측정하는 방법도 500여 종류 이상의 방법이 제안되었다. 이 수많은 정의들에는 하나의 공통점이 있는데, 태도는 사람들의 평가라는 것이다. 태도의 수많은 정의 중에 Gorden Allport의 정의가 가장 많이 인용되고 있다. Allport는 태도를 "어떤 대상 또는 대상들의 집합에 대해 일관적으로 호의적 또는 비호의적으로 반응하려는 학습된 선유경향(predisposition)"으로 정의하고 있다. 예를 들어, 상표에 대한 태도는 일관성 있게 상표를 좋게 또는 나쁘게 평가하려는 소비자들의 학습된 경향을 말한다. 다시 말하면, 상표에 대한 태도는 특정 상표에 대한 소비자의 좋다거나 나쁘다는 총체적인 평가인 것이다. 마케팅에서 어떤 제품에 대한 태도가 호의적인가 비호의적인가 하는 것은 이 제품의 구매행동에 대한 일반적인 경향을 나타낸다고 볼 수 있다.

2 태도의 특성

태도의 정의를 살펴보면 다음과 같은 몇 가지 중요한 특성이 있다.

(1) 태도는 대상을 가진다.

태도의 정의를 살펴보면 태도는 태도를 보이는 대상이 있다. 태도를 보이는 대상이란 제품일 수도 있으며, 제품계열, 상표, 서비스, 제품사용, 광고, 가격, 매체, 소유 또는 소매 점포와 같은 소비나 마케팅과 관련된 내용일 수도 있다.

그래서 태도조사는 일반적으로 특정 대상에 대하여 실시한다. 예를 들어, 자동차 회사에 대한 소비자들의 태도에 대하여 파악하고자 하는 경우, 아마도 현대자동차나 기아, 다임러-벤츠(Dimler-Benz AG), 토요타자동차, 제너럴모터스(GM) 등이 그 대상이 될 것이다.

(2) 태도는 일관성과 지속성을 가진다.

소비자가 어떤 제품이나 서비스에 대해 가지고 있는 태도는 일시적인 것이 아니라 비교적 일관성 있게 계속 유지될 수 있다. 물론 태도는 영구적이지 않다. 즉, 태도의 지속성은 어느 정도 오랜 기간 동안 변하지 않는다는 것이지 태도도 상황에 따라 변하게 된다. 또한 태도에서 일관성이 있다는 말은 소비자의 행동과 태도가 부합한다는 것을 의미한다. 예를 들어 어떤 소비자가 SUV 차량을 유달리 선호한다고 하면, 다음 번 새 차를 구매할 때 그가 SUV 차량을 구매할 것이라는 예측이 가능하다. 마찬가지로 어떤 소비자가 SUV 차량을 싫어하고 세단형 승용차를 좋아하는 사람은 그의 태도와 일치하는 구매 행동을 할 것이다. 한편, 확신을 갖고 보유하는 태도는 상당히 오랫동안 지속되는 반면, 극히 짧은 기간만 지속되다가 사라져 버리는 태도도 있다.

(3) 태도는 학습된다.

태도는 선천적으로 형성되는 것이 아니라 후천적인 학습에 의해 형성된다는 것이다. 태도는 가족이나 동료집단, 친구나 매체 또는 판매원으로부터의 정보, 개인적 경험이나 개성 등에 의해 영향 받는 학습과정을 통하여 시간이 경과함에 따라 형성된다. 소비자는 매일의 일상적인 구매경험을 통해, 또한 제품을 소비하면서 태도를 형성하게 된다. 이러한 과정을 거쳐 학습되기 때문에 소비자의 태도 또한 외부의 정보와 경험을 통해 변경될 수도 있다. 따라서 마케팅 관리자는 광고나 인적 판매 등을 통해 소비자의 태도를 형성시키고 변화시킬 수 있다.

(4) 태도는 방향성과 강도를 가진다.

태도는 긍정적(+)일 수도 있고 부정적(–)일 수도 있다. 예를 들어 좋아하는 것이 +이고 싫어하는 것은 –일 때, "좋다(+) – 싫다(–)" 또는 "이끌린다(+) – 거부한다(–)"와 같이 선호의 방향이 다르게 된다. 이러한 태도의 방향성은 제품이나 서비스에 대한 평가나 판단에서 기인할 수도 있고, 제품을 사용할 때 얻는 혜택이나 불편함 때문일 수도 있다. 태도는 또한 강도를 갖는데, 사람들의 태도가 얼마나 센가 약한가에 따라 자신의 태도와 일치하게 행동할 가능성이 결정된다. 즉, 좋아하더라도 약간 좋아할 수도 있고, 많이 좋아할 수도 있으며, 아주 많이 좋아할 수도 있는데 이것을 태도의 강도라고 한다.

3 태도의 구성요소

태도와 행동간의 관계를 보다 명확하게 이해하기 위하여 태도의 구성요소에 대한 여러 모델들이 제시되었다. 전통적 견해인 삼각이론은 태도가 인지적 요소(cognitive component), 감정적 요소(affective component) 및 행동적 요소(conative component) 로 구성되는 것으로 보았다. 즉, 아는 것(인지적 요소), 느끼는 것(감정적 요소), 그리고 행동하는 것(행동적 요소)로 구성되는 것이다.

여기에서 태도의 인지적 요소는 대상에 대해 사람들이 가지고 있는 지식이나 신념을 말한다. 이러한 지식이나 신념은 대상을 직접 경험하거나 또는 여러 원천으로부터 관련된 정보를 얻음으로서 가지게 된다. 예를 들어 소비자가 직접 경험을 하거나 또는 매체로부터 정보를 얻어서 '하이트 맥주는 부드러운 맛이다'라고

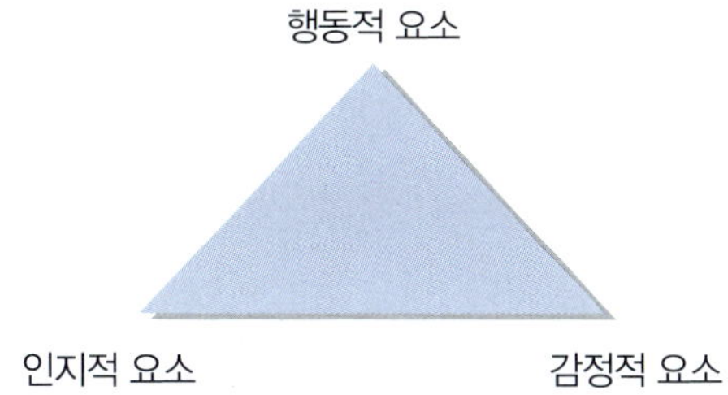

◀ 그림 9-1
태도에 대한 전통적 견해(3요소 태도모델)

믿게 되는 것은 태도의 인지적 요소를 나타내는 것이다. 태도의 감정적 요소는 대상에 대한 느낌이나 평가를 말한다. 소비자 연구가들은 종종 이러한 느낌이나 감정을 특정 대상에 대해 일차적으로 평가하는데 사용한다. 즉, 구매자들이 좋다거나 싫어한다거나 불결하다 또는 깨끗하다와 같은 대상물에 대한 개인의 직접적이고 전체적인 평가로 사용한다. 예를 들어, 맥주 소비자가 '나는 하이트 맥주를 좋아한다' 또는 '나는 하이트 맥주를 싫어한다'는 태도에 있어 감정적 요소이다. 태도의 행동적 요소는 대상에 대한 행동성향으로서 특정 대상에 대하여 특정한 행동을 취하려는 경향이나 가능성과 관련이 있다. '나는 하이트 맥주를 구매하려고 한다'는 구매의도라는 행동성향을 나타낸다.

인지적 요소의 예 : 아이오닉 5는 경제적인 차다.
감정적 요소의 예 : 나는 아이오닉 5를 좋아한다.
행동적 요소의 예 : 나는 아이오닉 5를 구매하려고 한다.

태도에 대한 새로운 견해는 태도가 세 가지 요소로 구성된다는 관점에서 벗어나 태도를 긍정적 또는 부정적 느낌으로 보고 세 가지 요소간의 관계에 대하여 초점을 두었다. 즉, 전통적 견해의 세 요소 중 감정적 요소만을 태도로 본다. 그리고 세 가지 구성요소의 상대적 영향력을 설명하기 위해 효과의 계층(hierarchies of effects) 개념을 제시한다. 효과의 계층은 태도의 세 가지 구성요소에 관련된 계층으로서 고관여 계층(high-involvement hierarchy), 저관여 계층(low-involvement hierarchy), 경험적 계층(experiential hierarchy)으로 나뉜다. 먼저,

고관여 계층은 태도(attitude)가 인지(cognition 또는 신념)에 의해 형성되며, 행동의도(conation)는 태도에 의해 결정된다고 가정한다. 즉, 인지(cognition 또는 신념)의 영향으로 감정적 요소인 태도가 형성되며, 형성된 태도는 행동의도(conation)에 영향을 주게 된다는 것이다. 예를 들어 아이오닉 5가 경제적인 차라는 신념이 강한 소비자는 아이오닉 5를 좋아할 것이며, 나중에 아이오닉 5의 구매의도가 높아질 것이다.

둘째로 저관여 계층은 인지(cognition 또는 신념)가 먼저 행동의도(conation)를 야기하며 그 후 감정적 요소인 태도가 형성된다고 가정한다. 즉, 특정 브랜드에 대해 강한 선호를 가지고 있지 않지만 알고는 있다면 일단 제품을 구매한 후에 평가를 내리는 것이다. 예를 들어, 소비자는 새로운 탄산음료가 출시되었다는 것을 알고 있다면, 일단 구매하고 나서 마셔 본 후 좋은지 나쁜지를 평가할 수 있다.

셋째로 경험적 계층은 감정적 요소인 태도에 따라 행동의도(conation)가 야기되고 그 후에 우리의 인지(cognition 또는 신념)에 영향을 준다고 가정한다. 즉, 특정 브랜드에 대해 좋은 경험과 강한 선호를 가진 소비자는 구매의도가 생기고 구매 후 브랜드에 대한 지식이 생길 수 있는 것이다. 예를 들어, 아이폰에 대해 좋은 경험과 애착을 가지고 있는 소비자는 신제품 아이폰을 일단 구매하려 하고 신제품 아이폰이 얼마나 많은 기능을 가지고 있는지 알 수 있을 것이다.

태도의 구성요소를 관리하는 과정에서 추리된 행동이론(Theory of reasoned action)에 대한 태도구체화가 중요하다. 추리된 행동이론의 태도구체성 원리(at-

그림 9-2 ▶ 태도에 관한 최근의 견해(일차원 이론)

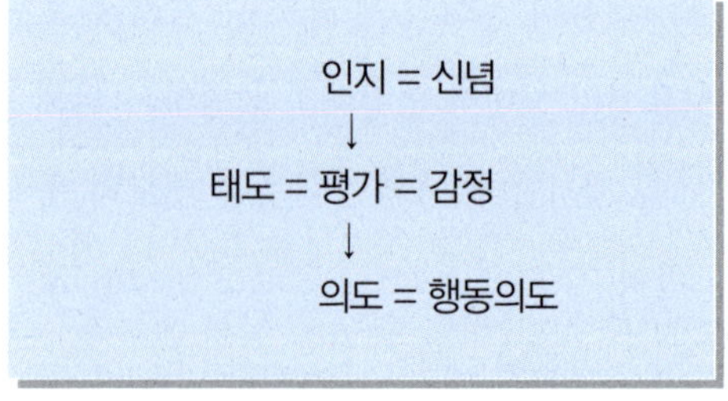

◀ 그림 9-3
태도의 효과 계층

고관여 계층(high–involvement hierarchy) : 인지적 정보처리

인지(신념) → 태도(감정, 평가) → 의도(행동의도)

저관여 계층(low–involvement hierarchy) : 행동적 학습과정

인지(신념) → 의도(행동의도) → 태도(감정, 평가)

경험적 계층(experiential hierarchy) : 쾌락적 소비

태도(감정, 평가) → 의도(행동의도) → 인지(신념)

titude specificity principle)란, 태도가 관심의 대상이 되는 행동에 대해 구체적일수록, 태도와 행동이 서로 관련될 가능성은 그만큼 더 높아지는 것을 말한다. 따라서 마케팅 관리자가 소비자의 획득행동, 사용행동 및 처분행동을 적절히 이해하려면, 자사제품에 대한 소비자의 전반적 태도보다는 그런 행동을 실제로 수행하는 것에 대한 소비자의 태도를 검토해야 한다는 것을 의미한다.

제9장 태도

제 2 절 태도의 형성

1 다속성 태도 모델

마케팅 활동을 잘 하기 위해서는 제품에 대한 소비자의 태도가 좋다, 나쁘다 하는 것을 아는 것만으로는 충분하지 않다. 이러한 태도가 무엇 때문에 형성되었는지를 이해하여야 하며 이러한 이해가 바탕이 되어야 소비자의 태도를 마케터가 원하는 방향으로 형성하게 하거나 수정하는 것이 가능할 것이다.

전통적인 정보처리 이론에 따르면 소비자는 제품의 속성에 대한 신념을 형성하고 신념에 의해 태도를 형성하고 태도에 의해 구매행동에 이르게 된다. 즉 소비자는 인지-태도-의도-구매행동의 단계를 거치게 되는 것으로 이해되었다. 전통적 정보처리 이론에 기초하여 소비자의 인지구조와 태도형성간의 관계를 설명하는 대표적인 모델이 다속성태도 모델이다. 다속성태도 모델은 소비자행동학자들이나 마케팅 실무진이 유용하게 응용할 수 있는 모델이다. Fishbein의 이론과 같은 인지적 학습이론들은 제품이 특정한 속성을 가지고 있다는 신념과 그 속성의 중요성에 대한 평가를 태도의 중요한 요소로 강조하였다. 즉, 다속성태도 모델들은 소비자의 제품에 대한 태도가 제품의 속성에 대한 신념에 기초한 것으로 보고, 인지적 요소들에 의하여 개인의 태도가 형성되는 과정을 설명하고 있다.

원래 사회심리학에서 어떤 사물에 대한 개인의 태도형성 혹은 변화과정을 설명하기 위하여 개발된 인지구조이론은 광고에 노출된 소비자의 태도형성과 태도변화 메커니즘을 이해하고 설명하는데 그대로 적용이 가능하다는 점에서 의미가 크다. 즉, 인지구조이론은 광고에 노출된 소비자는 광고메시지에 설득되어 제품이 지니고 있는 속성의 수준과 속성의 중요도의 형성 혹은 변화를 가져오며, 이에 따라 제품태도가 형성 혹은 변화되는 것으로 볼 수 있는 것이다.

여러 종류의 다속성태도 모델중 대표적으로 Fishbein과 그의 동료들이 제안한 모델 중 몇 가지를 살펴보면 다음과 같다.

1) Fishbein 다속성 태도 모델

(1) 대상에 대한 태도모델(The Attitude–Toward–Object Model)

대상에 대한 태도모델은 특히 제품이나 상표에 대한 태도를 측정하기에 적합한 모델이다. 본 모델에 따르면 소비자의 태도란 한 제품이나 상표가 지니고 있는 특정 속성과 속성에 대한 신념의 함수이다. 다시 말하면, 적절한 수준의 긍정적 속성들을 지니고 있다고 평가되는 상표에 대해서는 호의적인 태도를 가지며, 그러하지 못하다고 느끼거나 너무 부정적인 속성이 많은 경우에는 비우호적인 태도를 지니게 된다는 것이다.

예를 들어 Samsonite가방에 대하여도 우호적인 소비자는 고급이며, 독창성이 있고, 튼튼하며, 자주 여행을 하는 사람들의 추천을 가장 많이 받는다는 신념을 가지고 있는 반면, 비우호적인 소비자는 가방이 너무 무겁고, 너무 비싸고, 본인이 여행을 자주 하지 않으니 그렇게 좋은 가방이 필요하지 않는다든가, 평생 망가지지 않을 가방이 필요 없다는 신념을 가질 수 있다.

본 모델을 이용하여 마케터들은 중요한 제품속성에 관하여 자신의 상표와 경쟁 상표 사이를 소비자들이 어떻게 평가하는가를 파악하여 자사상표의 강점과 약점을 분석할 수 있다. 다음 〈그림 9–4〉에 나와 있는 것과 같이 어떤 대상에 대한 태도는 소비자의 그 제품이 특정 속성을 가지고 있다는 신념과 제품속성의 평가에 의해서 결정된다.

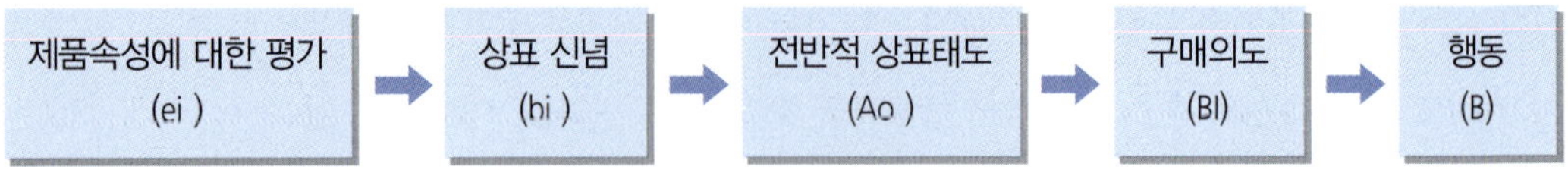

그림 9-4 ▲
Fishbein의 다속성모델

Fishbein의 태도모델을 방정식으로 표현하면 다음과 같다.

$$A_O = \sum_{i=1}^{n} b_i e_i$$

A_o = 대상(제품, 상표 또는 점포)에 대한 태도
b_i = 속성 i에 대한 소비자의 상표 신념의 강도
e_i = 속성 i에 대한 소비자의 평가
n = 고려되는 중요한 속성들의 수

위의 모델에서 보듯이 소비자는 우선 특정 속성에 대한 평가를 하고나서 자신이 생각하고 있는 상표가 그 속성을 가지고 있는가에 대한 신념을 형성하게 된다. 상표에 대한 태도는 하나의 속성이 아니라 중요하다고 생각하는 모든 속성의 가치와 신념의 합에 의하여 결정된다. 이 모델은 결과적으로 한 속성의 약점이 다른 속성의 강점으로 보상이 되는 보상적 모델이다. 모든 속성이 종합되어 상표를 좋아하거나 싫어하는 태도가 결정되게 된다.

예를 들어 두 종류의 자동차 모델에 대한 소비자의 태도를 알기 위하여 마케팅조사회사에서 표적시장의 태도를 파악하고자 한다고 하자. 우선 표적시장을 대상으로 한 일련의 초점집단 조사에서 소비자가 자동차를 평가할 때 4가지의 주요 속성 즉, 경제성, 안전성, 디자인, 승차감이 사용된다는 것 알아냈다고 하자. 각 상표에 대한 소비자 태도를 측정하기 위하여 다음과 같은 질문을 하게 될 것이다.

속성에 대한 평가(e_i)는 어떤 대상(자동차)이 특정 속성(경제성)을 가진다는 사실이 소비자에게 얼마나 바람직한가를 반영하며, 다음과 같은 방법으로 측정된다.

속성의 평가(e_i)

자동차가 경제적이면,
매우 나쁘다 [1] [2] [3] [4] [5] [6] [7] 아주 좋다

자동차가 안전한 것은,
매우 나쁘다 [1] [2] [3] [4] [5] [6] [7] 아주 좋다

자동차의 디자인이 뛰어난 것은,
매우 나쁘다 [1] [2] [3] [4] [5] [6] [7] 아주 좋다

자동차의 승차감이 뛰어난 것은,
매우 나쁘다 [1] [2] [3] [4] [5] [6] [7] 아주 좋다

신념에 대한 강도는 어떤 대상이 특정 속성을 가진다는 사실을 소비자가 어느 정도 확신하느냐를 말한다. 신념의 강도(b_i)는 소비자의 과거 경험과 외부정보에 의해 영향을 받게 된다. 예를 들어 소비자들은 이 두 상표를 평가하는데 대해 네 가지 속성에 대한 신념을 가지게 되며 신념에 대한 강도는 아래와 같은 척도를 사용하여 측정된다.

신념의 강도(b_i)

자동차A의 경제성은 얼마나 높은가?
매우 나쁘다 [1] [2] [3] [4] [5] [6] [7] 아주 좋다

자동차A의 안전성은 얼마나 높은가?
매우 나쁘다 [1] [2] [3] [4] [5] [6] [7] 아주 좋다

자동차A의 디자인은 어떠한가?
매우 나쁘다 [1] [2] [3] [4] [5] [6] [7] 아주 좋다

자동차A의 승차감은 어떠한가?
매우 나쁘다 [1] [2] [3] [4] [5] [6] [7] 아주 좋다

나머지 다른 자동차에도 같은 척도로 측정을 하여 비교를 하게 된다. 기업이 표적시장과 인구 통계적인 특징이 맞는 소비자들의 표본을 선정하여 각 속성에 대한 평가와 신념의 평균값을 구한 후에 상표에 대한 태도를 측정할 수 있다. 예를 들어 속성평가에 대한 소비자들의 평균값이 경제성, 안전성, 디자인, 승차감이 각각 7, 7, 4, 5로 측정되었고, 상표 A와 상표 B의 각 속성에 대한 신념이 각각 6, 6, 7, 4와 4, 4, 7, 5로 측정된 경우 상표에 대한 태도는 다음과 같다.

속성	속성의 평가 (e_i)	신념(bi)			
		상표 A		상표 B	
	e	b	b×e	b	b×e
경제성	7	6	42	4	28
안전성	7	6	42	4	28
디자인	4	7	28	7	28
승차감	5	4	20	5	25
$\Sigma b_i e_i$의 총합			132		109

앞의 표에서 보듯이 상표 A에 대한 태도가 상표 B에 대한 태도보다 합계 점수가 높으므로 우호적으로 나타났다. 자동차를 선택할 때 사용하는 주요 속성 중에서 속성평가 점수가 7로 경제성과 안전성이 가장 중요한 변수로서 나타났다.

〈그림 9-5〉는 샘소나이트 가방에 대해 소비자가 지닌 태도를 강화하는 광고를 자극적이고 인상적으로 표현한 광고인데, 이와 같은 컨셉에 대한 지속적인 노출을 통해 소비자들은 해당 가방에 대한 일관적이고 확신적인 태도를 형성하게 된다.

그림 9-5 ▼
제품속성에 대한 태도를 형성하는 광고

(2) 추론행위모델(Theory of Reasoned Action Model)

태도와 행동간의 연결을 더 잘 설명하기 위하여 Fishbein은 그의 다속성모델을 수정하여 추론행위모델을 제시하였다. 피쉬바인은 태도에 대한 측정이 제품 자체(Ao)보다는 상표구매나 상표사용(Aact)에 대한 태도를 측정하여야 한다고 하였다. 소비자의 구매행동과 소비가 궁극적으로는 소비자 만족을 결정하게 되며, 상표에 대한 태도만으로는 태도를 정확하게 측정하는데 문제가 될 수도 있게 된다는 것이다. 예를 들어 푹신한 카페트에 대하여 따뜻하고 안락하고 화려하고 품위가 있다고 긍정적으로 평가하는 소비자라도 만일 그가 집안에 강아지를 두 마리 키우고 고양이도 있고 미취학 아동이 두 명이나 있다면 카페트 구매에는 다른 태도를 가질 수 있다.

또 다른 수정사항은 신념을 상표의 인지된 속성에 대한 신념이 아니라 행동의 인지된 결과에 대한 신념으로 수정한 것이다. 치약제품을 평가할 때 치약이 이를 희게 한다거나 입냄새를 향기롭게 한다거나 하는 속성에 대하여 평가하기 보다는 평가자가 사용을 하였을 때 이가 하얗게 되는지 입 냄새가 향기로운가로

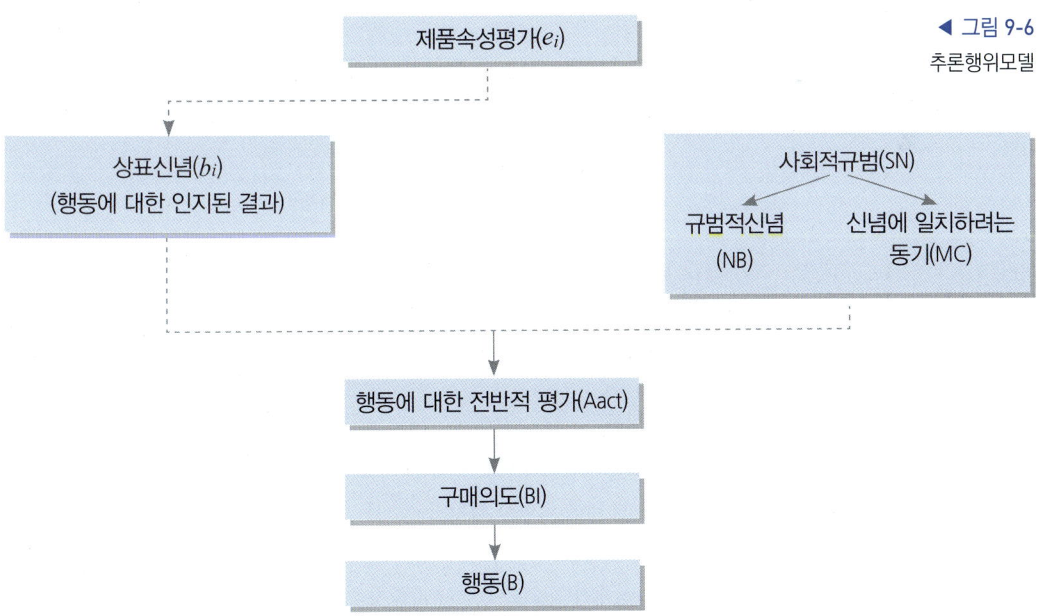

◀ 그림 9-6
추론행위모델

평가하여야 할 것이다. 이러한 차이는 큰 차이가 없을 것 같지만 중요할 수가 있다. 예를 들면 어떤 특정 자동차를 안전하다고 평가하는 어머니라도 만일 아이와 함께 동승하여 운전할 때에 안전하겠느냐는 질문에는 부정적으로 평가할 수 있기 때문이다. 소비자의 신념이란 일반적인 경우와 자신이 직접 사용하는 경우에는 상표에 대한 평가에 차이가 있을 가능성이 높다.

Fishbein의 수정된 모델에서는 신념과 속성에 대한 평가 외에 다른 요인들을 행동에 영향을 미치는 요인으로 포함하였다. 예컨대, 가족이나 동료집단들은 준거집단으로 규범적인 영향을 행사하여 태도에 영향을 미치게 된다. 이러한 이유로 그는 사회적 영향력을 모델에 포함하였다. 두 유형의 사회적 요소 즉, 규범적 신념과 이에 일치하려는 동기부여를 포함하였다. 이러한 요소들은 예를 들어 다음과 같이 측정할 수 있다.

① "나의 가족은 내가 상표 A를 "
사지 말아야 한다고 생각한다. [1] [2] [3] [4] [5] [6] [7] 사야 한다고 생각한다.

② "상표 A에 관하여 가족이 내가 하기를 원하는 바에 대하여"
하기를 원하지 않는다. [1] [2] [3] [4] [5] [6] [7] 하기를 원한다.

이것을 수식으로 표현하면 다음과 같다.

$$B \approx BI = W_1(AB) + W_2(SN)$$

$$AB = \sum_{i=1}^{n} b_i e_i$$

$$SN = \sum_{j=1}^{n} NB_j MC_j$$

B : 구매행동 | BI : 구매의도
AB : 제품 구매행동에 대한 태도 | b_i : 소비자 신념
e_i : 결과 i에 대한 소비자 평가 | SN : 주관적 규범
NB : 규범적 신념 | MC : 순응적 동기
W_1, W_2 : 상대적 중요도에 대한 가중치

2 태도형성에 대한 저관여 이론

앞에서 언급한 전통적 정보처리 이론은 정보의 인지적 처리와 태도형성 혹은 태도변화가 반드시 행동에 선행된다는 전제하에서 전개되었다. 그러나 이러한 견해와는 달리 1960년대에 Krugman이 저관여 학습이론을 제기한 이후 수동적 태도변화 및 형성에 대한 연구는 1970년대에 보다 더 이론적으로 체계화되었다. Krugman은 TV로 광고된 대부분의 제품들은 저관여 제품이며, TV매체 그 자체도 저관여 매체라고 주장하였다. 그의 주장에 의하면, TV시청자들은 대개의 경우 광고에 그다지 관심을 갖고 있지 않아서 인지적으로 정보처리를 하지 않으며, 단지 반복적으로 광고에 노출되면 광고 메시지는 소비자의 인지구조를 여과한다고 주장하였다. 그러나 이 경우 능동적 정보처리가 행하여지지 않으므로 광고에서 주장하는 제품 속성은 소비자의 인지구조 안에서 두드러지게 나타나거나, 다른 제품과 명확한 차별이 되지 않으며, 단지 상표 등이 두드러지게 된다고 보는 것이다. 이때의 인지는 그 상표에 대한 태도를 형성할 만큼 구체적이지 않으므로, 후에 그 제품 구매 시 소비자는 상표태도 보다는 상표에 대한 친숙성 때문에 그 상표를 구매하게 되며 구매, 소비 이후 소비자는 상표평가를 통해 비로소 상표태도를 형성하는 것으로 파악되었다.

정보처리에 관한 이러한 견해는 저관여 정보처리로 일컬어지며, 이에 반해 전통적 견해는 고관여 정보처리로 일컬어진다. 이러한 저관여 이론은 "인지과정이 감정과정에 선행하며 감정이 행동을 결정한다"는 합리주의적 인간관의 기초였고 전통적인 정보처리적 모델이 암묵적으로든 명시적으로든 받아들이고 있는 인지(Cognition) →정서(Affect) →행동(Behavior) 패러다임을 수용했던 대부분의 소비자행동모델의 한계를 드러내 보인 것이다. 저관여 과정에 관한 연구들은 기존의 정보처리적 소비자행동이론으로는 설명하기 힘들었던 비합리적인 것처럼 보이는 많은 소비자 행동을 이해하는데 크게 공헌했으며, 또한 소비자행동 연구분야에서 그동안 정보처리적 관점이 크게 강조했던 소비자행동의 인지적인 측면뿐만 아니라 정서적 측면에 대한 이해를 중요한 연구주제로 부각시켰으며, 소비자행동연구나 광고연구에 있어서도 소비자행동의 정서적 측면에 대한 연구에 관심을 기울이게끔 하였다.

저관여 이론은 소비자 의사결정과정이나 정보처리에 지대한 영향을 미쳤다. 커뮤니케이션에 노출되었을 때에 소비자가 어떻게 태도를 형성하고 또 변경하는가 하는 문제에 대하여 여러 학자들에 따라 표현의 차이는 있어도 태도형성 과정에 있어서 관여도에 따른 두 종류의 정보처리 형태가 제시되었다. 80년대 들어 소비자행동 연구에 있어서 많은 연구들이 태도변화 매커니즘의 양분성(dichotomy)에 관한 것과 광고에 있어서의 그 시사점들을 다루었다. Petty와 Cacioppo는 이 매커니즘을 중심경로처리와 주변경로처리라 칭했으며, Chaiken은 체계적 대 휴리스틱(heuristic)으로 명했으며, Schneider와 Schffrim은 통제된 정보처리 대 자동적 정보처리라 설명했고, Sheldon 은 숙고된 처리와 무신경한(mindless) 정보처리라 명하고, Craik와 Lockhart는 깊은 정보처리와 얕은 정보처리라고 설명하고 있다. 위의 학자들은 대부분 소비자들이 마케팅 커뮤니케이션에 반응하는 두 종류의 방향을 설명한 것이다.

소비자들은 합리적이고 제품의 속성에 근거를 둔 평가과정에 의해 행동을 하거나 또는 정보의 노출시 야기되는 전체적인 정서(affect)에 의해 행동하게 된다. 그런데 소비자들은 같은 커뮤니케이션에도 각기 다른 행동을 하며 같은 소비자라도 같은 커뮤니케이션에 대해서도 시점이 다른 때에는 다르게 반응을 한다. 이를 살펴보면 개인특성과 촉진되는 제품 그리고 상황, 이 세 가지 조합에 의하여 소비자 반응이 결정된다 하겠다. 이러한 개인, 제품 그리고 상황의 조합은 소비자 관여의 개념으로 파악될 수 있다.

고관여하에서의 소비자들은 그들에게 노출된 커뮤니케이션과 당면한 제품선택에 큰 관심을 가지고 광고와 같은 커뮤니케이션에 주의 깊게 관심을 가지며 더 자세하게 정보를 처리한다. 따라서 어떤 특정한 제품의 속성들에 대한 정보를 더 자세하게 탐색하고 평가하게 된다. 그러나 저관여 하에서는 관심도 적게 가지며 그에 따라 행동도 덜 하게 된다. 즉, 어떤 특정한 정보를 처리하는데 소요되는 시간과 에너지를 낭비하는 것도 꺼리게 되어 될 수 있으면 쉬운 방법으로 비언어적 커뮤니케이션 단서를 사용하여 제품에 대한 전반적인 정서를 형성하게 된다.

저관여 이론을 제기한 Krugman의 연구 이후에 고객들이 구매의사결정에 관여되어 있지 않을 수도 있고, 신념에 근거한 태도변화가 모든 마케팅 커뮤니케이션의 목표가 아닐 수도 있다는 사실에 대한 연구가 계속되었다. 많은 광고 상황에서는 고관여 학습이 일어나지 않는다는 연구가 나왔는데, 이러한 연구들은 소비자행동 분야에 큰 변화를 일으켰고 이로 인해 많은 연구가들이 관여도에 대한 연구를 더 하게 되었다.

저관여 태도형성에 대한 또 다른 견해는 Zajonc에 의해 제시되었다. Zajonc의 이론은 노출효과를 설명하는 과정에서 성립이 되었다. 노출효과란 똑같은 자극이라 하더라도 반복해서 노출이 되면 그 자극에 대해 좋은 감정을 유발한다는 심리적 현상을 말하는데 이것은 반복하여 광고하면 매출이 증가한다는 근거를 제시해주고 있다. Zajonc는 자극이 사람의 자극에 대한 인지적 반응에 영향을 미치지 않는 상태에서도 자극은 감정에 영향을 미치며, 인지적 반응으로는 감정을 설명할 수 없다고 주장하고 있다. 이러한 현상을 단적으로 보여주는 것이 무의식 투사이다. 자극에 노출되었는지도 모를 정도의 짧은 노출을 한 후, 즉 인지적 반응을 하지 않았는데도 감정이 생기어 호감을 가질 수 있다는 것이다. 인지에 근거하지 않고 태도형성을 설명하는 또 다른 견해로는 고전적 조건화를 들 수 있다. 고전적 조건화에 따르면 개인에게 호의적으로 평가되는 자극과 중립적으로 평가되는 자극을 결부시켜 반복적으로 노출시키면 개인은 당초 중립적으로 평가되는 자극에 대하여 호의적 태도를 형성하게 된다는 것이다. 이를 광고상황에 적용해보면, 상표인지를 유발할 수 있는 정보가 제시되지 않는 광고에 노출된 소비자가 긍정적 상표태도를 형성했다면 이러한 상표태도는 광고의 실행요소에 대한 감정적 반응에 영향을 받는 것으로 볼 수 있다. 상표에 반복적으로 노출이 되면 상표친숙도가 증가하고 상표친숙도가 높아지면 속성에 대한 신념이 형성되지 않았더라도 상표에 대한 호감이 형성된다는 것이다.

3 정보정교화 가능성모델(Elaboration Likelihood Model)

1) 정보정교화 가능성모델의 개요

정보정교화 가능성모델이 관심을 끌게 된 이유는 다속성태도모델이나 인지반응모델의 한계성 때문이다. 다속성태도모델은 소비자행동 연구에 있어서 가장 중요시되어 온 모델로서 소비자들이 제품 및 서비스의 속성에 대한 신념(평가적 측면)에 입각하여 의사결정을 하는 것으로 가정하고 있다.

Petty와 Cacioppo는 태도의 형성과 태도변화과정에 관한 서로 다른 여러 접근법들을 통합하여 이성적으로 주의와 이해과정을 거쳐 태도가 형성되는 중심경로(central route : CR)와 주변적 단서에 유추나 추측에 의해 태도가 형성되는 주변경로(peripheral route : PR)로 나누어서 정보정교화가능성모델을 제안하였다. 즉, 단지 하나의 경로로는 태도변화의 다양한 측면을 설명할 수 없으며, 정보정교화가능성의 정도에 따라 서로 다른 경로가 적용된다고 주장하였다. 즉, Petty와 Cacioppo는 정보처리과정을 "자극 → 정보 메시지에 대한 인지적 반응 → 감정적 반응"의 중심경로와 "자극 → 주변적 단서에 의한 유추 → 감정적 반응"의 주변경로로 나누어 설명하고자 하였다. 정보정교화가능성이란 수신자가 정보메시지에 대한 진정한 가치를 평가하기 위한 목적으로 이슈 및 제품과 관련 있는 사고를 할 가능성을 의미하는데, 이러한 정보의 정교화 가능성은 수신자가 정보에 주의를 기울이게 되는 동기(motivation)와 메시지를 이해할 수 있는 능력(ability)에 의하여 좌우된다.

소비자의 상황이나 개인적 요인에 따라 소비자가 이슈에 대해 사고를 할 수 있는 동기와 능력이 있을 경우 즉, 정보정교화가 높을 경우에는 중심경로를 통해 태도의 형성과 변화가 발생한다. 즉, 전통적인 반응단계모델에서처럼 정보메시지에 대해 이성적으로 주의와 이해과정 등의 인지적 반응을 통해서 태도의 형성과 변화가 발생한다. 이때 소비자는 정보메시지 주장들에 주의를 기울이고, 이와 관련 있는 연상, 이미지, 경험 등을 생각(인지적 반응)해내서 제시된 정보메시지를 검토하고 숙고하며 이 결과 정보메시지에 대한 태도가 형성되거나 변화하게 된다. 반면에 상황 및 개인적 요인이 정보정교화의 양을 감소시킬 때는 주변경로를 통해 태도가 형성되거나 변화하게 된다. 이때 소비자는 태도대상에 대한 정보를 적극적으로 처리하지 않고 긍정적 혹은 부정적인 단서나 기타 광고에 담긴 다양한 주변적 단서로부터 단순 유추하여 대상에 대한 태도를 형성하게 된다.

중심경로를 통해 태도변화가 발생한 경우에는 유입된 정보메시지의 내용이 장기 기억되고 수신자의 신념 혹은 가치체계에 결합되기 때문에 태도변화가 비교적 지속적 이다. 반면에 주변경로를 통한 태도변화는 메시지의 진정한 내용을 평가하기 위해 인지적으로 적극적인 노력을 하지 않고 단순한 결정규칙이나 제품내용과는 관련 없는 주변적 단서에 기인한 단순유추에 의해 태도변화가 발생하므로, 상대적으로 불안정적이며 일시적인 경향이 있다. 따라서 중심경로를 통해 형성된 태도는 주변경로를 통해 형성된 태도보다 행위에 대한 훌륭한 예측수단이 된다. 왜냐하면 전자는 후자보다 이성적이고 이론적인 과정을 거쳐 태도가 형성되기 때문이다.

이상에서 본 바와 같이 정보정교화가능성모델이란 태도의 형성과 변화에 대한 서로 다른 접근법들을 중심 및 주변경로의 두 가지 경로로 통합한 모델이다. 수신자의 정보정교화가능성에 따라서 태도의 형성과 변화의 경로가 달라지고 따라서 태도변화에 영향을 미치는 요인도 달라지며, 그 결과로서 형성된 태도의 성격도 상이하다는 것을 의미하는 모델로서 인지적인 정보처리이론과 인지에 근거하지 않은 정보처리이론 두 가지를 모두 설명하는 모델이다.

2) 정보정교화 가능성에 영향을 미치는 변수

정보정교화 가능성모델에서는 소비자가 메시지에 접했을 때, 여러 가지 요소들 즉, 상황적 요소나 개인의 선천적인 경향요소 등이 결합하여, 소비자가 제품의 진정한 가치를 평가하기 위하여 정보메시지에 주의를 기울이고 숙고하려는 개인의 동기(motivation) 및 능력(ability)을 결정하는 것으로 본다. Petty와 Cacioppo는 정보정교화 가능성이 ① 소비자가 정보를 탐색하기 위해 광고에 주의를 기울여 제품과 관련 있는 사고를 할 가능성을 높여주는 동기와, ② 광고메시지를 이해할 수 있는 능력에 의하여 좌우된다고 주장한다.

즉, 중심경로를 통해 태도의 형성과 변화가 일어나느냐, 주변경로를 통해 태도의 형성과 변화가 일어나느냐 하는 것은 동기변수와 능력변수에 의해 좌우된다. 동기변수와 능력변수가 모두 높을 때는 중심경로를 통해 태도의 형성과 변화가 일어나고, 두 변수 중에서 한 변수만이라도 낮을 때는 주변경로를 통해 태도의 형성과 변화가 일어난다.

3) 정보정교화 가능성모델의 구조

Petty와 Cacioppo는 커뮤니케이션에 의한 태도변화에 관한 정보정교화가능성모델의 구조를 다음 〈그림 9-7〉과 같이 제시했다. 정보메세지가 소비자에게 제시되었을 때, 소비자가 정보메세지를 처리할 동기와 능력이 있고 정보메세지가 논리적으로 설득력이 강하며, 구체적으로 제품이 좋은 이유를 설명하고 있다면, 소비자는 그 제품에 대해 지속적인 긍정적 태도를 형성하게 될 것이다.

그리고 소비자가 정보메시지를 처리할 동기와 능력 중 한 가지 이상이 없을 경우에는 광고되는 제품에 대하여 생각할 동기와 능력이 있는지를 묻게 된다. 광고에 나오는 정보메시지를 처리할 동기와 능력은 없지만, 광고되는 제품에 대하여 생각할 동기와 능력이 있다면, 광고를 보기 전에 가지고 있던 태도를 그대로 유지하게 된다. 하지만, 광고에 나오는 정보메시지를 처리할 동기와 능력도 없고, 광고되는 제품에 대하여 생각할 동기와 능력도 없다면 광고에 나오는 주변적

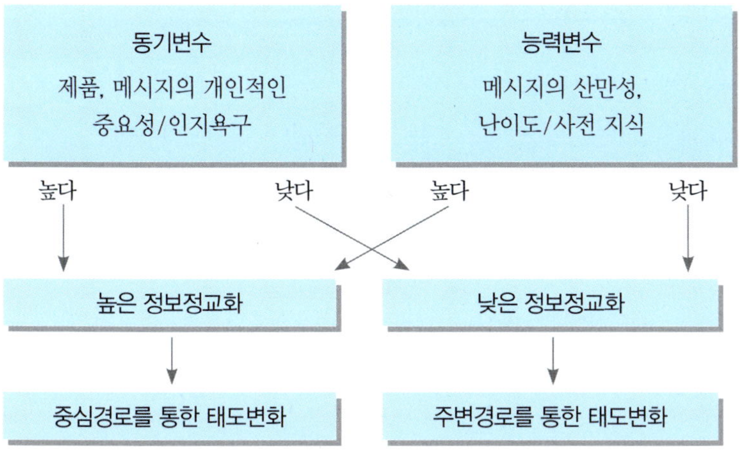

◀ 그림 9-7
정보정교화에 영향을 미치는 변수

단서에 의해 일시적인 태도를 형성하게 되는 주변경로를 거치게 된다. 이 때, 광고에 호의적인 단서가 없을 경우에는 최초의 태도를 유지하게 된다.

Chaiken은 실험을 통하여 정보메시지에 의존한 태도 변화는 지속적이었지만 정보원, 즉 주변적 단서에 의존한 태도변화는 임시적이었다는 것을 입증하였다. 실험결과에 의하면 주변경로를 통해 태도변화가 일어난 경우에는 메시지를 반복하여 주변적 단서와 태도대상을 지속적으로 결합시켜 주는 것이 중요하다는 것을 알 수 있다. 이러한 맥락을 잘 설명해 주는 광고로 다음의 〈그림 9–8〉의 맥도날드 Large Coffee광고를 예로 들 수 있다. 이 광고의 경우 심플한 구성과 간결한 메시지를 통한 시선을 끄는 아트워크 등 광고의 우수한 표현요소를 두루 갖추고 있다. 특히, 주변경로로의 정보처리를 요구하면서 소비자의 시선을 끄는 형식의 직관적인 광고로 상당한 효과를 거둔 것으로 평가된다.

▼ 그림 9-8
주변경로의 정보처리를 요구하는 광고

제 3 절 태도의 변화

1 태도변화의 개요

소비자들이 태도를 어떻게 형성하는지를 이해하지 않고는 소비자들의 태도를 원하는 방향으로 변경시키거나 영향을 미치는 것은 불가능한 일이다. 태도형성이나 태도변화는 학습의 결과이다.

1) 고전적 조건화

소비자들은 신상품을 구매할 때 호의적인 느낌을 가진 상표를 선택한다. 본래 중립적 자극이었던 상표가 호의적인 태도를 가지게 된 것은 그 기업이 생산한 다른 제품을 사용하였을 때 얻은 반복적인 만족에 기인할 수 있다. 고전적 조건화 이론으로 설명하면 상표명은 무조건 자극이 되며 반복과 긍정적 보강을 통하여 우호적인 태도가 발생한다. 가족상표도 이러한 태도 학습에 기초한 것이다. 가족상표를 이용하여 기존의 우호적인 태도를 다른 신제품에도 확산시키려는 전략은 자극의 일반화에 기초하고 있다.

또한 마케터들은 신제품을 유명인사와 연결을 시키려는 시도를 하는 경우도 있는데 이러한 전략도 타인의 긍정적인 태도를 누리고 있는 유명인과 중립적인 신제품사이에 긍정적인 연결을 창출하려는 노력의 일환이다.

2) 도구적 조건화

때로는 태도가 제품구매전이 아니라 구매하고 소비한 후에 형성되기도 한다. 때로는 점포 내에 유일하게 남아있는 제품이기 때문에 그 상표를 선택하는 경우도 있으며, 관여도가 낮은 제품의 경우 그냥 시용(trial)으로 신제품을 사용해보는 경우도 있다. 이러한 경우라도 사용해보니 만족스러운 경우는 그 상표에 대하여 우호적인 태도를 가지게 될 것이다.

3) 인지적 학습이론

소비자들이 욕구를 충족시키거나 문제를 해결하기 위하여 어떤 제품에 대한 정보를 탐색하는 경우에는, 그들 스스로 정보를 탐색하고 신념을 형성한 후 우호적이거나 비우호적인 태도를 형성하게 될 것이다.

일반적으로 소비자가 어떤 특정 제품이나 서비스에 대하여 정보를 많이 가지고 있으면 있을수록 긍정적이든 부정적이든 대상에 대하여 어떤 태도를 형성할 가능성은 더 커진다 하겠다. 그렇지만 정보가 많이 있다고 해서 소비자가 언제나 그 제품에 관련된 정보를 처리하는 것은 아니다. 게다가 모든 정보를 이용하는 것이 아니라 대개 소비자들은 가용한 정보 중에 제한된 양의 정보만 사용하게 된다. 연구들에 의하면 보통 통상적으로 소비자들은 한 번에 서너 개의 정보만 처리하기 때문에, 제품에 대한 두세 개의 중요한 신념만이 태도 형성에 결정적 역할을 하게 된다. 중요하지 않은 추가 정보들은 태도형성에 별반 고려되지 않는다. 그러므로 광고에 제품이나 서비스의 특징에 대하여 모든 것을 다 포함시키려 하지 말고, 경쟁과 차별화 되는 중점적인 몇 가지 특징만 강조하는 것이 더 효과적이다.

2 태도 형성에 영향을 미치는 요인

소비자의 태도는 주로 개인적 경험이나 가족과 친지들의 영향에 받거나, 메스미디어와 직접 마케팅에 영향을 받아 형성된다.

1) 과거경험

소비자들은 제품이나 서비스를 사용하거나 평가해본 과거의 경험에 의하여 태도를 형성하는 경우가 많다. 마케터들은 이러한 직접 경험의 중요성을 인식하여 할인이나 무료 견본품 등을 이용하여 신제품의 시용구매를 자극하는 방법을 자주 사용한다. 신제품의 경우 제품 가격을 할인하는 마케팅 전략을 구사하는 경우가 자주 있는데, 이는 소비자들이 그 제품을 시용하고 한 번 평가하게끔 하는 것이 마케터의 목표이다. 만일 그 제품이 만족스러운 경우에는 소비자들은 긍정적 태도를 형성하고 제품을 재구매할 가능성이 높아진다.

2) 가족이나 친지의 영향

소비자들은 사회적인 활동을 하며, 특히 가족이나 친한 친구들 그리고 존경하는 사람들과의 관계를 통하여 어떤 태도형성을 하게 된다. 가족이란 태도 형성에 아주 중요한 원천이 되는데, 왜냐하면 바로 가족으로부터 기본적인 가치관을 습득하며 광범위한 신념들을 형성하게 되기 때문이다.

3) 직접 마케팅

오늘날의 마케터들은 적은 규모의 소비자들을 겨냥한 적소전략을 통하여 그들의 관심과 라이프스타일에 부합하는 방법으로 직접 마케팅을 사용하는 경우가 증가하고 있다. 이러한 직접 마케팅을 통하여 인구통계적인 특성이나 심리적 또는 지리적 특성으로 표적시장을 선정하여 개별적인 고객만족을 시도할 수 있다.

예를 들면 왼손잡이를 위한 골프채와 같이 특별한 시장의 욕구를 경쟁자보다 더 잘 찾아내어 더 효과적이며 효율적으로 만족시킬 수 있다. 직접마케팅은 대량마케팅에 비해 제품이나 서비스 그리고 이에 관한 메시지들을 개별 세분시장의 욕구와 관심에 맞추어 전달하는 것이 가능하기 때문에 표적 소비자가 우호적 태도를 갖게끔 하는데 보다 효과적이다.

4) 메스미디어에 노출

현대 사회에서 소비자들은 다양한 신문과 잡지 그리고 많은 TV 채널 등에 끊임없이 노출되어 새로운 발상, 새로운 제품, 의견, 광고 등을 접하고 있다. 이러한 대중매체는 오늘날 소비자들의 태도 형성에 중요한 역할을 하고 있다.

5) 개성

상기의 요인들뿐만 아니라 개인의 개성도 태도형성에 영향을 미치는데, 예를 들면 정보를 탐색하고 생각하기를 좋아하는 인지욕구가 높은 소비자들은 제품정보가 풍부한 광고에 대하여 긍정적인 태도를 형성하기가 쉽다. 또한 인지욕구가 낮은 소비자들은 아름다운 모델들이나 유명인들을 등장시킨 광고에 대하여 긍정적 태도를 형성하기가 쉽다. 이와 같이 신제품에 대한 태도는 소비자의 개성특성에 따라 영향을 받게 된다.

3 태도변화전략

태도의 형성과 마찬가지로 태도변화도 근본적으로 동일한 과정을 거친다. 즉, 태도변화도 학습되며, 개인적 경험이나 다른 정보원천에 의하여 영향을 받고, 개인이 가지고 있는 특성으로서 개성에 따라 태도를 수정하는 수용성과 속도에 차이가 있다.

소비자의 태도 변화를 유도하는 것은 마케터가 핵심적으로 고려해야만 하는 전략사항이다. 시장선도자의 위치를 차지하고 소비자의 충성도가 높은 기업에서는 소비자의 긍정적인 태도를 더욱 공고히 하는 것을 목표로 하게 된다. 그리하여 소비자들이 경쟁자의 특별 판촉이나 유인에 넘어가지 않게끔 수정을 하여야 할 것이다. 많은 제품분야에서, 경쟁자들은 끊임없이 시장선도자를 공략하는 전략을 시도하고 있다. 경쟁자들의 목표는 시장선도자와 비교하여 소비자들의 태도를 자사에 우호적으로 변경시켜 자사의 고객으로 만드는 것이다. 태도변화전략으로 사용가능한 대안들은 첫째, 소비자의 기본적인 태도 기능을 바꾸거나 둘째, 자사 제품을 선망하는 집단이나 이벤트와 연결을 시키거나 셋째, 다속성모델의 구성요소를 변경하거나, 넷째, 정교화모델을 이용하여 소비자의 태도를 변화시킬 수 있다.

1) 기본적 태도 기능의 수정

제품이나 상표에 대한 소비자 태도를 변경하는 효과적인 전략은 새로운 욕구를 보다 현저하게 만드는 것이다. 태도는 개인들에게 효용기능(utilitarian function), 자아방어기능(ego-defensive function), 가치표현기능(value-expressive function), 그리고 지식기능(knowledge function)을 수행한다.

그림 9-9 ▼
효용적 가치를 이용한 광고

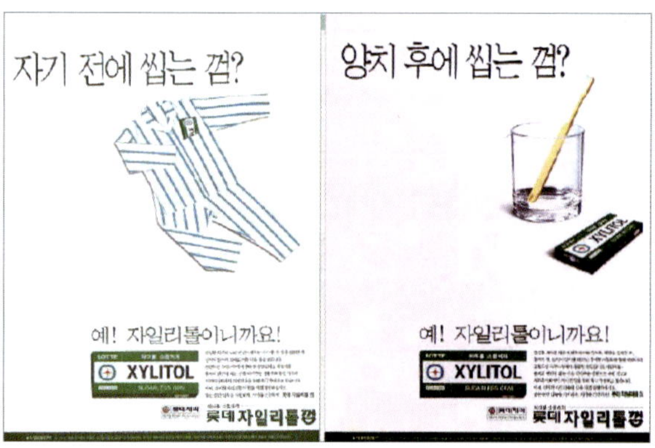

(1) 효용기능

소비자들이 제품에 대하여 어떤 태도를 가지게 되는 것은 어느 정도 그 상표가 가지고 있는 효용성 때문이다. 어떤 브랜드가 과거에 효용을 보여주었다면 그 브랜드에 대한 태도는 우호적일 것이다. 브랜드에 대한 태도를 우호적으로 바꾸는 방안 중에 한 가지는 바로 소비자들에게 그들이 생각하지도 않은 효용적 가치를 그 브랜드가 제공한다는 것을 보여주는 것이다. 다른 경쟁 브랜드가 제공하지 않은 효용적 가치를 제시하여 태도를 변경할 수 있다.

(2) 자아방어기능

대부분의 소비자들은 의심과 같은 내적인 감정으로부터 자아 이미지를 보호하려 한다. 화장품이나 개인 위생용품과 같은 제품광고의 경우 이러한 소비자들의 욕구를 이해하여 소비자의 자아 이미지를 재확인 시켜줌으로써 제품의 자아 적합성을 향상시키고 제품에 대한 우호적 태도를 강화하거나 태도를 변화시키려 하고 있다.

(3) 가치표현기능

태도란 소비자의 가치관이나 라이프스타일, 의견 등을 반영하여 표현하는 기능을 가진다. 소비자들은 그들의 가치를 명확하고 구체적이며 보다 쉽게 나타낼 수 있도록 태도를 가지게 된다. 예를 들어 어떤 소비자 집단은 최신 전자 제품을 소유하는 것에 대하여 긍정적인 태도를 가지고 있다면, 새로운 전자제품에 좋게 생각하고 소유하려 할 것이다. 마찬가지로 첨단 유행에 대하여 긍정적인 태도를 가지고 있다면, 유행하는 의류에 대하여도 그러한 생각이 반영될 것이다. 마케터는 표적시장 소비자의 가치관이나 라이프스타일, 의견 등을 반영하는 태도를 잘 이해하여야만, 효과적인 마케팅 활동을 할 수 있을 것이다.

대표적으로 기업과 소비자는 광고활동을 통해 소통하는데, 소비자의 태도를 반영하는 광고는 기업의 실재 가치와 더불어 잠재적 가치도 높여줌으로서 소비자가 소비를 하는 이유를 제시한다. 국내외적으로 다양한 가치를 표현하는 광고를 통하여 실재 기업의 가치를 높인 사례가 많다.

포스코는 광고를 통하여 기업의 존재 의의를 설명하였는데, 이를 통해 소비자들은 포스코를 우리가 모르는 사이에 매우 중요한 일을 하는 기업으로 인식하

그림 9-10 ▶
가치표현기능을 이용한 광고들

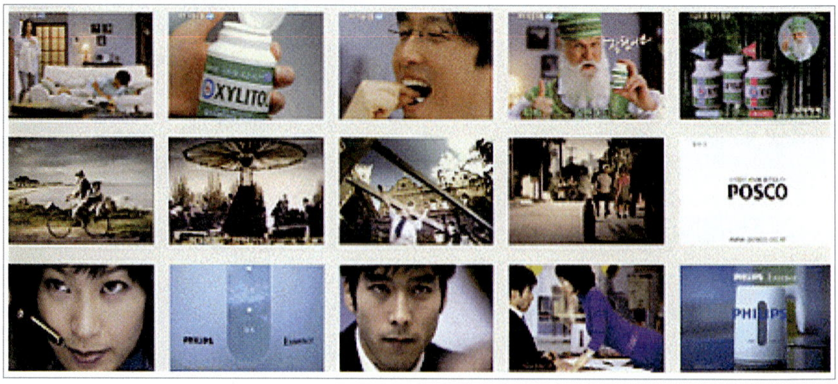

게 유도하였다. 또한 동아제약 박카스 사례는 동일한 제품을 가지고 광고를 통하여 새로운 타깃을 개척해 왔는데, 1990년대 후반 들어 젊은이들에게 소구하기 위해 “지킬 것은 지킨다”라는 캠페인을 통해 20대 시장 개척을 모색하였는데 그 중심에 가치표현광고가 있었다. 휴렛팩커드의 경우, 2004년 컴팩과 합병한 이후 여러 가지 어려움에도 불구하고 전 세계의 소비자들에게 불황에도 끄떡없는 마케팅 활동을 전개한다는 가치인식을 심어주기 위해 보다 공격적인 광고비 집행을 시도했었다.

(4) 지식기능

그림 9-11 ▼
지식기능을 강조한 아이폰

일반적으로 소비자들은 그들이 접촉하는 사람들이나 사물들에 대하여 알기를 원하는 강한 욕구를 가지고 있다. 소비자의 알기를 원하는 인지적 욕구는 제품 포지셔닝과도 관계가 있다. 사실 대부분의 제품 포지셔닝은 경쟁제품 보다 나은 경쟁우위를 강조함으로써 소비자의 알기를 원하는 욕구를 충족시키고 우호적인 태도를 증진시키려는 것이다. 예를 들어, 아이폰은 자신들의 혁신적인 기술들을 소비자에게 알려줌으로서 아이폰에 대한 소비자의 우호적 태도를 이끌어내는 것으로 유명하다.

(5) 여러 기능의 결합

소비자들은 여러 다른 이유로 어떤 제품을 좋아하기도 하고 싫어하기도 하기 때문에 태도를 파악할 때 기능적 틀을 이용하여 분석하는 것이 도움이 된다. 예를 들어 세 명의 소비자가 TS샴푸를 좋아하더라도, 한사람은 효용적 기능 즉, 머리가 잘 감기기 때문에 좋아하고 또 한사람은 자아방어기능 즉, 검소한 생활이라는 자아 이미지에 부합되기 때문에 좋아하며, 그리고 나머지 한 명은 지식기능 즉, 제품에 대하여 많이 알고 파악하여 TS샴푸가 값에 비해 좋은 제품이기 때문에 선호하는 태도를 가질 수 있다.

2) 제품을 특별한 집단이나 이벤트 또는 명분과 연결함

태도는 어느 정도는 특정 집단이나 사회적인 이벤트와 관련되어 있다. 제품이나 서비스에 대한 태도도 어느 정도 특정 집단이나 명분 등과 연결하여 강조함으로써 변경될 수 있다. 예를 들어 기업의 사회적 책임을 강조하는 현대자동차의 CSR 홍보활동은 기업의 사회적 책임이라는 대의명분과 연결함으로써 잠재적으로 우호적인 상표태도를 형성시켰다. 2018 슈퍼볼 현대자동차 광고는 경기장을 입장하기 위한 검색대 장면을 보여주면서 "위험을 방지하기 위한 금속탐지기를 현대 희망탐지기로 바꾼다"는 메시지를 보여주고 현대자동차가 "현대 호프 온 휠즈(Hyundai Hope on Wheels)"라는 비영리 단체를 통해 소아암 치료를 위해 20여년 간 기부해온 내용으로 현대자동차를 구매한 사람들에게 감사를 표한다는 내용을 보여준다. 이로서 현대 브랜드의 가치를 희망의 메시지로 바꾸어 소비자 태도를 변화시키도록 유도한다.

▼ 그림 9-12
기업의 사회적 책임이라는 대의명분과 연결한 현대자동차

3) 다속성모델의 구성요소의 변화

Fishbein의 다속성모델에서 살펴본 바와 같이 상표속성에 대한 소비자의 신념(b_i)과 속성에 대한 평가(e_i)에 의하여 상표에 대한 평가(A_O 또는 Aact)가 결정되고 다시 구매의도와 구매로 이어지게 된다. 다속성모델의 구성요소로부터 몇 가지의 태도변화 전략을 고려할 수 있다.

(1) 속성에 대한 평가를 변화시킨다.

이 전략을 실행하려면 소비자들에게 특정 속성에 대한 가치를 재평가하도록 설득을 해야 한다. 욕구를 변경시키려는 전략은 사전조사를 하여 특정세분시장이 그러한 변화에 수용적인가를 확인한 후에 실시하여야 한다. 예를 들어, Pringles사는 신선도를 유지하기 위하여 감자칩을 새로운 실린더 형태의 용기를 사용하였을 때 사전 조사를 통하여 포장과 신선도를 연상시킴으로써 포장의 중요성에 대한 인식을 증대시킨다는 것을 파악하였기에 성공할 수 있었다. 그러나 Proctor & Gamble사는 포장의 중요성을 과대평가 하여, 맛보다 신선도를 강조하였으나 광고에서 실패하였다. 결과적으로 떨어지는 맛이 소비자의 태도를 결정하였고 Proctor & Gamble사는 제품을 수정하여 다시 시장에 출시하여야만

그림 9-13 ▶ 속성에 대한 평가를 강조하는 광고

했다.

속성에 대한 평가변경을 시도하는 경우 오래된 사회적 문화적 규범과 관련된 것은 변경하기가 어렵기 때문에 변경을 시도하는 것보다는 이에 부합되게 제품을 변경하는 것이 효과적일 것이다.

(2) 신념을 변화시킨다.

태도를 변화시키려는 가장 보편적인 전략은 제품과 광고를 통하여 상표에 대한 신념을 변화시키는 것이다. 신념을 변화시키고 변경된 신념이 상표평가와 구매의도에 우호적인 변화를 일으키도록 하는 것이다. 마케터는 소비자 신념을 새로운 제품속성을 도입하여 바꿀 수도 있고 현재 가지고 있는 속성의 혜택을 강조함으로써 변화시킬 수 있다.

소비자가 당연한 것으로 생각하는 제품특성은 태도 변경의 기본이 될 수 없다. 예를 들자면 원두커피의 구수한 맛은 소비자들이 당연히 기대하는 맛이기 때문에 상표신념을 변화시키는데 충분하지가 않다. 그러나 카페인을 제거한 커피의 경우에는 소비자들이 모든 카페인 제거 카피가 구수한 맛을 가지고 있다고는 기대하지 않기 때문에 맛이 중요한 결정적 속성이 될 수 있다. General Foods사는 5년에 걸쳐 Sanka커피에 대한 소비자들의 신념을 성공적으로 바꿀 수 있었다. 본래 Sanka커피의 이미지는 노인층을 위한 잠자는데 지장이 없는 커피상표로 인식되었으나, 100% 완벽한 순수 커피를 강조하는 광고 캠페인을 통하여 향기 좋은 커피라는 신념으로 변경시킴으로서 성공적인 태도변화를 유도할 수 있었다.

(3) 새로운 속성을 포함시킨다.

고려되는 새로운 속성을 포함시킬 수 있다. 이러한 전략은 이전에 고려되지 않던 속성을 포함하도록 하거나 기술적 혁신과 같은 새로운 속성을 포함하는 것이다.

그림 9-14 ▶ 5G 서비스 속성에 대한 평가를 강조하는 광고

예를 들어 이전에는 무시되던 인체에 필요한 칼륨을 한 컵의 요구르트가 바나나 한 개보다 더 많이 들어있다고 광고함으로써 칼륨섭취에 관심이 많은 소비자들에게 요구르트에 대한 태도를 우호적으로 변화시키는 것이다. 또 다른 예로는 예전에 교통과 주차가 복잡하지 않던 시대에는 고려되지 않던 주차나 회전의 용이성 같은 속성을 자동차광고에 나타냄으로서 자동차에 대한 태도를 우호적으로 변화시키는 경우를 들 수 있다.

기술적 혁신이나 실제 제품변경을 반영하는 속성을 도입하는 것은 이전에 무시되던 속성을 강조하는 것보다 쉽게 이용할 수 있는 전략이다. 예를 들어 5G기술이 상용화되어 스마트 폰 등 다양한 IoT 디지털 제품의 태도나 구매에 기준이 될 수 있다.

(4) 상표태도를 변경시킨다.

마케터들은 상표속성을 직접적으로 언급하지 않고 상표선호에 영향을 미치려는 시도를 한다. 가장 간단한 전략은 제품사용과 긍정적인 분위기를 연상시키는 일이 될 것이다. 예를 들어 격렬한 운동 경기에서 승리한 후나 이와 유사한 기분 좋은 분위기 속에서 특정 맥주를 마시는 광고와 같은 경우이다. 만일 소비자가 제품과 성공을 연상하여 받아들인다면 제품속성에 대한 고려 없이도 우호적인 평가를 하게 될 것이다. 즉, 긍정적 감정을 야기하는 심볼이나 이미지와 제품을 연결함으로써 조건화가 이루어져 우호적인 평가를 하게 되는 것이다. 많은 화장품회사들이 이러한 전략을 이용하여 자사의 제품을 신비스러움, 낭만, 사회적 성공 등과 연결시키려 한다. 이러한 형태의 광고는 광고에 의해 창출된 감정이 다른 제품과 차별화할 만큼 충분하다면 상표태도를 변경시킬 수 있을 것이다.

(5) 구매 또는 행동의도를 변경시킨다.

또 다른 태도 변경 전략은 소비자로 하여금 선호하지 않는 상표를 구매하도록 유인하는 것이다. 이러한 전략은 가격을 인하하거나 할인 쿠폰 등을 이용한 유인을 제공하여 선호하지 않는 제품을 구매하도록 함으로서 구매후 상표태도를 구매행위와 일치하게끔 하는 것이다. 예를 들어 낮은 가격에 할인 판매중인 새 진통제를 구입한 개인은 신제품이 다른 제품과 효과면에서 차이가 없는 경우 그의 구매를 정당화하기 위하여 새로운 상표가 더욱 효과적이었다고 생각하여 가격이 다시 정상가격으로 환원된 후에도 신제품을 재구매할 수 있다. 이 전략은 인지 부조화 이론을 이용한 것인데, Festinger에 의하면 상표 전환을 유도하는 유인의 크기가 너무 크지 않아야 한다고 한다. 유인이 큰 경우, 신제품을 구매한 소비자는 가격차이가 상표변경의 이유라고 합리화 할 것이기 때문이다. 이러한 경우에는 가격이 다시 정상가로 환원이 되면 다시 본래 사용하던 상표를 구매할 경향이 높아진다. 그러나 유인(가격차이)이 크지 않은 경우, 소비자들은 구매를 정당화하기 위하여 가격이외에 다른 이유를 찾게 된다.

(6) 경쟁 상표에 대한 신념을 변경시킨다.

경쟁상표 속성에 대한 신념을 변경시키는 전략도 사용될 수 있다. 이 전략은 소비자들이 경쟁사 상표가 실제보다 더 우수한 것으로 잘못 알고 있는 경우에 효과적으로 이용될 수 있다. 이 전략은 경쟁적 디포지셔닝(competitive depositioning)이라고 하는데, 통상적으로 비교 광고를 이용하여 실시된다. 경쟁적 디포지셔닝 전략은 주의하여 실시하여야 하는데, 잘못하다가는 경쟁상표의 주장이나 내용을 더 잘 알려주는 경우에는 자사에 반대로 타격이 될 수 있다.

4) 정보정교화모델을 이용한 태도변경

앞에서 제시된 여러 태도변경전략에 비해 정보정교화모델은 보다 포괄적인 내용을 제안하고 있다. 소비자의 태도는 두 종류의 설득경로를 통하여 태도 변경이 이루어지게 된다. 중심경로를 통한 태도변경은 소비자가 그 제품군에 대하여 동기부여나 정보처리 능력이 높은 경우에 이루어진다. 이러한 태도 변경은 소비자가 스스로 제품에 대한 정보를 탐색하기 때문에 발생된다. 소비자가 정보를 이해하고 평가하려는 노력을 하는 가운데 중심 경로를 통한 학습과 태도 변경이 발생한다. 이와 대조적으로 소비자의 동기부여나 분석능력이 낮은 경우, 소비자는

그림 9-15 ▶ 중심경로를 통한 태도 형성 및 변화 목적 광고

그림 9-16 ▶ 주변경로를 통한 태도 형성 및 변화 목적 광고

제품에 대한 정보에 초점을 맞추지 않은 상태에서 주변 경로를 통하여 학습과 태도 변화가 발생한다. 이러한 경우에는 할인이나, 견본품, 아름다운 배경이나 유명인과 같은 주변적 단서가 태도형성에 영향을 미친다.

구체적으로 살펴보면, 첫째, 표적청중의 관여수준이 높을 때에는 광고메시지에 담겨진 주장을 강하게 제시함으로써 소비자가 광고메시지에 대해 반박하기 어렵게 만들 필요가 있다. 또한 경쟁상표들에 비해 차별적 제품특성을 강조하는 광고메시지가 효과적이다. 매체유형으로는 고관여매체인 인쇄매체가 방송매체보다 효과적이다. 둘째, 치약, 비누, 샴푸 등과 같은 저관여 제품 광고에 노출된 소비자는 광고에서 제시된 메시지를 적극적으로 처리하려는 동기부여가 낮기 때문에, 자세한 주장을 제시하는 광고보다는 주변단서를 이용하는 광고가 보다 효과적이다. 저관여상황에서는 광고메시지를 처리하기 위한 적극적인 인지적 노력보다는 주변단서인 유명인 광고모델에 대한 긍정적인 느낌을 토대로 하여 호의적인 상표태도가 형성되는 것이다. 이에 반해 소비자의 관여수준이 높을 때에는 유명인 모델의 이용보다는 광고에서 제시된 메시지 주장의 질이 상표태도형성에 보다 큰 영향을 미친다. 저관여 소비자는 주로 주변경로를 통해 상표태도를 형성하므로 인쇄매체보다는 방송매체가 보다 효과적이며, 주변단서를 효과적으로 활용한 광고를 소비자들에게 반복적으로 노출시키는 것이 호의적인 상표태도를 형성하고 유지하는 바람직한 전략이다. 마지막으로, 소비자들이 광고메시지를 처리하기 위한 동기부여, 기회, 능력을 높일 수 있는 광고를 개발해야 한다. 소비자들이 광고메시지를 처리할 동기부여가 되어 있고, 이를 처리할 능력이 있으며 그렇게 할 기회를 가질 때, 마케터는 최선의 광고효과를 기대할 수 있을 것이다.

연/습/문/제

01 태도의 특성을 설명하시오.

02 지역리조트 담당 마케팅 관리자라면 리조트에 대한 소비자 태도를 어떻게 변화하겠는가? 예를 들어 설명하시오.

03 피시바인의 다속성 태도모델에 대해 설명하시오.

04 정보정교화모델을 설명하시오. 주변경로와 중심경로의 활용에 대해 설명해 보시오.

05 자신이 마케팅 담당자라면, 어떤 방법으로 소비자의 태도를 변화시킬 수 있겠는가?

참 고 문 헌

- 유동근, 소비자행동이론, 석정, 1986.
- 이학식 안광호, 하영원, 소비자행동, 법문사, 2006.
- 임종원 김재일 홍성태 이유재, 소비자행동론, 경문사, 2006.
- 최병룡, 최신소비자행동론, 박영사, 1996.
- Assael, Henry, Consumer Behavior 5th ed., ITP, 1995.
- Bitner, M. J. and Obermiller. C., "The Elaboration Likelihood Model; Limitation and Extensions in Marketing," Advances in Consumer Research Vol. 12, 1985.
- Cacioppo, J. T., and Petty, R. E., and Morris, K.T., "Effects of Need for Cognition on Message Evaluation, Recall and Persuasion," Journal of Personality and Social Psychology, Vol. 45, 1983.
- Edell, J. A. and M. C. Burke, "The Moderating Effect of Attitude Toward the Ad on Ad Effectiveness Under Different Processing Conditions," Advances in Consumer Research, Vol. 11, 1983.
- Gorn, G. J, "The Effects of Music in Advertising on Choice Behavior; A Classical Conditioning Approach," Journal of Marketing, Vol. 46, 1982.
- Heider, F., "Attitude and Cognitive Organization", Journal of Psychology, Vol. 21, 1946.
- Howard, J. A. Consumer Behavior; Application of Theory, Mcgraw Hill Book Company, 1977.
- Kiesler, S. B., and Mathog, P. B., "Distraction Hypothesis in Attitude Change: The Effects of Interference and Credibility," Psychological Review, Vol. 23, 1983.

- Knox, S. and L. de Chernatony, "The Application of Multiattribute Modeling Techniques to the Mineral Water Market," Quarterly Review of Marketing (Summer, 1989).
- Lutz, R. J. and J. L. Swasy, "Integrating Cognitive Structure and Cognitive Response Approaches to Measuring Communication Effect," Advances in Consumer Research, Vol. 4, 1977.
- Machenzie, S. B., R. J. Lutz, and G. E. Belch, "The Role of Attitude Toward the as a Mediator of Advertising Effectiveness: A Test of Competing explanations" Journal of Marketing Research, Vol. 23, 1986.
- Mitchell, A. A. and J. C. Olson, "Are Product Attribute beliefs the Only Mediator of Advertising Effects on Brand Attitude?" Journal of Marketing Research Vol. 18, 1981.
- Moore, D. L. and J. W. Hutchinson, "The Effects of Ad Affect on Advertising Effectiveness," Advances in Consumer Research, Vol. 10, 1983.
- Petty, R. E., and Cacioppo, J. T., "Source Factors and the Elaboration Likelihood Model of Persuasion," Advances in Consumer Research, Vol. 11, 1984.
- Petty, R. E., and Cacioppo, J. T., "The Elaboration Likelihood Model of Persuasion", Advances in Consumer Research, Vol. 11, 1984.
- Petty, R. E., and Cacioppo, J. T., Attitude and Persuasion: Classic and Contemporary Approaches, Dubuque, lowa : Brown, W.C., 1981.
- Petty, R. E., Cacioppo, J. T., and Schumann, D., "Central and Peripheral Routes to Advertising Effectiveness: The Moderating Role of Involvement," Journal of Consumer Research, Vol. 10, September, 1983.
- Ryan, M. J. and E. H. Bonfield, "The Fishbein Extended Model and Consumer Behavior," Journal of Consumer Research, Vol. 2, 1975.
- Schiffman, Leon G., Leslie Lazar Kanuk, Consumer Behavior 5th ed., Prentice Hall, 1994.
- Wright, P. l.,"The Cognitive Processes Mediating Acceptances of Advertising," Journal of Marketing Research, Vol. 10, 1973.

CHAPTER

10

동기

1. 동기의 의미에 대해 이해한다.
2. 동기의 역동성을 이해한다.
3. 동기이론에 대해 알아본다.

제10장 동기

제 1 절 동기의 기초

1 동기의 과정

동기(motives)란 미충족된 욕구를 해소하려는 강한 압박을 풀기위한 추진력으로, 소비자가 충족시키고자 하는 욕구가 유발될 때 나타난다. 그래서 동기는 어떤 행동을 발생시키는 방아쇠(trigger)의 역할을 한다. 동기유발(motivation)은 목표지향적인 행동을 유발하는 개인의 활성화된 상태를 말한다. 예를 들어, 갈증은 음료수를 구매하려는 동기를 유발시킨다. 즉, 갈증을 해소하려는 욕구가 생겼으면 그 욕구를 해소하려는 행동이 생기도록 동기가 유발되는 것이다. 〈그림 10-1〉은 개인이 동기화된 상태에 들어갈 때 일어나는 사건의 흐름을 그린 동기 모델이다. 동기과정은 욕구인식 혹은 욕구의 활성화와 더불어 시작한다. 동기과정은 욕구 인식, 동인 상태, 목표 지향적 행동, 유인 대상물 및 감정의 다섯 가지 주요 개념으로 구성되어 있다. 아래 동기모델에 따르면, 욕구 인식 그 자체로는 목표지향적 행동에 이르지 못한다. 즉, 목표지향적 구매행동에 직접적으로 영향

그림 10-1 ▼
동기 모델

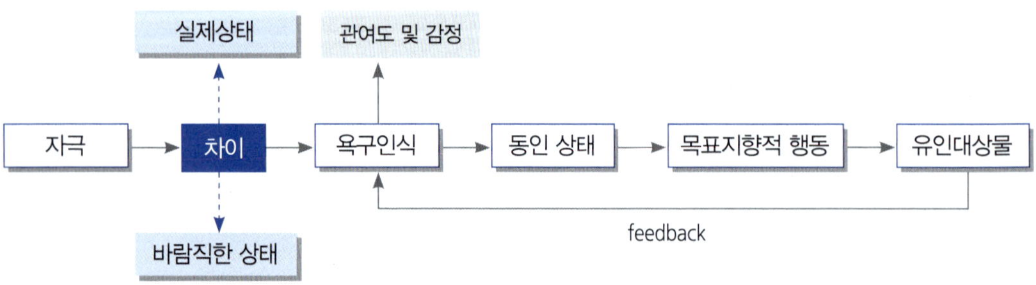

자료: Mowen, *Consumer Behavior*, 1995, p. 192.

을 미치는 것은 욕구인식 이후에 발생하는 추진력인 동기라고 할 수 있다.

1 동기의 개념

1) 자극과 욕구

우리들은 항상 내적 · 외적 자극에 노출되어 있다. 내적자극(internal stimuli)은 배고픔, 갈증과 같은 생리적 자극과 존경, 인정, 소속과 같은 정신적 자극이 있다. 외적자극(external stimuli)은 환경으로부터 제공되는 것으로 소유물의 고갈 및 결핍, 친구나 동료와의 대화, 광고, 점포의 상품, 다른 사람의 행동 등으로부터 발생하는 자극이다. 특정 자극이 현재 상태와 바람직한 상태의 차이를 느끼게 하면 긴장이 생긴다. 긴장은 바람직한 상태와 현재상태의 차이가 클수록 커지고 이를 해소하려는 욕구가 인식된다. 결국 욕구인식이란 현재 상태와 바람직한 상태의 차이에 기인하는 것으로 그 차이가 커질수록 긴장을 해소하려는 욕구가 커진다고 할 수 있다.

욕구 상태의 특성은 자극의 해석과 소비자의 일반적 목표에 의해서 영향을 받는다. 동일한 자극이라 하더라도 개인의 특성과 상황적 특성에 따라 다르게 해석될 수 있다. 커피라는 자극은 그윽한 향기와 좋은 분위기로 해석될 수도 있고, 카페인과 불면이라고 해석될 수도 있다. 현재상태보다 더 좋은 분위기를 만들려는 목표(바람직한 상태)는 커피에 대한 욕구를 활성화시킨다.

어떤 연구자들은 욕구를 구매와 사용을 통해서 기대되는 이익에 따라 효용욕구와 쾌락 내지 경험욕구의 두 가지 범주로 나눈다. 효용욕구는 객관적이고 기능적인 제품의 속성이나 혜택을 고려하는 것이고, 쾌락/경험욕구는 주관적 반응, 즐거움, 환상 및 심미적 고려를 포함하는 것이다.

2) 동인

욕구가 어떤 수준으로 상승하면 그 욕구를 해소하려는 강한 압박을 받는데, 이러한 각성의 정도를 동인(drive)이라고 한다. 동기유발(motivation)은 그런 압박으로 인해 긴장의 원인이 되는 문제를 해소하기 위한 에너지가 동원된 상태이다. 동기는 현재 상태와 바람직한 상태의 차이, 즉 욕구가 어느 정도 커져야 발생하는 추진력이다. 예를 들어 지난해 에어컨을 구입한 고객이 성능이 향상된 새로운 제품에 자극을 받더라도 바람직한 상태(신제품)와 현재 상태(가지고 있는 에어컨)의 차이(욕구)가 아직 작다면 에어컨을 대체하려는 동기는 생기지 않는다. 그러나 노후화와 고장으로 기존의 에어컨이 골치덩어리가 되면 바람직한 상태와 현재상태의 차이가 커져서 신제품으로 대체하려는 동기가 생기게 된다. 동기가 만들어지는 욕구의 수준은 개인마다 달라 어떤 사람은 수개월마다 핸드폰을 구입하지만, 어떤 사람은 수년 동안 핸드폰 교체에 대한 동기가 생기지 않는다. 그러나 수년 동안 핸드폰을 교체하지 않는 사람이 새로운 핸드폰에 대한 욕구가 없는 것은 아니다.

욕구가 야기하는 긴장의 크기가 클수록 긴장을 감소시키고자 하는 긴급성 정도가 커진다. 동인(drive)이란 정서와 생리적 환기(arousal)를 느끼게 하는 감정적이고 생리학적인 환기상태이다. 환기는 중요한 자극이나 결정을 할 때 동공이 커지거나, 혈압이 높아지거나, 심장박동이 빨라지는 등 마음에 생기는 긴장(각성)으로 동인이 강할수록 강하고 빠르게 나타난다. 마케팅관리자는 자사의 제품이 소비자들의 욕구를 자극하여 높은 환기상태를 일으키기를 원한다. 이렇게 되어야 소비자들이 그 제품(유인대상물)을 획득하기 위한 목표지향적 행동을 활성화시키기 때문이다.

소비자의 동인수준은 관여도와 감정적 상태의 수준에 영향을 준다. 자극에 의해 환기된 개인적 중요성 내지 관심의 수준인 관여도는 소비자행동을 이해하고 설명하는데 매우 중요하다. 관여도는 Krugman에 의해서 처음 소개된 이래 상당한 관심을 불러일으키며 마케팅 영역에서 보편화되었다. 관여도는 특정 상황에서 제품이나 서비스와의 개인적 관련성을 높게 지각하여 강하게 동기화된 상태를 의미한다. 동인수준이 높아지면 소비자의 관여도가 높아져서 구매와 사용에서 얻는 위험을 최소화하고 혜택을 최대화하기 위하여 신중히 행동하려고 한다. 제품구매에 관여하는 개인의 동기 그리고 제품이 제공하는 혜택과 위험에 따라 관여의 정도가 달라진다. 욕구, 가치, 자아개념 등 개인적 요인에 부합하는 마케팅자극을 받거나 제품의 가격, 위험, 중요성 등이 높은 경우 관여도가 높아진다.

동기가 발생할 때 생기는 감정, 느낌 등 정서적 반응은 소비자행동에 영향을 미친다. 긍정적인 감정은 정보처리를 신속하게 하여 의사결정시간을 단축시킨다. 또한 좋은 느낌이나 정서가 활성화되면 그 제품을 긍정적으로 평가하게 된다.

3) 목표지향적 행동

소비자가 동인 상태를 경험하면, 목표지향적 행동(goal-directed behavior)을 하게 된다. 목표지향적 행동은 정보탐색, 타인과의 의사소통, 바겐세일 기간 동안의 쇼핑, 제품과 서비스의 구매와 같은 욕구를 충족시키기 위해 취하는 행동들이다.

욕구와 문제인식, 목표지향적 행동과 정보탐색 사이에는 유사성이 존재한다는 것에 주의해야 한다. 문제인식은 실제 상태와 바람직한 상태가 다를 때 일어나는 것으로 문제인식과 욕구활성화는 본질적으로 유사한 개념이다. 이와 유사하게 목표지향적 행동과 정보탐색은 서로 밀접하게 관련되어 있다. 소비자는 욕구 또는 문제를 해결하기 위해 일련의 목표지향적 행동을 하게 되는데 정보탐색은 목표지향적 행동 가운데 하나이다.

4) 유인대상물

소비자의 유인대상물(incentive objects)은 욕구를 만족시키기 위해 지각되는 제품, 서비스, 정보 및 심지어 사람까지도 여기에 해당된다. 〈그림 10-1〉에서 유인 대상물은 실제 상태와 바람직한 상태 사이의 차이를 좁히기 위한 욕구 인식 단계와 피드백으로 연결되어 긴장을 완화시킨다. 유인대상물은 긍정적일 수도 있고 부정적일 수도 있다. 사람들은 긍정적 유인물은 획득하려고 하지만 부정적 유인물로부터는 멀어지기를 바라기 때문에 마케팅관리자의 목표는 소비자에게 긍정적으로 지각될 수 있도록 제품, 서비스, 소매점, 광고 등을 개발해야 된다.

사례 방탄소년단이 바꾸는 세계

"방탄 덕분에 자기 안의 편견을 돌아보게 됐다는 미국 팬의 고백"

빌보드 앨범 차트 1위. 비록 1주 만에 순위가 내려앉긴 했지만, 지난주 1위 소식은 비현실적으로 여겨질 만큼 강렬했다. 지난달 빌보드 뮤직어워드에서 2년 연속 '톱 소셜 아티스트' 상을 받을 때도 그랬다. 객석의 서구 관객들은 한국어 가사를 따라부르며 환호하고 울먹였다.

알려진 대로 방탄소년단의 인기 뒤에는 '아미(army)'라는 글로벌 팬덤이 있다. 실제 방탄의 부대처럼 움직인다. 한국 아미가 해외 아미에게 한국식 팬문화를 퍼트렸다. 자발적으로 앨범과 음원을 사고, 밤새 스트리밍하면서 순위를 높이고, 각종 시상식에 투표 화력을 퍼붓는다. 이걸 '조직싸움'이라고 삐딱하게 보면 곤란하다. 스타의 성장을 내 성장과 동일시하며 성취감을 맛보는 '후원자 팬덤'이기 때문이다. 방탄도 아미를 진짜 여자친구 대하듯 한다. 늘 "아미 덕분", "아미 사랑해"를 외친다. 여기에 실시간 일상을 공개하는 SNS란 무기가 있다. 누군가는 과잉의 감정노동이라고 말하지만, 이를 통해 방탄과 아미가 유사연애와 가까운 정서적 유대감을 형성하게 되는 것은 확실하다.

아이돌 팬덤은 스타와 팬의 관계만 중요한 것이 아니다. 팬끼리의 연대감이 그 못지않다. 취향과 애정의 공동체를 건설한 이들은 조건 없고, 보상도 바라지 않는 헌신을 체험한다. 날밤 새우며 번역자막을 붙이는 노력 봉사가 이렇게 가능하다. 방탄은 '아시아성'에 대한 서구의 시선도 바꿨다. 똑같이 서구 주류를 파고들었지만 우스꽝스러운 이미지로 아시아인의 스테레오 타입에 기댔던 싸이와 달리, '쿨'한 문화로 받아들여졌다. 이때 '쿨'은 "어른들은 모르는 새롭고 낯선 감각"(음악평론가 차우진)이다. 차우진은 이렇게도 썼다. "방탄이 활동하는 무대는 미국 밀레니얼 세대가 주축인 뉴노멀 라이프스타일의 장이다. 기존의 인종과 언어의 경계가 흐릿해지는 곳이다." "방탄은 지역의 창작자들이 세계 주류 음악시장을 돌파할 가능성을 높였다. 그 조건은 테크놀로지와 미디어 혁신, 새로운 세대의 감수성이다."

그런 점에서 최근 소설가 장정일의 글은 대단히 부적절하다. 그는 방탄이 전 세계에서 "기존 위계질서를 침식, 해체"하는 혁명을 일으키고 있다는 책 『BTS 예술혁명』을 비판하면서 "미국인들이 방탄을 따라 한국어 떼창을 하는 것으로 영어의 독점적 지위는 사라지지 않는다", "이런 태도가 대중문화 혐오로 보일 수도 있지만, 비웃어야 할 것은 대중문화가 아니라 문화를 최종심급으로 삼아온 온갖 신화"라고 일갈했다가 팬들의 반발을 샀다. 장씨 주장의 요체는 "대중음악으로 세계와 현실을 변혁시킬 수 있다"는 헛소리를 집어치우고, 고작 아이돌 분석하는 데 들뢰즈같은 고매한 철학을 들이대지 말라는 것이다.

그러나 방탄의 팬인 미국의 교육자 라프란즈 데이비스는 "직업 때문에 전 세계 교육자들과 교류했지만 한 번도 그들의 언어로 대화해야겠다는 생각을 해본 적이 없다. BTS의 음악과 그들의 이야기를 듣고 제대로 이해하고 싶어하는 내 모습을 보면서 비로소 나를 철학적으로 돌아볼 수 있게 됐다. 장벽과 편견을 만날 때마다 BTS 같은 존재가 나타나 여러분이 그 벽을 넘을 수 있게 해주길 바란다"고 적었다. '한 케이팝 그룹이 어떻게 나를 장벽 너머로 이끌었나'라는 글에서다.

"1세계 시민으로서 우월한 문화적 지위를 놓친 적 없는 사람들이 방탄의 열렬한 팬이 됐을 때 (한국어를 잘 몰라) 겪는 역지사지의 순간들은, 세계 속 자신의 위치와 타문화에 대해 성찰할 계기를 준다." 역시 방탄의 팬이기도 한 이지행 단국대 교수의 글이다. 이런 것이 세상을 바꾸는 일이 아니면 뭘까. 또 이런 것이 개인의 삶에 혁명 아니면 뭘까.

양성희 논설위원 [중앙선데이] 2018.06.09 | 587호 34면

3 동기의 분류와 유발방법

1) 동기의 분류

(1) 1차적 동기와 2차적 동기

1차적 동기는 본원적 동기, 본능적 동기라고도 하며 인간의 본능에 의해서 타고난 배고픔, 갈증, 성욕 등이다. 2차적 동기는 학습된 동기, 후천적 동기라고도 하며 후천적으로 학습에 의해 형성된 동기이다. 배가 고파서 먹을 것을 찾는다면

1차적 동기이고 햄버거를 먹고 싶은지, 피자를 먹고 싶은지, 된장찌개를 먹고 싶은지는 2차적 동기이다.

(2) 의식적 동기와 무의식적 동기

의식적 동기는 본인이 특정한 행동을 지각하여 이것에 대한 설명이 가능한 것으로 지각이론에 의한 지각이 이루어진 후에 행동이 이루어지는 것이다. 무의식적 동기는 행동의 원인이 잠재의식 속에 감추어진 상태로 본인이 행동을 하고서도 그 원인에 대하여 설명하기 곤란한 경우로서 식역하에서 이루어진 행동이다.

2) 동기의 기능과 동기유발 방법

동기의 기능으로 동기는 인간의 행동에 활력을 부여하고 조정하며, 인간 행동을 선택하게 하고, 행동을 촉진하며 방향을 결정짓는 역할을 한다. 인간의 심리적 불균형이나 외적 자극은 동기를 유발시켜 특정 행동을 하도록 활력을 부여하고 동기의 강도는 이러한 행동을 조정하게 한다. 식사를 한지 오랜 시간이 지난 상태에서 음식을 보게 되면 먹고 싶다는 생각이 강하게 일어나고 이 생각의 강도에 따라 식사를 하러 갈 것인지, 가지 않을 것인지를 결정하게 된다. 식사를 하러가더라도 그동안의 식습관이나 문화적 영향에 의해 어떤 음식을 먹을 것인지 선택하게 되고 행동의 방향을 결정하게 된다.

동기 유발방법으로는 보상과 처벌, 경쟁과 협동, 성취감의 경험, 결과에 대한 인지, 관심의 유도, 우월감과 사회적 인정, 경험의 이용, 집단의 이용 등이 있다. 보상과 처벌은 동기를 일으키도록 하는 가장 일반적인 방법이다. 특정 행동에 대해 보상을 약속하거나 처벌에 대한 공포 등을 이용해 동기를 유발하고 개인간의 경쟁을 유도해 성과달성을 높일 수도 있으며 때로는 협동심을 이용하여 동기를 유발할 수도 있다. 자신이 수립한 목표를 달성하는 성취감을 맛본 경우 그 목표가 크고 본인이 선호할수록 특정문제를 해결하려는 동기가 강하게 일어나고,

행동의 결과에 대한 인지가 일어날 경우 그 인지가 명확할수록 동기는 강하게 유발된다. 사람은 각자의 성격이나 인구통계적 특성, 소속된 집단이나 문화적 특성에 따라 관심사가 다른데 그러한 개인적인 관심을 유도하면 동기가 유발되고, 개인적인 우월감이나 사회적 인정의 욕구를 이용해도 동기를 유발할 수 있다. 서울에서 부산까지 가야할 경우, 이동수단 중 자신이 경험해 본 것 중에서 동기가 유발되어 자동차를 이용할지, 비행기를 이용할지, KTX를 이용할지를 고려하게 된다. 또한 집단 내 다른 사람이 하는 행동을 보고 동기가 유발될 수 있다.

제10장 동기

제 2 절 동기의 역동성

1 동기의 특성

1) 욕구활동의 일반화

욕구는 타고난 것도 있고 학습된 것도 있다. 욕구는 완전히 만족되지 않으며 한 욕구가 충족되면 또 다른 욕구가 분출된다. 두 가지 욕구가 갈등상태에 있다면, 사람들은 생리적, 기본적 욕구를 먼저 충족시키려고 행동한다. 구매 상황에서의 욕구는 구매단계의 곳곳에서 나타난다. 물론 마케팅관리자는 제품과 서비스를 창조해서, 소비자들의 욕구를 더 잘 충족시키기 위해 경쟁한다.

2) 욕구와 목표는 항상 변화한다.

동기는 일생 동안 끊임없이 변화하는 매우 역동적인 구성개념이다. 욕구와 목표는 개인의 육체적 상태, 환경, 타인과의 상호작용 및 경험에 반응하면서 성장하고 변화한다. 개인은 어떤 목표를 달성하게 되면 다른 새로운 목표를 개발하고 목표 달성을 위해 노력한다. 또한 목표를 이루지 못하면 그 목표를 더 갈망하거나 그것을 대체할 수 있는 목표를 개발한다. 욕구만족을 위한 인간 행동이 결코 중지되지 않는데는 몇 가지 이유가 있다. 첫째, 기존의 욕구는 완전히 만족되지 않기 때문이다. 인간은 만족을 이루고 유지하기 위하여 계획된 활동을 계속 추진한다. 둘째, 욕구가 만족됨에 따라 새로운 고차원의 욕구가 나타난다. 셋째, 목표를 성취한 사람들은 더 높고 새로운 목표를 설정한다.

3) 대체 목표

여러 가지 이유 때문에 개인이 특정 목표를 이룰 수 없을 때, 개인의 행동은 특정 목표를 대신한 대체 목표(substitute goal)로 나타난다. 즉, 개인은 일차적 목표가 이루어질 수 없다면 일차적 목표를 대신한 대체 목표를 설정한다는 것이다. 비록 대체 목표가 최초의 목표만큼은 만족스럽지 않을지라도 최초의 목표를 이루지 못해서 일어나는 불유쾌한 긴장은 줄일 수 있다. 예를 들면 다이어트 때문에 지방이 많은 우유를 중단한 사람은 저지방 우유를 더 좋아하기 시작할 것이다. 벤츠 S클레스를 살 수 없는 소비자는 벤츠 S클레스를 대신한 대체목표인 Grandeur에 대해서 좋아하는 이미지를 갖고 있다고 자신을 확신시킬 수 있을 것이다. 물론 이 예에서는 대체 목표가 좌절에 대한 방어적인 반응행동이 될 수 있을 것이다.

2 동기의 역동성

1) 좌절과 방어기재

목표 성취의 실패는 좌절(frustration)이라는 심리적 결과를 가져온다. 어떤 경우, 우리는 목표를 달성할 수 없기 때문에 좌절을 경험한다. 목표 달성을 방해하는 장벽은 개인적인 요인일 수도 있고, 물리적 혹은 사회적 환경에서의 장애물일 수도 있다. 좌절의 원인에 관계없이 개인의 반응은 다르게 나타난다. 어떤 사람들은 장애을 극복하는 성공적인 방법을 찾거나 실패하면 대체 목표를 선택해서 적응하고 대처한다. 예를 들어, 적응행동은 스포츠카를 소유하고 싶지만 소유하지 못할 경우 대신해서 중고 세단을 구입한 경우가 될 수 있을 것이다. 또한 적응 하지 못한 사람들은 목표를 성취하지 못하는 무능력을 개인의 실패로서 간주할 수도 있고, 불안감을 경험할 수도 있다.

한편, 좌절에 적응할 수 없는 사람은 그들의 자아 이미지를 보호하고 그들의 자존심을 방어하기 위하여 좌절상황을 재정의 한다. 예를 들면 수입이 적어 밍크코트를 살 수 없는 젊은 여성의 대처행동은 값이 저렴한 털로 만든 제품이나 모직 코트를 선택하는 것이고, 비대처 행동은 밍크코트를 살 정도로 충분한 급료를 주지 않는 직장을 향해서 화를 내거나 아니면 동물의 털을 입는 것은 야만적 관습이라고 결정할지도 모른다. 이러한 행동은 사람들이 목표를 이루지 못했을 때 실패의 감정으로부터 자아를 보호하기 위해 때때로 사용하는 방어기재(defense mechanism)로서 각각 합리화(rationalization)와 공격(aggression)의 예이다. 다른 방어기재로는 퇴행(regression), 철수(withdrawal), 투사(projection), 환상(autism), 동일시(identification) 및 억압(repression) 등이 있다.

(1) 공격

좌절을 경험한 사람은 자신의 자존심을 보호하기 위해 공격적인 행동을 취한다. 요트대회에서 형편없는 성적에 실망하여 배를 불사르고 해변가로 수영을 해서 온 요트맨이 공격의 적절한 예가 될 수 있다. 좌절을 한 소비자는 제품의 질을 개선하기 위해 제조업자에 대해서 불매행동을 전개하거나 낮은 가격을 더 낮추기 위해 소매점을 거부하는 공격적 행동을 보일 수도 있다.

(2) 합리화

개인은 목표를 이루지 못하는 것에 대해서 그럴듯한 이유를 발견해서 좌절상황을 재정의하거나 아니면 정말로 추구할 가치가 없는 목표라고 합리화할지도 모른다. 합리화는 좌절 상황의 결과로 일어나는 인지적 왜곡이며 자신도 잘 알지 못하는 경우가 많다. 예를 들면, 금연을 할 수 없는 소비자는 니코틴이 적은 담배로 바꾸고 담배를 적게 피우고 있다고 합리화시킬지도 모른다.

(3) 퇴행

때때로 사람들은 어린애 같은 혹은 미성숙한 행동으로 좌절 상황에 반응한다. 예를 들면, 어떤 소비자는 바겐세일 중에 다른 사람이 그 제품을 구매하지 못하도록 상품에 대해서 괜히 트집을 잡을 수도 있다. 또한 다른 사람이 먼저 선택한 옷을 자신이 사면 안되겠냐고 하소연할지도 모른다.

(4) 철수

좌절상황을 해결하는 방법 중 하나는 단순하게 철수하는 것이다. 조직에서 임원지위에 오르는데 어려움이 있는 사람은 간단하게 그 조직을 그만 둠으로서 좌절상황을 해결할 수도 있다. 더욱이 조직의 목표가 이상적이지 못하다거나 조직의 다른 구성원들이 다소 천박하다고 결정함으로서 그의 사직을 합리화할지도 모른다. 또 다른 이유로는 조직내에서 활동하는 것보다 조직을 떠나 다른 활동에 더 건설적으로 시간을 사용할 수 있다고 결정할지도 모른다.

(5) 투사

개인은 자신의 실패나 무능의 책임을 다른 대상이나 사람에게 투사함으로서 좌절상황을 재정의 할지도 모른다. 공을 잘못 친 골퍼가 캐디나 골프채를 탓하고, 자동차 사고를 낸 운전사가 다른 운전사나 길의 상태를 탓하는 것은 투사의 예다.

(6) 환상

환상 혹은 환상적 사고는 현실성 없이 자신의 욕구와 정서에 완전히 지배당하는 상태를 말한다. 이러한 환상 내지 백일몽은 충족되지 않은 욕구를 상상을 통해 만족하는 것을 의미한다. 예를 들면, 현실은 아니지만 환상 속에서 로맨틱한 사랑을 상상할 수 있다. 혹은 현실적으로 모두 거부가 될 수 없으나 거부가 되는 환상을 가질 수 있다.

(7) 동일시

때때로 사람들은 그들이 적절하다고 판단하는 인물과 상황을 모델로 하여 이들과 잠재적으로 동일시하여 좌절감을 극복한다. 마케팅관리자는 이러한 방어기재의 중요성을 인식하여 왔고 광고 소구의 도구로서 이용한다. 보편화되어 있는 생활의 단면(slice of life)을 활용한 광고는 동일시의 방어기재를 사용하고 있다. 이러한 광고는 개인이 좌절을 경험하는 상황을 보여주고 그런 다음 광고된 제품을 사용해서 좌절을 일으킨 문제를 극복하는 형태를 취한다. 시청자가 좌절상황과 동일시 할 수 있다면 그는 제시된 해결책을 받아들이고 광고된 제품을 구매할 것이다.

(8) 억압

개인이 좌절로부터 일어나는 긴장을 회피하는 또 다른 방법은 충족되지 않은 욕구를 억압하는 것이다. 즉, 의식적으로 인식되는 욕구를 억지로 참는 것이다. 그렇게 함으로써 개인은 그 욕구를 잊어버릴 수 있으나 때때로 억압된 욕구는 간접적으로 그 욕구를 표출한다. 어린이를 가질 수 없는 부부는 자신들 주변에 식물이나 애완동물을 두고 열심히 키울 수 있다. 부인은 학교에서 자원봉사자로 어린이를 가르치고, 남편은 어린이를 위해서 소년클럽에서 자발적으로 봉사할 수 있다. 억압된 욕구를 사회적으로 수용하면 또 다른 방어기재인 승화(sublimation)의 형태로 나타난다.

2) 욕구의 다중성

소비자는 하나의 행동을 통해 여러 가지 욕구를 동시에 충족시킬 수 있다. 사실 소비자들은 여러 욕구를 충족시키기 위해 특정의 목표를 선택한다. 우리는 신체의 보호와 사회적 예의를 갖추는 목표를 동시에 충족하기 위해 옷을 구매한다. 동시에 충족되는 여러 욕구 가운데 더 중요하거나 시급한 욕구가 행동을 촉발시키는데 이를 우세한 욕구(predominant need)라고 한다. 우리가 자동차를 구매하는 이유는 편안한 출퇴근의 욕구, 가족과의 나들이에 대한 욕구, 자신감이나 지위의 표현에 대한 욕구를 동시에 해소하기 위한 것이다. 어떤 경우에는 이런 욕구들이 모두 유사한 정도의 긴장을 누적시켜 자동차를 구매하게 할 수 있다. 그러나 이 가운데 한 가지 욕구가 더 중요하게 영향을 미쳤다면 그 욕구를 우세한 욕구라고 한다. 마케팅관리자는 제품이 제공할 수 있는 효익의 유형을 구분해야 하고, 소비자들마다 욕구의 우선순위에 대한 정보도 가지고 있어야 한다. 욕구의 우선순위의 차이와 욕구의 다중성은 시장세분화의 중요한 변수가 되고, 제품개발 및 촉진전략에 유용한 정보를 제공한다.

3) 개인 간 욕구와 목표의 다양성

특정 행동으로부터 동기를 정확히 추론하기는 어렵다. 다른 욕구를 가진 사람이 같은 목표를 선택하기도 하고, 같은 욕구를 가진 사람도 다른 목표를 추구한다. 예를 들어 소비자 보호 조직에서 능동적으로 활동하고 있는 다섯 사람이 각각 다른 이유로 같은 조직에 소속할 수 있다. 첫째 사람은 순수하게 소비자 이익에 관심이 있고, 둘째 사람은 위조 상품의 방지에 관심이 있으며, 셋째 사람은 조직을 통한 다양한 접촉에 관심이, 넷째 사람은 대기업 집단에 지시와 명령을 하는 권력을 즐기는데 관심이 있고, 다섯째 사람은 권력 있는 조직의 구성원이 가지는 지위를 즐길 수도 있다.

이와 유사하게, 서로 다른 다섯 사람이 자아실현 욕구 한 가지를 다른 방법으로 충족할 수도 있다. 첫째 사람은 전문 경력을 통해서 발전과 인정을 꾀하고, 둘째 사람은 여성단체에서 능동적인 역할을 하고, 셋째 사람은 헬스클럽에 참여하고, 넷째 사람은 에어로빅의 강습에 참여하고 그리고 다섯째 사람은 학급의 토론을 독점함으로서 자아실현 욕구를 탐색한다.

4) 욕구는 창조될 수 있는가

마케터는 욕구를 창조할 수 있는가? 제조업자가 값이 비싼 제품계열만 제공하면서 광고를 통해 소비자욕구를 창조하고 소비자들의 반응을 마음대로 조작한다면 심각한 윤리적 문제가 일어날 것이다. 소비자가 필요하지 않는 것을 구매하도록 소비자를 조작한다면 마케터는 심하게 비난받을 것이다.

기업 또는 마케팅 활동이 사람들의 욕구를 창조할 수 있는가에 대해서는 두 가지 견해가 제기될 수 있다. 첫째, 비록 명시적으로 표현되지 않더라도 욕구는 잠재적 또는 무의식적으로 가지고 있으므로 이미 존재하고 있는 것으로 해석하는 것이다. 따라서 대부분의 욕구는 이미 내재되어 있고 다만 특정 시기와 환경에서 표현되는 것이므로 욕구가 마케팅에 의해 창조된다고 말할 수 없다. 그러므로 마케터는 소비자의 명시적 욕구가 확인되기 전부터 그 욕구가 존재하고 있었다는 것을 유의해야 하고 특정 시기에 나타날 욕구의 유형을 예측하고 대응해야 한다. 이것은 소비자의 욕구는 이미 존재해 있지 않다면 발생하지 않는다는 것을 가정하는 것으로 이때의 마케팅 기술은 제품이나 서비스를 통해 이 욕구를 자극시켜야 하는 것이다. 둘째, 소비자들의 욕구는 경험에 근거한 것이어서 외부의 자극으로부터 창조될 수 있다는 것이다. 예를 들어, 우주에 관심이 없던 사람들에게 우주여행상품의 등장은 우주여행에 대한 욕구가 창조된 것으로 이해할 수 있다. 비록 우주여행처럼 구체적인 욕구는 아니지만 미지의 세계에 대한 막연한 동경이 있었다 하더라도 이는 매우 추상적이어서 구체적인 욕구라고 말하기는 어려우며, 욕구가 가진 추상성을 감안하더라도 마케팅이 구체적인 욕구를 창조했다고 말할 수 있다. 특히 최근의 비약적인 기술발전은 소비자의 상상력보다 앞서고 있다는 점에서 소비자의 기대를 선도하는 욕구의 창조성은 마케팅관리자의 임무 가운데 하나이다.

5) 동기의 갈등

동기는 소비자들의 상호작용에 영향을 미치며 복수의 동기가 동시에 작용하게 되면 소비자들의 행동에 갈등을 일으킨다. Levin은 동기의 갈등이론에 기여하였는데, 그는 동기를 개인이 환경 내에서 목표를 유인하거나 멀리하는데 영향을 주는 요인으로 인식하였다. 동기를 만족시키는 제품이나 서비스가 있다면 긍정적인 유인 요소로 작용을 하는 것이고 동기를 혐오시키는 제품과 서비스가 있다면 부정적인 저항 요소로 영향을 주는 것이다.

Levin의 견해에 따르면, 접근-접근(approach-approach), 회피-회피(avoidance-avoidance) 및 접근-회피(approach-avoidance) 등 세 가지 동기 상황이 갈등을 일으킨다고 보았다. 이들 용어는 실제의 물리적 이동이 아니라 유인이나 저항의 심리적 경향에 의해서 붙여졌다.

(1) 접근-접근 갈등

접근-접근 갈등은 구입하고 싶은 욕구를 가진 두 가지 이상의 대안 가운데 하나만 구입할 수 있을 때 발생한다. 〈그림 10-2〉에서처럼 건강을 위한 운동기구와 작업의 효율성을 위한 컴퓨터를 구매하는 것이 모두 바람직한 대안이지만 그 가운데 하나만 구입해야 하는 상황이 접근-접근 갈등 상황이다. 이런 상황에서 두 바람직한 대안의 우선순위가 정해져 있다면 우선순위가 높은 제품을 구입하고, 다른 것은 이후로 연기하는 것으로 갈등을 해결할 수 있다. 그러나 어떤 대안이 먼저 선택되어야 하는지 명확하지 않을 때는 우선순위가 결정될 때까지 구매를 연기하게 된다. 접근-접근의 갈등상황은 하나의 대안을 선택할 수 있는 상황이므로 영구적으로 결정하지 않거나 지연시킬 수는 없다. 따라서 접근-접근 갈등의 해결은 두 개의 대안을 재평가함으로서 하나의 대안을 받아들이는 것으로 갈등을 빨리 해결할 수 있는데 갈등의 해결은 대안을 평가하는데 유용한 정보를 획득함으로써 이루어질 수 있다. 즉 추가적인 정보를 통해 하나의 대안에 대한 선호를 형성할 수 있는데 이 때 기업의 촉진활동과 판매원의 설명은 중요한 역할을 한다.

또한 접근-접근 갈등의 해결은 두 개의 대안이 가지고 있는 장점을 동시에 충족시킬 수 있도록 두 가지 목표를 수정하여 해결할 수 있다. 두 가지 목표인 운동기구와 컴퓨터 모델을 낮은 가격으로 동시에 구매하는 것도 갈등을 해결하는

그림 10-2 ▶ 동기의 갈등 상황의 유형

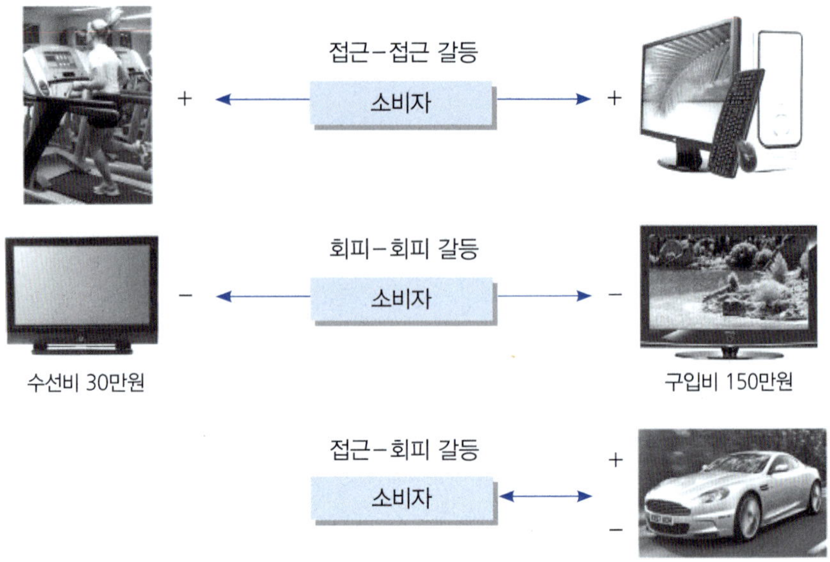

자료: Kurt Levin, *A Dynamic Theory of Personality*, MaGraw-Hill, New York, 1935.

방법이 된다.

(2) 회피-회피 갈등

이 상황은 소비자에게 부정적인 것으로 지각되는 두 가지 대안 가운데 하나를 선택해야 하는 상황에서 발생하는 갈등이다. 심부름은 가고 싶지 않은데(대안 1) 가지 않으면 혼나는 상황(대안 2), 병원에 가서 치료받는 것도 두렵고(대안 1), 안 가서 통증에 시달리는 것도 싫은 상황(대안 2) 등은 빈번하게 발생하는 회피-회피 갈등상황이다. 〈그림 10-2〉에서처럼 TV 수상기가 고장이 났을 때, 수선비를 많이 지불해야 하는 상황과 신제품으로 대체하는 데 비용이 드는 상황도 여기에 속할 것이다. 소비자에게 불만족스러운 대안만이 존재하는 이러한 상황 아래서는 소비자들이 매우 큰 갈등을 일으키고 선택에 어려움을 느끼게 된다. 부정적인 대안에 접근하는 것 자체가 강한 거부를 유도하기 때문에 회피-회피 갈등 상황은 더욱 증폭되는 경향이 있다. 소비자들은 이런 상황을 극복하기 위해 부정적인 상황을 완화시킬 방법을 찾는다. 병원을 카페처럼 편안하게 꾸미면 병원방문에 대한 불쾌함을 완화시킬 수 있고, TV를 판매하면서 기존 TV의 교체에 대한 할인을 해 줄 수 있다. 우리나라에서는 2019년 미세먼지 대책의 일환으로 노후 디젤차량의 조기 폐차에 지원금을 보조하거나 배출가스저감장치를 부착하는 지원사업을 시행하였다. 어떤 소비자가 노후 디젤차량을 타는 것이 미세먼지를 유발하는 것 같아 유쾌하지 않지만 그렇다고 새차를 사는 것은 비용이 너무 커서 내키지 않았다고 하자(회피-회피 갈등). 이 소비자에게 조기 폐차에 대한 지원금을 보조하는 조치는 새차를 사는 대안에 대한 회피갈등을 완화시켜 구입가능성을 높일 수 있다. 반면에 이 소비자에게 배출가스 저감장치를 부착하는 지원은 미세먼지를 유발하는 불쾌감이 완화되어 차의 보유기간이 길어진다.

(3) 접근-회피 갈등

이 갈등은 하나의 대안에 긍정적인 요소와 부정적인 요소가 동시에 포함되어 있는 경우이다. 긍정적 및 부정적 측면이 모두 포함되어 있는 제품의 구매의사결정을 할 때 이런 상황이 일어나는데 이는 마케팅에서 기회요인이 되기도 한다. 커피의 맛은 좋아하는 데(접근) 카페인이 마음에 걸리는(회피) 갈등상황에 대해 기업은 카페인이 없는 커피로 대응한다. 자동차 소유에 대한 매력(접근)과 연비에 대한 염려(회피)는 최근 연비를 획기적으로 개선한 하이브리드 자동차에 대한 수요를 증가시킬 것이다. 〈그림 10-2〉는 자동차를 소유하는 것은 긍정적이지만(접근), 자동차 구입에 많은 비용이 들어가는 것은 부정적(회피)으로 지각하는 상황이다. 이 경우 목표 대상물에 접근함으로서 유인력(+)과 저항력(−)이 동시에 증가하기 때문에 접근-회피 갈등은 안정적인 경향이 있다. 이러한 문제를 인식하고 회피의 측면을 줄이는 수단으로 할부제도가 활용되기도 한다.

제10장 동기

제 3 절 동기이론

1 욕구의 분류

심리학자 Murray는 성격 테스트인 EPPS(Edward Personal Preference Schedule)에서 기본적인 구성개념으로서 28개의 정신적 욕구를 사용하여 리스트를 마련하였다. 그는 모든 사람이 동일한 기본적인 욕구를 가지고 있지만 이들 욕구에서 우선순위가 다르다고 믿었다. Murray는 획득, 성취, 인정 및 전시와 같은 소비자행동에서 중요한 역할을 하는 것으로 생각되는 기본적 동기를 〈표 10-1〉과 같이 제시하고 있다.

인간 동기의 목록은 너무 많기 때문에 마케터에게는 실용성이 적고, 목록에 제시된 것들이 너무 일반적이어서 더 상세한 인간 욕구로 표현하기가 어렵다. 어떤 심리학자는 사람들이 그들의 성격, 경험, 환경 등에 따라 서로 다른 우선순위를 둔다고 제시하는 반면 다른 심리학자들은 대부분의 인간이 유사한 우선순위를 두는 동일한 기본적인 욕구를 가지고 있다고 생각한다.

욕구를 분류한 Murray, McClelland, McGuire 등과 마찬가지로 오늘날까지도 욕구를 자세히 분류해보면 여전히 공통적으로 나타나는 부분이 많다. 오래

표 10-1 ▶ Murray의 욕구 리스트

굴욕	원조	성	직관	간호	위해의 회피
전시	지배	자율	성취	친화	이해
거부	공격	질서	방어	존경	유희
반작용					

자료 : Henry A. Murray, *Exploration in Personality*, N. Y.: Oxford, 1938.

식욕-기아	신성의 존경	취미	타인의 관리
자손의 애정	타인의 동정	개인적 용모	냉정
건강	타인의 보호	안전	공포-주의
성적 매력	가정적	청결	유체적 행동
부모의 애정	사회적 차별	휴식-수면	조작
야망	타인에 헌신	가정의 안락	건설
즐거움	친절	경제	스타일
육체의 안락	따뜻함	호기심	유머
소유	모방	효율	오락
타인의 인정	예의	경쟁	체면
사교성	놀이-스포츠	협동	성가심

◀ 표 10-2
남녀 성인에서의 동기 목록

자료 : Daniel Starch, *Principle of Advertising*, Chicago: A. W. Shaw & Co., 1923, p. 273.

동안 인간 행동에 관심을 갖고 있던 학자들은 인간의 욕구나 동기에 대해서 완전하고도 철저한 목록을 개발하려고 시도해 왔다. 인간 욕구에 대한 대부분의 목록은 길이나 내용에서 매우 다양화 되고 있다. 비록 생리적 욕구(physiological needs)에 대해서는 불일치가 거의 없으나 심리적 욕구(psychological needs)에는 상당한 차이가 있다. 〈표 10–2〉은 광고 문안의 소구로서 사용되는 것으로서 1923년 Starch에 의해서 지적한 44개의 인간 욕구의 목록을 보여주고 있다.

2 Maslow의 욕구체계 이론

사람들의 동기를 연구하는데 가장 넓게 사용되고 있는 모델이 Maslow의 욕구계층모델(hierarchy of needs model)이다. 심리학자인 매슬로우는 인간 욕구의 중요성에 따라 〈그림 10–3〉과 같이 제일 아래부터 생리적 욕구, 안전 욕구, 사회적 욕구, 존경 욕구 및 가장 위에 자아실현의 욕구로 명명하고 욕구를 다섯 가지 범주로 분류하였다.

생리적 욕구(physiological needs)는 의식주의 욕구이다. 배고픔, 갈증과 같이

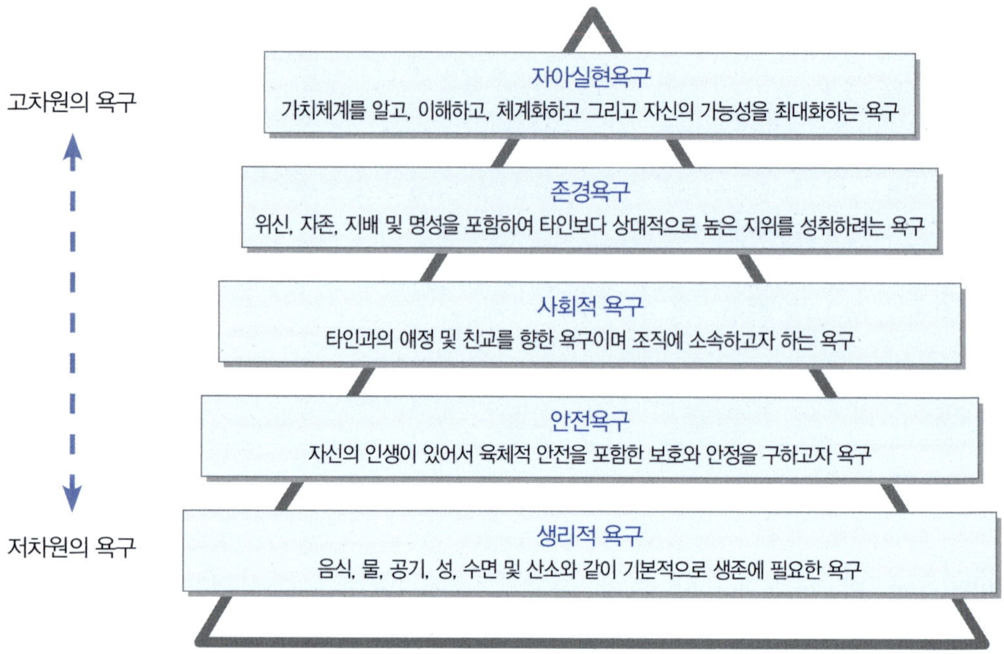

그림 10-3 ▲
Maslow의
욕구계층 모델

자료: A. H. Maslow, *Motivation and Personality*, New York, Harper & Row, 1954.

대부분 인간의 기본적인 욕구로서 이 욕구는 Maslow의 위계체제에서 가장 낮은 수준에 있다. 사람들은 모든 다른 욕구에 앞서 생리적 욕구를 만족시키려고 한다.

안전욕구(safety needs)는 고통, 위협 및 질병이 없는 상태, 편안함 등과 같은 안전과 안정을 위한 욕구를 포함한다. 생리적 욕구와 함께 안전 욕구에 대한 수단이 탈취된 사람은 이 욕구를 채우는데 몰두하게 된다. 유기농 식품 및 성분에 대한 관심, 자동차의 에어백, 보험, 스포츠 관련 제품의 안전장비 등은 의식주의 기본적인 해결에 추가된 안전한 생활을 위한 욕구를 만족시키는 제품들이다.

사회적 욕구(social needs)는 친교, 애정 및 소속에 대한 욕구이다. Maslow의 욕구계층에서 이 수준은 기본적인 생리적 욕구와 안전 욕구와는 구별되는 분명한 욕구이다. 높은 사회적 욕구를 갖고 있는 종업원은 타인과 밀접하게 일하는 것을 즐긴다. 낮은 가입 욕구를 갖고 있는 종업원은 고독한 직무에서 일하는 것

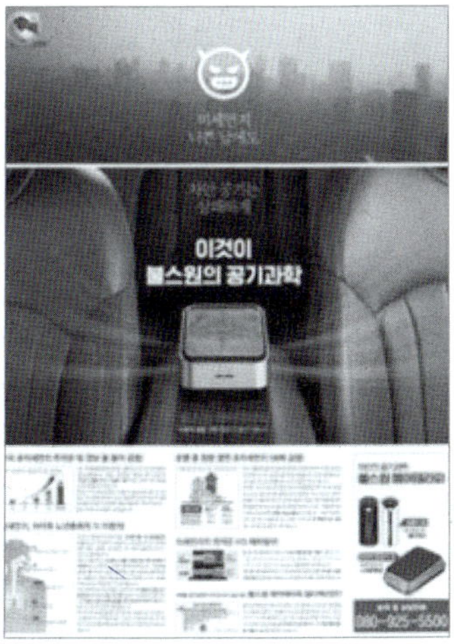

생리적 욕구를 활용한 광고

사회적 욕구를 활용한 광고

안전욕구를 활용한 광고

존경욕구를 활용한 광고

▲ 그림 10-4
욕구수준별 광고 사례

에 만족한다. 조직이 사회적 욕구를 충족하지 못하면 종업원의 불만은 빈번한 결근, 저생산성, 스트레스와 관련된 행동 및 심지어는 정서적 장애와 같은 여러 형태의 행동으로 나타난다. 따라서 경영자는 부하직원이 사회적 욕구를 만족시키기 위하여 노력하는 것을 지원하는 리더십을 발휘해야 한다. 또한 사회적 욕구를 충족시키는 마케팅 활동으로 제품의 사용이 특정 집단이나 사회조직에 소속되어 있는 느낌을 주는 광고가 활용될 수 있다.

존경욕구(esteem needs)는 자기 자신의 존경, 개인적인 성취감 및 타인으로부터의 인정욕구이다. 이 욕구를 충족시키기 위하여 사람들은 능력과 가치를 향상시키고 성취, 승진, 명망 및 지위에 대한 기회를 탐색한다. 종업원이 존경 욕구에 의해 동기화된다고 지각한 관리자는 성공을 위해서 요구되는 근면한 노동과 정교한 기술을 강조할 필요가 있다.

자아실현욕구(self-actualization needs)는 개인적 성장, 자아 충실 및 자신의 가능성의 실현과 관련되어 있다. 자아실현욕구는 자신의 욕구는 물론 타인의 욕구도 받아들인다. 보통 나타나는 특성은 창의력, 자발성 및 문제해결 능력이 포함된다. 종업원에서 이 수준의 동기를 인식한 경영자는 그들의 직무에 고유한 성장기회를 발견하도록 도와주어야 한다. 예를 들면, 경영자는 의사결정과정에 종업원을 참여시키고, 직무를 재구조화 시키거나 특수한 기술에 요구되는 특정 할당내용을 제공함으로써 동기화시켜야 한다.

Maslow의 욕구계층은 4가지 기본 가정을 강조하고 있다. 첫째, 만족한 욕구는 동기요인이 되지 않는다. 한 욕구를 만족하면 다른 욕구가 대신한다. 그래서 사람은 항상 다른 욕구를 만족시키기 위하여 노력한다. 둘째, 일반적으로 고차원의 욕구가 행동에 자극을 주기 위해서는 저차원의 욕구가 먼저 만족되어야 한다. 이것은 욕구단계설에서 저차원의 욕구가 충족되지 않으면 상위의 욕구는 생성되지 않는다는 가정을 말한다. 그러나 히말라야 정상을 오르기 위해 위험을 감수하는 것처럼 고차원의 욕구는 저차원의 욕구를 억제하기도 한다. 셋째, 사람들의 욕구는 매우 복잡하다. 즉, 어느 한 시점에서 사람의 행동은 다양한 욕구에 의해서 영향을 받는다. 자동차를 구매할 때 안전욕구(에어백이 장착된 차), 사회적 욕구(동료와 친구, 가족과 소속감을 가질 수 있는 차), 자존의 욕구(사회적 지위와 명예를 표현하는 차) 가운데 어떤 욕구가 더 많이 작용하고, 다른 욕구는 덜 작용하게 된다. 일반적으로 상위욕구는 하위욕구의 충족을 가정하므로, 사회적 지위를 표현하는 자동차는 사회적 욕구와 안전욕구를 포함하도록 구성된다. 넷째, 저차원의 욕구를 만족시키는 방법보다 고차원의 욕구를 만족시키기 위한 방법이 더 많다.

사례 **'저 카스테라 어디서 봤더라?' … TV드라마 속 PPL 전쟁**

#. "이게 카스테라라는 서양 떡이다. 먹어보거라. 꼭 조선의 무지개떡같이 생기지 않았니." 지난 18일 방송된 tvN 드라마 '미스터 션샤인'. 여주인공 고애신(김태리)은 글로리 빈관(호텔) 여종업원에게 무지개 카스테라를 썰어준다. 화면에 등장하는 곳은 불란서제빵소. 매장 로고도 파란색으로 에펠탑과 닮게 제작돼 눈썰미 있는 일부 시청자들은 금세 간접광고(PPL · Product Placement)임을 알아챌 수 있었

다. 식품업체들이 불황 타개책으로 비용 대비 효과가 큰 PPL을 선택해 공격적 마케팅을 펼치고 있다. 드라마 속 시대상을 반영한 상품으로 관심을 받아 광고 효과를 톡톡히 누리고 있다는 설명이다. 22일 유통업계에 따르면 SPC그룹은 드라마 '미스터 션샤인'에 간접광고를 하기 위해 극의 배경인 구한말 콘셉트에 맞춰 '꽃빙수'와 '왕사탕', '무지개 카스테라' 등을 개발했다. 극 중 주인공들의 스토리라인에 자연스럽게 등장한 이들 상품은 방송 후 매장에서 실제로 판매되면서 많은 사람들의 관심을 불러일으켰다.SPC에 따르면 무지개 카스테라와 꽃빙수는 드라마 PPL 노출 이후 매출이 각각 200%와 40% 증가했다. SPC 관계자는 "관련 에피소드 방송 이후 PPL을 본 뒤 영향을 받아 구입했다는 소비자가 방영 전 1%에서 방영 후 27%로 늘었다"고 설명했다. 실제로 미스터 션샤인에 나왔던 '왕사탕'은 등장 후 현재까지 사회관계망서비스(SNS) 등에서 관련 누적 게시물이 5000여건, '불란서 제빵소'는 게시물이 2000여건에 달했다. 일반 신제품 출시 대비 훨씬 더 많은 관심을 받고 있다는 게 회사 측의 설명이다.

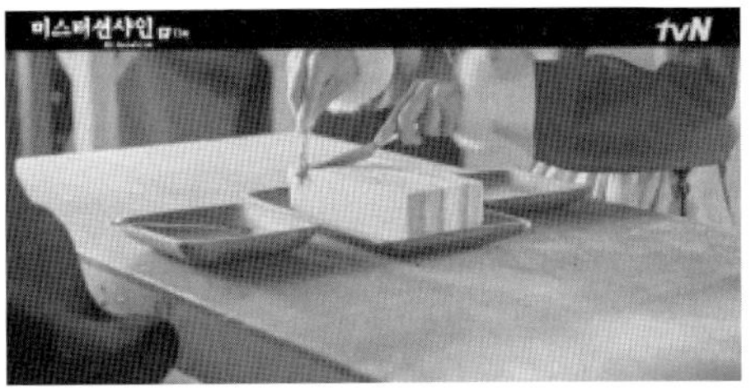

사진: tvN 캡처

'미스터 션샤인' 효과? … 복고풍 제품 매출 최대 5배↑

#.커피 프랜차이즈 '달콤커피' 역시 PPL 효과를 보고 있다. 극 중 쿠도 히나(김민정)가 운영하는 글로리 빈관에서 등장하는 '가배당'은 달콤커피가 이 드라마를 위해 특별 기획한 제품이다. 커피가루를 굳혀 만든 고형 커피로 뜨거운 물에 녹여 마시면 된다. 극의 흐름에 맞는 제품 특징 덕에 시청자들의 호평이 많았다는 평가다.

극 중 쿠도 히나(김민정)가 운영하는 '글로리 빈관'에서 등장하는 '가배당'은 달콤커피가 미스터 션샤인을 위해 특별 기획한 제품이다. 커피가루를 굳혀 만든 고형 커피로 뜨거운 물에 녹여 마시면 된다(사진=달콤커피 제공).

이 제품은 현재 같은 드라마에 등장한 '국화차'와 함께 달콤커피 전 매장에서 판매되고 있다. '가배당'과 '국화차'는 방송 직후 시청자들의 눈길을 끌면서 실제 구매로 이어지고 있다. SNS 구매 인증샷은 물론, 방송 초기대비 '가배당'과 '국화차' 매출이 300% 이상 늘었다.

과거 기존제품을 활용한 어색한 PPL과 다르게 최근의 PPL은 드라마 속 콘셉트와 맞게 특별 제작돼 극중 몰입도와 매출 증대 '두 마리 투끼'를 잡는 추세다.

달콤커피 관계자는 "극의 흐름에 맞도록 고증을 거치고 연출하는 새로운 방법의 PPL을 통해 시청자들의 호기심을 이끌어내고 있다"며 "앞으로도 드라마의 내용과 분위기에 어울리는 제품을 연구개발하고, 자연스럽게 배치함으로써 시너지 효과를 볼 수 있도록 노력해 나갈것"이라고 말했다.

출처 : 〈한국경제신문〉 2018.08.22 저 카스테라 어디서 봤더라? TV드라마 속 전쟁
(http://www.hankyung.com/economy/article.201808225168g)

3 McClelland의 학습된 욕구이론

McClelland의 학습된 욕구이론은 많은 지지를 받고 있는 동기이론이다. McClelland는 성취, 친화 및 권력 등 세 가지의 기초적인 학습된 욕구가 인간을 동기화시킨다고 하였다. 높은 성취동기(achievement motivation)를 가진 사람들은 일의 결과를 남보다 미리 얻으려 하고, 성공을 위해 노력하고, 문제해결에 책임을 떠맡으려는 특징이 있다. 한 연구에서 높은 성취 욕구를 가진 학생의 83%는 위험을 감수하고, 의사결정을 하고, 큰 성공을 성취하는 기업 경영자와 같은 직업을 가진다는 것을 발견했다.

McClelland는 친화욕구(need for affiliation)를 Maslow의 사회적 욕구와 유사하게 보고 있다. 이 욕구를 가진 사람들은 친구들을 사귀려 하며, 집단의 구성원이 되려 하고, 타인과 관련을 맺으려 한다. 친화욕구가 높은 사람은 성공하기 위한 욕구에 앞서 타인과 함께 있고 싶은 욕망을 갖는 경향이 있다. 예를 들면, 한 연구에서는 과업을 맡고 있는 사람에게 보조자를 선택할 기회를 주었다. 성취동기가 높은 사람들은 특정 개인의 능력에 입각해서 보조자를 선택하지만 이와 대조적으로 친화욕구가 높은 사람들은 그들의 친구를 더 선택하는 것으로 나타

났다. 친화에 대한 높은 욕구를 가진 사람들은 과업의 성공보다는 개인적 경험을 즐기기 위한 욕망에서 그들의 친구를 더 많이 선택했다.

권력욕구(need for power)는 타인에 대한 통제력을 얻고 이를 실행하기 위한 욕망을 의미한다. 권력욕구의 목적은 타인에 영향을 주고, 지시하고, 가능하면 지배하는 것이다. McClelland에 따르면 권력욕구의 사용은 두 가지 결과를 나타낸다. 타인을 설득하고 고무하기 위해 사용하는 권력의 결과는 긍정적으로 나타나고, 타인을 지배하고 복종심을 얻으려는 권력의 사용 결과는 부정적으로 나타난다.

McClelland의 이론과 소비자행동과의 관계를 조사한 한 연구에서는, 높은 성취동기를 가진 사람들은 낮은 성취동기를 가진 사람들보다 스키와 보트설비 같은 야외 레저 제품을 더 많이 구매하는 경향이 있다고 한다. McClelland의 이론을 마케팅에 적용하면 그가 확인한 세 가지의 기초적인 소비자 동기를 광고의 소구 주제로 삼아 다음과 같이 광고에 이용할 수 있다. 먼저 제품과 관련된 기초적인 동기 구조를 확인하고, 표적시장의 특성을 분석하고, 그런 다음 동기구조와 표적시장의 특성이 일치하도록 제품의 광고를 개발하는 것이다.

4 Herzberg의 동기–위생이론

Maslow의 이론은 개인의 동기에 초점을 두고 있는 반면 동기의 내용이론을 구성하고 있는 Herzberg의 2요인 이론(two factor theory)은 직무의 내용과 이들의 과업에 관심을 두고 있다.

Herzberg는 종업원을 동기화하는데 다른 각도에서 조명한 첫 행동주의 과학자였다. Herzberg의 첫 번째 주요 연구는 200명의 회계사와 엔지니어를 대상으로 직무만족과 생산성과의 관계를 조사하는 것이었다. 이 연구에서 Herzberg는 대상자들에게 그들의 직무와 관련해서 좋은 감정과 나쁜 감정을 낳은 직무상

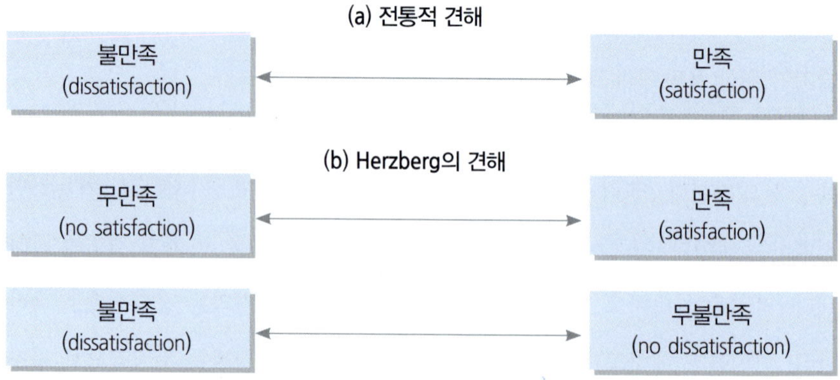

그림 10-5 ▶ 만족에 대한 전통적 견해와 Herzberg의 견해

의 경험을 기술하도록 요청하였다. Herzberg는 책임과 같은 특정 직무의 특성이 있을 때에는 직무 만족을 증가시키지만 그러한 특성이 부족하더라도 반드시 불만족을 일으키지 않는다는 것을 발견하였다. 이와 반대로 직무 안전과 같은 특성이 부족할 때에는 불만족이 생기지만, 직무상 안전성이 높아도 만족이 나타나지 않는다는 것을 알았다. 〈그림 10-5〉에서 보듯이 경영자는 전통적으로 만족과 불만족은 단일의 연속선상에 양극의 반대편에 있고 종업원은 이를 따라 여러 단계에 놓이게 된다고 생각했다. Herzberg는 실제로는 두 개의 연속선이 있는데 하나는 무만족(no satisfaction)에서부터 만족(satisfaction)에 이르는 것이고 다른 하나는 불만족(dissatisfaction)에서부터 무불만족(no dissatisfaction)에 이르는 선이라고 생각했다.

그는 이 이론을 통해서 그 당시까지도 지배적이었던 관료주의적인 동기관리 방식뿐만 아니라 감독자 훈련방법이나 금전적인 유인을 사용하는 동기화 전략의 한계를 지적했다. Herzberg의 실증적 연구결과에 의하면 인간이 직무와 관련해서 추구하는 욕구는 크게 두 가지의 범주로 나누어진다. 그 중 한 가지는 동기요인(motivator factors)이며, 다른 한 가지는 위생요인(hygiene factors)이다. 동기요인은 직무에 대한 만족을 결정짓는데 영향을 미치는 요인들로서, 직무에 대한 만족을 결정짓는다는 의미에서 이 요인들을 만족요인이라도 부른다. 반면 위생요인은 결핍되면 직무에 대한 불만족을 초래하는 요인들로서, 직무에 대한 만

◀ 표 10-3
동기요인과 위생요인

동기요인(직무만족의 원천)	위생요인(직무불만족의 원천)
• 직무 자체의 도전성 • 인정과 책임감 • 성취감 • 승진과 성장 • 존경과 자아실현	• 작업조건과 감독 • 기업정책과 방침 • 지위 및 직업의 안정성 • 작업동료간 인간관계 • 급여와 임금수준

족을 결정짓는 요인들과는 별개의 요인이므로 이를 불만족요인이라고도 부른다. 〈표 10-3〉은 동기요인과 위생요인을 열거한 것이다.

이처럼 직무에 대한 만족을 초래하는 요인들을 동기요인이라고 부르는데, 작업동기와 일차적인 관련을 갖는 이 요인들은 직무를 통해서 얻을 수 있는 직무내용요인(content factors)들이다. 한편, 직무에 대한 불만족을 일으키는 요인들을 위생요인이라고 부르는데, 이 요인들은 직무 자체의 내용에 관련되는 것이 아니라 직무를 수행하는데 영향을 미치는 직무 외적인 맥락요인(context factors)들이다.

연/습/문/제

01 동기의 과정을 요인별로 설명하시오.

02 동기의 특성을 설명하시오.

03 좌절을 극복하는 방어기재의 유형을 설명하시오.

04 TV광고내용이 이용하는 방어기재의 유형을 연결시켜 설명하시오

05 소비자들의 구매행위가 동기갈등을 유발할 수 있다. 이 때의 동기갈등 유형은?

참 고 문 헌

- Antil, John H., "Conceptualization and Operationalization of Involvement," in Thomas C. Kinnear, ed., *Advances in Consumer Research* 11, Provo, Utah: Association for Consumer Research, 1984.
- Bayton, James A., "Motivation, Cognition, Learning–Basic Factors in Consumer Behavior," *Journal of Marketing*, 22(January 1958).
- Brehm, Jack W., *A Theory of Psychological Reactance*, New York: Academic Press, 1966.
- Celsi, Richard L. and Jerry C. Olson, "The Role of Involvement in Attention and Comprehension Processes," *Journal of Consumer Research*, 15(September 1988).
- Crispell, Diane, "Sex Surveys: Does Anyone Tell the Truth?" *American Demographics*, (July 1993).
- Folkes, Valerie,"Recent Attribution Research in Consumer Behavior: A Review and New Directions," *Journal of Consumer Research*, 14(March 1988).
- French, E. H., "Effects of the Interaction of Motivation and Feedback on Test Performance," in *Motives in Fantasy, Action, and Society*, J. W. Atkinson, ed., New York: Litton Educational Publishing, 1958.
- Gardner, David H., "An Exploratory Investigation of Achievement Motivation Effects on Consumer Behavior" Association for Consumer Research, 1972 Proceeding of Third Annual Conference.
- Hendrix, Philip, Thomas Kinnear, and James Taylor, "The Allocation of Time by Consumers," in *Advances in Consumer Research*, Vol. Ⅳ, William Perreault, ed., Ann Arbor, MI:P Association for Consumer Research, 1977.

- Hilgard, Ernest, Richard Atkinson, and Rita Atkinson, *Introduction to Psychology*, 6th ed. New York: Harcourt Brace Javanovich, 1975.
- Hirschman, Elizabeth C. and Morris B. Holbrook, "Hedonic Consumption: Emerging Concepts, Method, and Propositions," *Journal of Marketing*, 46(Summer 1982).
- Holbrook, Morris and Elizabeth Hirschman, "The Experiential Aspects of Consumption: Consumer Fantasies, Feeling, and Fun," *Journal of Consumer Research*, 9(September 1982).
- Kelley, Harold H., "The Process of Causal Attribution," *American Psychologist*, 28(February 1973).
- Krugman, Herbert, "The Impact of Television Advertising: Learning without Involvement," *Public Opinion Quarterly*, 29(Fall 1965).
- Levin, Kurt, *A Dynamic Theory of Personality*, McGraw-Hill, New York, 1935.
- Mazis, Michael B., Robert Settle, and Dennis Lislie, "Elimination of Phosphate Detergents and Psychological Reactance," *Journal of Marketing Research*, 10(November 1973).
- McClelland, David C., "Achivement and Enterpreneurship: A Longitudinal Study," *Journal of Personality and Social Psychology*, (April 1965)
- McClelland, David C., *Personality*, New York: William Sloane, 1941.
- McGuire, William J., "Psychological Motives and Communication Gradification," in J. G. Blumer and C. Kats, eds., *The Uses of Mass Communication: Current Perspectives on Gradification Research*, New York: Sage, 1974.
- Murray, A. H., *Exploration in Personality* N. Y.: Oxford Univ. Press, 1938.
- Millman, Nancy, "Product Claims Not Believable," *Advertising Age*, March 15, 1984, 1.
- Raju, P. S., "Optimum Stimulation Level: Its Relationship to Personality, Demographics, and Exploratory Behavior," *Journal of Consumer Research*, 7(December 1980).
- Ratchford, Brian T. and Richard Vaughn, "On the Relationships between Motives and Purchase Decisions: Some Empirical Approaches," in Thomas K. Srull, ed., *Advances in Consumer Research* 16, Provo, Utah: Association for Consumer Research, 1989.
- Ross, Lee, "The Intuitive Psychologist and His Shortcomings: Distortion in the Attribution Process," in *Advances in Experimental Social Psychology*, Vol. 10, New York: Academic Press, 1977.
- Scott, Carol, "The Effects of Trial Incentives on Repeat Purchase Behavior," *Journal of Marketing Research*, 4(August 1976).
- Steenkamp, Jan-Benedict E. M. and Hans Baumgartner, "The Role of Optimum Stimulation Level in Exploratory Consumer Behavior," *Journal of Consumer Research*, 19(December 1992).
- Steinberg, Sandon A. and Richard F. Yalch, "When Eating Begets Buying: The Effects of Food Samples on Obese and Nonobese Shoppers," *Journal of Consumer Research*, 4(March 1978).

그/림/출/처

- Mowen, Consumer Behavior, 1995, p. 192.
- Kurt Levin, A Dynamic Theory of Personality, MaGraw-Hill. New York, 1935.
- A. H. Maslow, Motivation and Personality, New York, Harper & Row, 1954.

CHAPTER

11

성격과 라이프스타일

1. 성격이 소비자행동에 미치는 영향에 대해 이해한다.
2. 성격이론에서 대표적인 정신분석이론의 특징을 학습한다.
3. 자아개념이 제품 혹은 브랜드에 미치는 영향에 대해 이해한다.
4. 자아개념이론에 대해 학습한다.
5. 라이프스타일이 소비자행동에 미치는 영향에 대해 이해한다.
6. 라이프스타일의 측정도구에 대해 살펴본다.

제11장 성격과라이프스타일

제 1 절 성격의 개념

1 성격과 소비자행동

마케팅관리자의 관심은 소비자가 제품을 구매한 이유가 무엇인가이다. 이것을 이해하면 자사의 상표를 소비자에게 소구할 수 있는 가장 적절한 전략을 계획할 수 있게 된다. 소비자들이 제품을 구매한 이유에 차이를 보인다면 이런 차이를 나타내게 하는 요인들은 시장세분화, 메시지전략, 가격전략 등에 중요한 시사점을 제공할 수 있다. 예를 들어 한 소비자는 하우젠 에어컨을 구매하고, 다른 소비자는 휘센 에어컨을 구매했다는 것의 의미는 각각의 소비자가 추구하는 가치(value), 독특한 성격(personality), 그리고 라이프스타일 등 내적 · 심리적 특성의 차이에서 원인을 찾을 수 있다. 이러한 성격 또는 개성은 개인을 둘러싸고 있는 환경에서의 자극에 대한 개인의 일관성 있는 반응(consistent responses)이다.[1] 즉, 성격은 환경의 자극에 대하여 어떻게 지속적이고 일관적으로 반응하는가를 결정하는 개인의 독특한 심리적 특성(trait)이라고 할 수 있다.

성격은 상표선택과 구매행동, 매체선택, 혁신에 대한 반응, 의견선도성 등 전반적인 소비자행동과 관련된다. 신제품에 더 잘 반응하는 혁신자들의 성격은 비혁신자에 비해 더 충동적이고, 활동적이며 지배적이다. 성격은 세분시장의 특성을 이해하는데 도움을 주고, 개인의 제품 및 상표선택에 영향을 주며, 기업의 촉진 노력에 소비자가 어떻게 반응하는지, 그리고 언제, 어디에서, 어떤 제품이나

1) Harold H. Kassarjian, "Personality and Consumer behavior: A Review," *Journal of Marketing Research*, 13(November 1971), 409–418.

서비스를 소비하는가에 영향을 주게 된다. 성격이 지속성과 일관적 반응을 의미하기는 하지만 환경에 적응하여 변하는 특성을 가지고 있다. 성격을 뜻하는 'personality'라는 단어는 배우의 얼굴 가면을 뜻하는 라틴어의 'persona'에서 유래되었다. 어떤 의미에서 사람의 성격은 일생동안 상황에 따라 변화하면서 쓰는 '가면'이라고 할 수 있다. 이런 의미에서 성격을 인간이 환경에 어떻게 반응하는가를 결정하는 내적 · 심리적 특성으로 정의하기도 한다.

2 성격의 특징

일반적인 수준에서 성격의 개념은 여러 가지 특성을 갖는데 〈표 11-1〉에서 보는 바와 같이 네 가지로 정리할 수 있다.

첫째, 어떤 행동이나 반응이 비교적 일관성을 가지고 있을 때 그것을 성격이라고 할 수 있다. 일반적으로 성격은 일관성이 있고 지속적인 것으로 생각된다. 성격이 비교적 안정적이라는 특성을 가지고 있기 때문에 마케팅관리자가 성격을 활용하여 소비자행동을 설명하거나 예측하여 마케팅 전략을 수립할 수 있다. 또한 성격의 안정성이라는 특성은 마케팅관리자가 어떤 제품에 대한 소비자의 태도를 바꾸기 위해서는 장기간의 설득과정을 거쳐야 한다는 것을 시사한다.

둘째, 성격은 타인과 구별되는 행동을 야기한다. 개인의 성격을 구성하는 내적 특성은 성격 형성 요인의 고유한 결합이기 때문에 사람마다 다르다. 그러나 성격은 단일의 특성이나 몇 개의 특성으로 소비자를 유사한 별개의 집단으로

◀ 표 11-1
성격의 특성

1. 성격에 의한 행동은 일관성을 보인다.
2. 성격에 의한 행동은 한 사람과 다른 사람을 구별한다.
3. 성격에 의한 행동은 상황과 상호작용을 한다.
4. 성격의 단일 측정으로는 승용차의 구매와 같은 소비자의 특정 행동은 예측할 수 없다.

범주화할 수 있고 이를 통해 시장세분화 또는 표적시장의 특성을 파악하는데 활용할 수 있다.

셋째, 성격은 상황과 상호작용을 통해 행동으로 나타난다. 여기에서 말하는 상황은 소비자행동에 영향을 미치는 사회적, 정치적, 경제적, 개인적 요인들로 성격이 행동으로 나타나는데 관여한다. 소비자행동에는 이러한 상황적 요인이 영향을 주기 때문에 성격과는 다른 구매행동이 나타나기도 한다. 성격과 다른 행동을 하는 원인 가운데 하나는 사람들이 자신의 구매행동을 다른 사람들이 관찰하고 있는지에 신경을 쓰는 자기감시(self-monitoring)의 정도이다. 자기감시가 높은 사람들은 타인의 의견과 평가가 더 크게 영향을 미치기 때문에 성격과는 다른 행동을 보이기도 한다. 또한 의사결정을 할 때 사회적 압력에 동조하려는 경향과 성격적 특성과의 상호작용에 따라 구매결과가 달라지기도 한다. 〈그림 11-1〉은 상황적 요소 가운데 타인에게 동조하려는 경향과 성격의 상호작용이 구매행동의 변화에 얼마나 영향을 주는가를 설명하고 있다. 동조경향이 낮은 사람들은 혼자 쇼핑을 하거나, 다른 사람과 쇼핑을 하거나 애초의 계획대로 구매한다. 그러나 동조경향이 높은 성격을 가진 사람들은 혼자 쇼핑을 할 때보다 다른 사람과 쇼핑을 할 때 애초의 구매계획을 많이 바꾸는 경향이 있다. 이는 성격의 차이에 따라 외적 요인들에 영향을 받는 정도가 다르다는 것을 시사한다.

그림 11-1 ▶ 상황과 성격의 상호작용

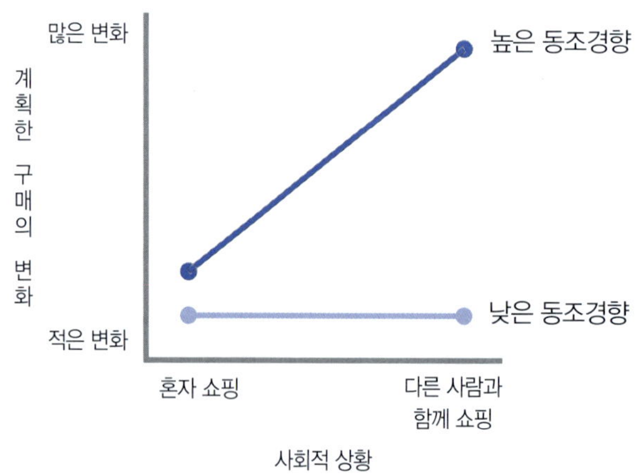

넷째, 어떤 상황에서의 성격과 행동의 관계를 가지고 그 사람의 다른 행동들을 예측하는데 한계가 있다. 이것은 성격 특성과 어떤 제품의 구매와 연관성이 있다는 것이 그 밖의 다른 제품들의 구매에도 동일하게 영향을 준다고 예측할 수 없다는 것이다. 그것은 특정 상표의 선택은 성격뿐만 아니라 상황 및 제품의 상호작용에 달려 있기 때문이다. 결국 성격과 행동 간에는 다양한 상호작용 요인이 작동하기 때문에 성격과 구매행동 사이의 연결을 단순하게 자극-반응의 연결로 해석해서는 안 될 것이다. 선행연구들에 의하면 성격은 행동의 분산을 10%정도만 설명하는 것으로 나타났다. 따라서 성격을 활용하여 행동을 예측하기 위해서는 성격이 나타내는 다양한 행동유형을 이해해야 하고, 상황적 변수와의 관련성이 논의되어야 할 것이다.

제11장 성격과라이프스타일

제 2 절 성격이론

1 정신분석이론

성격에 대한 프로이드(Sigmund Freud, 1856-1939)의 정신분석 이론(psycho-analytic theory)은 인간을 이해하는데 중요한 영향을 주었다. 프로이드는 성격을 기아, 성 및 공격과 같은 내적 · 심리적 충동과 법이나 규칙 등 도덕적 규약을 따라야 하는 사회적 압력 사이의 역동적인 싸움의 결과라고 주장한다. 더욱이 프로이드에 의하면 사람들은 행동의 원인이 되는 요인들 가운데, 일부분만을 의식(consciousness)할 뿐이고, 인간을 행동하게 하는 것 가운데 많은 것은 무의식(unconsciousness)적 정신의 일부분이라고 지적한다.

사례 낙천적인 성격, 좌뇌와 우뇌의 활성도 차이 때문

긍정적인 성격을 가진 사람의 곁에 있으면 기분이 좋아지고, 부정적인 성격의 사람 옆에 있으면 함께 우울해지는 경험을 해본 적이 있을 것이다. 그런데 이 긍정적이고 부정적인 성격, 사실은 타고난 것이라면?

한 사람의 성격을 결정하는 것은 살아온 환경이나 유전자, 혹은 세로토닌과 같은 뇌 속 신경전달물질의 차이 등 여러 가지 요소를 고려할 수 있을 것이다. 그러나 뇌가 활성화되는 정도, 특히 왼쪽 뇌와 오른쪽 뇌의 차이로 생각해보면 어떨까.

좌우 전두엽 활성화 정도가 성격을 결정한다.

미국 위스콘신 대학교의 리처드 데이비드슨(Richard Davidson) 연구팀은 컴퓨터화한 뇌파로 정상인의 좌우측 전두엽 활성화를 체크하면서 좌우 뇌의 비대칭적인 활성화가 개인의 감정적 스타일을 결정할 수 있는지를 살펴보았다. 태어난 지

10개월이 된 아기의 뇌파를 우선 검사한 후, 어머니에게서 떼어내 보았다. 아기들은 모두 어머니에게서 떨어지자 울기 시작했지만 그 중 왼쪽 전두엽이 오른쪽 전두엽 보다 발달한 아기는 우는 시간이 상대적으로 짧았다.

성인을 대상으로 한 실험에서는 감정적인 영화를 보여준 뒤, 반응을 살펴보았다. 평소 왼쪽 뇌가 활성화된 사람은 영화 속 긍정적인 상황을 더 긍정적으로 본 반면, 오른쪽 뇌가 평소 활성화된 사람은 부정적인 상황을 더 부정적으로 인식했다. 그 외에도 벌레를 극도로 혐오하는 사람에게 벌레를 보여주고 PET로 뇌의 대사를 조사했을 때, 오른쪽 전두엽이 활성화되는 것을 발견할 수 있었다. 결국, 평소 오른쪽 전두엽이 잘 활성화되는 사람은 왼쪽 전두엽이 활성화된 사람보다 부정적인 사고를 하는 경향이 높다. 이런 사람들은 스트레스에 취약하고 불안증이나 우울증에 걸리기 쉽다. 일반적으로 스트레스를 많이 받으면 면역 기능이 떨어져, 신체를 방어하는 자연 살해 세포의 활동이 줄어든다. 오른쪽 전두엽이 활성화된 사람은 스트레스를 받았을 때 왼쪽 전두엽이 활성화된 사람보다 자연 살해 세포의 활동이 더 심하게 감소되었다.

비관적인 성격, 바꿀 수는 없을까?

그렇다면 매사에 비관적이며 걱정이 많은 성격을 고칠 수는 없을까? 인간의 뇌는 훈련을 통해 새로운 시냅스를 형성하는 것이 가능하다. 반잔만 남은 물을 "반이나 남았다"와 "반만 남았다"는 것은 사소한 생각의 차이이다. 평소에 부정적으로 생각을 하는 경향이 높았다면 긍정적인 면이 없는지를 찾아보자. 그리고 "나는 긍정적이다"라고 입 밖으로 자주 소리 내어 뇌에 들려줘 보자. "죽겠다", "힘들다"라는 이야기를 자주 한다면 지금부터라도 "행복하다", "신난다", "즐겁다"라는 말을 자주 쓰도록 노력해야 한다. 타고난 성격을 바꾸는 것은 노력에 따라 달려 있다.

출처 : 브래인 미디어, 2014 by 『춤추는 뇌』, 김종성 저, 사이언스 북스

1) 성격의 구조

프로이드에 따르면 성격은 원초아(id), 자아(ego) 및 초자아(superego)의 세 요인이 충돌한 결과로 나타난다. 태어날 때부터 존재하는 원초아는 사람을 행동하게 하는 생리적 동인이나 충동을 나타낸다. 이러한 동인은 완전히 무의식적이고 들끓는 냄비와 같이 혼돈된 흥분을 형성한다. 갓 태어난 아이는 대부분 원초아의 지배를 받는데 원초아는 쾌락의 원리(pleasure principle)를 추구하기 때문에

즉각적으로 만족되어야 한다. 사람들은 원초아를 통해 긍정적인 감정과 정서를 얻는다.

자아는 어린이가 자라면서 함께 발달하기 시작한다. 자아의 기능은 원초아의 욕망을 억제하고 세상에서 사람들이 현실적이고 실현가능한 방법으로 행동하도록 도와준다. 원초아가 억제되지 않은 열정을 나타낸다면 자아는 이성과 양식을 나타내며, 현실의 원리(reality principle)에 의해서 작동한다. 현실의 원리는 사람들을 현실적인 관점에서 움직이게 하고 원초아와 초자아가 개인에게 압력을 주어 원초아와 초자아가 추구하는 극단의 행동을 회피하도록 도와준다. 초자아는 도덕 및 부모와 사회의 가치를 반영하는 인간의 목소리나 양심으로 이해될 수 있다. 프로이드에 따르면 동일시의 과정을 통해 어린 시절의 중간 시기에 초자아를 형성한다. 초자아는 원초아에 적극적으로 반대하고 충돌하며, 자아의 역할은 초자아와 원초아사이의 갈등을 해결하는 것이다. 이러한 세 가지 요인이 한 인간의 성격 또는 개성을 형성하는 것이다.

2) 정신분석이론과 촉진전략

정신분석이론은 인간의 행동 뒤에 숨어 있는 무의식적 동기를 확인하기 위하여 꿈, 환상, 상징의 사용을 강조한다. 마케팅관리자는 사람들이 제품을 구매하도록 국면을 바꿀 수 있는 환상과 상징을 즐겨 사용한다. 이러한 정신분석이론은 1950년대의 마케팅에 중요한 영향을 미쳤다. 그래서 광고회사들은 소비자의 무의식적 정신에 소구할 수 있는 방법을 개발하는데 도움이 되는 정신분석학자를 고용했다.

프로이드이론은 인간 정신에서 환상의 중요성을 강조한다. 광고주들은 소비자들이 제품사용이나 제품사용의 결과에 대하여 환상을 갖도록 자주 시도한다. General Mills는 'New Italian Cappuccino' 상표의 광고에서 따뜻한 커피향의 모습을 아름다운 발레모습으로 표현하여 커피를 마시는 것을 댄스와 로맨스에 연결시키는 시도를 한 바 있다. 특히 향수와 같은 감성적인 제품은 몽환적이거나 환상적인 이미지를 많이 부여한다. 구찌의 플로라(Flora) 향수 광고는 마법을 거는 듯한 영상으로 환상적인 이미지를 전달하고 있다〈그림 11-2〉. 또한 정신분석이론은 사람들의 행동은 의식적 동기뿐만 아니라 무의식적 동기에 의해 이루어진다는 것을 강조한다. 환상이나 성적 욕구는 의식적 동기가 아니라 쾌락의 원리인 무의식적 동기가 지배한다. 성적소구는 무의식적 동기를 통해 광고에 주의하게 하고 성적 구매 동기를 제공한다〈그림 11-3〉.

◀ 그림 11-2
환상 이미지를 창조하기 위한 광고

◀ 그림 11-3
성적소구광고

3) 정신분석이론과 소비자조사

성격에 대한 정신분석학적 접근은 프로이드와 그의 동료들이 개발한 연구방법을 통해 소비자 조사에 큰 영향을 미쳤다. 그들은 인간의 행동을 규명하는데 도움이 되는 무의식적 동기를 확인하기 위하여 투사법(projective techniques)을 개발하였다. 투사법은 사람들의 무의식적 동기와선입관, 방어기재, 갈등 등 심리상태를 파악하기 위해 개발되었으며, 단어연상법(word association tasks), 문장완성법(sentence completion tasks) 및 주제통각법(thematic apperception tests) 등의 방법이 사용된다. 또 다른 심리학자들은 사람들을 함께 모이게 하여 집단 치료를 시도하기도 했다. 이 두 가지 접근방법은 마케팅관리자에게 심층면접과 표적집단면접을 사용하는 계기를 만들어 주었다. 심층면접(depth interview)은 1:1 면접을 통해 응답자 내면에 깊숙이 숨어있는 욕구, 태도, 감정 등 소비자의 심리를 조사하기 위한 것이다. 표적집단면접(focus groups interview)은 5명에서 10명 정도의 소비자에게 제품이나 서비스에 관한 감정과 생각을 자유롭게 말하도록 하여 정보를 수집하는 방법이다.

2 사회심리 및 인지 성격이론

1) 사회심리 성격이론

정신분석과 같은 초기의 이론에서는 성격을 생리적 요인의 결과로 보았으나 시간이 지남에 따라 성격을 인간의 사회적 특성과 정보를 처리하는 방법의 결과로 생각하기 시작했다. 정신분석이론이 무의식적 동기에 초점을 두고 있다면, 사회심리이론은 사회적 변수에 대한 의식적 동기를 고려한다. 정신분석이론이 성격을 유아기에 경험한 자극에 대한 반응의 결과로 형성된다는 관점인데 비해, 사회심리이론은 사회적 자극에 대한 반응으로 생각한다.

사회심리적 성격이론(social-psychological personality theory)의 관점에서 보면 성격은 사람이 사회적 상황에서 나타내는 행동의 일관성 있는 형태라고 말한다. Horney에 의하면 개인은 순응, 공격 및 고립(compliance, aggression, detachment, CAD)에 대한 지향성에 따라 행동이 결정된다. 순응적인 사람은 사랑과 애정을 위해 의존적이고, 타인을 위한 이타적 행동을 한다. 공격적인 사람은 권력동기에 의해 동기화 되고 타인에 반대하는 행동을 보인다. 고립형인 사람은 자족적이고 독립적이고 타인으로부터 멀어지는 행동을 보인다.

Cohen은 순응, 공격, 고립형을 분류할 수 있는 CAD척도(35개 항목으로 구성)를 개발하고, 이를 활용하여 각 성격에 따른 구매행태를 비교하였다. 먼저 순응형인 소비자들은 비누, 구취제거제, 아스피린을 많이 구매하는 것으로 나타났는데 이는 다른 사람에 대한 배려(비누, 구취제거제) 또는 다른 사람들이 많이 구매하는 유명 상표(아스피린)의 구매와 관련되어 있다. 순응형의 행동은 사회적 승인이 영향을 미치므로 이 사람들을 설득하기 위해서는 일반적으로 많은 사람들이 사용하는 제품이라는 이미지를 제공하거나, 다른 사람에게 불쾌감을 주지 않는다는 것을 강조할 필요가 있다. 공격형인 사람들은 애프터쉐이브 로션을 많이 구매했는데 이 사람들을 설득하기 위해서는 남성다움, 과시, 정복과 같은 의미를 활용할 수 있다. 고립형인 사람들은 차는 많이 마시면서 맥주는 적게 마시는 것으로 나타났는데, 이는 어떤 것에 몰입되지 않는 초월, 나만의 공간을 즐기는 성향을 표현한다. 이 사람들의 설득에는 편안한 개인적 공간, 음미, 홀로 차를 마시는 장면 등이 활용될 수 있다.

개인의 행동은 다른 사람들이 그 행동을 어떻게 평가할 것인지에 영향을 받는다. 다른 사람들이 나의 행동을 어떻게 생각하는지, 내가 선택한 상표에 대해 어떻게 평가하는지에 대한 고려는 상표선택에 영향을 미친다. 이것은 사회적 영향에 대한 민감성을 의미하는데, 개인이 다른 사람의 반응에 얼마나 민감한지를 측정하는 지표로 ATSCI(attention to social comparison information)가 활용될 수 있다. 이 지표는 〈표 11-2〉에 있는 13개 문항의 점수(0점: 항상 아니다 - 5점: 항상 그렇다)로 계산되고 점수가 높을수록 사회적 압력에 동조하려는 경향이 높다고 해석한다. ATSCI 성향이 높은 소비자는 사람들 간 관계를 중요하게 생각하며, 유명 상표를 소비하는 성향이 높다고 한다.

표 11-2 ▶
주변과의 비교활동에 대한 관심

1. 집단에 있는 모든 사람이 어떤 행동을 하고 있다면, 이 행동은 틀림없이 바른 방법이라고 나는 생각한다.
2. 나는 스타일에 맞지 않는 옷을 입는 것을 적극적으로 회피하고 있다.
3. 사교모임에서 나는 나에게 맞는 방법으로 항상 행동하려고 한다.
4. 사회적 상황에서 행동하는 방법이 불확실할 때, 힌트를 얻기 위해서 타인의 행동을 관찰한다.
5. 적절하지 못한 나의 행동을 회피하기 위해, 나의 행동에 대한 타인의 반응에 주의한다.
6. 타인의 저속한 표현을 내 자신이 표현할 때, 일부분 이를 사용하고 있다는 것을 알고 있다.
7. 나는 타인이 입고 있는 것에 주의를 기울이는 경향이 있다.
8. 내가 상호작용을 하고 있는 사람의 시선 앞에서, 불안정한 모습을 조금이라도 보이면 나는 접근방법을 바꾼다.
9. 나와 함께하는 집단이 나에게 적합한가가 중요하다.
10. 나의 행동은 가끔 타인이 어떻게 내가 행동하기를 원하는 지에 따라 느끼는 내 행동이 달라진다.
11. 만약 내가 사회적 상황에서 어떻게 행동하는 가에 대해 불확실하다면, 단서를 잡기 위해서 타인의 행동을 관찰한다.
12. 나는 타인이 입는 것을 관찰함으로써 옷의 스타일 변화에 항상 보조를 맞추려 한다.
13. 사회적 상황에 처해 있을 때, 나는 군중을 따르지 않는 경향이 있지만, 대신 그 때의 특수한 분위기에 맞는 방법으로 행동하려 한다.

출처 : William O. Bearden and Randall L. Rose, "Attention to Social Comparison Information: An Individual Difference Factor Affecting Consumer Conformity," *Journal of Consumer Research*, 16 (March 1990): 461-471.

2) 인지적 성격이론

심리학자들의 인지적 성격이론은 소비자들이 정보를 어떻게 처리하고 반응하는가에 대한 개인차를 확인하는데 초점을 두고 있다. 예를 들면 연구자들은 소비자 인지의 복잡성을 평가하려고 시도한다. 이 평가의 목적은 사람들의 기억구조인 스키마를 조사하는 것이다. 또 다른 접근방법은 상이한 사람들이 언어적으로 또는 시각적으로 어떻게 정보를 처리하는가를 측정하는 것이다.

주목을 받고 있는 인지적 접근방법 가운데 하나는 소비자들이 갖고 있는 모호성에 대한 관용(tolerance for ambiguity)을 알아보는 것이다. 소비자들은 모호성이나 불일치에 대해 관용의 정도가 각기 다르기 때문에 이 접근방법은 소비자들이 모호성에 대해서 어떻게 반응하는가를 예측할 수 있게 해준다. 모호성에 관대한 소비자들은 모호성이 주는 상황적 불일치에 대해 긍정적으로 반응하지만 모호성에 관대하지 않은 소비자는 상황적 불일치가 위협적이고 바람직하지 않은 것으로 본다. 모호성에 관대한 소비자는 관대하지 않은 소비자보다 새로운 것으로 인지한 제품에 더 긍정적으로 반응한다. 따라서 신제품을 도입할 때 마케팅관리자는 표적 시장의 모호성에 대한 관용수준을 확인하는 시도를 해야 한다. 표적 시장이 모호성에 대해 낮은 관용을 갖고 있다면 신제품을 성공적으로 출시하기는 매우 어려울 것이다.

모호성에 대한 관용의 성격변수의 두 번째 이용 영역은 정보탐색에 민감한 소비자를 확인하는데 있다. 모호성에 관용적인 소비자는 선택하는 과업이 복잡하고, 제품이 신기할수록 정보를 더 많이 탐색한다. 모호성에 대한 관용이 높은 소비자는 실제로 제품에 대한 정보를 받기를 좋아한다. 만약 기업의 표적시장이 정보를 탐색하는 소비자들로 구성되어 있다면, 기업은 제품정보를 많이 제공하기 위해 노력해야 한다. 그러나 표적시장이 모호성에 대해 비관용적인 사람들로 구성되어 있다면, 제품정보를 상대적으로 거의 주지 않아도 된다. 이러한 경우에는 더 정서적인 소구가 사용되어야 할 것이다.

3 특성이론

특성이론(trait theory)에서 성격은 일반적으로 반응하는 선유경향(predispositions)인데, 이 선유경향은 사람들이 가지고 있는 특성들(traits)의 조합으로 형성된다고 설명한다. 성격을 구성하는 특성들을 밝히기 위한 초기의 연구에서는

표 11-3 ▶
16가지의 성격 특성
(16PF)

1. 내성적 대 외향적	2. 흐릿한 대 밝은
3. 불안정적 대 안정적	4. 유순한 대 공격적
5. 성급한 대 태평한	6. 방편적 대 양심적
7. 수줍은 대 활발한	8. 거친 대 부드러운
9. 신뢰적 대 회의적	10. 실용적 대 사치적
11. 겸손한 대 건방진	12. 자기만족적 대 자기비난적
13. 보수적 대 진보적	14. 집단의존적 대 자급자족적
15. 비훈련적 대 통제적	16. 완화적 대 긴장적

출처 : R. Cattel, H. Eber, and M. Tatsuoka, *Handbook for the Sixteen Personality Factor Questionnaire*, Champaign, Ill, 1970.

성격특성과 관련된 200여개의 단어가 개발되었고, 요인분석을 통해 〈표 11-3〉에서 보는 바와 같은 16개의 형용사로 구성된 성격특성질문지(sixteen personality factor questionnaire, 16PF)가 개발된 바 있다.

그 후 성격과 행동 간의 관계를 더 잘 설명할 수 있는 특성에 대한 연구가 진행되어 5요인 모델(Five Factor Model, FFM 또는 Big 5 model)과 이를 측정하기 위한 설문지로 〈표 11-4〉에서 보는 바와 같은 NEO-PI(NEO Personality Inventory)가 개발되었다. 5요인 모델의 5가지 성격특성요인은 신경증(Neuroticism), 외향성(Extraversion), 개방성(Openness to experience), 친화성(Agreeableness), 성실성(Conscientiousness)이다. 신경증은 침착하지 못한 신경질적이거나 불안정한 성격을 말하는 개념이고, 외향성은 사교성, 적극성, 명랑함, 솔직함 등으로 구성된 개념이다. 개방성 또는 혁신성은 상상, 창조성, 새로움, 혁신, 변화 등으로 구성되고, 친화성은 동조, 포용, 협조, 신뢰, 양보로 구성된 개념이다. 성실성은 통제성 또는 신중성이라고도 하며 성취, 신중, 집중, 완벽, 성실, 끈기, 의지 등으로 구성된 개념이다. 안정성은 침착, 인내, 조용함, 안정된 등으로 구성된 개념이다.

	높은 점수	낮은 점수
신경증 (Neuroticism)	걱정이 많은, 신경질적인, 감정적인, 불안정한, 부적격한, 몹시 풀이 죽은	침착한, 안정된, 냉정한, 대담한, 안전한, 자기만족인
외향성 (extraversion)	사교적인, 활동적인, 이야기를 좋아하는, 사람지향적인, 낙관적인, 잘 노는, 애정이 있는	보호적인, 냉정한, 생기가 없는, 냉담한, 과업지향적인, 물러서는, 조용한
개방성 (openness)	호기심 많은, 관심영역이 넓은, 창조적인, 독창적인, 상상력이 풍부한, 전통적이지 않은	전통적인, 현실적인, 관심영역이 좁은, 예술적이지 않은, 분석적이지 않은
친화성 (agreeableness)	인정이 많은, 천성이 착한, 신뢰할 만한, 협력적인, 관대한, 잘 속는, 솔직한	냉소적인, 무뢰한, 의심스러운, 비협조적인, 복수심이 있는, 화를 잘 내는, 속임수가 있는
성실성 (conscientiousness)	조직적인, 철저한, 열심히 일하는, 자제력 있는, 꼼꼼한, 양심적인, 정돈된, 야망 있는, 끈기 있는	목표 없는, 비현실적인, 게으른, 조심성 없는, 태만한, 부주의한, 의지가 약한, 향락적인

출처 : Costa, Paul, Catherine M. Busch, Alan Zonderman, and Robert R. McCrae, "Correlations of MMPI Factor Scales With Measures of the Five Factor Model of Personality," *Journal of Personality Assessment*, 50 (Winter 1986): 640-650.

▲ 표 11-4
5요인 모델(FFM)

제11장 성격과라이프스타일

제 3 절 소비자행동에서 성격의 역할

1 구매행위의 예측

우리가 소비자의 성격을 알기 위해 노력하는 것은 소비자행동의 예측과 적절한 마케팅전략수립에 도움이 되기 때문이다. 심리학자 및 다른 행동과학자들은 성격특성이 상표 선호도, 점포 선호도 및 다른 형태의 구매행위를 예측하는데 도움이 된다고 설명하고 있다. 그러나 이제까지의 결과로 보면 성격이 소비자행동을 설명하는데 도움을 주는지는 확실하지 않다.

Evans는 자동차 구매자의 성격구조를 조사한 초기의 연구자로 EPPS(Edwards Personal Preference Scale)라는 표준화된 성격검사척도를 이용하여 Chevrolet 자동차 소유주와 Ford 자동차 소유주를 대상으로 측정하였으나 기대와는 달리 두 집단 간 통계적 차이는 아주 작아 성격이 자동차 상표선택에 영향을 미치지 않았다. 판별분석(discriminant analysis)을 이용한 분석에서도 조사대상자의 63%만을 Chevrolet와 Ford 소유자를 예측하였는데 이는 우연하게 예측할 수 있는 숫자인 50%를 조금 상회하였다. 자동차수명, 수입 및 다른 인구통계학적 특성 등 12개의 객관적인 변수를 사용한 결과 조사대상자가 어떤 상표를 구매했는지를 70% 수준에서 예측 할 수 있었다. 이 연구를 통해 Evans는 성격은 자동차 상표의 소유 이유를 예측하는데 상대적으로 가치가 적다고 결론을 내렸다. P&G의 경우도 시장세분화 변수로 성격을 고려한 바 있었지만, 수년간의 사용 후에 내린 결론은 성격변수가 다른 마케팅변수에 비해 전략수립에 유용하지 않다는 것이었다.[2)]

그러므로 성격이 시장세분화의 수단으로서 유용하기 위해서는 다음과 같은 조건이 성립해야한다. 첫째, 공통적인 성격 차원을 가진 사람들은 대중매체를 통해 경제적으로 도달할 수 있도록 나이, 소득, 혹은 주거지역 같은 인구통계학적 측면에서 동질적이어야 한다. 둘째, 성격측정도구가 적절한 신뢰도와 타당도를 갖고 있어야 한다. 이는 성격을 알아보기 위한 질문들이 성격을 정확하고 일관성 있게 측정할 수 있어야 한다는 것이다. 셋째, 성격차이는 구매자 행동이나 선호도에서 분명한 변화를 보여야 한다. 성격과 행동의 관련성이 낮으면 시장세분화의 기준으로서 성격의 가치는 낮아진다. 넷째, 성격 측정에 의해 분리된 시장집단이 경제적으로 도달하는데 충분한 크기가 되어야 한다.

그러나 성격의 측정과 활용이 구매행동을 예측하는데 한계를 가지고 있고, 이것은 성격변수의 활용과 관련하여 다음과 같은 논의의 배경이 되었다. 첫째, 성격과 상표선택의 관계가 낮다고 하더라고 구매의사결정과정(문제인식, 정보탐색, 대안평가, 구매)의 단계별로 관련성을 논의할 필요가 있다. 구매행동에는 성격 이외에도 다양한 요인들이 영향을 미치지만, 구매의사결정의 다른단계에서 성격의 역할이 충분히 논의되지 않았다. 성격에 따라 문제를 인식하는 수준과 유형이 다를 수 있으며, 대안을 평가하는 방법에 차이를 보일 수 있다. 둘째, 성격을 활용하는 방법 가운데 하나는 사회적, 경제적 조건에 따라 다르게 나타날 수 있는 점을 고려하여 논의하는 것이다. 이는 성격이 구매행동으로 나타나는데 관여하는 상황변수를 고려해야 한다는 것이다. 셋째, 성격과 관련하여 소비자의 성격과 함께 상표개성이 논의되어야 한다. 이에 대하여는 다음에서 논의한다. 넷째, 성격 이외의 심리적 변수인 가치, 라이프스타일 등에 관해 관심을 갖는 것이다.

성격과 구매행위를 관련지울 수 있는 구체적인 예로, 백화점에서는 판매직원들에게 고객의 태도와 신체적 특징을 보자마자 구매행동과 심리를 파악할 수

---

2) Roger D. Blackwell, Paul W. Miniard, and James F. Angel, Consumer Behavior, 10ed, Thomson, South-Western: p. 273

있도록, 고객의 소비 유형을 파악하는 데 가장 많이 활용되는 방법 중 하나인 DISC(행동유형), MBTI(성격유형) 등과 같은 심리학적 방법을 가르친다. 이 모델은 사람의 유형을 주도형, 사교형, 안정형 신중형으로 분류하고 각 유형에 따라서 판매직원과 고객의 관계형성 프로세스가 다르게 나타남을 밝히면서 고객유형에 따른 판매원의 다른 역할을 규명했다.

2 상표개성

상표개성은 상표에 부여된 인간적인 특질이다. 상표에는 성, 연령, 지위와 같은 인구통계적인 특성, 따뜻함, 감성적과 같은 인간적인 속성을 가지고 있다. Aaker는 상표개성 차원의 이론적 틀을 〈그림 11-4〉와 같이 제시했다. 이 틀에 의하면 상표개성은 성실(sincerity), 열정(excitement), 능력(competence), 세련(sophistication), 강인함(ruggedness) 등 5개 차원을 가지고 있으며, 모두 15개의 특질로 구성되어 있다. 성실함은 철저한, 정직한, 건전한, 쾌활한 성격을 의미하며(예: Hallmark cards), 열정은 대담하고 활발한, 상상력이 풍부한 성격(예: MTV channel)을 의미한다. 능력은 신뢰할만하고 지적인, 성공적인 성격(예: The Wall Street Journal)을 의미하고, 세련은 상류의 매력적인 상표개성(예: Guess jeans)을, 강인함은 외재적이고 강한 성격의 상표(예: Nike tennis shoes)를 의미한다.

상표개성은 특정 상표에 대한 속성을 어떻게 커뮤니케이션 하고, 소비자가 상표속성을 어떻게 지각했느냐에 의해서 결정된다. 사람들은 모든 상표나 소비상황에 대하여 실용적(utilitarian), 상징적(symbolic), 자기표현적(self-expressive) 욕구를 가지고 있는데 이는 상표선택에 영향을 미치게 된다. 제품이 가지고 있는 상표개성이 소비자의 성격과 유사하거나 상징적 의미를 가지고 있다면 선택확률이 높아질 것이다.

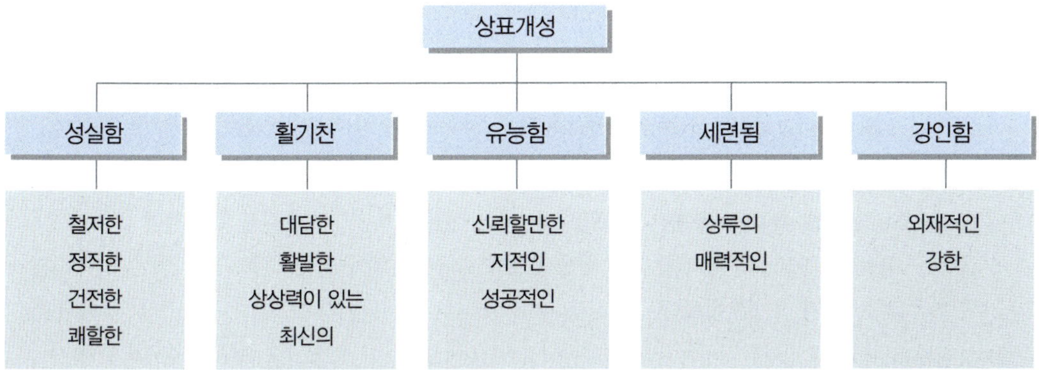

▲ 그림 11-4 상표개성의 틀

상표에는 3가지 차원이 있다. 하나의 차원은 색, 가격 혹은 성분과 같은 물리적 속성이다.두 번째 차원은 상표를 사용한 결과인 기능적 속성이다. 이들 두 가지 유형의 속성은 객관적으로 증명될 수 있다. 세 번째 차원은 소비자들에 의해서 지각되는 제품의 성격인 그들의 특성이다.소비자가 제품을 구매할 때 제품이 제공하는 기능적 속성 이상을 더 원한다. 소비자는 제품의사용으로부터 좋은 경험과 정서적 반응 혹은 소비의 쾌락적 혜택을 원한다.

3 성격과 의사결정

성격은 소비자가 의사결정과정의 여러 단계에서 어떻게 행동하는가를 설명하는데 도움을 준다. 의사결정 과정의 단계별 설명이 성격과 관련된 행동적 결과를 설명하려는 시도보다 더 효과적이다. 이러한 연구에서 가장 유망한 분야는 성격과 정보처리 변수와의 관계에 초점을 맞추는 것이다. 때로는 우리는 성격을 사람이 정보나 기술을 흡수하고 유지하는 방법을 배우는 '학습 스타일'이라고 부른다. 인지 스타일은 소비자들이 혁신 제품에 대해서 의사결정하는 방법에 영향을 미친다. Sproles에 의해서 확인된 8 가지 소비자들의 학습 스타일 세분집단이 〈표 11-5〉에 기술되어 있다.

- **완벽하게 고품질을 의식하는 소비자** 소비자는 최고의 품질을 가진 제품을 탐색한다. 고도의 목표지향적인 행동을 추구하는 체계적이고 분석적인 학습 스타일이다.
- **상표를 의식하고 가격과 품질을 균등하게 보는 소비자** 소비자는 더 비싸고 잘 알려진 전국적인 상표의 구매를 지향한다. 잘 알려진 상표의 선택은 소비자가 사고와 학습을 적게 하는 데 알맞은 전략이다.
- **신기한 것을 좋아하고 유행의식을 갖는 소비자** 소비자는 새롭고 혁신적인 제품을 좋아 하며 새로운 것을 추구하면서 흥분을 느낀다. 수동적인 학습은 물론 학습에 심각하게 관여하고,관찰 중심의 학습을 하며 학습의 결과를 받아들인다.
- **레크리에이션과 쇼핑의식 소비자** 소비자는 쇼핑을 유쾌한 활동으로 알고 있고 재미로쇼핑을 한다. 학습에 관여하는 것을 즐기고 쇼핑에 즐거움을 느낀다. 특히 쇼핑에 참여하는 젊은 소비자 가운데는 쇼핑을 동료와의 사회적 경험으로 보고 있다.
- **가격의식적이고 화폐가치의식 소비자** 소비자는 일반적으로 판매가격과 저가격을 특별히많이 의식한다. 여러 점포를 쇼핑하며 제품의 가격과 특성을 자세히 학습하는 것을 즐기므로학습은 적극적이고 구체적이며 사실 중심적이다.
- **충동적이고 부주의한 소비자** 소비자는 순간적으로 구매하는 경향이 있고 얼마나 많이소비를 하고 또는 '최적 구매'를 탐색하는가에는 관심을 두지 않는다. 비수용적이고 투쟁적인 학습 에 강하게 집중되어 있다. 계획적이지 못하지만 정보 탐색적인 활동에 관여하고 학습과정에 싫증 을 느끼기를 원하지 않는다.
- **과도한 선택으로 혼돈된 소비자** 소비자가 선택할 많은 상표와 점포를 지각하고 있고시장에서 과도한 정보를 경험한다. 너무 많은 상이한 상표나 제품에 대하여 많이 배우고자 할 때 혼돈되고 정신적으로 과부하된다.
- **습관적이고 상표애호도의 소비자** 소비자는 좋아하는 상표와 점포를 반복적으로 선택한다. 습관적인 소비자행동은 긍정적인 결과를 가져올 것이라는 것을 학습경험에 의해서 배우고이것이 반복행동을 강화한다.

출처 : Elizabeth Kendall Sproles and George B. Sproles, "Consumer Decision-Making Styles as a Functional of Individual Learning Styles," *Journal of Consumer Affairs* 24(Summer 1990), 134-147.

표 11-5 ▲
개인의 학습 스타일과
소비자 의사 결정

인지욕구의 성격변수는 광고가 제품에 대한 소비자의 태도형성에 어떻게 영향을 주는지와 관련이 있다. 인지욕구는 개인이 정보처리와 관련된 활동을 수행하는 것을 내재적으로 즐기는 정도를 측정한 것이다. 간단히 말해, 인지욕구는 생각하는 것을 즐기는 경향이다. Haugtvedt와 동료들이 주도한 마케팅실험은 인지욕구가 높은 사람은 인지욕구가 낮은 사람보다 광고에 포함되어 있는 논쟁에 더 영향을 받으며, 인지욕구가 낮은 사람은 인지욕구가 높은 사람보다 모델의 매력과 같은 주변단서의 자극에 더 영향을 받는다고 한다.

인지욕구와 같은 성격변수를 이해하는 것이 여러 면에서 유용하다. 인지욕구가 낮은 사람에게 효과적인 광고를 하기 위해서는 더 많은 반복이 필요하다. 이에 반해 인지욕구가 높은 사람은 더 적은 반복으로 효과를 발휘할 수 있지만, 정보의 양이 많은 광고가 필요할 것이다. 인지욕구가 높은 사람은 정보를 얻기 위해서 신문과 잡지에 더 의존하고, 인지욕구가 낮은 사람은 TV에 더 의존한다. 인지욕구 변수로 시장을 세분화하기는 어려우나 사람들의 인지욕구 유형을 이해하면 적절한 커뮤니케이션 프로그램을 설계하는데 도움이 된다.

제 4 절 자아개념

성격을 형성하는 근원적인 개념으로 자아를 들 수 있다. 자아(혹은 자아이미지)는 개인들이 자기 자신을 어떻게 지각하고 있느냐 하는 것과 그들이 소비자로서 보이는 행동 간에 있을 수 있는 관계를 조사하기 위해 이용되고 있는 개념이다. 자아개념이론을 이용한 소비자행동연구가 지니는 장점 중의 하나라 한다면 외부의 관찰자가 아니라 바로 소비자 자신에 의한 스스로에 대한 묘사에 토대를 두고 있다는 것이다. 즉 각 소비자들은 그들이 그들 자신을 어떻게 보는지를 기술하도록 하는 것이다.

자아개념을 개인의 자신에 대한 지각으로 단순화 할 수도 있지만, 그러한 자아개념은 비단 생리적 특성에만 국한된 것이 아니라 힘 · 정직 · 유머 · 세련 · 정의 · 죄 등 개인의 사상이나 그 자신에 대한 느낌 일체가 포함된다. 자아개념(self-concept)은 극히 복잡하지만 그 체계는 극히 정연하며, 또 그것은 일관성 있게 작용한다. 설령 외부의 관찰자가 보기에는 그 개인의 행동이 극히 비이성적이고 비일관적으로 나타난다 할지라도 그러한 행동을 하고 있는 개인 자신은 실제로 그의 준거 틀에 입각해서 그가 알고 있는바 그대로 일관성 있게 행동을 하고 있는 것이다. 그러므로 만약 그 개인의 관점이 무엇인가만을 일단 알게 되면 그가 결코 비일관 되게 행동하고 있지는 않음을 곧 알게 될 것이다. 가령 우리는 똑같은 제품을 다른 판매점보다 더 비싸게 판매하고 있는 소매점에 출입하는 소비자들을 비이성적이라고 생각할지도 모른다. 그러나 판매점의 서비스나 점내분위기를 중요시 여기는 소비자의 입장에서 보면 오히려 비싼 값으로 그가 더 이성적일 수도 있다는 것이다.

1 자아개념이론

행동과학자들에 의하면 자아개념이란 바로 사회적 교호작용에 의해서 형성된다고 하는데, 그러한 사회적 교호작용에 관한 이론 네 가지만을 소개하면 아래와 같다.

1) 자기평가이론

학자들은 개인이 어느 것이 사회적으로 허용되고 허용되지 않는 행동인가에 따라 자신의 지배적인 행동패턴을 분리해냄으로써 그의 자아개념을 형성해 가는 것으로 보고 있다. 가령 어느 행동은 '사회적'인 것으로 분류될 수가 있는가 하면 다른 행동은 '반사회적'인 것으로 분류될 수 있을 것이다. 그리하여 그 개인은 자신의 행동을 그러한 기준에 입각해서 계속적으로 확인해 감으로써 자신의 자아개념을 형성해 가게 되고, 그것은 다시 그가 스스로를 묘사함에 있어서 지배적인 요인이 된다는 것이다.

2) 반사평가이론

자아개념발전에 관한 두 번째의 이론은 반사평가(reflected appraisal) 혹은 면경자아(looking-glass self) 이론이다. 이 이론에서는 근본적으로 개인이 타인으로부터 받는 평가가 자아개념을 형성하는 것으로 보고 있다. 그러한 영향이 얼마나 강하냐 하는 것은 평가자의 특성이 어떠하며 또 그가 어떠한 평가를 부여 하느냐에 따라 좌우될 것이다.

그런데 자아개념의 발전에 특히 크게 영향을 주는 경우는 ① 평가자가 극히 신빙성 있는 소스로 지각하고, ② 평가자가 피평가자에 대해 개인적으로 높은 관심을 가지고 있으며, ③ 평가그 자체가 그 때 그 개인이 지니고 있는 자아개념과 크게 차이가 있고, ④ 그 평가에 대해 절대적으로 수긍하며, ⑤ 여러 소스로부터의 평가가 서로 일치하고, ⑥ 그 평가가 그 개인 자신이 지니고 있는 생각을 뒷받침하고 있을 때라고 한다. 따라서 대체로 양친, 친구, 신뢰하는 동료 등 '중요인물'에 의한 평가는 자아개념발전에 직접 영향을 주게 된다.

3) 사회비교이론

반사평가(reflected appraisal) 이론은 사람들이 단지 수동적으로 타인의 평가를 반사하고 있음을 강조함으로써 다소 자아개념발전이 억압되어 있다는 인상을 준다. 그러나 사회비교(social comparison)이론에서는 개인들의 자아개념은 타인과 관련하여 그들 자신을 어떻게 보느냐에 따라 결정된다고 하고 있다. 이 이론의 주요 제안자인 소스타인(V. Thorstein)은 사람들이 왜 그들의 신체적 욕구를 충족시키기에 필요한 그 이상의 제품이나 서비스를 갈구하는지에 관해 호기심을 갖고 연구한 결과, 중요한 것은 제품 · 서비스 · 재산의 절대적 양이 아니라 타인과 비교한 축적된 상대적 양임을 알게 되었다. 즉 "축적의 목적은 그 사회의 다른 사람에 비해 보다 높은 계급을 얻기 위함이다. 비교가 그에게 눈에 띄게 불리한 한 보통의 개인들은 만성적 불만 속에서 살게 된다"라는 것이 그의 결론이다.

이 이론은 다른 어떤 이론보다도 마케팅전략에 직접적인 의미를 함축하고 있다. 특히 사람들이 자신을 어떻게 지각하느냐 하는 것은 사회계급, 준거집단 그리고 그들이 중요시하는 다른 사람들과 비교해서 그들의 상대적 위치가 어떠한 것인가로 지각하느냐에 따라 다르다는 것이다. 따라서 마케터는 표적소비자들이 제품이나 서비스의 소비에 있어서 과연 어느 집단을 비교 대상으로 하고 있느냐를 결정한 후 비교집단이 그 제품이나 서비스를 사용하고 있다는 메시지를 전달한다면 촉진효과도 그만큼 높아질 것이다. 페스팅거(L. A. Festinger)가 제시한 이론과도 맥락을 같이 하는데, 소비자는 자신의 신념이나 태도의 타당성을 결정하기 위해 다른 사람들의 것과 부단히 비교하면서 인지조화 및 부조화를 형성한다고 주장했다는 점에서 사회적 비교이론을 뒷받침하고 있다.

4) 편견이론

본질적으로 편견(biased scanning)이론에서는 정체성욕망(identity aspiration)과 더불어 그가 얼마나 자신의 욕망을 충족시키고 있는가를 확인하기 위한 정보를 얻기 위해서는 환경에 대해편협된 생각을 갖게 되며 바로 그 과정에서 자아개념이 발전되는 것으로 보고 있다. 예를 들어 장래 훌륭한 변호사가 되기를 희망하는 사람은 그러한 욕망과 부합된다고 생각되는 정보는 추구하는 반면에 그것과 부합되지 않는다고 여겨지는 것은 여과한다는 것이다.

현실적으로 우리의 자아개념은 비록 그 정도는 다르다 할지라도 이상의 네 가지 이론들 모두에 토대를 두고 발전되었다.

2 자아개념의 특성

1) 자아개념의 일관성

앞서 살펴본 바와 같이 자아개념의 발전과정에 관해서는 여러 이론들이 있지만 대체로 심리학자들은 개인의 자아개념이란 단기적으로 고도의 일관성을 보인다는 데는 의견을 같이하고 있다. 그와 같이 자아구조가 비교적 안정된 것은 두 가지의 이유 때문이다.

첫째, 대부분의 심리적 체계와 마찬가지로 자아 역시 어떤 타성적 경향 즉 변경에 저항하려는 경향이 있고 둘째, 자아는 일단 형성되면 환경정보에 대한 선택적 지각 때문에 변화를 가져올가능성이 낮다는 것이다. 즉 개인들은 갖가지 개념들을 항상 자아에 비추어 해석하려는 경향이 있다는 것이다. 그러므로 새로운 경험으로 형성된 관념(ideas)은 그 경험이 현존의 관념구조와 일치된다고 지각될 때는 기존의 자아조직으로 쉽게 흡수되게 된다. 반대로 현존의 관념구조와 일치되지 않는다고 지각되는 관념은 거부되거나 아니면 변경되어 자아에 흡수되게 되는데, 왜냐하면 그렇지 않으면 그러한 것은 그 개인에게 하나의 위협이 되기 때문이다. 확언하면 레키(P. Lecky)가 언급한 바와 같이 우리 인간은 우리가 의존해 살고 있는 관념체계를 통일시키고 조화시키도록 부단한 압력을 받고 있다는 것이다.

2) 자아개념의 다양성

지금까지 우리는 자아개념의 정확한 성격에 관해 마치 어떤 통일된 견해가 있는 것처럼 다루어왔으나 실은 그것은 단일요인이론과 다중요인이론의 두 가지로 크게 분류될 수 있다. 여기서 우선 단일요인이론(single-component theory)은 '실제적 자아(actual self, 실제의 자아라고 믿는 그대로 자신을 지각)'에 초점을 두고 있다.

자아를 충분히 이해하기 위해서는 그것을 두 가지 이상의 요인들로 구성되어 있다고 보아야만 한다고 주장하는 다중요인이론에도 다시 자아를 실제적인 요인과 이상적인 요인의 둘로 구성되어 있는 것으로 보는 이중차원이론과 세요인 이상으로 구성되어 있다고 보는 다중차원이론으로 구분될 수 있다. 여기서 이상적 자아(ideal self)란 개인이 이상적으로 되고 싶어 하는 자신의 지각이라고 정의될 수 있다. 그 외의 다중요인이론에서는 이들 두 가지의 자아 외에도 가령 사회적 자아(social self), 이상적인 사회적 자아(ideal social self) 그리고 표현적 자아(expressive self)들을 포함시키고 있다. 그러나 자아개념에 대한 이러한 상이한 견해는 서로 배타적이 아니라 보완적인 관계에 있는 것으로 보아야만 한다. 쉔크(C. T. Schenk)와 홀만(R. H. Holman) 역시 자아는 다양한 차원(이상적 · 사회적 · 실제적 등)을 지니고 있으며, 개인이 특정의 시점에서 직면한 상황 이외에 그가 지닌 목표가 무엇이냐에 따라 그의 행동에 영향을 주는 자아의 차원도 결정된다고 주장함으로써 이를 뒷받침하고 있다. 가령 스웨터 하나를 구매할 때는 이상적 자아가 지배적인 영향을 미치겠지만, 승용차를 구매할 때는 오히려 실제적 자아가 강한 영향요인으로 작용할지도 모른다. 따라서 소비자는 자아와 일치하는

▲ 그림 11-5
자아표현 광고:
자아와 일치하는
제품을 구매하는
소비자

제품을 구매하고자 하며 마케팅 관리자는 소비자의 자아표현과 일치할 수 있도록 소구해야 한다〈그림 11-5〉.

3 자아개념의 적용

1) 자아개념과 소비자행동

그러므로 소비자들의 자아개념은 그들의 구매행동에 강한 영향을 줄 수 있다. 예컨대, 소비자가 각종의 제품을 어떻게 지각하느냐 하는 것은 바로 그가 자신에 대해 지니고 있는 이미지에 의해 큰 영향을 받을 것으로 생각된다. 실제로 소비자는 특정 상표가 자신의 자아이미지를 반영하고 있는 것으로 지각함으로 말미암아 그에 대한 선호를 형성해 놓고 있을지도 모른다. 또는 소비자는 어느 특정의 상표가 비록 그가 현재 지니고 있지는 않지만 지니기를 원하는 이미지를 반영하고 있다는 이유에서 그것을 구매하려 할지도 모른다. 이와 같이 자아개념과 소비자행동 간에 있을 수 있는 상관성 때문에 소비자조사자나 마케터 모두 자아개념에 대해 많은 관심을 가진다.

2) 자아개념과 제품이미지

자아개념과 소비자행동의 관계는 여러 각도에서 검토될 수가 있을 것이다. 가령 자아개념과 사회문화적 · 심리적 요인의 관계를 조사하거나 아니면 소비자들이 자아이미지를 제품과 얼마나 일치하고 있느냐를 검토하는지 아니면 소비자들이 자아이미지를 그것과 유사한 이미지를 지니고 있는 제품에 돌리려 하는지의 여부를 조사는 것 등이다. 그러나 무엇보다도 중요한 것은 소비자행동이 과연 그들의 자아개념과 제품이나 상표이미지에 대한 그들의 지각간의 일치정도와 상관되어 있느냐 하는 것일 것이다.

사실 소비자들은 여러 제품에 대해 각각의 이미지를 형성해 놓고 있을 것이며, 이들 이미지는 상징(symbol)으로 볼 수 있다. 그러므로 관심은 마땅히 소비자들이 그 제품이나 상표의 이미지가 그들 자신의 입장과 일치하는지, 그들이 지니고 싶어 하는 이미지와 부합하는지, 혹은 자아개념의 다른 측면들과 일치하고 있다는 이유에서 실제로 그것을 선호하는 정도가 어느 만큼이냐 하는 것에 주어지게 된다. 이에 관한 지금까지의 조사결과를 요약해보면 아래와 같다.

① 소비자들은 그들의 자아개념을 심리적 발달과 사회적 교호활동을 통해서 형성해 간다. 개인의 자아개념은 자신이 어떤 가치를 지니고 있는 것이기 때문에 그것을 정의 · 보호 · 증진시키려 한다.
② 소비자들은 제품이나 상표는 어떤 이미지나 상징적 의미를 지니고 있는 것으로 생각한다.
③ 그러한 상징적 역할 때문에 그들의 선택적 소유 · 전시 · 사용은 곧 그 개인 자신을 증진시키는 것은 물론 타인들이 그의 자아개념을 정의하는 데도 도움을 준다.
④ 따라서 개인은 한 상징물로서의 상품을 소유함으로써 자기 자아개념을 증진시키려 한다.
⑤ 선호되는 상표란 소비자가 그의 자아개념과 가장 부합되는 이미지를 지니고 있는 것으로 지각하는 상표로 볼 수 있다.

〈그림 11-6〉은 바로 이 과정을 보여주고 있는데, 소비자들은 그들의 자아 이미지를 각종 상표이미지에 대한 그들의 지각과 대비시킴으로써 그들이 선호하는 상표를 발견하고 있는 것이다. 일치성이론(congruity theory)에 의하면 상표이미지와 자아이미지가 서로 일치할수록 그 상표의선호도도 높아진다고 한다.

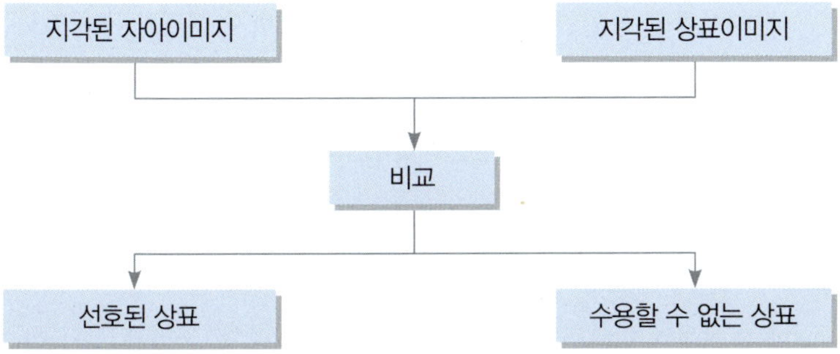

◀ 그림 11-6
자아이미지와 상표이미지의 함수로서의 상표선택 과정모델

그러나 전술한 바와 같이 자아개념에는 여러 차원이 있으며 어느 한 차원이 상표 이미지와일치하지 않는다 해도 다른 차원은 일치할 경우가 있을 것이다. 예를 들어 소비자는 어느 상표의 이미지와 실제적 자아이미지가 서로 크게 부합하지는 않으면서도 그의 이상적 자아와는 완전히 일치되는 것으로 지각할 수도 있다. 따라서 그 상표가 지닌 이미지와 그 소비자가 원하고 있는 자아이미지가 완전히 일치함으로 인해 그 상표를 구매할 경우가 있을 것이다. 이와 같이 자아이미지와 상표이미지 간에 있을 수 있는 관계는 상품을 설계할 때는 물론 촉진메시지나 촉진캠페인을 설계할 때도 중요한 정보로 활용될 수가 있을 것이다.

3) 자아개념과 마케팅

자아개념은 측정상의 문제라든가 '자아'라는 단어 그 자체의 모호성 때문에 그것을 실제로 마케팅에 적용함에 있어서는 어떤 한계점을 지니고 있는 것이 사실이다. 더욱이 자아개념이론은 의식적 수준에서 소비자의 자기인식을 강조하고 있을 뿐, 잠재적 혹은 무의식적 수준에서 영향의 중요성을 등한시하는 경향이 있다. 앞서 언급한 바와 같이 소비자들의 잠재적 동기는 그들의 소비행동에 강한 영향을 주고 있는 것이 사실이다.

이러한 한계성에도 불구하고 자아개념은 오늘날 소비자행동분야에서 널리 적용되고 있는 개념중 하나이다. 지금까지 시장세분화 · 광고 · 포장 · 인적판매 · 제품설계 그리고 판매 활동 등 마케팅활동에 광범위하게 활용되고 있다. 우선 자아개념은 전체시장을 동일한 자아이미지를 지닌 소비자 군별로 구획화하는 데 유용하게 적용될 수 있을 것이며, 구획화된 시장은 다시 회사의 마케팅 프로그램을 설계함에 있어서 어떤 '청사진'으로 이용될 수 있게 된다. 또한 소비자들의 자아이미지에 따라 마케팅 프로그램을 적용한다는 것은 소비자들을 그들의 입장에서 봄으로써 이른바 마케팅 컨셉을 실현하는 길이 되기도 한다.

자아이미지개념은 또한 각양의 촉진활동에 효과적으로 적용될 수가 있다. 가령 머리가 희끗희끗한 사람이 성공한 은행가나 사업가로 차려 입고 나와 남성 양복을 광고하고 있다면 그와 같은 부류의 사람이나 또는 그렇게 되고 싶어 하는 사람들의 자아이미지에 강한 소구력을 지니게 될 것이다. 또 다른 예로 세면비누를 촉진할 때도 그것을 적극적이고 환희에 찬 생활과 관련시키거나 혹은 보다 아름답고 달콤한 생활과 연관시킴으로써 그러한 것을 추구하는 소비자들에게 더욱 효과적으로 소구될 수가 있을 것이다.

자아개념은 이 외에도 소매점 이미지와도 관련하여 중요한 의미를 지닌다. 어떠한 소매점이든 나름대로의 어떤 점포이미지를 형성해 놓고 있을 것이며, 그것이 표적 고객들 대부분의 자아이미지와 부합하지 않거나 적어도 그들이 추구하는 자아이미지와 일치하지 않는다고 한다면 그들로 부터의 강한 호응을 기대하기는 힘들 것이다.

마지막으로, 소비자들의 자아이미지는 제품설계에 있어서도 중요한 정보가 될 수 있다. 가령 현존하는 상표들의 이미지 어느 것 하나도 어떤 특정의 소비자 집단이 지니고 있는 자아이미지와 부합되지 않는다고 한다면 회사는 그에 부응하는 새로운 제품이나 상표를 개발함으로써 판매를 증대시킬 수 있음은 물론 경쟁적 우위를 누릴 수가 있게 될 것이다. 이와 같이 소비자들의 자아이미지에 토대를 둔 제품의 개발에서 오는 이점은 그것이 특히 가구 · 의류 · 승용차와 같이 자아관여수준과 사회적으로 부각될수록 더욱더 크다고 할 수 있다.

따라서 소비자들이 제품이미지에 대한 지각의 측정에는 단순히 지각도를 통한 제품속성의 평가이외에 비물리적 이미지에 대한 소비자의 지각을 비롯해서 그것이 자아이미지의 지각과 어느 정도 일치하느냐 하는 것도 포함되어야만 할 것이다. 그러나 한 가지 고려해야 할 것은 제품이미지가 소비자들의 자아이미지와 일치하고, 따라서 그것이 소비자들로부터 선호되고 있다는 이유 하나만으로 반드시 그것이 구매된다는 보장은 못한다는 것이다. 왜냐하면 소비자의 구매결정에는 그의 자아이미지 외에도 가격이나 광고 혹은 기타 다른 환경적 요인 등 무수한 외생변수들이 작용하고 있기 때문이다.

제 5 절 라이프스타일

1 라이프스타일의 개념

라이프스타일은 사람이 어떻게 살아가는가를 표현하는 것으로 가장 단순하게 '살아가는 방식(how to live)'으로 정의된다. 라이프스타일은 사람들이 어떻게 시간을 사용하는가(activities), 그들을 둘러싼 환경에서 무엇에 관심을 두고 있는가(interest), 그리고 그들 자신과 세상에 대해서 어떤 의견을 가지고 있는가(opinion)로 설명할 수 있다. 라이프스타일을 구성하고 있는 가치, 관심, 의견에 관한 정보는 시장세분화, 표적시장의 욕구, 필요로 하는 제품유형, 의사결정방법 등에 관한 마케팅시사점을 제공한다. 라이프스타일은 그 사람의 특성과 연관되어 있으므로 성격과도 밀접하게 관련되어 있다.

다음의 사례는 한 시장조사 기관의 1인 가구에 대한 2014년 라이프스타일을 조사한 자료인데, 이러한 개괄적인 내용을 통해 마케터는 판매전략에 대한 다양한 전략과 전술을 도출하고 기존전략을 수정할 수 있는 근거로 활용하게 된다.

사례 1인 가구의 라이프스타일

시장조사전문기관 마크로밀엠브레인의 트렌드모니터(trendmonitor.co.kr)가 전국 만 19-59세 1인 가구 남녀 530명(남성 330명, 여성 200명)을 대상으로 1인 가구의 라이프스타일 관련 조사를 실시하였다. 조사 결과, 1인 가구 2명 중 1명(49.6%)은 1인 가구로서의 삶에 단점보다는 장점이 많다고 인식하는 것으로 조사되었다. 특히 남성(43.6%)보다는 여성(59.5%)이 1인 가구의 장점이 많다는 데 동의하는 경향이 두드러졌다. 보통 수준이라는 응답도 41.5%로 많고, 비동의 의견은 8.9%에 그친다는 점에서 1인 가구 생활에 긍정적인 시각이 비교적 크다는 것을 알 수 있다.

앞으로도 1인 가구로 계속 살고 싶은 지를 묻는 질문에는 동의 의견(34.7%)과 비동의 의견(30.9%)이 비슷하게 나왔다. 보통 의견도 34.3%로 비슷한 수준이었다. 남성(26.4%)보다는 여성(48.5%)이 계속해서 혼자 살고 싶다는 욕망이 훨씬 강하였으며, 연령별로는 30대(25.5%)를 제외한 전 연령층(20대 36.5%, 40대 41.3%, 50대 47.5%)이 1인 가구로서의 삶을 계속 이어가고 싶다는 데 평균보다 많이 동의하는 것으로 나타났다.

1인 가구의 라이프스타일을 식생활과 주거생활, 쇼핑행태와 미디어 이용으로 나눠 조사해본 결과, 식생활 측면에서 1인 가구의 45.7%가 생활비에서 차지하는 식비 비중에 부담감을 느끼는 것으로 조사되었다. 보통 수준이라는 응답은 41.1%였으며, 부담이 되지 않는다는 응답은 13.2%에 불과하였다. 식비에 대한 부담감은 20대(60.6%)가 특히 높았는데, 기본 소득이 적은데다가 외부에서 사먹는 경우가 많기 때문으로 보여진다. 또한 남성(42.1%)보다 여성(51.5%) 1인 가구가 식비 부담을 좀 더 크게 느끼는 편이었다.

현재 주거하는 공간에 대한 1인 가구의 만족도는 33.4%로 낮은 수준이었다. 다만 혼자 사는 것 자체에 의미를 크게 부여하는 20대(45.3%)와 대학생(50.9%)의 주거공간 만족도는 상대적으로 높은 편이었다. 주거 형태는 원룸(37.5%)이 가장 많은 비중을 차지하였으며, 연령이 낮을수록 원룸거주 비중(20대 57.1%, 30대 39.5%, 40대 17.5%, 50

1인 가구로서의 나의 삶은 단점보다 장점이 많다

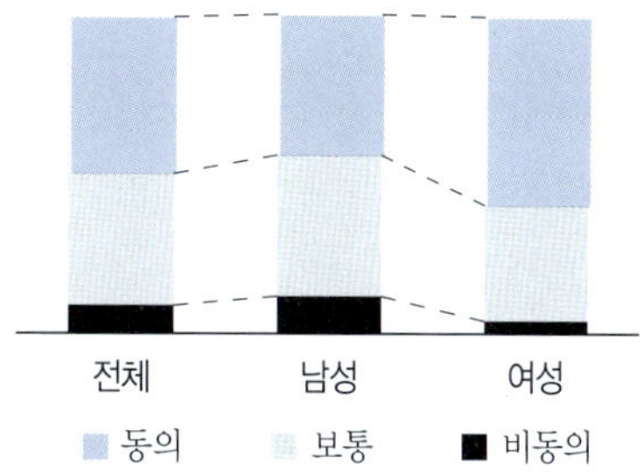

나는 앞으로도 1인 가구로 계속 살고 싶다

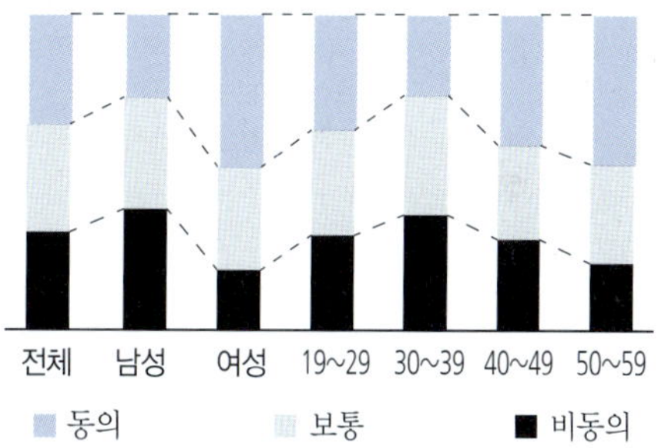

1인 가구의 식사 장소

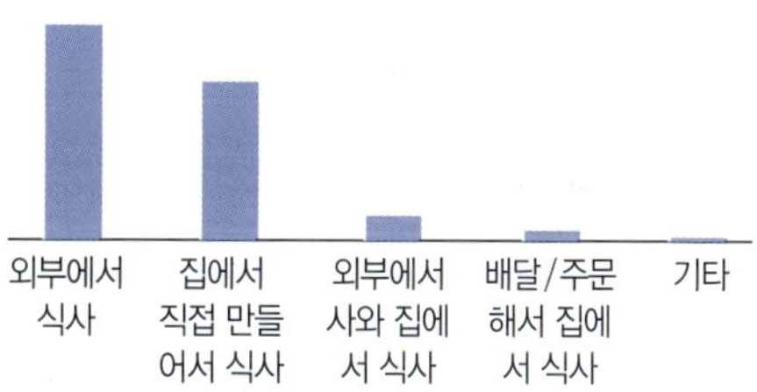

주거공간의 의미

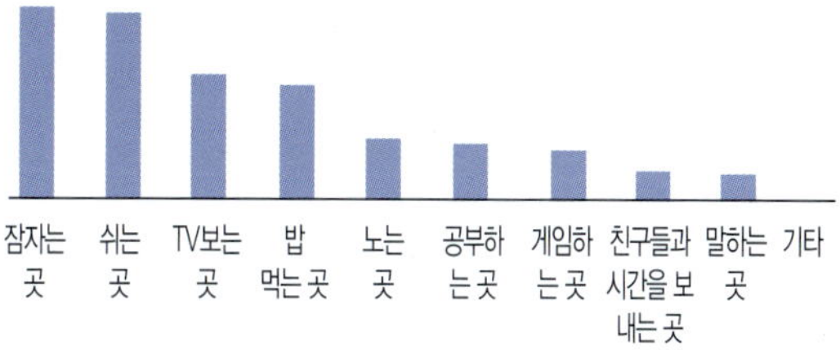

대 11.3%)이 확연히 높은 특징을 보였다. 그 다음으로는 아파트(16.4%)와 빌라(9.6%), 연립주택(9.6%), 오피스텔(9.2%)순으로 1인 가구의 거주 비중이 높았다. 주택 점유 방식은 주로 월세(38.2%)와 전세(33.1%)였다.

쇼핑 행태를 보면, 1인 가구는 전체 소득에서 소비성 금액으로 64.7%, 저축성 금액으로 35.3% 정도 지출을 하는 것으로 조사되었다. 필요도가 높다고 생각하는 가전/가구 제품은 냉장고(98.7%)와 세탁기(98.5%), PC(97.9%), 밥솥(96%), 청소기(91.5%), 책상(91.1%) 순이었으며, 가장 필요성이 낮은 제품은 안마의자(24.5%), 음식물처리기(34.7%), 오븐(42.5%), 공기청정기(45.7%) 등이었다.

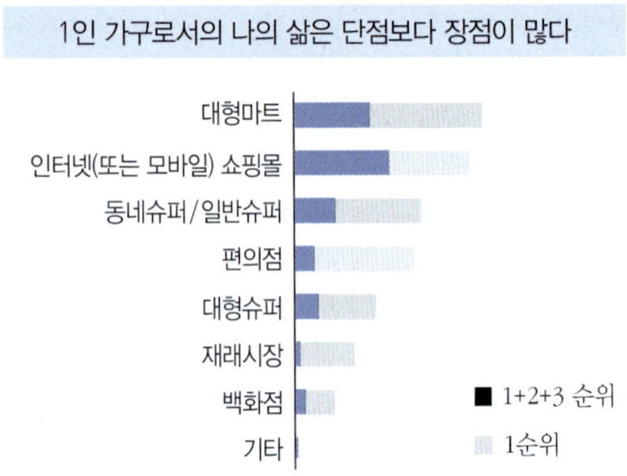

출처 : 2014 1인 가구 라이프스타일 관련 조사 by 마크로밀엠브레인의 컨텐츠사업부(트렌드모니터)

2 싸이코그래픽스와 AIO

싸이코그래픽스(psycographics)는 소비자의 심리적인 상태(psycho)를 묘사(graphics)하기 위한 것으로 라이프스타일을 측정하는 방법이다. 싸이코그래픽스를 이용한 라이프스타일 측정에는 일반적으로 AIO 측정 목록(AIO inventories)이 사용된다. AIO는 활동(Activities: 소비자 혹은 가족이 일, 휴가, 쇼핑 등에 어떻게 시간을 보내는가), 관심(Interest: 가정, 패션, 식품 등에 대해서 소비자들이나 가족의 선호도와 우선순위), 의견(Opinions: 정치, 사회적 이슈, 교육, 미래 등과 같은 사건에 대해서 소비자들은 어떤 의견을 가지고 있는가)에 대한 측정항목이다. Reynolds와 Darden은 AIO의 구성요소를 다음과 같이 설명하고 있다. 활동은 매체를 시청하고, 점포에서 쇼핑을 하고, 새로운 서비스에 대하여 이웃과 얘기하는 것과 같은 행동이다. 비록 이들 행동은 보통 관찰할 수 있으나 그러한 행동의 이유는 직접적으로 측정되는 경우는 드물다.

관심은 어떤 대상, 어떤 사건이나 주제에 대하여 특별하게 계속적으로 주의를 나타내는 정도이다. 의견은 사람이 어떤 질문이 제기되는 자극상황에 반응하여 나타내는 구어적 혹은 문어적 대답이다. 이는 해석, 기대 및 평가 즉, 타인의 의도, 미래 사건에 대한 기대 및 대안적 행동의 보상적 내지 처벌적 결과의 평가에 대한 신념 같은 것을 기술하기 위해 사용된다. 각 범주의 예는 〈표 11-6〉에 나타나 있으며, 인구통계학적 변수, 태도, 가치, 매체이용 패턴, 사용량 등이 포함되어 분석되는 경우가 많다.

싸이코그래픽스 자료의 분석은 분류 및 세분화를 위한 기법과 관계를 밝히기 위한 기법의 두 가지 유형으로 대별할 수 있다. 소비자를 분류하고 세분화하는 기법에는 서로 관련성이 있고 상호의존적인 자료를 분석하는 기법인 다변량 분석방법이 이용되며 이에는 군집분석(cluster analysis)과 요인분석(factor analysis)이 있다. 싸이코그래픽스 항목과 다른 시장 변수와의 관련성을 파악하는 방법에는 다중회귀분석(multiple regression analysis), 다중판별분석(multiple discriminant analysis), 캐노니컬분석(canonical analysis) 및 다변량분석(multivariate analysis of variance) 등이 있다.

싸이코그래픽스 연구는 가장 일반적인 형태로 소비자의 성격, 구매동기, 관

◀ 표 11-6
라이프스타일 연구를 위한 AIO의 범주

활동(activities)	관심(interests)	의견(opinions)	인구통계(demographics)
일	가족	그들 자신	나이
취미	가정	사회적 이슈	교육
사회적 사건	직무	정치	수입
휴가	지역사회	사업	직업
오락	레크리에이션	경제	가족크기
클럽 멤버십	패션	교육	거주
지역사회	식품	제품	지역
쇼핑	매체	미래	도시크기
스포츠	성취	문화	수명주기 단계

출처 : Joseph T. Plummer, "The Concept and Application of Life Style Segmentation," *Journal of Marketing* 38 (January 1974): p. 34.

심, 태도, 신념 및 가치에 적합한 측면을 확인하기 위하여 진술(statement)이 이용된다. 때때로 싸이코그래픽스 연구는 여러 가지 활동과 관심에 대한 개인적으로 혹은 가족 모두가 소비한 시간의 양에 초점을 둔다. 싸이코그래픽스 연구에서 소비자들은 다양한 진술에 대해서 개인적 혹은 가족의 반응을 응답한다. 예를 들면 Gillette사는 싸이코그래픽스 특성으로 Sensor 면도기의 표적시장을 평가하기로 결정하고, Sensor 면도기에 대한 개인과 가족의 경향을 파악하기 위하여 다음과 같은 진술을 활용했다.

개인적인 진술

- 나는 당당하게 요구하는 사람이다.
- 나에게는, 내가 하는 일에 완전성을 추구하는 것이 그렇게 중요하지 않다.
- 아침에 깨어날 때, 마음속으로는 내 용모가 최고로 멋진 것 같다.
- 옷을 입는 방법을 말하면, 나는 특별히 패션을 의식하지 않는다.

가족에 대한 진술

- 'Good mourning'이라고 인사하는 것은 내 가족 모두에게 중요하다.
- 가족 모두는 내가 면도한 다음 얼마나 잘 생겨 보이는지에 대해서 얘기한다.
- 우리는 특별히 잘 생긴 가족이다.
- 우리는 친구나 이웃보다 더 신제품을 시용한다.

응답자들은 각 진술을 찬성의 정도(매우 찬성한다, 찬성한다, 찬성하지 않는다, 매우 찬성하지 않는다) 또는 중요성의 정도(매우 중요하다, 조금 중요하다, 중요하지 않다)로 평가한다. 개인적 혹은 가족의 활동, 관심 및 의견을 반영하는 것 이외에 싸이코그래픽스는 일반적이거나 제품 특유의 내용들이 진술된다. 두 가지 형태의 진술은 소비자의 태도에 대한 가치 있는 통찰을 할 수 있게 해준다. 그러나 일반적인 진술이 광범위한 지각, 선호도, 및 태도에 초점을 두는 반면 제품 특유의 진술은 제품과 제품의 사용을 직접적으로 설명한다. TV 시청자의 예를 들은 〈표

◀ 표 11-7 TV 시청자를 조사하기 위한 네 가지 유형의 싸이코그래픽스 진술

	개인적 진술	가족의 진술
일반적 진술	• 나는 집에서 시간을 많이 보내는 사람이다. • 나에게 그럴듯한 이유를 주면 파티를 열겠다.	• 우리는 항상 집에 머무른다. • 우리는 가족이 함께 할 수 있는 것이면 어떤 것이든 구매한다.
제품 특유의 진술	• 좋은 저녁이란 집에 머무르면서 TV 앞에서 여유롭게 지내는 것이라고 생각한다. • 나는 TV를 10시간 시청할 수 있지만 그런 것을 잘 모른다.	• 우리는 얼마나 많이 TV시청을 허락해야 하는지에 대해서 제한되어 있다. • 가족이 TV를 시청하면서 식사한다.

11-7〉은 싸이코그래픽스의 네 가지 유형의 진술을 보여주고 있다.

싸이코그래픽스는 세분시장을 깊이 있게 이해하기 위해서 활용된다. 때로 마케팅관리자는 세분화를 위해 싸이코그래픽스를 이용하지만, 전통적인 변수와 함께 사용하는 것이 더 효과적이다. 즉, AIO의 사용은 좋은 방법이지만 AIO 만으로는 세분화를 제대로 달성했다고 보기 어렵다. 싸이코그래픽스를 통해 구성된 세분시장에 접근하기 위해서는 그들이 누구인지를 파악할 수 있는 인구통계적 특성이 규명되어야 하기 때문이다. 따라서 AIO 진술은 성별과 나이 같은 시장 세분화전략에 중요한 변수들과 함께 교차분석기법에 의해 분석되어야 한다. 요인분석이나 다른 다변량기법은 응답자들의 진술을 세부적으로 정교하게 분석하여 소비자를 집단으로 구분하는데 유용한 분석기법이다. 요인분석은 관찰된 변량을 설명하는 공통적이고 근본적인 요인을 결정하기 위한 시도로 진술간의 상호관계를 분석하는 수학적 기법이다.

싸이코그래픽스 분석은 세분시장의 소비자들과 더 효과적으로 커뮤니케이션하기 위한 핵심 고객의 라이프스타일을 파악하게 해준다. 라이프스타일을 고려한 시장세분화는 인구통계학적 변수로만 기술되어 있을 때보다 더 효과적으로 소비자에게 긴밀하게 신제품 혹은 기존 제품을 포지셔닝하게 해준다.

3 VALS

1) VALS I

VALS(Value and Life Style)는 Stanford Research Institute(SRI)에서 개발한 라이프스타일분류체계로, 시장세분화, 제품전략, 광고전략 등에 광범위하게 활용할 수 있는 정보를 제공한다. 처음에 개발된 VALS에서는 소비자의 가치와 라이프스타일을 세 가지의 기본 범주에 아홉 가지 유형으로 분류한다. 〈표 11-8〉과 〈그림 11-7〉에서 보는 바와 같이 세 가지 기본범주는 욕구위주형(need driven), 외부지향형(outer directed) 및 내부지향형(inner directed)으로 나누고, 모두 9개 범주의 소비자에 대하여 인구통계적 특성과 구매유형을 기술하였다. 또한 소비자가 욕구위주소비자에서 외부지향소비자 또는 내부지향소비자로 변화되어 궁극적으로 통합자로 바뀌는 것을 가정한 이중위계체계(double hierarchy)를 고려하였다. 즉, 이중위계에서 욕구위주형소비자는 외부지향자 가운데 소속자로 바뀌거나 내부지향자 가운데 자기중심자로 바뀔 수 있다.

그림 11-7 ▶ VALS의 이중위계체제

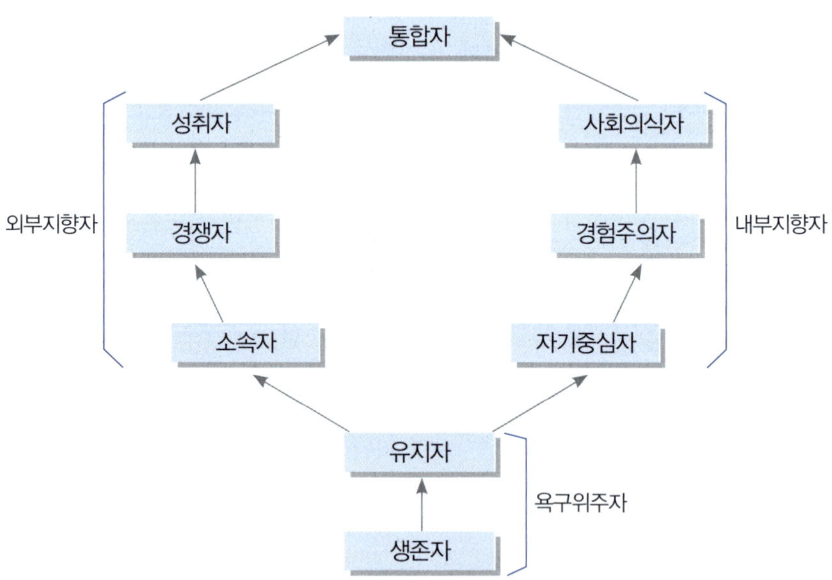

▼ 표 11-8
VALS 라이프스타일 세분화

인구의 % (18세 이상)		소비자 유형	가치 및 라이프 스타일	인구 통계학적 변수	구매유형
욕구위주 소비자	4%	생존자 (survivors)	생존을 위한 투쟁 의심이 많은 사회에 부적응 욕망에 사로잡힌	빈곤수준의 소득 교육이 거의 없음 많은 소수집단 도시 빈민가에 거주	가격 지배적 기초제품에 집중 즉각적 욕구로 구매
	7%	유지자 (sustainers)	안전과 안정에 관심 불안정하고 충동적 의존적이고 추종적	저소득 저교육 많은 실업	가격이 중요 욕망 보장의 구매 주의 깊은 구매자
외부지향 소비자	35%	소속자 (belongers)	적응적이고 인습적 비실험적 전통적이고 공식적 향수적	중소득 내지 저소득 평균 내지 저교육 육체노동 직무 비도시 주거경향	가족구매 가정적 구매 유행 중위와 하위 대량시장
	10%	경쟁자 (emulators)	야망 있고 과시적인 지위 의식적 상향 이동의 씩씩하고 경쟁적	좋거나 훌륭한 소득 젊음 매우 도시적 전통적 남성의 변화	현시적인 소비 유행중인 품목 모방적인 유행하는 패션
	22%	성취자 (achievers)	성취, 성공, 명예 물질주의 리더십, 효율성 편안	훌륭한 소득 경영, 정치에서 리더 좋은 교육 교외와 도심지 거주	성공의 증거를 보임 제품계열 중 최상 화려하고 선물의 시장 새롭고 개선된 제품
내부지향 소비자	5%	자기중심자 (I and me)	심한 이기주의 극적이고 충동적 실험적 변덕스러운	젊음 많은 독신 학생 및 초임의 직무 풍요로운 환경	자신의 취미 과시 실험적인 유행 극단적인 유행의 원천 파당적인 구매
	7%	경험주의자 (experimentials)	직접 경험동기를 가진 적극적이고 참가적 사람중심 예술적	두 가지 소득원천 대부분 40세 이전 많은 젊은 가족 좋은 교육	제품별 처리 적극적인 야외 스포츠 가정 지향적 내성적인
	8%	사회의식자 (societally conscious)	사회적 책임 단순한 삶 작은 규모 내적 성장	아주 낮고 높은 소득 우수한 교육 다양한 나이와 주거 주로 백인	대화 강조 단순 검소 환경의식
	2%	통합자 (integrates)	심리적 성숙 적절함 인내와 자아실현적 세계적 관점	좋거나 우수한 소득 나이의 이중형태 우수한 교육 다양한 직업과 거주	자기표현의 다양성 심미지향의 생태학적 인식 같은 품목중 하나

2) VALS™

이후에 개발된 VALS™에서는 소비자들을 자원과 혁신성의 정도, 기본적 동기유형에 따라 8개 라이프스타일 집단으로 구분한다. 〈그림 11-8〉에서 보는 바와 같이 8개 라이프스타일 유형은세로축의 자원(resources)의 양과 혁신성(innovation)의 정도, 가로축의 이상(ideals), 성취(achievement), 자기표현(self-expression) 등 기본적 동기(primary motivation) 수준에 따라 구분된다. 자원은 소비자가 소득, 교육수준, 자신감, 지적능력, 혁신성, 리더십 등을 얼마나 가지고 있는가를 의미한다.

그림 11-8 ▶
VALS™에서의
라이프스타일 유형

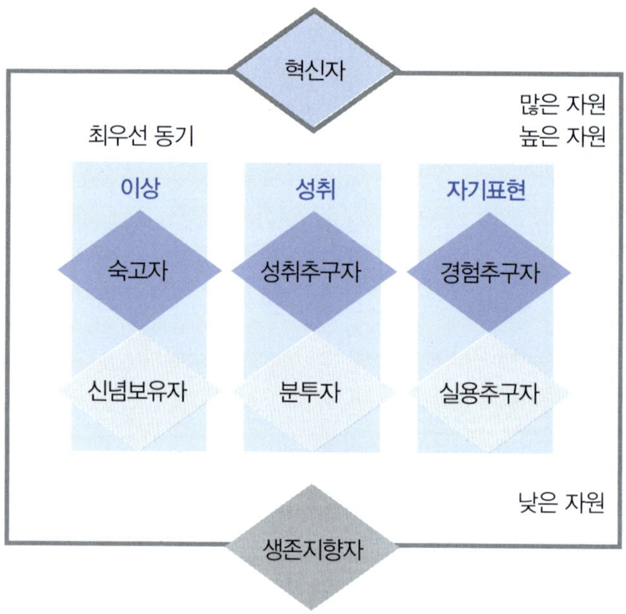

SRI Consulting Business Intelligence의 홈페이지(www.sric-bi.com)를 방문하면 이와 관련된 설문지를 직접 작성할 수 있으며, 그 결과를 전송할 경우 본인이 어느 라이프스타일의 주요 집단인지 부차적으로 어느 집단에도 포함될 수 있는지에 대해서 자세한 정보를 확인할 수 있다.

4 범세계적 라이프스타일

유럽공동체(EC)와 북미자유무역협정(NAFTA)의 출현과 점증되고 있는 범세계화의 중요성은 마케팅전략이 범세계적으로 계획되어야 함을 요구하고 있다. 그러므로 기업은 어떤 국가일지라도 그 국민의 세분집단에 도달하기 위해선 세분화의 접근방법을 사용해야 한다. VALS같은 방법이 국경을 초월해서 라이프스타일로 세분시장을 파악하기 위해 사용되고 있다.

Ashford와 Timms은 유럽에서 가치에 관한 종합적이고 폭넓은 연구를 수행한 바 있다. 이 연구에서는 과거 10년 동안의 변화는 물론 서부 유럽국가간에 가치가 어떻게 다른가를 보여주고 있다. 국가의 지배적인 가치와 국가간의 특징적인 차이가 〈표 11-9〉에 나타나 있다.

▼ 표 11-9
서부 유럽의 가치

구성요소	GB	NI	RI	WG	N	B	F	I	S
• 남자와 여자의 동등한 권리를 지지한다.	60	60	58	54	68	49	58	44	60
• 현지인과 이민자에게 동등한 권리를 지지한다.	43	33	28	27	59	24	30	15	14
• 정상인과 장애인에게 동등한 권리를 지지한다.	86	91	85	65	81	64	79	63	62
• 여성은 성취를 위해서 아이가 필요하다고 생각한다.	19	29	24	34	11	41	68	62	45
• 결혼하지 않은 여자의 낙태를 지지한다.	33	15	8	21	29	25	24	23	27
• 아이가 신체적으로 장애가 있다면 낙태를 지지한다.	76	49	32	79	60	75	83	77	68
• 가정생활을 더 강조하는 것은 좋은 일이다.	88	92	94	87	67	84	89	93	88
• 일이 나의 인생에서 가장 중요한 일이다.	8	12	12	8	8	9	4	9	6
• 나는 나의 일에 굉장히 큰 긍지를 느낀다.	83	79	77	17	26	34	15	30	48
• 직무에서 가장 중요한 측면은 좋은 급료이다.	68	74	73	73	71	71	54	72	78
• 직무상의 안전이 가장 중요한 측면이다.	57	62	61	73	41	39	35	61	62
• 생태학적 운동과 자연보호를 지지한다.	92	89	94	97	95	93	91	92	90
• 반핵 에너지 운동을 지원한다.	56	57	85	72	68	74	64	67	76
• 국가의 경제적 제도에 근본적인 변화가 필요하다는데 동의한다.	75	83	86	28	27	42	59	76	73
• 정부가 개인이 하고 싶은 것을 하도록 더 많은 자유 를 허용한다면, 경제는 더 건강해진다.	44	41	51	32	41	28	45	41	41
• 국회에의 신뢰	46	46	50	50	53	42	43	32	41

(단, GB= Great Britain, NI= North Ireland, RI= Repuplic of Ireland, WG =West Germany, N=Netherlands, B= Belgium, F= France, I= Italy, S=Spain)

출처 : Ashford, Sheena and Noel Timms, What Europe Thinks: A Study of European Values(Dartmouth Publishing co Ltd, 1992).

연/습/문/제

01 성격의 특징을 설명하시오.

02 성격을 설명하는 이론 가운데 정신분석이론을 설명하시오.

03 정신분석이론을 촉진전략과 소비자조사에 어떻게 활용할 수 있는가를 생각해 보시오.

04 성격이론 가운데 사회심리 및 성격이론을 설명하시오.

05 자아개념의 원천에 관한 4가지 이론에 대하여 설명하시오.

06 자아개념은 마케팅에서 어떻게 활용될 수 있는지 설명하시오.

07 AIO의 내용과 측정 방법을 설명하시오.

08 한 제품을 선정하고, VALS™의 라이프스타일 유형을 활용하여 마케팅전략을 수립해 보시오.

참 고 문 헌

- 한국방송광고공사(KOBACO), 2008 소비자행태조사 보고서, p. 37–43.
- Anderson, R. John, "A Spreading Activation Theory of Memory," Journal of Verbal Learning and Verbal Behavior 22 (June 1983): 261–295.
- Anderson, R. John, The Architecture of Cognition, Cambridge, Mass.: Harvard University Press, 1983.
- Arnold Mitchell, Nine American Lifestyles: Who We Are and Where We Are Going (New York: 1983).
- Biehal, Gabriel and Dipankar Chakravarti, "Information–Presentation Format and Learning Goals as Determinants of Consumers' Memory Retrieval and Choice Processes," Journal of Consumer Research 8 (March 1982): 431–441.
- Brucks, Merrie, "The Effects of Product Class Knowledge on Information Search Behavior"; Cole, Gaeth, and Singh, "Measuring Prior Knowledge"; Selnes and Gronhaug, "Subjective and Objective Measures of Product Knowledge Contrasted."

- Coleman, Lynn, "Advertisers Put Fear into the Hearts of Their Prospects," Marketing News, August 15, 1988.
- Crispell, Diane and Kathleen Brandenburg, "What's in a Brand?" American Demographics, May 1993.
- Loudon, David L. and Albert J. Della Bitta, Consumer Behavior, 2nd ed., New York : McGraw-hill Book Co., 1984.
- Lichtenstein, Donald R., Richard G. Netemeyer, and Scott Burton, "Distinguishing Coupon Proneness from Value Consciousness: An Acquisition-Transaction Utility Theory Perspective," Journal of Marketing 54 (July 1990): 54-67.
- Sproles, Elizabeth Kendall and George B. Sproles, "Consumer Decision-Making Styles as a Functional of Individual Learning Styles," Journal of Consumer Affairs 24 (Summer 1990): 134-147.
- Engel, F. James, Roger D. Blackwell and Paul W. Miniard, Consumer Behavior, 8th Ed., The Dryden Press, 1995.
- Reynolds, Fred and William Darden, "Construing Life Style and Psychographics," in William D. Wells, ed., Life Style and Psychographics, Chicago: American marketing Association, 1974, p.87.
- Geistfeld, V. Lyle, George B. Sproles, and Susan B. Badenhop, "The Concept and Measurement of a Hierarchy of Product Characteristics," in Advances in Consumer Research, vol. 4, ed.
- Gutman, Jonathan and Donald E.Vinson, "Values Structures and Consumer Behavior," in Advances in Consumer Research, vol. 6, ed. William L. Wilkie, Ann Arbor, Mich.: Association for Consumer Research, 1979.
- Kassarjian, Harold H., "Personality and Consumer behavior: A Review," Journal of Marketing Research 13 (November 1971): 409-418.
- Haugtvedt, Curt and Richard E. Petty, "Personality and Persuasion: Need for Cognition Moderates the Persistence and Resistance of Attitude Changes," Journal of Personality and Social Psychology 63 (Aug 1992): 308-319.
- Hirschman, C. Elizabeth, "Attributes of Attributes and Layers of Meaning," in Advances in Consumer Research, vol. 7, ed. Jerry C. Olson, Ann Arbor, Mich.: Association for Consumer Research, 1980.
- Hoyer, D. Wayne and Steven P.Brown, "Effects of Brand Awareness on Choice for a Common, Repeat-Purchase Product," Journal of Consumer Research 17 (Septmber 1990): 141-148.
- Aaker, Jennifer L., "Dimensions of Brand Personality," Journal of Marketing Research 36 (August 1997): 347-356.
- Cohen, Joel B., "An Interpersonal Orientation to the Study of Consume Behavior," Journal of Marketing Research (August 1967): 270-278.
- Mowen, John C. and Michael S. Minor, Consumer Behavior : A Framework, Prentice Hall, 2001, p.101.
- Johnson, J. Eric and J. Edward Russo, "Product Familiarity and Learning New Information," Journal of Consumer Research 11 (June 1984): 542~550.

- Horney, Karen B. Our Inner Conflicts, Norton, 1945.
- Festinger, Leon A., "A Theory of Social Comparision," Human Relations, 7, 1954, pp. 17–140.
- Mitchell, Arnold, "Nine American Lifestyles: Values and Societal Change," The Futurist 18, Aug. 1984.
- Costa, Paul T. Jr., Catherine M. Busch, Alan B. Zonderman, and Robert R. McCrae, "Correlations of MMPI Factor Scales With Measures of the Five Factor Model of Personality," Journal of Personality Assessment 50 (Winter 1986): 640–650.
- Cattel, R., H. Eber, and M. Tatsuoka, Handbook for the Sixteen Personality Factor Questionnaire, Champaign, Ill, 1970.
- Atkinson, Rita L., Richard C. Atkinson and Ernest R. Hilgard, Introduction to Psychology, 8th Ed., HBJ, p. 389.
- Blackwell, Roger D., Paul W. Miniard, and James F. Angel, Consumer Behavior, 10ed, Thomson, South–Western, p. 273.
- Ashford, Sheena and Noel Timms, What Europe Thinks: A study of European Values (Aldershot: Dartmouth, 1992).
- SRI Consulting Business Intelligence, http://www.sric–bi.com/VALS/types.shtm.
- Tepper, Kelly, William O. Bearden and Gary L. Hunter, "Consumers's Need for Uniqueness: Scale Development and Validation," Journal of Consumer Research 28 (June 2001): 50–66.
- Bearden, William O. and Randall L. Rose, "Attention to Social Comparison Information: An Individual Difference Factor Affecting Consumer Conformity," Journal of Consumer Research 16 (March 1990): 461–471.

그/림/출/처

- Webster, Frederick Jr. and Yoram Wind, "A General Model for Understanding Organizational Buying Behavior," Journal of Marketing 36 (April 1972): 12–19.
- Sheth, Jagdish N., "A Model of Industrial Buyer Behavior," Journal of Marketing 37 (Oct 1973): p. 52.
- Robertson, Thomas S. and Harold H. Kassarjian, Handbook of Behavior, Englewood Cliffs, NJ: Prentice–Hall, 1991, p. 437.
- Park, C. Whan and G. Zaltman, Marketing Management, Dryden Press, 1987, p. 198.

CHAPTER

12

조직구매자의 행동

1. 조직구매자란 무엇인가?
2. 조직구매자의 행동특성 이해하기
3. 조직구매자의 행동모델은 어떻게 되는가?
4. 조직구매자의 구매유형은 어떤 것이 있나?
5. 조직구매자의 의사결정과정은 어떻게 되는가?
6. 기관단체 시장과 정부시장은 특성은 무엇인가?

제 1 절 조직구매자의 개념과 특징

1 조직구매자의 개념

조직구매자(organizational buyer)란 소비를 목적으로 하지 않고 제품 또는 서비스를 생산하거나 다시 판매할 목적으로 상품을 구매하는 고객을 말하며, 개인의 욕구충족을 위해서 상품을 구매하는 최종소비자(consumer)와는 이런 점에서 차이가 있다. 최종소비자가 주로 개인이거나 가계인데 비하여 조직구매자는 공식조직일 경우가 대부분이다.

조직구매자 중에서도 중요하고 이들의 구매행동을 연구할 필요가 있는 구매자는 산업구매자(industrial buyer), 재판매업자(reseller) 그리고 정부기관(government)이 있다. 이들 세 종류의 조직구매자들의 구매행동 사이에는 다소 차이가 있다. 그러나 이들의 구매행동이 공식조직의 구매라는 점에서 공통점이 더 많으며, 최종 소비자와 비교할 때 이들은 더 많은 유사점을가지고 있다. 따라서 이들을 하나로 묶어서 설명해도 아무런 무리가 없을 것이라고 판단된다. 이 장에서는 조직에 의한 구매행동 전반에 대하여 그 특징적인 점을 소개하되 산업구매자에 그 설명의 초점을 맞추기로 하겠다.

1) 산업구매자

산업구매자는 제품 또는 서비스를 생산하기 위하여 이에 필요한 원자재, 부품, 기계설비 등을 구매하며, 이들의 보다 궁극적인 목표는 생산된 제품이나 서비스를 판매, 대여, 교환함으로써 이윤을 얻는데 있다. 제품을 만드는 제조기업과 항공사, 은행, 보험회사 등과 같이 서비스를 창출하는 서비스 기업 등이 이 범주에 속한다.

2) 재판매업자

소매상이나 도매상처럼 상품을 되팔아서 이익을 얻을 목적으로 제품이나 서비스를 구매하는 개인이나 조직체를 재판매업자라고 한다. 재판매업자로 분류될 수 있는 사람이나 조직에는 행상으로부터 시작하여 잡화상, 슈퍼마켓, 편의점 등이나 대규모 백화점에 이르기까지 다양하다.

3) 정부와 비영리조직체

과거에 국방이나 치안업무에 주로 치중하던 정부가 현대에 와서는 외교, 경제는 물론 교육, 문화, 사회복지, 환경 등에 이르는 광범위한 업무를 수행하고 있다. 이러한 업무를 수행하기 위해서는 많은 제품과 서비스를 구매해야 하고 또한 정부에서 어떤 상품을 사들이냐에 따라 기업에 지대한 영향을 미친다. 비영리조직체는 학교나 병원, 종교단체, 사회복지법인 등 영리추구를 목적으로 하지 않는 조직체를 말한다. 이러한 비영리 조직체에서도 그들의 업무를 수행하기 위하여 많은 상품들을 구매하고 있다.

2 조직구매자 행동의 특징

1) 집단에 의한 구매결정

소비재의 경우에도 가족이 공동으로 사용하는 품목을 구매할 때에는 두 사람 이상이 의사결정에 참여하는 경우를 자주 발견한다. 그리고 이러한 추세는 가정의 분위기가 민주화되면서 더욱 뚜렷해져가고 있다. 그러나 조직의 구매결정에는 소비자의 구매결정과정에 비해 훨씬 더 많은 사람들이 참여한다. 특히 다음과 같은 경우는 특별히 그 참여의 범위가 넓어질 가능성이 높다.

첫째, 중요한 구매에는 보다 많은 사람이 그 결정에 개입한다. 중요한 구매라 함은 구매되는 품목이 그 조직의 성장에 중요한 영향을 미칠 것이 예상되는 품목이거나 그 품목을 구매하는 데 막대한 재정적 지출을 필요로 하는 구매를 의미한다. 혁신적인 원자재의 구입은 전자의 예가 되겠고 값비싼 생산설비의 구입은 후자의 좋은 예가 되겠다.

둘째, 조직이 과거에 경험해 본 적이 없는 새로운 상품을 구매하면 좀 더 신중을 기할 필요가 있고, 이 때 연구개발부서, 생산부서, 구매부서는 물론 기획부서, 심지어 마케팅 부서의 인력들이 골고루 참여할 수 있다. 첨단기술의 생산설비를 처음으로 구입하는 기업은 아마도 그 결정을 위해서 기업 전체적으로 의견을 수렴함은 물론, 대학이나 연구소의 자문을 구하는 것까지도 마다하지 않을 것이다.

셋째, 구매의사결정의 참여범위는 조직의 규모나 분위기와도 밀접한 관계가 있다. 일반적으로 조직의 규모가 크면 자연히 경영진의 규모도 방대하고, 경영진의 배경이 다양할 뿐 아니라 이들의 전문성도 높을 공산이 크다. 따라서 중요한 구매결정을 내릴 때는 이들의 지혜가 동원되기 쉽다. 그러나 단순히 많은 수의 전문 인력을 고용하고 있다고 해서 많은 사람들이 구매결정에 참여한다는 법은 없다. 조직의 전반적인 분위기가 모든 일에 폭넓게 상의되고 보다 많은 사람에게 참여의 기회를 허용하는 수평적이고 민주적인 분위기라면, 구매결정은 물론 다른 경영의사결정에도 참여의 폭이 넓어질 것이 당연하다. 그러나 위의 세 가지 조건이 구비되지 않은 경우라도 조직, 특히 기업에 의한 구매결정에는 소비자의 그것에 비해 보다 많은 사람이 참여하게 될 것을 예상해야 한다.

이 때 조직에서 구매의사결정에 직접적으로 관여하는 사람들을 묶어서 구매센터(buying center)라 한다. 구매센터는 '구매의사결정과정에 참여하는 모든 개인과 집단으로서 공동의 목표를 갖고 의사결정으로부터 발생하는 위험을 공유하는 사람들'로 구성되어 있다. 이들 구매센터의 구성원은 기업이나 산업에 따라 다소 차이가 나지만 대체로 아래와 같은 역할을 하는 사람들로 구성된다.

① 발안자(initiators) : 어떤 것을 구매하도록 요청하는 사람으로 경우에 따라 사용자이거나 기타 사람들
② 사용자(users) : 구입된 산업재 제품을 직접 현장에서 사용하게 되는 사람들
③ 영향력 행사자(influencers) : 구입할 산업재 제품에 대한 평가기준이나 제품평가에 필요한 정보를 제공함으로써 구매결정에 직·간접적으로 영향을 끼치는 사람들
④ 의사결정자(deciders) : 구매할 산업재를 어떤 제품으로 또한 어느 구매선을 통해 구입할 것인지를 결정하는 사람들
⑤ 승인자(approvers) : 의사결정자나 구매자들이 제안한 조치를 허가하는 사람이다.
⑥ 구매자(buyers) : 조직에서 실제로 구매선을 선택하고 구매조건에 대해 협상하고 구매를 타결하는 공식적인 권한을 갖고 있는 사람들
⑦ 정보통제자(gatekeepers) : 구매센터로 들어오는 각종 정보나 판매자를 통제할 수 있는 권한을 가진 사람들

따라서, 이상과 같은 구매센터의 역할 구성을 볼 때, 산업재를 판매하고 있는 기업의 마케팅관리자는 다음과 같은 사항의 파악을 염두에 두어야 한다. 첫째, 대상 기업의 구매센터가 어떤 사람으로 구성되어 있는가. 둘째, 각 구성원이 각각 어떤 결정에 관여하고 있으며, 어느 정도의 영향력을 행사하고 있는가, 셋째, 각 구성원이 제품의 평가 시 어떤 기준을 쓰고 있는가 등이다.

2) 합리적인 구매결정

조직구매의 특징 중에서도 가장 두드러진 것은 합리성이다. 의사결정과정의 합리성 여부는 세 가지 관점에서 따져볼 수 있다.

첫째, 의사결정에 필요한 정보를 충분히 수집했으며 수집된 정보는 신뢰할 만한 질을 갖추고 있느냐 하는 시각에서 합리성 여부를 판단한다.

둘째, 의사결정이란 둘 또는 그 이상의 대안 중에서 어느 하나를 선택하는 것인데, 그러기 위해서는 대안들을 평가해야 한다. 그리고 대안을 평가하려면 평가기준이 있어야 함이 당연하다. 이 때 대안평가에 동원한 기준이 경제적이고 객관적인 기준이면 그 의사결정을 합리적인 것으로, 그리고 사용한 기준이 감상적이고 주관적인 기준이면 비합리적인 결정으로 간주해야 한다.

마지막으로, 의사결정과정의 각 단계를 얼마만큼 착실히 경유하여 최종결정에 이르느냐 하는 측면에서 합리성 여부를 따지기도 한다. 즉 구매결정을 하려면 상품 및 점포 등에 대한 정보를 수집하고 이것을 바탕으로 구매할 대안상품과 대안점포를 평가하여 각각에 대한 태도를 형성하게 된다. 그리고 별 다른 여건상의 변화가 없는 한 가장 긍정적인 평가와 태도가 결부된 상표를 선택하고 구매하게 된다. 이 때 모든 단계를 거친 의사결정은 합리적인 결정으로 보고 충동구매와 같이 단계가 생략되거나 모방구매와 같이 다른 사람의 평가에 의존한 결정은 비합리적인 결정으로 본다.

조직에 의한 구매의사결정은 위에 세 가지 관점 중 어느 관점에서 보아도 최종소비자의 구매결정에 비해 합리적이다. 즉 조직은 특정구매에 임해서 대부분의 경우 제품, 공급자, 기타 구매결정에 소요되는 요인에 대한 충분하고 객관적인 정보를 수집하고, 이것을 가지고 대안상품 및 공급자를 정확히 평가하여 선택한다.

3) 전문가에 의한 구매

프로페셔널 판매자 대 아마추어 구매자(professional seller vs. amateur buyer)라는 말은 구매자로서의 소비자의 비전문성과 무기력함을 표현하기 위해서 자주 쓰인다. 구매자로서 소비자는 구매자로서의 기업에 비하면 대부분의 제품에 대해서 아는 것이 별로 없다. 따라서 제품의 질을 평가할 때 그 제품을 제조한 기업의 역사, 명성, 규모에 의존하거나 이것들조차 알 수 없을 때는 그 제품의 가격수준에서 힌트를 구할 만큼 소비자는 비전문적이다.

그러나 구매자로서의 조직은 소비자와는 다르다. 앞에서 지적한 것처럼 조직은 이루어야 할 목표가 있고 그 목표에 도달함에 있어서 효율성을 추구하므로, 최소한의 노력이나 비용을 들여 최대의 효과를 얻으려고 부단히 노력한다. 그리고 조직의 구매는 비용과 제품의 품질에 영향을 끼쳐 궁극적으로 이익의 수준을 결정하기 때문에 구매기능을 소홀히 할 수 없음은 이미 언급한 바와 같다.

따라서 되도록 낮은 값에 가장 이상적인 품질의 제품을 구입하려면 그 상품과 공급자에 대하여 파는 사람 못지않게 깊은 지식을 갖지 않으면 안 된다. 이 때문에 기업은 생산뿐만 아니라 구매의 목적을 위해서도 전문 인력을 고용하고 있다. 때로는 전문 인력을 고용하는 것만으로는 불충분하므로 구매할 제품을 과학적으로 분석할 수 있는 실험설비나 도구가 필요할 때가 있다. 기업은 신제품을 개발하기 위해서도 실험실을 활용하지만 구입할 원료나 부품 등의 성능을 점검하여 전문적이고 합리적인 구매를 뒷받침할 자료를 제공하기 위한 목적으로도 실험설비 및 인력을 동원한다.

4) 직접 구매

산업구매자는 필요로 하는 제품을 대부분 중간상인을 통하지 않고 생산자로부터 직접 구입하는 경향이 있다. 특히 산업재는 보통 소비재에 비해 구매해야 할 제품의 규모가 크고, 가격이 비싸거나 기술적으로 복잡한 경우가 많기 때문에 이러한 특징은 현저하게 나타난다.

5) 파생 수요

산업재에 대한 구매수요는 결국 그 산업재를 다시 활용하여 생산한 최종소비재에 대한 수요에 기인한다. 예를 들면 조선, 중앙, 동아일보와 같은 우리나라 주요 신문사의 경우 신문제작용 종이수요가 발생할 것이다. 그런데 종이에 대한

그림 12-1 ▲
최종소비자를 대상으로 한 산업재의 광고들

수요는 신문사들이 구독자들에게 판매할 수 있는 신문부수에 달려 있다. 그러므로 신문사의 종이에 대한 수요는 독자들의 구독수요에 대한 파생수요라 볼 수 있다. 또한 타이어의 수요는 자동차의 수요에 파생되어 발생한다. 그래서 산업재를 생산하는 기업들이 그들의 직접적인 소비자인 산업소비자를 대상으로 광고를 하지만 때로는 직접소비자가 아닌 최종소비자를 대상으로 광고를 하기도 한다. 이것은 단기적인 판매보다는 장기적인 의미에서의 기업에 대한 좋은 이미지를 심고, 소비재에 대한 판매가 늘어나면 산업재에 대한 수요도 파생되어 증가하기 때문이다.

6) 상호 구매

산업구매자는 서로 각자가 생산한 제품을 판매하고 구매해 주는 경우가 많다. 즉 구매자가 자신이 생산한 제품을 구매해주는 회사로부터 제품을 구입하는 것이다. 예를 들어, 반도체를 전문으로 생산하는 회사가 전자제품 생산업체에 자사의 반도체를 판매하고 나면 그 전자회사로부터 생산된 TV나 VTR과 같은 전자제품을 구매하는 형태를 들 수 있다. 타이어를 생산해서 납품하는 회사는 자동차를 구매할 때 본인들이 납품하는 회사의 자동차를 구매할 것이다.

7) 구매선에 대한 충성도

산업구매자는 개인 소비자들에 비해 그동안 거래해 온 구매선을 좀처럼 바꾸지 않는 경향이 강하다. 이러한 행태가 성행하는 이유는 구매회사로서는 거래선을 잘 파악함으로 인해 거래선 변경에 따른 교체비용을 부담할 필요 없이 주문비용, 정보수집비용 등을 절감할 수 있고 수급사정이 어려울 때 거래선으로부터 우선적으로 제품을 공급받을 수 있는 장점이 있기 때문이다.

8) 시스템적 구매와 판매

대부분의 산업구매자는 그들의 문제를 총체적으로 해결해 줄 대안을 가진 판매자를 찾는다. 이러한 경향은 공장, 레저타운, 공공시설의 건설 등에서 많이 나타나는데 이러한 분야에서 구매자들이 원하는 것은 하나의 시스템인 경우가 많다. 즉 그들이 입찰을 통해 건설업자를 선정하는 행위는 그들의 문제를 종합적으로 해결해 주는 하나의 시스템을 구매하는 것으로 볼 수 있다. 따라서 산업판매자들은 그들 제품의 구매자들의 문제에 대해서 큰 부분에서부터 작은 부분까지 해결해 줄 수 있는 시스템적 판매를 행하고 있다. 외국에 대한 플랜트 수출은 공장의 설계에서부터 건설은 물론 초기 가동까지 책임지는 경우가 많다.

9) 리스 제도의 활용

많은 산업구매자들은 그들이 필요로 하는 설비나 물품을 구매하는 대신 리스(lease)제를 활용하고 있다. 이러한 리스제는 원래 컴퓨터, 건설장비, 공장기계 등 고가의 설비품에 한정되어 있었지만 최근 이와 같은 제도가 고가가 아닌 소형트럭, 의료기기, 기계공구 등 많은 분야로 확산되고 있다. 리스는 주로 생산자와 사용자 사이의 계약이 체결됨으로써 이루어지지만, 때로는 중간상에 의하여 사용자에게 대여해 주는 경우도 있다.

리스제가 활용되고 있는 이유는 금융상의 이유 때문이다. 구매자의 입장에서 본다면 소규모 기업은 제품이 너무 고가이므로 구매를 주저하게 되는 경향이 있고 또한 대규모 기업이라 하더라도 신제품인 경우나 설비품에 대한 필요성이 불확실한 경우, 운전자금을 줄일 필요가 있는 경우에는 리스를 활용한다. 판매자의 입장에서 본다면 판매하는 경우보다 더 많은 수익을 거둘 수 있다.

10) 대량 구매와 저구매 빈도

조직구매자는 일반적으로 구매할 때 소량으로 구매하기보다는 대량으로 구매한다. 조직구매자는 개인이나 가계의 소비를 위하여 구매하는 것이 아니라 소비자를 위하여 제품이나 서비스를 생산할 목적으로 원자재, 부품, 설비, 도구 등을 구매하므로 자연히 많은 수량을 살 수 밖에 없다. 물론 이들은 합리적인 구매자이므로 불필요하게 많은 양을 사들여 과다한 재고유지 비용을 부담하지는 않는다. 오히려 이들은 일정한 기간에 필요로 할 양을 예측하고 여기에 다소의 안전재고를 가산하여 구매량을 산출하는 등 필요 이상의 재고를 갖는 것은 가급적 피한다. 특히 공급자의 신뢰도가 높고 구매할 품목이 시장에 풍성하게 존재하는 경우엔 재고를 과다하게 보유할 필요를 느끼지 않는다.

조직구매자가 1회 구매량을 결정하는 것은 단순히 생산계획을 감안한 소요량에만 근거하는 것은 아니다. 한꺼번에 많은 양을 구입하면 수량할인(quantity discount)의 혜택을 받을 수도 있고 수송비를 절감할 수도 있다. 따라서 주문량을 결정함에 있어서는 이러한 득실요인 모두를 고려하는 것이 상식이다. 그런데 조직구매자가 소비자에 비해 많은 양을 구매한다함은 곧 구매 빈도가 그만큼 빈번하지 않다는 것을 의미한다. 일반적으로 조직구매자는 소비자에 비해 저장설비와 저장관리 능력 면에서 월등하므로 대량으로 구매하는 것이 관례로 되어 있다.

제12장 조직구매자 행동

제 2 절 조직구매자의 행동모델

1 조직구매행동의 일반적 모델

조직구매자의 행동모델은 최종 소비자의 구매행동에서는 볼 수 없는 복잡한 모양을 가진다. 소비자의 행동에 영향을 미치는 요인을 크게 환경요인과 심리적 요인으로 구별할 수 있는데 반하여 조직구매자의 행동에 영향을 미치는 요인으로는 환경적요인과 구매자 개인의 심리적 요인에다가 조직자체의 요인과 구매부서의 구성원 간 요인을 추가하여야 한다. 조직구매자의 행동모델로는 Webster와 Wind모델과 Sheth모델, 교환모델 등이 있다.

1) Webster와 Wind 모델

조직에 의한 구매행동을 묘사하는 모형 중에서 가장 포괄적인 모형은 Webster와 Wind의 조직구매행동모델이다. 〈그림 12-2〉에 나타나 있는 것처럼 조직에 의한 구매는 궁극적으로 개인이 수행하지만 공식조직의 범위 안에서 관련된 다른 구성원과의 교류 하에서 이루어진다. 이 모델은 조직구매행동을 환경적 요인, 조직적 요인, 집단적 요인, 개인적 요인의 4단계로 구분해서 설명하고 있다.

2) Sheth 모델

앞의 모델이 전체적인 구매센터의 의사결정을 강조한 모델이라면 Sheth모델은 개별 조직구매자의 행동에 중점을 둔 모델이다. 이 모델은 비록 형태는 복잡하지만 만약 기본처리과정을 연구하고자 한다면 상당히 유용한 모델이 될 수

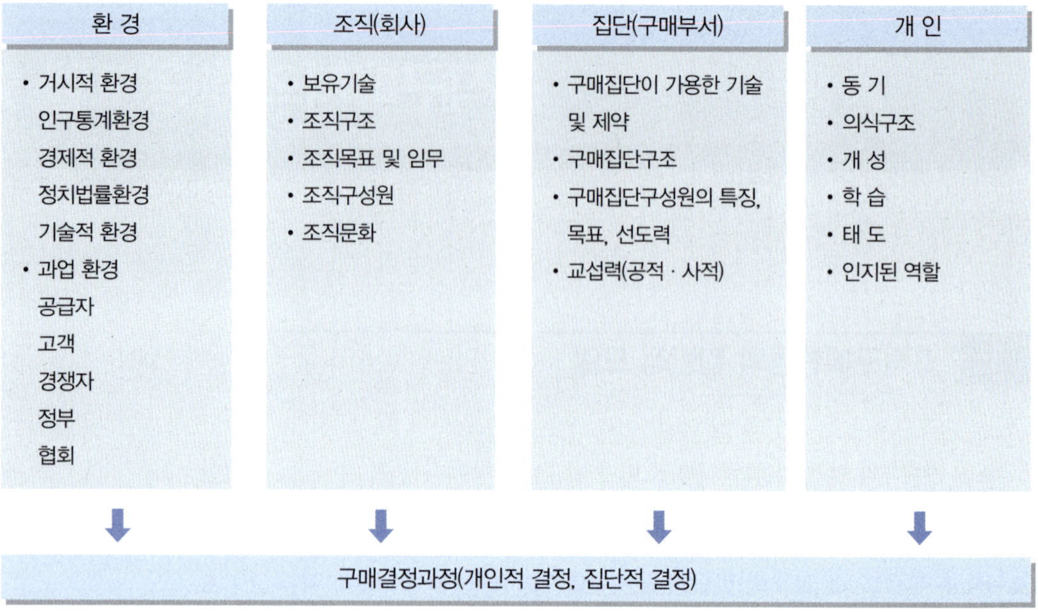

그림 12-2 ▲
Webster와 Wind의 조직구매자 행동모델

있다. 기본적 흐름은 세 가지의 주요 단계를 구성하는데, 그 단계는 첫째, 기대수준, 둘째, 산업재 구매과정, 셋째, 갈등해결이다. 주요 하위단계와 영향력은 각 단계에 (1a), (1b), (1c)등으로 매겨져 있다. Sheth 모델의 강점은 의사결정과정에 참여하는 각 개인의 행동에 영향을 미치는 변수들에 초점을 맞춘 데에 있다.

어느 특정 구매센터 내의 개인들은 구매에 대한 결정을 내릴 때 서로 다른 사실들을 추구하고 있다는 것을 보여주는 연구가 있는데, 예를 들어 기계에 사용되는 특정 부품의 구매에 있어서 구매부서가 가장 중요시 여기는 제품의 특성은 저가와 낮은 운임인데 반하여 기술자는 고품질과 표준화된 디자인을 강조하며, 공장의 생산부서는 내구성, 연료효율, 서비스의 용이성 등을 추구할 수도 있다. 이러한 점이 Sheth모델의 셋째 단계인 갈등해결이 중요한 역할을 담당하고 있는 이유이다. 한 가지 주의할 점은 Sheth모델에서는 판매자가 주요한 역할을 담당하고 있지 못하고 (1b)에서 단지 한 구성원만을 맡고 있을 뿐이라는 것이다.

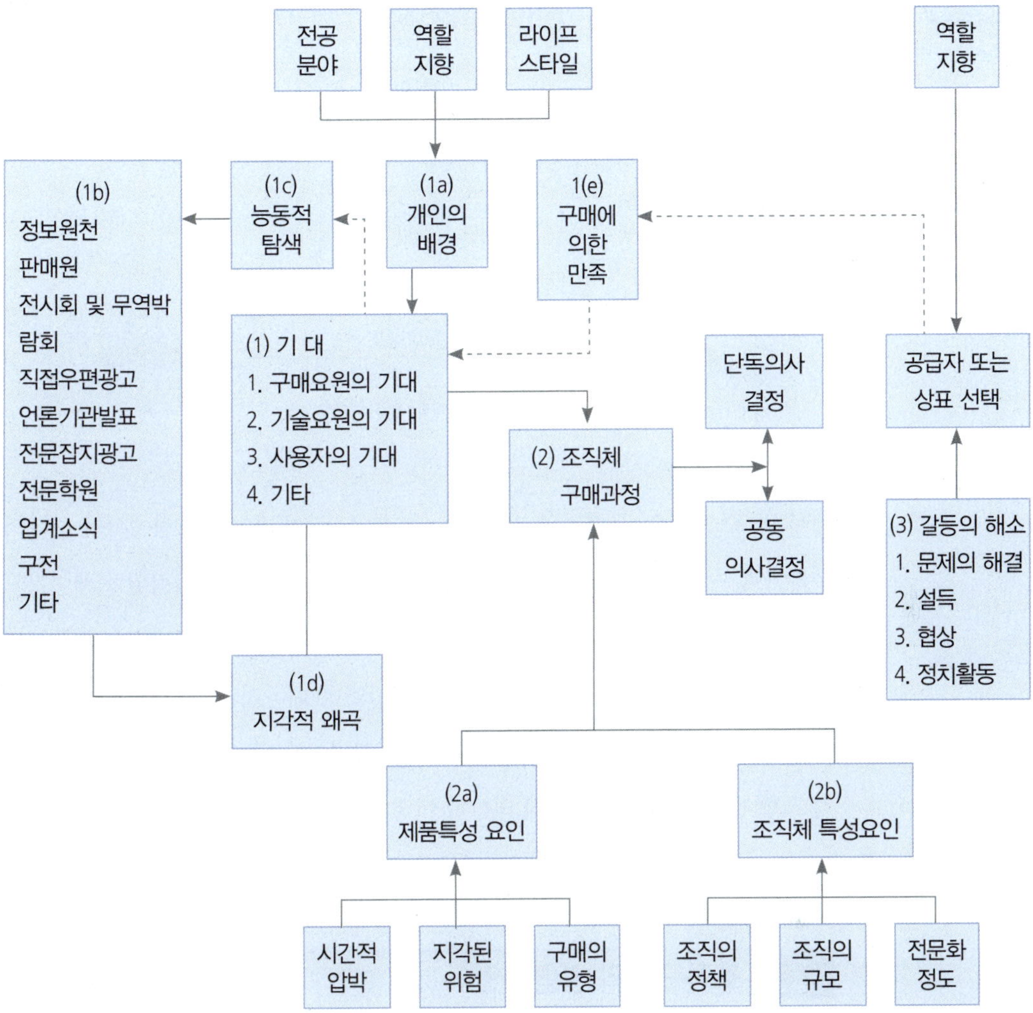

▲ 그림 12-3
Sheth의 조직구매자 행동모델

3) 교환모델

조직구매자 행동에서 판매자의 역할을 더욱 강조한 모델이 바로 Bonoma, Zaltman, Johnston의 교환모델(exchange model)이며 〈그림 12-4〉와 같다. 이 모델은 구매조직과 판매조직 사이에서 발생하는 교환에 중점을 두었다. 교환은 구매자와 판매자 사이에서 발생한다. 개인보다는 하나의 전체 조직을 강조한 이유는 구매과정의 통합부분으로서의 상호관계를 보여줄 수 있기 때문이다. 그림

그림 12-4 ▶
교환모델

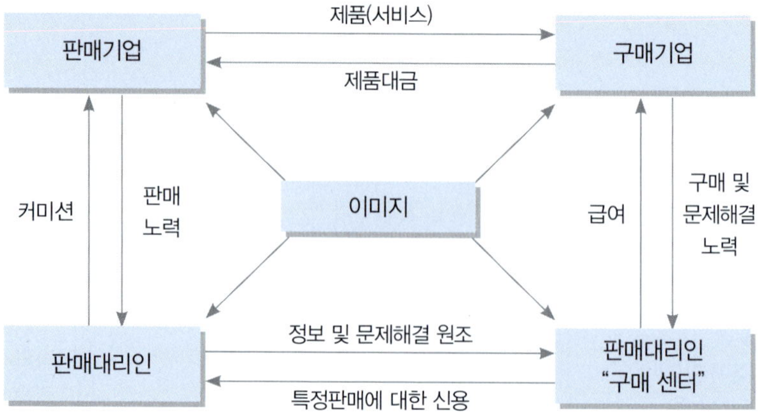

에서 알 수 있듯이 구매자와 판매자는 첫째, 그들 개개인의 조직에서의 하나의 부분이며, 둘째, 그들 사이에서 상호신뢰 및 협조를 모색하는 독립된 실체이기도 하다. 이외에도 그림에서 윗부분의 흐름에 대한 원활한 소통을 위하여 흐름을 조정하기도 하는데 왜냐하면 실제 제품의 운반이나 대금지급은 다른 부서가 맡기 때문이다. 따라서 교환이 일어나는 과정을 살펴봄으로써 거래의 세부사항들이 각 조합 내에서의 다른 요소에 의하여 어떻게 영향을 받는지를 알 수 있다.

2 조직구매의 영향요인

조직구매자가 제품을 구매하는 데는 보통 환경적 요인, 구매조직 자체의 요인, 구매조직 구성원들 간의 요인 그리고 조직구성원 각각의 개인적 요인의 4가지가 주된 영향을 미치고 있다.

1) 환경적 요인

조직구매자들은 그들을 둘러싸고 있는 환경 즉 사회 · 문화적, 정치 · 법률적, 경제적, 기술적, 자연적 환경의 변화에 영향을 받는다. 환경적 요인은 구매의사결정에 간접적으로 그러나 지속적으로 영향을 미치는 거시적 변수와 구매결정과정에 보다 직접적인 관계를 가지고 있는 과업적 변수로 다시 나뉜다. 이들 환경적 변수들은 적어도 다음의 네 가지 측면에서 구매결정과정에 영향을 미친다. 첫째, 환경은 제품과 서비스의 가용성을 결정한다. 둘째, 일반적인 기업여건을 결정하는 것도 이들 환경요인이다. 셋째, 환경변수들은 조직과 개인 사이의 관계를 규제하는 가치관이나 규범을 형성하고 바꾸는 역할을 담당한다. 마지막으로, 환경요인은 조직으로 흘러들어가는 정보의 종류와 양을 결정하기도 한다.

2) 조직적 요인

조직의 구매활동은 그 조직의 목표, 정책, 전략 등에 의해 촉진되기도 하고 제약을 받기도 한다. 그리고 조직이 보유하고 있는 재정적, 기술적, 인적 자원도 그 조직의 구매행동에 중요한 제약요인이 된다. Webster와 Wind는 Leavitt의 모형을 참고로 하여 조직의 구매결정에 영향을 미치는 조직적 요인으로 다음의 네 가지를 규정했다.

- **구매과업**: 구매과업이란 구매의 필요성을 확인하고 그 필요성을 구체화하며, 구매할 제품 또는 서비스의 대안을 발굴 · 평가하고, 공급자를 선정하는 등의 절차와 임무를 말하며 이것들이 개개의 구매결정에 영향을 미친다는 것이다.
- **조직구조**: 조직구조는 의사전달체계, 권한, 지위, 보상, 작업절차 등으로 구성된다. 이 중 의사전달체계는 정보, 지시와 명령, 영향력 행사 및 설득 기능을 수행한다. 권한이란 판단하고 명령하는 힘 또는 과업 및 비과업 차원에서 다른 사람에게 영향을 미칠 수 있는 능력을 의미한다. 지위는 공식 또는 비공식 조직의 계층적 구조를, 그리고 보상체계는 의사결정자 개개인에 대한 반대급부를 말한다.
- **기술**: 기술은 조직의 문제해결을 위한 요인으로서 작업을 조직하고 관리할

목적에 쓰이는 공장, 도구, 기타 프로그램을 의미한다. 어떤 조직이 가지고 있는 기술의 종류와 수준은 그 조직이 구매할 대상물과 구매절차를 어느 정도 결정한다. 즉, 첨단기술을 가지고 있지 못한 기업이 첨단기술 제품을 생산하는 데 소요되는 설비나 원자재를 살 것이라는 것을 기대하기는 어렵다. 뿐만 아니라 기술은 한 조직의 관리 및 정보체계에도 영향을 미친다.

- **조직구성원**: 구매에 참여하는 인력은 독자적으로 구매하는 것이 아니라 조직을 구성하고 있는 다른 구성원들의 영향 아래서 그들의 구매임무를 수행한다. 즉, 구매된 상품의 사용자 및 기타 정보체계를 구성하고 있는 조직구성원들은 끊임없이 직 · 간접으로 구매결정에 영향력을 행사하게 된다.

3) 구성원간 요인

조직구매에 중추적인 역할을 하는 구매센터의 구성원들은 그들의 지위, 권위, 타인에 대한 설득력이 각각 다르다. 특정 제품의 구매에 있어서 가장 연공서열이 높은 사람이 절대적인 영향력을 행사할 수도 있고, 또는 제품의 특성상 기술적, 전문적 지식을 보유한 사람이 더 큰 영향력을 행사할 수도 있다. 이들은 상호간에 영향을 미치면서 구매절차를 밟게 되는데 마케팅관리자는 이러한 구매센터 내 구성원들의 역학관계에 대한 이해를 소홀히 해서는 안된다.

구매센터 안에서 구성원 사이의 교섭현상을 파악하려면 역할의 몇 가지 측면에 대한 이해가 필요하다. 먼저 역할기대(role expectation)라는 측면이 있는데, 이것은 조직구성원 및 구매센터가 특정 직분을 맡고 있는 구매센터 요원으로 하여금 특정한 방법으로 행동하기를 예상하고 바라는 현상이다. 집단구성원은 일반적으로 이러한 역할기대와 일관성 있게 행동하려는 경향이 있다. 둘째, 역할행위(role behavior)란 어떤 역할을 담당하고 있는 사람의 실제행위를 말한다. 마지막으로, 역할관계(role relationship)란 개념이 있는데, 이것은 구매집단 구성원들이 수행하는 역할들 사이의 관계를 말한다. 앞서 말한 것처럼 구매센터를 비롯해서 어떤 집단의 구성원들의 역할이 상호 독립적으로 수행되는 경우란 발견하기 힘들다. 이외에도 구매집단의 활동은 구성원 개개인의 공적 및 사적 감정의 영향을 받는다.

4) 개인적 요인

개인적 요인은 구매센터 구성원 각 개인의 동기, 학습, 지각, 태도 등에 관한 특징을 말한다. 이미 언급한 바와 같이 구매결정과정에 참여하는 각 개인들은 모두 인구통계학적 변수나 심리적 특성에 있어서 다른 경우가 대부분이다. 이들의 학력이나 출신지, 소득, 나이, 성장환경 등이 모두 다르기 때문이다. 따라서 구매센터 내 각 구성원들의 가치관이나 구매성향 등에 맞는 마케팅활동이 필요하다.

제 3 절 조직구매자의 구매유형과 의사결정과정

1 조직구매자의 구매유형

조직구매자는 구매와 관련하여 많은 의사결정에 직면하게 된다. 이때 나타날 수 있는 의사결정의 유형은 구매상황에 따라 단순재구매(straight rebuy), 수정재구매(modified rebuy), 신규구매(new task)의 세 가지로 분류된다.

1) 단순재구매

단순재구매란 일상적인 기준에 따라 별다른 변경 없이 재주문하는 구매상황이다. 자사의 사원들이 사용할 볼펜이나 복사지와 같은 사무용품과 같이 거의 습관적으로 구매하는 상황이 여기에 해당된다. 단순재구매에서는 구매자의 정보탐색이 거의 이루어지지 않으며 과거의 구매에서 만족한 제품을 제공한 공급업자들의 명단을 작성하고 이 중에서 적절한 공급업자를 선택한다.

2) 수정재구매

일상적인 재구매이지만 구매자가 제품명세서와 공급업자들을 변경하는 상황을 수정재구매라 한다. 이 상황은 과거구매로 인하여 제품에 대한 정보를 어느 정도 가지고 있는 구매자가 단순히 반복하여 구매해 왔던 것에 대하여 납품요건이나 가격, 제품명세상의 변화를 추구하고자 할 때 발생한다. 구매자가 제품구입대상으로 고려되는 공급업자는 거래선 유지를 위해 많은 노력을 해야 한다. 한편 대상에서 제외된 공급업자들은 보다 유리한 조건을 제시하는 등의 노력을 통해 단순재구매를 수정재구매로 전환시킬 수 있는 계기를 만들어야 할 것이다.

3) 신규구매

신규구매는 처음으로 산업재를 구매하는 상황을 말한다. 신규구매에서는 공급업자 대안들을 파악하고 적절한 제품명세서를 작성하는데 있어 단순재구매나 수정재구매에 비하여 상당히 많은 정보탐색이 이루어지며 의사결정에 많은 시간이 소요된다. 신규구매 상황은 미래의 재구매를 결정하므로 공급업자들에게는 최대의 기회와 도전이다. 따라서 산업재 판매기업은 중요한 구매요인을 파악하여 신규구매 상황에 있는 구매자에게 제품에 대한 정보를 충분히 제공하도록 노력함으로써 단순재구매자로 전환시킬 수 있도록 해야 한다.

〈그림 12-5〉는 조직구매자가 처하게 되는 구매상황이 그가 획득한 지식의 양에 따라서 어떻게 달라지느냐를 보여주고 있다. 즉 조직구매자가 중요품목을 처음으로 구입하는 경우에는(신규구매), 제품에 대한 지식이 적기 때문에 정보수집을 많이 하게 되고 수집한 정보에 대한 분석도 철저히 한다. 이렇게 구입한 품목을 사용하여 조직구매자는 그 품목에 대해 어느 정도 지식을 갖게 된다. 이럴 때 구매자가 납품요건, 가격, 제품이 스펙(spec) 등을 조금 바꾸고 싶어 할 때 발생하는 상황이 수정재구매이다. 이때의 정보수집, 처리활동의 양은 신규구매의 경우보다 훨씬 적다.

▼ 그림 12-5 조직구매자의 구매유형

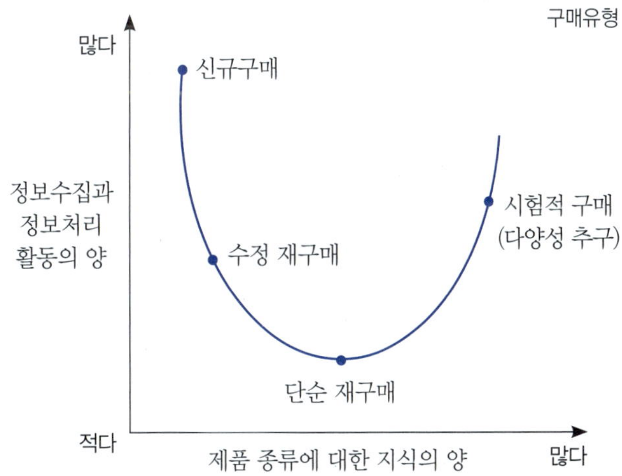

더 나아가 구매자가 같은 제품을 오랫동안 써보고 그 제품에 아주 만족하고 있다면, 그 구매자는 거의 습관적으로 또 같은 제품을 구입할 것이다. 이러한 구매상황을 단순재구매라고 한다. 이때 구매자는 제품을 사기 위하여 들이는 노력을 적게 할 것이다. 또한 고객이 오랫동

안 상품을 써본 다음에 자기의 구매결정을 재검토할 필요성을 느끼는 때가 있을 때 시험적 구매(exploratory purchase)를 하게 될 가능성이 있다. 이는 똑같은 상품을 쓰는 데에 대한 싫증을 낼 수도 있고 새로운 제품이나 개량된 제품이 시장에 출현하여 기존의 상표와 새로 나온 제품들은 견주어 볼 필요성을 느낄지도 모른다. 이러한 상황은 기술변화가 빨리 일어나는 기술집약적 산업재 시장이나 감각기관을 자극하는 소비재시장(소프트 드링크, 식료품 등)에서 많이 발생한다.

이 같은 상황에서 마케팅관리자 입장에서는 다음과 같은 면에 주의를 기울여야 한다.

첫째, 마케팅관리자는 고객의 구매상황이 신규구매에서 수정재구매를 거쳐 단순재구매로 정착이 되도록 유도해야 한다. 고객은 신규구매단계에서 구입한 제품이나 서비스가 자사의 필요를 잘 충족시킨다고 생각하면, 그는 빨리 단순재구매의 단계로 들어설 것이다. 이러한 과정을 촉진시켜주기 위해서 마케팅관리자는 그들의 정보수집활동을 용이하게 해 주어야 한다.

둘째, 마케팅관리자는 가능하면 고객이 어떠한 이유에서건 시험적 구매를 하지 않게 해야 한다. 그 이유는 시험적 구매의 결과 고객이 지속적으로 다른 상표를 사게 될 가능성이 생기기 때문이다. 고객들에게 자사가 공급하는 정보와 자사제품에 대한 신뢰감을 끊임없이 불어 넣는 것이 시험적 구매를 막는 최선의 방법이다.

표 12-1 ▶ 각 구매상황의 특성

구매상황	문제의 새로움	필요한 정보의 양	새로운 대안의 고려
신규구매	높다	많다	중요하다
수정재구매	중간	중간	많이 하지 않는다
단순재구매	낮다	적다	거의 안한다
시험적구매	낮다	많다	중요하다

2 조직구매자의 의사결정과정

〈그림 12-6〉은 산업재 구매 프로세스의 8단계를 보여준다. 신규구매 상황에 직면한 구매자는 보통 구매 프로세스의 모든 과정을 겪는다. 수정 재구매자 혹은 단순 재구매자는 몇몇 단계를 뛰어 넘기도 한다. 우리는 전형적인 신규구매 상황을 가정하여 각 단계를 검토할 것이다. 구매유형에 따라 의사결정에 소요되는 시간, 의사결정에 참여하는 구성원들의 수, 의사결정에 필요한 정보량 등은 달라질 것이다. 만약 처음으로 제품을 구입하는 신규구매의 경우에는 재구매할 때에 비해 보다 긴 의사결정시간을 요할 것이며 상대적으로 많은 인원수의 참여와 폭넓은 정보수집을 필요로 할 것이다. 따라서 〈표 12-2〉처럼 어떤 경우에는 위의 과정을 모두 거치는 경우도 있고, 거치지 않는 경우도 있다.

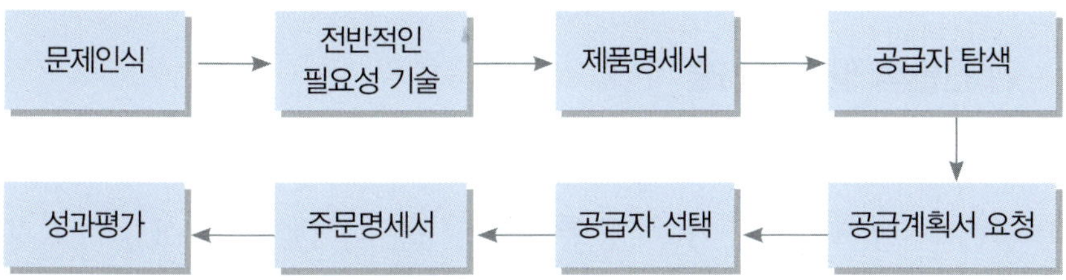

◀ 그림 12-6 산업재 구매의사결정과정

◀ 표 12-2 구매유형과 구매결정단계

구매과정의 단계	구매유형		
	신규구매	수정반복구매	단순반복구매
문제인식	예	가끔	아니오
전반적인 필요성 기술	예	가끔	아니오
제품명세서	예	예	예
공급자 탐색	예	가끔	아니오
공급계획서 요청	예	가끔	아니오
공급자 선택	예	가끔	아니오
주문명세서	예	가끔	아니오
성과평가	예	예	예

1) 문제의 인식

구매 프로세스는 기업의 구성원 중 누군가가 특정 제품이나 서비스를 획득함으로써 해결해야 할 문제나 필요로 하는 문제인식과 함께 시작된다. 문제인식은 내부의 혹은 외부의 자극으로부터 기인한다. 내부적 자극으로, 기업이 새로운 생산 장비나 어떠한 재료가 필요한 신제품 출시를 결정한 경우이다. 혹은 기계가 고장 나서 새 부품이 필요할 수도 있다. 다른 자극요인으로, 구매부서 관리자가 현 공급자의 제품의 질, 서비스, 가격에 대해 불만족을 표현하는 경우를 들 수 있다. 외부적 요인으로는, 구매자가 전시회(trade show)에서 새로운 아이디어를 얻거나, 광고를 보거나, 혹은 더 좋은 제품이나 혹은 낮은 가격을 제공하는 세일즈맨으로부터 제의를 받는 경우이다.

사실 산업재 마케터는 종종 그들의 광고에서 소비자에게 잠재적인 문제를 환기시킨 다음 자신의 제품이 어떻게 그 문제의 해결책을 제공하는지 보여준다.

2) 전반적 필요성 기술

필요를 인식한 후, 구매자는 필요한 아이템의 특징과 수량에 대해서 설명하는 전반적인 필요에 대한 기술서를 준비한다. 표준 아이템인 경우에는 이 과정에서 거의 문제가 발생하지 않지만, 복잡한 아이템인 경우에는 아이템을 결정하기 위하여 구매자는 엔지니어, 사용자, 컨설턴트와 같은 다른 사람과 함께 논의한다. 또한 아이템에 요구되는 신뢰도, 내구성, 가격, 기타 특징에 대한 중요도의 순서를 결정하여야 한다. 이 단계에서, 산업재 마케터는 구매자가 필요로 하는 것을 결정하는 데 도움을 주고, 다양한 제품 특성이 지니고 있는 가치에 대한 정보도 제공해 주어야 한다.

3) 제품명세서

다음 단계로, 구매조직은 아이템의 기술적인 제품 명세서(product specifications)를 만든다. 이때 종종 가치분석 엔지니어링 팀의 도움이 수반하기도 한다.

가치분석은 비용 절감에 대한 접근법인데, 부품이 재설계될 수 있는지, 표준화될 수 있는지, 좀 더 저가의 생산 방법에 의해서 만들어질 수 있는지를 결정하기 위하여 부품을 면밀히 분석하는 기법이다. 이 팀은 가장 좋은 제품 특징을 결정하고 그에 따라 명세서를 만든다. 판매자 역시 새로운 계약을 확보하기 위한 도구로써 가치분석을 사용할 수 있다. 구매자에게 목적을 이룰 수 있는 더 나은 방법을 제시함으로써, 외부 판매자는 단순 재구매 상황을 그들이 새로운 비즈니스를 얻을 수 있는 기회를 주는 신규구매 상황으로 전환시킬 수 있다.

4) 공급자 탐색

이제 구매자는 가장 나은 공급자를 찾기 위해 공급자에 대한 탐색을 실시한다. 구매자는 업계 회원명부(trade directories)를 살펴보고, 인터넷 조사, 혹은 다른 회사로부터 추천을 받기 위해 전화를 함으로써 자료를 수집할 수 있다. 오늘날 공급자를 찾기 위해 인터넷을 사용하는 기업이 점점 더 많아지고 있다. 마케터에게 인터넷은 공평한 경쟁의 장(場)이다. 즉 인터넷은 큰 규모의 공급자에게나 작은 규모의 공급자에게나 같은 이점을 제공한다.

신규구매일수록, 그리고 아이템이 복잡하고 비쌀수록, 구매자가 공급자를 탐색하는 데 걸리는 시간은 길어진다. 공급자는 핵심 명부 리스트에 올라가고, 시장에서 좋은 평판을 쌓아야 할 것이다. 판매원은 공급자 탐색 과정 중에 있는 기업에 대해 촉각을 곤두세우고 자신의 회사가 고려 대상이 되도록 해야 할 것이다.

5) 공급계획서 요청

공급계획서 요청 단계에서 구매자는 일정한 자격을 갖춘 공급자에게 계획서를 제출할 것을 부탁한다. 이러한 요구에 몇몇 공급자는 단지 카탈로그나 판매원을 보낼 것이다. 그러나 아이템이 복잡하거나 고가일 경우에는, 구매자는 각각의 잠정적 공급자에게 자세한 서면 계획서나 공식적인 프리젠테이션을 요청할 것이다.

산업재 마케터는 구매자의 계획서 요청에 부응하는 공급계획서를 작성하기 위하여 조사, 서술, 그리고 발표(presenting)하는 능력을 향상시켜야 한다. 계획서은 마케팅 서류이지 단지 기술적인 서류가 아니다. 프리젠테이션은 신뢰감을 심어주고 경쟁기업에 비해서 우수한 기업으로 인식되도록 해 주어야 한다.

6) 공급자 선택

이 단계에서 구매센터의 구성원은 계획서를 검토하고 공급자를 선택한다. 공급자를 선택하는 동안, 구매센터는 희망하는 공급자의 속성과 속성의 상대적 중요성을 리스트로 만든다. 그 속성은 제품과 서비스의 질, 정시배달, 회사의 도덕적 행동, 정직한 커뮤니케이션, 경쟁적인 가격이다. 구매센터의 구성원은 이러한 속성을 기반으로 공급자를 평가하고 최고의 공급자를 선정한다.

구매자는 선택한 공급자와 더 나은 가격과 조건을 위하여 협상을 시도할 것이다. 결국에 그들은 단 하나의 공급자나 소수의 공급자를 선택한다. 많은 구매자는 한 공급자를 전적으로 의존함으로써 발생할 수 있는 위험을 감소시키기 위하여 몇 명의 공급자를 선택할 수 있고, 시간이 지난 후에도 몇몇의 공급자에게 가격 비교와 성과정보를 받는다. 오늘날의 공급자 개발 관리자는 강력한 공급자 파트너십 네트워크를 만들기 원하는데, 이것은 회사가 고객에게 더 많은 가치를 가져다 줄 수 있게 한다.

7) 주문명세서

이제 구매자는 주문명세서를 준비한다. 주문명세서에는 최종 주문과 선택한 공급자와 기술명세서, 필요한 수량, 원하는 배달시기, 반품 정책, 품질보증 등의 내용이 포함되어야 한다. 유지 보수, 수선, 운영용 품목의 경우 구매자는 주기적인 구매주문보다는 일괄계약을 하는 경향이 있다. 일괄계약은 정해진 시간 내에 정해진 가격으로 구매자가 요구할 때마다 계약품목을 공급해 주는 장기적 관계를 형성한다.

최근 많은 대규모 구매자는 공급사 재고관리를 실행하고 있는데, 이것은 그들의 공급자에게 주문과 재고 책임을 넘기는 시스템이다. 이러한 시스템에서는 구매자는 판매와 재고 정보를 주요 공급자와 직접적으로 공유한다. 공급자는 재고 상태를 감시하고 자동으로 필요한 만큼 보충한다.

8) 성과평가

이 단계에서는, 구매자는 공급자의 성과를 평가한다. 구매자는 사용자와 접촉하여 만족도를 평가할 것이다. 성과평가 단계는 구매자가 공급자와 계약을 계속 유지하거나, 조정하거나, 중단하게 만드는 단계이다. 판매자는 자신이 구매자가 기대하는 만족을 주고 있는지를 확인하기 위하여 구매자가 사용하고 있는 똑같은 요인들을 관리한다.

여러 구매센터의 참여자는 프로세스의 서로 다른 단계에 관여할 것이다. 비록 통상적으로 일정한 구매 프로세스 단계가 있다고 하더라도, 구매자는 동일한 주문을 할 때에도 항상 그 단계를 따르는 것은 아니며 또 다른 단계를 추가할 수도 있다. 구매자는 보통 프로세스의 일정한 단계를 반복하기도 한다. 마지막으로, 고객 관계는 정해진 기간 동안에 진행 중인 구매의 다양한 형태를 포함한다. 즉 구매 프로세스의 각 단계의 모든 것을 포함한다. 판매자는 단지 개별적 구매를 관리하는 것이 아니라, 전체적인 고객관계를 관리해야 한다.

3 전자조달 : 인터넷 구매

과거 몇 년 동안, 정보기술의 발전은 B-to-B 마케팅 프로세스의 외형을 바꾸었다. 최근 들어 온라인 구매(혹은 전자조달(e-procurement))는 급속히 성장하였다. 기업은 여러 가지 방법으로 전자조달을 할 수 있다. 기업은 역경매(reverse auction)방식을 실행할 수도 있는데, 이 방식은 기업이 구매요건을 온라인에

올리고 그 거래에 참여할 공급자를 모으는 것이다. 또는 기업은 온라인 거래시장을 이용할 수 있다. 이 방식은 거래과정을 촉진시키기 위해 여러 기업이 집단적으로 참여하는 것이다. 예를 들어 엑소스타(Exostar)는 하나의 온라인 전자거래 시장인데, 항공산업과 방위산업의 여러 구매자와 판매자를 연결시켜 준다. 엑소스타의 목표는 그 산업의 거래 파트너에게 거래의 효율성을 개선하고 거래비용을 절감고자 하는 데 있다. 엑소스타는 초기에는 항공우주 방위산업의 5개 선도 기업(Boeing, Lockheed Martin, Raytheon, DAE System, Rolls-Royce)간의 협력체로 구성되었으나, 현재 세계 20개국의 300개 이상의 조달시스템과 34,000개의 파트너를 연결해주고 있다.

기업들은 자체 기업 구매사이트를 운영하고, 입찰을 모집하고, 조건을 협상하고, 주문을 한다. GE는 주요 공급자와 엑스트라넷 링크(extranet links)를 만들고 있다. 예를 들어 그들은 델(Dell), 오피스 디포(Office Depot)와 같은 공급자와 직접 조달거래를 형성할 수 있다. 이것을 통해 기업 구매자는 장비, 재료, 부품을 구매할 수 있다.

B-to-B 마케터들은 언제 어디서든지 산업재 고객을 접촉하고 고객관계를 관리할 수 있는 웹사이트, 블로그, 스마트폰 앱에서 유투브(YouTube), 페이스북(Facebook), 링크드인(LinkedIn), 트위터(Twitter) 등과 같은 소셜 네트워크에 이르기까지 광범위한 디지털 및 사회적 마케팅 접근법을 활용한다.

그림 12-7 ▼
엑소스타와
GE 홈페이지

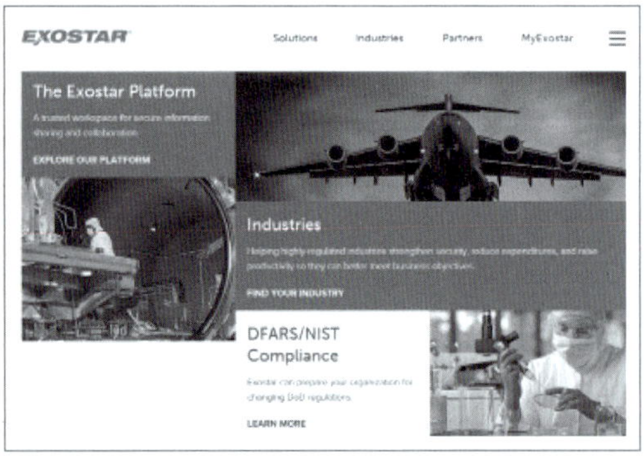

B-to-B 마케터는 사용하기 쉽고 충실하게 설계된 웹 사이트를 만들어 온라인으로 구매하기를 원하는 고객을 도울 수 있다. 예를 들어 B-to-B 매거진은 "10대 B-to-B 웹 사이트"의 하나로 썬 마이크로시스템즈(Sun Microsystems)사이트를 선정했다.

B-to-B 전자조달은 거래 비용을 줄이고, 구매자와 공급자 모두에게 효율적인 구매를 가져다준다. 웹상에서 이루지는(web-powered)구매 프로그램은 전통적인 청구서, 주문 절차와 관련된 문서 업무를 사라지게 하였다. 최근 한 연구는 전자조달이 청구서에서 주문비용까지 평균 58%를 감소시켰음을 밝혔다.

전자조달은 주문과 배달 사이의 시간을 줄인다. 특히 많은 해외 공급자와 거래하는 기업은 많은 시간을 절약할 수 있다. 컴퓨터 기억장치의 선두주자인 아답텍(Adaptec)은 모든 타이완의 칩 공급자를 가상 가족 형태로 하나로 연결하기 위하여 엑스트라넷을 사용하였다. 현재 아답텍(Adaptec)의 메시지는 본사로부터 아시아의 파트너에게까지 순식간에 전달된다. 또한 아답텍은 칩의 주문과 배달 사이의 시간을 최대 16주인 112일에서 55일로 줄였다. 이는 보통 다른 회사가 칩 제조에 소요되는 시간이다.

마지막으로, 비용과 시간 절약을 넘어 전자 조달은 구매자가 좀 더 전략적인 이슈에 집중하도록 자유롭게 한다. 많은 구매 전문가에게 온라인을 이용한다는 것은 단조롭고 고역스러운 일이나 문서 업무를 줄이는 것을 의미하고, 재고를 관리하고 공급자와 창의적으로 일하는데 시간을 더 할애하는 것을 의미한다.

그렇지만, 전자조달 사용이 급속히 퍼짐에 따라 몇 가지 문제가 발생하였다. 예를 들어 웹은 공급자와 고객의 데이터 공유를 가능하게 하고 제품을 설계하는데 서로 협력할 수 있게 하였지만, 동시에 웹은 수십 년 동안 유지되었던 고객과 공급자 관계를 서서히 감소시켰다. 많은 기업들은 더 나은 공급자를 찾기 위하여 웹을 사용하고 있다.

전자구매(E-purchasing)는 또한 보안 재앙을 불러올 수 있다. 비록 전자메일과 홈뱅킹거래가 암호화 프로그램에 의해 보호되고 있지만, 기업이 기밀거래를 완벽하게 수행할 수 있을 만큼의 보안환경은 아직 마련되어 있지 못한 실정이다. 기업들은 해킹방지를 위한 방어전략 연구에 수억 원의 돈을 쓰고 있다. 예를 들어 시스코 시스템즈(Cisco Systems)는 라우터와 방화벽, 그리고 파트너가 엑스트라넷 연결을 보호하기 위하여 반드시 사용해야 되는 절차를 규정한다. 사실 시스코는 여기서 한 발 더 나아간다. 시스코는 자사의 보안 엔지니어를 파트너의 방어시설을 점검하기 위하여 파견하며, 또한 파트너의 컴퓨터에서 기인하는 모든 보안 위반에 대하여 책임을 지게 한다.

제 4 절 기관단체시장 및 정부시장

앞에서는 이윤을 추구하는 기업들의 구매행동에 대해 논의했지만 이 절에서는 기관단체 및 정부조직 시장에서 발견된 특성에 대해 살펴본다.

1 기관단체시장

기관단체시장에는 학교, 병원, 요양원, 교도소 그리고 그들이 보호하고 있는 사람들에게 재화와 서비스를 제공하는 기타 기관단체가 포함된다. 이러한 기관단체는 대부분이 적은 예산과 고정된 단골로 특징지어진다.

예를 들어, 병원은 환자를 위해 구입하는 식품의 질을 결정해야 한다. 식품은 모두 서비스 형태로 환자에게 제공되기 때문에 구매의 목적이 이윤은 아니지만 저질의 음식이 공급되었을 때는 사람들에게 불평을 듣고 그 결과 병원의 명성에 해를 끼치기 때문에 관리를 잘 해야 한다. 따라서 병원의 구매대리인은 기관용 식품 공급업자를 탐색해야 하며, 기관용 식품 공급업자들의 품질은 어떤 최소한의 기준을 충족하거나 초과해야 하고 가격은 저렴해야 한다. 사실상 대부분의 식품 공급업자들은 기관단체 구매자들의 특별한 구매욕구와 특징 때문에 기관단체 구매자에게 판매하는 개별적인 부서를 마련하고 있다.

하인즈(Heinz)는 병원, 대학 및 교도소의 서로 다른 요구조건을 충족시키기 위해 자사의 케첩을 달리 생산 · 포장하고 또한 가격을 정한다. 아라마크(Aramark Corp.)는 국립교도소에 필요한 식품을 공급하게 되었을 때, 자사의 구매관행과 공급체인관리를 재정립하는 적극적인 결과로 경쟁적 우위를 획득하고 있다.

2 정부시장

정부시장의 목적은 사회의 유지 안정에 필요한 바람직한 상품과 서비스를 구매하는 것이다. 정부기관에서는 다양한 여러 가지의 상품을 구매한다. 조달품목이 결정되면 그 다음으로 구매량, 구매처, 지급액 및 기타 추가 서비스에 대한 결정이 이루어지는데 원칙적으로 이러한 서비스는 최소코스트에 입각하여 결정되는 것이 일반적이다.

일반적으로 대부분의 국가에서 정부조직은 재화와 서비스의 주요 구매자이다. 정부조직은 전형적으로 공급업자들에게 입찰에 응하도록 하고 또한 최저가격에 응찰한 기업과 계약을 체결하는데 어떤 경우에 정부단위 부서는 간혹 계약을 체결하기 위해 공급업자 제품의 우위성과 평판을 고려하기도 한다. 또한 정부는 중요한 기술개발비와 위험성이 많은 복잡한 프로젝트의 경우 기본적으로 협상계약(수의계약) 기준에 따라 구매하는데 이런 경우는 자격이 있는 경쟁사들이 많지 않다. 유럽에서 활동하는 다국적기업들의 주요 불만사항은 각국들이 외국기업들이 제조한 우량한 제품 대신에 자국 제품을 편애한다는 것이다.

그림 12-8 ▼ 우리나라 조달청과 나라장터 홈페이지

정부의 지출 결정은 공적인 검토 대상이 되기 때문에 정부조직은 공급업자에게 상당히 많은 서류를 요구한다. 공급업자들은 지나친 서류작성, 관료주의, 불필요한 법규, 의사결정의 지연, 구매요원의 빈번한 인사이동 등에 대해 불평한다. 이처럼 많은 서류를 작성해야 하는데도 왜 기업은 정부와 사업을 하려고 하는가? 그 이유는 정부시장은 매우 크고 결재조건도 좋고 일단 거래가 만족했을 때는 계속 거래하기 때문일 것이다.

기업들이 정부 대행기관에게 최상의 구입방법과 제품 사용방법에 대한 지침을 제공하는 것처럼 정부도 정부에게 판매하는 방법을 설명하는 세밀한 지침을 납품하려는 공급업자에게 제공한다. 적절하게 지침을 따르지 않고 또한 부정적으로 형식과 계약을 이행하면 필시 법적인 제재를 당할 수 있다. 따라서 공급업자들은 그런 시스템을 숙지해야 하며, 복잡한 절차를 간소화할 수 있는 방법을 찾아야 한다.

우리나라 정부기관의 물품을 구매대행하는 조달청에서는 2020년말 기준으로 48조6천2백억원의 물품을 구매하는데 46만7천여개의 기업으로부터 구매하고 있으며 이 중 중소기업이 45만여개가 되고, 경쟁입찰이 82%, 수의계약이 18%를 차지하고 있다.

최근 각국의 정부는 구매를 온라인으로 구매하도록 하고 있다. 이렇게 하기 위해서 웹에 바탕을 둔 디지털 표식 및 전자식 조달카드를 통해 응찰하도록 할 수도 있다. 정부를 대신해서 구매대리인으로 활동하는 여러 정부 대행기관들은 웹에 바탕을 둔 카탈로그를 발행하고 있다. 이러한 카탈로그를 통해서 공인된 대행사들은 온라인 구매를 통해 의료 및 사무용품으로부터 의복에 이르는 모든 것을 구입할 수 있다.

게이트웨이(Gateway), 록웰(Rockwell), 코닥(Kodak), 굿이어(Goodyear)와 같은 기업들은 정부가 바라는 것과 정부 프로젝트를 예상하고 제품규격명세서 작성단계에 참여하며, 경쟁적인 일상정보를 수집하고 신중하게 준비하며, 자사의 명성을 알리고 또한 강력하게 제시할 수 있는 강력한 커뮤니케이션을 조성하고 있다.

연/습/문/제

01 조직구매자의 행동특성은 무엇인지 설명하시오.

02 산업구매자와 정부기관의 구매행동은 어떻게 다른지 설명하시오.

03 산업구매자와 재판매업자의 구매행동은 어떻게 다른지 설명하시오.

04 집단에 의한 구매와 개인에 의한 구매의 차이는 무엇인지 설명하시오.

05 조직구매에 영향을 미치는 요인을 설명하시오.

06 조직구매자의 구매유형에 따라 의사결정단계의 차이를 설명하시오.

07 조직이 직접구매를 선호하는 것이 유통경로에 미치는 영향을 설명하시오.

08 구매센터의 구성원은 어떤 유형이 있고 각기 어떠한 역할을 하는지 설명하시오.

09 기관단체시장에는 어떤 것이 있고 또한 어떤 특성이 있는지 설명하시오.

참 고 문 헌

- Assael, Henry, *Consumer Behavior and Marketing Action*, 3rd ed., PWS–Kent, 1987.
- Ellen Messmer, "Feds Do E–commerce the Hard Way," Network World, April 13, 1998, pp. 31–32.
- Hill, Richard M., Ralph S. Alexander, and James S. Cross, *Industrial Marketing*, Richard D. Irwin, 1975.
- Horton, Raymond L., *Buying Behavior: A Decision-Making Approch*, Charles E. Merrill, 1984.
- Jackson, John H. and Cyil P. Morgan, *Organization Theory; A Macro Perspective for Management*, Prentice–Hall, 1982.
- Joseph P. Cannon and William D. Perreault Jr., "Buyer–Seller Relationships in Business Markets," *Journal of Marketing Research* 36, November 1999, pp. 439–460.
- Kotler, Philip and Gary Armstrong, *Principles of Marketing*(7th ed.), Pearson, 2018.

- Kotler, Philip and Kevin L. Keller, *Marketing Management*(14th ed.), Pearson, 2012.
- Park, C. W. and G. Zaltman, *Marketing Management*, Dryden Press, 1987, p. 198.
- Robinson, Patrick J., Charles W. Faris, and Yoram Wind, *Industrial Buying and Creative Marketing*, Boston: Allyn and Bacon, Inc, 1967.
- Ward, S. and F. E Webster, Jr., "Oranizational Buying Behavior," in *Handbook of Consumer Behavior*, eds., T. S. Robertson and H. H. Kassarjian, Englewood Cliffs, Prentice-Hall.
- Webster, Frederick E, Jr, and Yoram Wind, Organizational *Buying Behavior*, Prentice-Hall, 1972.
- Wilkie, William L., *Consumer Behavior*, 2nd ed., John Wiley & Sons, 1990.
- Zaltman, Gerald and Helanie Wallendorf, *Consumer Behavior*, John Wiley & Sons, 1979.

CHAPTER

13

온라인 소비자행동

1. 온라인 소비자는 누구이고 무엇을 구매하는가?
2. 온라인 소비자의 의사결정과정에 대해 알아본다.
3. 소비자들이 온라인에서 구매하는 이유는 무엇인가?
4. 크로스채널 쇼핑객과 멀티채널 마케팅에 대해 알아본다.
5. 온라인 마케팅 전략은 어떻게 전개되나?

제 1 절 온라인 소비자행동의 이해

디지털 시대가 도래하면서 온라인 시장을 이용하는 고객들이 폭발적으로 증가하고 있다. 이에 따라 전자 상거래 시장규모도 전 세계적으로 확장을 계속하고 있다. 〈그림 13-1〉의 시장조사기관 스태티스타(Statista)에 따르면 2017년 전 세계 전자 상거래 소매기준 판매액은 미화 2조 3천억 달러에 이르며, 2021년에는 매출이 미화 4조 8천 8백억 달러까지 성장할 것으로 전망되고 있다. 이 가운데 아시아는 가장 큰 전자상거래 시장을 형성하고 있다. 중국은 2016년 전 세계 전자상거래 시장의 42%를 차지하며, 규모 면에서 24%를 차지한 미국의 두 배에 해당한다.

이에 따라 기업의 마케터들은 온라인 소비자행동의 이해를 통해 매력적인 온라인 시장 확대를 위해 노력을 해야 할 것이다. 온라인 시장을 이용하는 고객들은

그림 13-1 ▶
전 세계 전자상거래 시장 성장 추이

(단위 : 10억 달러)

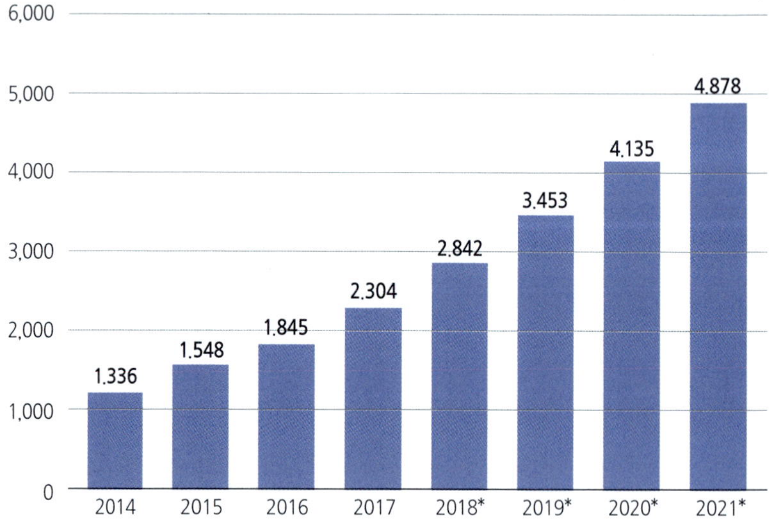

자료 : Statista

주로 누구이고 어떤 제품을 구매하는지, 온라인 시장에서의 소비자들은 어떤 특성을 보이는지 등을 잘 이해해야 마케팅 활동을 성공적으로 수행할 수 있을 것이다.

1 온라인 소비자는 누구인가?

디지털 시대 온라인 소비자는 디지털 기술을 이용해 상품과 서비스를 검색하고 구매하는 사람들이다. 특히, 스마트폰의 보급 덕분에 소비자들은 모바일 간편 결제, 매장 방문 전 구매, 택시 혹은 호텔 예약 같은 서비스 등이 전혀 낯설지 않은 상황이 되었다. 온라인 시대에는 소비자의 관심을 어느 기업이 더 빨리, 더 많이 사로잡느냐가 성공의 지름길이다.

오늘날 소비자는 자신이 원하는 장소와 시간에 원하는 방법으로 구매하기를 원하며, 그에 따라 브랜드는 웹 사이트, 휴대폰, 소셜네트워크, 매장, 그리고 이 모든 터치포인트를 통틀어 일관성 있고 온라인 지원이 가능한 개인 맞춤형 옴니채널 상거래를 경험하고 있다.

일반적으로 온라인 소비자는 남성보다 여성이 많고 일반 대중보다는 교육 수준이 높고 젊고 부유한 층이 많다고 한다. 연간 가계소득이 75,000달러 이상인 경우 온라인 구매가 전체구매의 반을 차지한다고 한다.

또한, AOL과 Insight Now는 '소비자의 온라인 쇼핑 행동을 형성하는 7개의 모멘트'라는 연구보고서에서 소비자들의 온라인 쇼핑 행동 중 66%가 감정에 따른 충동구매이며, 계획구매는 30%밖에 되지 않는 것으로 나타났다. 이러한 배경에는 모바일이 급속도로 빠르게 일상생활의 중심이 되면서 집, 직장, 침대, 화장실 등 어느 장소에서든지 구매가 가능해졌기 때문이라 하였다.

온라인 소비자를 '인터넷을 상품 및 서비스 구매에 어떻게 활용하는가'와 그 정도에 따라 '순수 온라인 소비자(Pure Online Consumer)', '혼합사용소비자(Hybrid Consumer)', '순수 오프라인 소비자(Pure Offline Consumer)로 구분할 수 있다.

순수 온라인 소비자는 '인터넷으로만 정보를 검색하고 인터넷으로만 물건을 구매하는 소비자'를 말하는데 이론적으로는 가능하나 현실적으로는 존재하지 않는 소비자 분류이다.

혼합사용 소비자는 '상품과 서비스 구매에 있어서 온라인과 오프라인을 함께 사용하는 부류'이다.

- **Type 1. 온라인 검색/오프라인 구매 소비자**(Search online / Buy offline)
  인터넷으로 상품과 서비스 정보를 검색하지만 실제 구매는 오프라인에서 하는 소비자
- **Type 2. 상황적 혼합사용 소비자**(Occasion Buyer)
  상황에 따라서 온 · 오프라인 정보검색을 병행하며 구매 역시 상황에 따라 온 · 오프라인 구매를 병행하는 소비자 분류
- **Type 3. 오프라인 검색/온라인 구매 소비자**(Search offline / Buy online)
  정보검색은 오프라인에서 하고 실구매는 온라인을 통해서 하는 소비자 분류

순수 오프라인 소비자는 '정보검색과 구매를 모두 오프라인에서만 하는 소비자 분류'로서 이들은 사실상 혁신의 수용 주기상 지각수용자로서 인터넷 마케팅의 대상에서 제외된다.

이와 같은 분류를 통해 알 수 있듯이 인터넷 마케팅의 대상은 혼합사용 소비자가 되어야 한다. 이 중 Type 2인 상황적 혼합사용 소비자가 핵심 타겟이 되어야 한다. 대부분의 소비자는 이처럼 상황에 따라 온라인 구매와 오프라인 구매를 병행하기 때문이다.

사람들은 비나 눈이 올 경우에 온라인에서 책을 구매하지만 날씨가 좋을 때에는 밖에 나가 오프라인 매장에서 여유 있게 책을 구매한다. 또한, 시간이 없어 매장에 나가 구매를 할 수 없는 직장인의 경우 넥타이를 온라인에서 구매하기도

한다. 그렇지만 양복 구입의 경우에는 시간을 쪼개어 굳이 오프라인 매장에서 구입하는 것을 고집한다. 이는 인지된 위험이 클 경우 온라인 구매 가능성은 줄어들고 오프라인 구매 가능성이 높아지게 된다.

한편, 온라인 소비자의 주요 특성을 살펴보면 다음과 같다.

첫째, 관심도와 참여도(Engagement & Participation)가 증가하고 교육 수준 향상과 '나'에 대한 자신감 증대로 능동적이고 적극적인 태도를 보인다.

둘째, 정보지향(Information-oriented)의 성향을 보이며, 개인화와 맞춤화 가속, 자신의 욕구 표출을 꺼리지 않고 개인적 선호나 기준이 뚜렷해져 개인화된 서비스를 선호한다.

셋째, 관계지향(Relation-oriented)의 성향을 보이는데 커뮤니티와 멤버십 가입을 선호하며, 소비자들끼리 정보를 주고받고 공유하는 것을 즐기는 특성이 있다.

넷째, 고객 주의력 분산(Customer attention diversion) 성향을 보이는데 뉴미디어가 많이 등장하면서 소비자들의 하나의 매체에 대한 자극과 주의력이 떨어지게 된다.

다섯째, 다중직무 수행자(Multi-tasker)의 성향을 보이며, 혁신수용자 증가, 새로운 문화와 제품, 기술에 관심이 많고 정보 공유가 빨라졌으며, 타인의 정보에 영향을 많이 받는다.

2 온라인 소비자는 무엇을 구매하는가?

SAP에서 발표한 '2018 SAP 온라인 소비자 성향 보고서(2018 SAP Consumer Propensity Report)'는 한국을 비롯한 아시아 태평양 지역 8개국(한국, 호주, 싱가포르, 태국, 인도, 일본, 홍콩, 중국)에 각국별로 1,000명식 총 8,000명을 조사한 결과이다.

〈그림 13-2〉의 조사 결과에 따르면 APAC 소비자들이 온라인으로 구매를 많이 하는 상품은 패션(의류, 액세서리, 신발)이 77%이었고 여행(항공권, 호텔, 투어)가 63%, 식료품 및 소비재(욕실 용품, 미용, 애완용품)와 오락체험(콘서트 티켓) 61% 순으로 높았다.

반면, 〈그림 13-3〉에서 한국의 경우는 패션(의류, 액세서리, 신발)이 77%이었고 2위가 식료품 및 소비재(욕실 용품, 미용, 애완용품)이 79%, 디지털 상품이 67% 순으로 나타났다. 한국의 온라인 쇼핑 소비자들은 쇼핑을 할 때 '가격'을 가장 중요하게 고려하고 있었다.

그림 13-2 ▶ APAC 소비자들이 온라인으로 구매하는 상품 유형

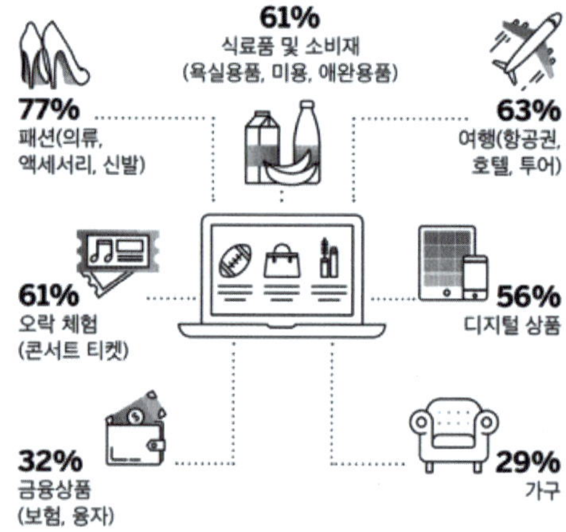

자료 : SAP, "온라인 소비자 성향 보고-아시아 태평양 지역 온라인 구매품목", 2018.

그림 13-3 ▶ 한국 소비자들이 온라인으로 구매하는 상품 유형

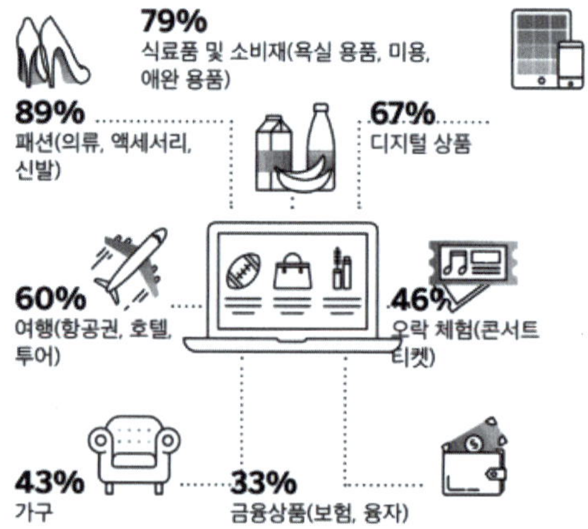

자료 : SAP, "온라인 소비자 성향 보고-아시아 태평양 지역 온라인 구매품목", 2018.

제13장 온라인 소비자행동

제 2 절 온라인 소비자의 의사결정과정

온라인 소비자들의 의사결정과정을 잘 설명할 수 있는 모델이 〈그림 13-4〉의 AISAS모델이다. AIDA(Awareness-Interest-Disire-Action)모델과 AISAS모델의 가장 큰 차이점은 '노출-흥미'의 과정 이후 '검색'의 과정이 들어간다는 점과 실제 구매를 한 후 자신의 결정에 대한 평가를 다른 사람과 공유한다는 점이다.

◀ 그림 13-4
AISAS모델

자료: 유필화, 김용준, 한상만, '현대마케팅론', 박영사, 2012.

1) 검색(Search) – 검색광고(Search Advertising)

디지털 시대 소비자들은 구매의사결정을 할 때 검색을 통해 정보를 습득하는 경우가 많으므로 기업 또한 이에 능동적으로 대처해야 할 것이다. 이 때 기업에서 대처할 수 있는 전략이 바로 검색광고를 활용하는 것이다. 검색광고는 일반적으로 검색엔진을 통해 소비자가 특정 제품군에 대한 검색을 했을 때, 그와 관련된 검색결과를 제시하는 방식이다. 흔히 국내의 대형 포털 사이트나 해외의 검색엔진서비스를 이용할 때 접할 수 있는 광고유형으로, 가장 많은 사람들이 선택한 결과를 제시해주는 방식과 키워드와 가장 유사한 성격의 제품군에 대한 추천을 제시해주는 방식으로 글로벌순위방식(Global Ranking Method)이라 한다.

2) 구매(Action) – 시용(Trial)

일반적으로 기업은 단순히 정보만을 제공하는 것이 아니라 소비자가 구매하기 전 자사의 제품이나 서비스를 직접 체험하게 하는 '시용(Trial)'이벤트를 통해 소비자들에게 자사의 제품을 알리게 된다. 디지털 시대의 방식으로 우리에게 가장 익숙한 방식의 '시용'은 바로 컴퓨터 프로그램을 활용하는 것이다. 과거에는 제품을 직접 구매하기 전까지는 그 제품의 특징을 알아낼 수 없다는 단점이 있었으나, 쉐어웨어(shareware)나 데모(demo)를 통하여 시용해 봄으로써 소비자들에게 직접 체험할 수 있는 기회를 제공하고 있다.

3) 공유(Share) – 입소문 혹은 전파(Word of Mouth, or Word of Mouse)

온라인을 통해 소비자들 정보를 공유, 확산하는 과정이 대중화되면서, 그 어느 때보다 on-line을 통한 정보의 공유와 확산이 중요해지고 있다. 온라인을 통한 입소문은 성별, 연령, 지역의 제약을 받았던 off-line과는 달리 제약이 없이 자유롭게 퍼진다. 오늘날 Facebook, Twitter와 같은 모바일 기반으로 한 소셜 네트워크 서비스의 확산을 통해, 온라인을 통한 입소문은 시간과 장소의 제약이 없이 실시간으로 이루어지고 있으며, 전파력이 높다는 특징을 가지고 있다. 입소문은 온라인 소비자의 유형 중 주로 오피니언 리더(opinion leader)나 혁신적 소비자에 의해 주도적으로 이루어진다고 할 수 있다.

※ 디지털 경제의 등장

디지털 경제(digital economy)의 등장 과정을 산업구조의 발전 단계설을 따라 살펴보면, 〈그림 13-5〉와 같다. 제1단계는 물질에 의존하는 농경사회, 2단계는 에너지에 의존하는 산업사회, 제3단계는 산업사회 이후의 사회 혹은 정보에 의존하는 정보사회, 제4단계는 지식의 가치가 부가가치를 창출하는 지식사회이다.

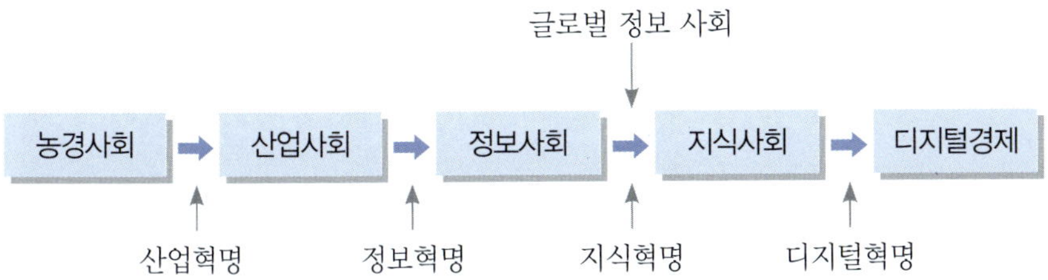

◀ 그림 13-5
산업구조 발달에 따른 사회 변화과정

자료 : 노전표, 디지털마케팅, 북코리아, 2007.

디지털 경제는 '데이터-정보-지식'이라는 일련의 지식 창출 및 순환과정이 효과를 발휘하면서 나타난 것이며, 디지털 경제는 디지털 지식기반 사회를 주도하게 될 것이다. 이러한 디지털 경제의 특징은 다음의 네 가지로 요약해 볼 수 있다.

첫째, 소비자와 생산자 사이의 장애물인 지역, 거리, 시간의 차이가 거의 없어진다.

둘째, 서비스 산업, 특히 금융서비스, 통신, 수송 분야에 글로벌 인프라를 제공한다.

셋째, 정보와 아이디어가 중요시되는 지식 중심의 경제사회이다.

넷째, 전 세계 모든 국가들이 균일한 경제 성장을 이룰 수 있는 기반을 제공한다.

디지털 혁명 이전의 산업 경제와 혁명 이후의 디지털 경제의 동인은 디지털 기술과 인터넷이며, 생산요소는 지식과 정보이다. 기업 경영에서도 전자상거래와 일대일 맞춤형 마케팅이 도입되며, 핵심 산업 분야로는 컴퓨터, 정보통신, 콘텐츠 분야가 될 것이다. 이와 같이 디지털 시대 패러다임 변화에 대한 산업구조의 발전에 따른 디지털 경제에 대한 이해가 선행되어야 디지털 시대의 소비자와 마케팅에 대한 주요 내용을 이해하는 데 많은 도움이 될 것이다.

제13장 온라인_소비자행동

제 3 절 소비자들이 온라인에서 쇼핑하는 이유

소비자들이 일반적으로 온라인을 통해 쇼핑하고 구매하는 여섯 가지 이유로 〈그림 13-6〉에서와 같이 편리성, 선택, 맞춤 주문, 커뮤니케이션, 비용, 통제를 언급할 수 있다.

그림 13-6 ▶ 소비자들이 온라인에서 쇼핑하는 이유

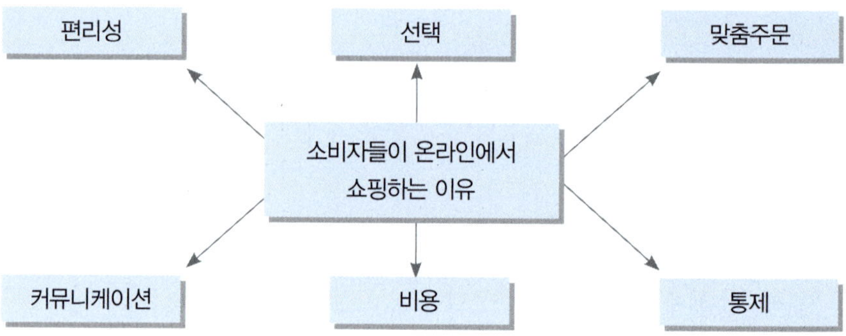

자료 : Kerin, Roger A., Steven W. Hartley and William Rudelius, The Core Marketing, McGraw-Hill, Inc., 2013.

1) 편리성

온라인에서의 쇼핑과 구매는 편리하다는 것이다. 온라인 소비자들은 교통체증, 주차공간 찾기, 매장의 긴 통로 따라 걷기, 계산대에서 줄 서서 기다리기 등의 어려움 없이 월마트 사이트(www.walmart.com)를 방문해서 수천개의 온라인에 진열된 상품들을 신어보고 주문할 수 있다. 또한, 온라인 소비자들은 쇼핑 대리 전자장치인 보트(bot, 특정 작업을 반복 수행하는 프로그램)를 이용하여 웹 사이트를 철저히 찾아 가격과 상품 또는 서비스의 특징들을 비교한다. 어떤 경우에도 온라인 소비자는 결코 상점에 귀찮게 발을 들여 놓을 필요가 없다. 그러나 편리성이 고객가치 창출의 원천으로 남기 위해서는 웹 사이트 위치를 확인하고 돌아다니기 쉬워야 하며 이미지 다운로드가 빨라야만 한다.

2) 선택

온라인으로 소비자들이 쇼핑하고 구매하는 두 번째 이유는 선택인데 여기에는 두 가지 관점이 있다. 첫 번째, 선택은 제품 또는 서비스가 얼마나 다양한가에 달려있다 할 수 있다. 구매자들은 원하는 거의 모든 것은 수많은 웹 사이트에서 찾아 볼 수 있다. 일례로 가전제품 온라인 구매자는 스피커 제조업체 보스(Bose, www.bose.com)와 같은 개별 제조업 큐브이씨(QVC.com)와 같이 10만 개 이상의 제품을 판매하는 대량 판매업체나 TV홈쇼핑 업체에서 쇼핑할 수 있다.

두 번째 관점은 선택지원(choice assistance)이다. 인터넷 기반 기술의 상호작용 능력 덕분에 소비자는 선택을 위한 정보를 얻기 위해 마케터와 전자적인 대화가 가능하다. 선택지원은 자포스닷컴(Zappose.com)의 성공 요인들 중 하나인데 이 회사는 가망고객들이 실시간으로 질문하고 답을 받을 수 있는 온라인 대화방을 제공한다. 세심하게 디자인된 검색 능력 덕분에 소비자들은 브랜드별, 품목별 비교하는 것이 가능하다.

3) 맞춤 주문

맞춤 주문(customization)은 쇼핑객과 구매자들을 위해 매우 상호작용적이고 개별화된 정보와 교환 환경을 가능하게 해준 인터넷 기반 기술 때문에 가능해졌다. 리복, 슈왑, 델, 세븐 사이클의 경우 정보는 다르겠지만 온라인 소비자들은 맞춤 주문으로부터 이익을 얻는다. 맞춤 주문은 제품이나 서비스를 위해서 마케팅과 전반적인 쇼핑과 구매의 상호작용을 개인의 필요에 따라 개별화하는 관행이기도 하다. 맞춤 주문은 소비자에게 적절한 제품을 적절한 시간에 적절한 가격으로 제공하는 것 이상으로 초이스 보드와 개별 주문형 시스템을 결합하여 거래를 뛰어넘어 교환 환경을 확장시키고 쇼핑과 구매라는 것을 즐길 만한 개인적 체험으로 만들었다.

4) 커뮤니케이션

온라인 소비자들은 인터넷 기반의 커뮤니케이션을 많이 활용한다. 커뮤니케이션은 3가지의 형태를 가질 수 있는데 ① 마케터가 소비자에게 이메일 공지, ② 소비자가 마케터에게 구매와 서비스 요청, ③ 소비자와 소비자 간 대화방과 인스턴트 메시지(Instant Message, 실시간 문자통신)에 더하여 트위터, 마이스페이스(Myspace), 페이스북과 같은 소셜네트워크 웹 사이트를 이용한다.

인터넷 기반 기술의 상호작용 커뮤니케이션 역량으로 소비자는 편리성이 증가되었고 정보 탐색 비용이 감소되었고 선택지원과 맞춤 주문이 가능해졌다. 커뮤니케이션은 또한 기업 주도의 독립적인 웹 커뮤니티의 구축을 촉진시키는데 웹 커뮤니티는 사람들을 온라인에 끌어 모으고 공통 관심사에 대한 견해를 교환하는 웹 사이트이다. 예를 들어 코카콜라는 마이코크닷컴(Mycoke.com)을 호스트하고 있고 아이빌리지닷컴(iVillege.com)은 여성들을 위한 독립 웹 커뮤니티로서 경력관리, 개인 재무, 육아, 연인관계, 미용, 건강과 같은 주체를 다룬다.

블로그(biog)는 개인 또는 조직을 위한 개인 저널의 역할을 하는 공개적으로 접근 가능한 웹 페이지이다. 블로그는 정치에서부터 자동차 수리에 이르는 다양한 범위의 주제들에 대하여 온라인 포럼을 제공하기 때문에 인기가 있다. HP(Hewlett-Packard), 프리토레이(Frito-Lay), 할리데이비슨(Harley-Davidson)과 같은 기업들은 소비자들의 식견을 수집하기 위해 주기적으로 블로그를 모니터한다. 반면에, 커뮤니케이션은 스팸(spam)이라고 불리는 쓰레기 전자메일이나 원치 않는 이메일의 형태를 띨 수도 있다.

인터넷 기반 커뮤니케이션은 버즈(buzz), 즉 온라인에서의 입소문 행위를 가능하게 한다. 버즈는 장난감, 자동차, 스포츠용품, 영화, 의류, 가전제품, 약품, 건강과 미용 제품, 그리고 의료서비스에 영향을 미친다. 일부 마케터들은 바이럴 마케팅(viral marketing)을 통해 버즈를 만들어 입소문 현상을 이용해 왔다. 바이럴마케팅은 마케터 주도 메시지를 이메일 통해 다른 사람들에게 전달하도록 장려하는 인터넷 기반 촉진전략이다.

마케터들은 또한 웹 사이트 콘텐츠를 설득력 있게 만들어 사용자가 다른 사람과 공유하게 한다. 이베이(eBay)는 웹 사이트 방문자의 절반 이상이 다른 방문자들의 추천에 의해 방문한다고 발표했다. 마케터들은 추천에 대해 인센티브(할인, 경품, 무료 제품)를 제공하기도 한다.

5) 비용

온라인을 통해 구매하는 많은 인기 품목들은 비용이 소매점들과 동일하거나 더 저렴한 가격에 구매할 수 있어서 온라인 쇼핑을 이용한다. 저가격은 다이나믹 가격정책을 가능하게 하는 인터넷 기반 이용 소프트웨어 덕분인데, 다이나믹(Dynamic) 가격정책은 공급과 수요 상황에 대응하여 실시간으로 제품과 서비스 가격을 변화시키는 가격정책이다. 다이나믹 가격책정은 유연 가격정책 일종으로 가격을 낮출 수 있다. 다이나믹 가격정책은 일반적으로 항공좌석과 같이 시간에 민감한 제품, 예술품이나 수집품 경매에서 찾을 수 있는 희소 제품, 지난 모델 컴퓨터 장비 및 부속장치 같은 구형 제품들의 가격을 책정하기 위해서 사용된다.

시간 소요와 쇼핑의 번거로움 등 외적 정보 탐색에 수반되는 소비자 비용 또한 감소된다. 쇼핑 편리성과 외적 탐색 비용 감소는 여성들(특히 직장에 다니는 여성) 사이에서 온라인 쇼핑과 구매 시 인기가 있는 두 가지 주요한 이유이다.

6) 통제

소비자들이 온라인을 통한 구매를 선호하는 이유로 소비자들이 쇼핑과 구매 의사결정을 하는 과정에서 그들에게 주어진 상황을 통제할 수 있는 능력이다. 온라인 쇼핑객들과 구매자들은 권한이 주어진 소비자들이다. 그들은 인터넷 정보기술을 능숙하게 사용하여 원하는 시간, 방식, 조건에서 정보를 찾고 대안들을 평가하고 구매결정을 내린다.

쇼핑객들은 자동차 매장에 발을 들여놓기 전에 온라인으로 자동차에 대한 정보를 5시간 정도 찾아본다는 연구가 있다. 이 활동의 결과로 소비자들은 더 많은 정보를 갖게 되고 쇼핑객은 더 많은 안목을 갖추게 된다는 것이다.

쿠키(cookies)는 마케터가 자사의 웹 사이트를 방문하는 온라인 쇼핑객의 컴퓨터와 휴대폰에서 다운로드 할 수 있는 컴퓨터 파일이다. 쿠키는 마케터의 웹 사이트에 사용자의 방문을 기록하고 다른 웹 사이트로의 방문을 추적할 수 있게 하고 이 정보들을 저장하고 나중에 인출하여 사용할 수 있게 한다. 쿠키에는 제품 선호도, 개인자료, 패스워드, 신용카드 번호를 포함한 재무 정보와 같은 방문객 정보들이 들어 있다. 쿠키를 활용하면 온라인 쇼핑객들에게 개개인의 요구에 맞춘 그리고 개인이 원하는 콘텐츠를 만드는 것이 가능하다.

제 4 절 크로스 채널 쇼핑객과 멀티채널 마케팅

온라인 소비자들은 실제 온라인에서 구매하기 보다는 둘러보기를 많이 한다. 오프라인 시장에서의 쇼핑객도 사전에 먼저 온라인 시장 공간에서 둘러보고 오프라인 시장에 가서 구매하는 크로스 채널 쇼핑객들이 많아 멀티채널 마케팅(Multi-channel Marketing)이 중요해졌다.

1) 크로스 채널 쇼핑객

크로스 채널 쇼핑객(cross-channel shopper)은 온라인으로 제품을 탐색한 후에 소매점에서 구매하는 온라인 소비자들이다. 미국 온라인 소비자의 51%가 크로스 채널 쇼핑객이라고 한다. 나이는 온라인 소비자들이 평균보다 다소 적으며, 크로스채널 쇼핑을 하지 않는 온라인 소비자들보다 교육수준이 높고 수입이 많으며, IT기술에 대한 수용도가 높은 편으로 알려져 있다.

크로스 채널 쇼핑객은 적절한 제품을 적절한 가격에 원하며, 배달되는데 며칠 걸리는 것을 참지 못한다. 크로스 채널 쇼핑객들은 상점에서 구매하기 전에 온라인으로 검색하는 가장 큰 이유는 ① 여러 소매상들의 제품들을 비교하려는 욕구, ② 상점에서 얻을 수 있는 정보보다 더 많은 정보에 대한 필요성, ③ 여러 장소를 돌아다니지 않고 대안들을 비교할 수 있는 편리함 등이다.

2) 멀티채널 마케팅의 실행

크로스 채널 쇼핑객들의 중요성 때문에 멀티채널 마케팅에 상당한 관심이 집중된다. 멀티채널 마케팅(Multi-channel Marketing)은 전통적인 오프라인 시장과 온라인 시장에서 쇼핑과 구매를 하는 즉 크로스채널 쇼핑객을 끌어모으고 유지하고 관계를 구축하는데 작용하는 다양한 커뮤니케이션 경로 및 유통경로들을 융합하는 것이다.

가장 일반적인 크로스 채널 쇼핑 경로는 한 개 또는 몇 개의 웹 사이트에서 둘러보고 난 후 소매점에서 구매하는 것이다. 웹 사이트는 의도된 목적에 따라 ① 거래 목적(transaction) 웹 사이트, ② 홍보목적(promotion) 웹 사이트로 활용된다.

(1) 거래목적 웹 사이트에서의 멀티채널 마케팅

거래목적 웹 사이트는 기본적으로 전자거래의 최전방에 있다. 이 사이트는 온라인에서 둘러보는 사람들을 온라인 구매자, 카탈로그 구매자, 점포 방문 구매자로 만드는 것에 초점을 맞춘다. 일반적으로 점포, 카탈로그 소매상, 터퍼웨어(Tupperware)와 같은 직접 판매 기업의 웹 사이트들이 거래목적 웹 사이트에 속한다.

제조업체들은 소매상들과 협력하여 거래 목적 사이트를 사용한다. 예를 들어, 캘러웨이골프는 골프용품을 웹 사이트(www.callawaygolf.com)에서 마케팅하고 주문을 받지만 실제 처리는 구매가 가까이에 있는 소매상들에 의존한다. 주문 내역을 넘겨 받은 소매상은 24시간 이내에 주문품을 발송하고 매출을 올린다.

(2) 홍보목적 웹 사이트에서의 멀티채널 마케팅

홍보목적 웹 사이트들은 기업의 제품과 서비스를 광고하고 홍보하며, 사용하는 방법과 구매하는 장소에 대한 정보를 제공한다. 방문자들에게 상품으로 전자쿠폰이나 다양한 기프트를 제공하여 게임, 콘테스트, 퀴즈를 포함하는 상호작용 체험에 참여하게 한다.

프록터앤겜블(Procter & Gamble)은 멀티채널 마케팅 사례로 프링글스 감자칩(www.pringles.com), 스코프 구강청결제(www.getclose.com), 팸퍼스 기저귀

◀ 그림 13-7
멀티채널 마케팅 사례

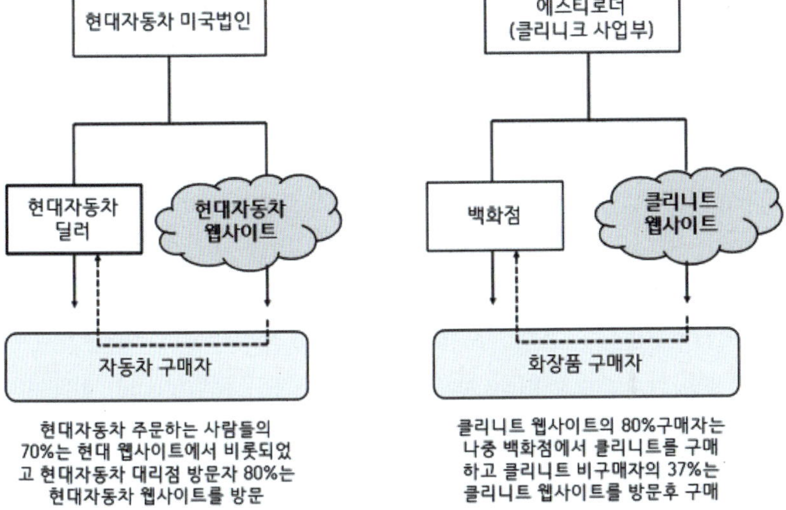

자료 : 김성영 · 임채운 · 이진용 · 채명수 · 최인혁, 핵심마케팅, 생능출판사, 2013.

(www.pampers.com) 등 대표적인 브랜드를 위한 독립된 웹 사이트들을 운영한다. 홍보목적 웹 사이트들은 기업의 전통적인 마케팅 채널을 지원하고 고객관리를 구축한다.

〈그림 13-7〉은 멀티채널 마케팅 사례로 현대자동차 미국법인은 처음 현대자동차 대리점을 방문한 사람들의 80%는 현대 브랜드의 웹 사이트(www.hyundaiusa.com)를 먼저 방문하고 주문 요청의 70%는 현대의 웹 사이트에서 비롯된다고 보고한다.

제13장 온라인_소비자행동

제 5 절 온라인 마케팅 전략

21세기 패러다임의 키워드 온라인 마케팅에서 6C전략은 흔히 고객 접점 이후의 마케팅 믹스(Front-office marketing Mix), 또는 포털(Portal) 전략이라고 한다. 〈그림 13-8〉은 6가지의 전략이 온라인 마케팅에서 핵심이라 할 수 있다. 여기서 말하는 6C에는 지식과 정보전략(Contents Strategy), 고객맞춤 전략(Customization Strategy), 공동체운영 전략(Community Strategy), 의사소통 전략(Communication Strategy), 거래형성 전략(Commerce Strategy), 관계확장 전략(Connection Strategy)을 말한다.

그림 13-8 ▶ 온라인 마케팅 전략(6C전략)

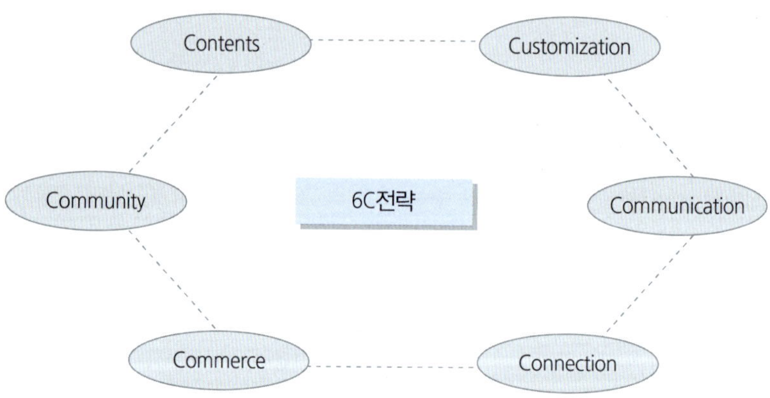

자료 : 노규성 외, 빅데이터시대의 전자상거래, 생능, 2015.

1) 지식과 정보전략(Contents Strategy)

웹 사이트에서 콘텐츠는 가장 핵심적인 역할을 한다. 콘텐츠는 고객에게 전달하고자 하는 정보와 내용을 웹 형태의 기술적 요소와 결합시킨 것이다. 성공적인 사이트는 한결 같이 좋은 내용으로 이루어져 있다. 성공 사이트의 여러 가지 요인(예를 들어, 커뮤니티, 콘텐츠, 무료메일 제공)중에서 대표적으로 꼽을 수 있는 것이 바로 우수한 콘텐츠를 꼽을 수 있다.

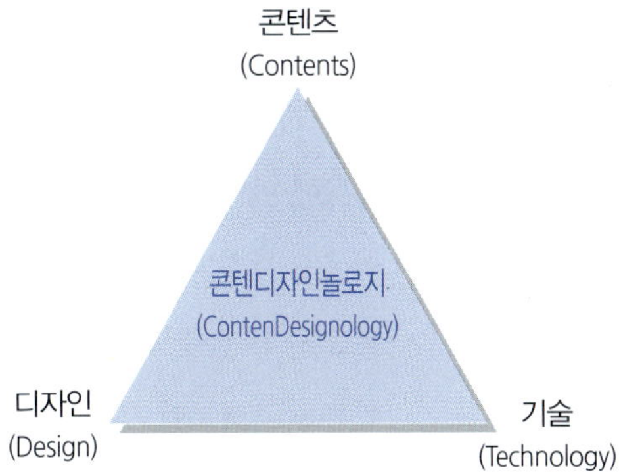

자료 : 노규성 외, 빅데이터시대의 전자상거래, 생능, 2015.

▲ 그림 13-9 콘텐디자이놀로지의 구성요소

모든 텍스트와 멀티미디어적 형태가 콘텐츠가 될 수 있다. 콘텐츠를 기술적인 측면과 정보 구성적인 측면에 초점을 맞추면 3가지 요소로 나눌 수 있다. 홈페이지를 제작한다는 말은 디자인적인 측면이 강조된 뉘앙스를 풍기며, 웹 사이트를 구축한다는 말은 기술적인 색채가 강해 보인다. '콘텐츠'라 함은, '정보의 내용과 홈페이지의 디자인과 상호작용을 뒷받침해 줄 수 있는 기술로' 구성된다.

이를 조합하여 콘텐디자이놀로지(ContenDesignology)라고 하는데, 이것은 좋은 콘텐츠란 이들 3가지 요소를 적절히 조화시켜 구성해야 한다는 것을 의미한다.

콘텐츠의 내용적인 측면에서 접근했을 때, 이러한 콘텐츠는 멀티미디어를 기반으로 하며, 인간의 지적 창의성을 반드시 포함하고 있어야 한다. 엄밀하게 이야기를 하면 콘텐츠는 소프트웨어와 구분할 필요가 있다.

소프트웨어는 인간의 지적 창의성을 지원해 주는 애플리케이션으로서의 성격이 강하며, 이를 통해 창조되는 지적 창의물을 콘텐츠로 이해하여야 한다. 특히 인터넷 콘텐츠는 '인터랙티브'를 반드시 포함하고 있어야 하는데, 이것은 매스미디어와 인터넷을 구분하는 가장 중요한 경계점이다. 기업은 개별적인 고객과 상호작용을 할 수 있도록 잘 설계된 콘텐츠를 제공함으로써 고객과의 관계를 창출하고 유지할 수 있도록 하여야 한다.

2) 고객맞춤 전략(Customization Strategy)

고객 맞춤화는 사용자들 개개인에게 맞게 사이트가 맞춰지거나 사용자들의 용도에 맞게 맞추어지는 것을 말한다. 즉, 고객 개개인의 특성을 파악하고 각 개인에게 특화된 상품이나 서비스 정보를 제공하는 것을 말한다. 온라인 마케팅의 중요한 특성 중 하나는 일대일 관계 마케팅을 형성할 수 있다. 이 때 로그파일의 기록을 분석하면 시장조사가 자동적으로 이루어지기 때문에 개인 사용자의 요구에 맞추어 업무를 효율적으로 처리하기 위하여 사이트를 사용자나 조직에 맞추어 디자인할 수 있다.

고객 맞춤화가 사용자에 의해서 디자인되면 개인화(personalization)라고 하고, 사이트 운영자에 의해 설계되면 맞춤화(tailoring)라고 한다.

- **개인화:** 일부 웹 사이트들은 사용자들이 자신의 취향에 따라 콘텐츠를 선택하거나 개인화된 다양한 툴을 사양으로 선택하도록 하고 있다. 사용자의 개인적인 선호가 사용자에 의해 입력되고 저장되면, 그 사이트는 사용자의 로그인 등록정보나 쿠키를 이용하여 고객이 재방문하였을 때 사용자의 등록정보에 따른 선호도에 맞춰 구성하는 것이 특징이다.
- **맞춤화:** 일부 웹 사이트들은 인터페이스 소프트웨어를 통하여 특정 이용자들의 관심이나 습관 및 욕구를 더욱 적절하고 더 작 파악하기 위해 사이트를 구현하고 있다. 보다 발전된 엔진의 경우, 이용자가 관심을 보이거나 찾을 것 같은 제품정보 및 콘텐츠를 추천하기도 한다.

결국 온라인 마케팅에서는 데이터베이스의 분류와 분석을 통하여 회원 개개인의 특성을 파악하고 각 개인에게 특화된 상품 및 서비스의 정보를 제공하는 것이다. 소비자를 성별, 연령, 직업, 학력 등의 인구통계학적인 프로필과 좋아하는 제품, 브랜드, 성격 등의 소비심리학적인 프로필로 세분화한 일대일(One to One) 마케팅이 바로 대표적인 고객화 전략이다.

3) 공동체운영 전략(Community Strategy)

커뮤니티는 공동체를 뜻하는 것으로 인터넷 커뮤니티는 인터넷 공간에서 활동하는 공동체 전반을 가리킨다. 단순 교제, 매니아, 필요에 의한 모임, 공통의 관심사가 커뮤니티는 형성하는 요인이다. 이때 커뮤니티에 관련된 멤버들은 소속감과 공통의 관심사를 갖게 된다. 커뮤니티는 클럽, 매니아 커뮤니티, 카페 등의 형태로 나타난다. 가장 많은 형태는 동호회이다.

커뮤니티는 사이트 방문자 증가와 사이트 발전에 중요한 역할을 한다. 인터넷에서는 이런 동질성을 가진 모임은 쉽게 활성화되기 때문이다. 실제로 커뮤니티에 소속된 구성원들은 사이트에 충성도가 매우 높고 전문적이다. 사이트 내에서 가장 활발하게 활동을 하게 된다. 자체적으로 많은 자료를 만들어 낼 수 있다.

마케팅에서 커뮤니티의 형성은 중요한 의미가 있다. 커뮤니티를 통해 기업은 소비자 정보를 수집하거나 신제품에 대한 의견을 수렴할 수 있고 소비자를 기업의 마케팅 과정에 참여시킴으로써 기업 혹은 제품에 대한 충성심을 고취시킬 수 있다. 이러한 모임은 동질성을 갖기 때문에 쉽게 활성화되게 된다.

커뮤니티는 다음과 같은 몇 가지 특성을 지니고 있다. 네티즌들은 맞춤형 정보를 원하고, 자신에게 맞지 않는 정보나 광고에는 거부감을 보인다. 그러나 한편으로는 관심 영역과 동질적 집단에 대한 소속감과 공유의식을 느끼고 싶은 욕구를 사이버 공간에서 표출한다. 네티즌들의 개인화 성향은 전자우편을 통해 충족시켜주고, 커뮤니티 성향은 뉴스그룹, 채팅, 사설 게시판(BBS) 등을 통해 충족시켜 줄 수 있다.

커뮤니티는 익명성이 강하고 비대면성이기 때문에 무책임한 루머의 남발, 저질스런 언어구사, 사이버폭력 등 심각한 사회문제가 야기되기도 하지만, 커뮤니티에서 신뢰감이 형성된다면 실제 공동체보다 더 나은 비즈니스 기회를 포착할 수 있다.

친목회, 동창회 등 기존의 공동체는 공간적 제약을 받는 동기성(synchronous)때문에 한 장소에 모여 서로의 관심사에 대해 대화하고 일정한 시간이 지나면 헤어진다. 한편, 커뮤니티는 동기성과 비동기성을 함께 지니고 있다. 커뮤니티에서 동기성을 지원하는 도구로서는 채팅과 메신저 등이 있고, 비동기성을 지원하는 도구는 웹 게시판, 뉴스그룹, 전자우편 등이 있다. 이러한 커뮤니티는 많은 귀중한 정보를 만들어 낼 수 있어서 마케팅 활동에 필요한 아이디어가 수집되는 통로가 되기도 한다.

4) 의사소통 전략(Communication Strategy)

온라인 마케팅의 특징 중 하나는 쌍방향성이 뛰어나다는 것이다. 즉, 일방적인 전달이 아니라 한사람 한사람과 개별적인 커뮤니케이션이 가능하다는 것이다. 개인별 상담과 질문에 대한 응답, 이메일을 통한 답변 등 방문자 한 사람 한 사람과 커뮤니케이션이 가능하다. 방문자와의 원활한 의사소통은 사이트를 활성화하는 데 매우 중요한 요소가 된다.

커뮤니케이션이란 웹 사이트와 이용자들 간의 혹은 이용자들과 기업 간의 대화의 소통뿐 아니라 각종 정보의 교환을 의미한다. 이러한 커뮤니케이션은 기업 대 이용자 또는 이용자 대 이용자의 두 가지 형태를 취할 수 있다.

- 기업 대 이용자(방송형): 기업 대 이용자 의사소통은 기업으로부터 이용자에게 일방적으로 전달되는 정보교환이다. 정보의 이러한 일방적인 의사전달에는 기업에 보내는 반응을 위한 메커니즘을 제공하지 않고 있다. 일반적으로 웹 사이트와 이용자들 간의 일 대 다수의 관계이다.
- 양방향 이용자 대 이용자(대화형): 대화형 커뮤니케이션은 전자상거래 대화의 일부로 쓰이는 경우가 많으며 주문배치, 추적 및 주문 완료에 관한 정보제공을 정기적으로 취하게 된다. 또한, 다른 양방향 커뮤니케이션은 이용자 입력정보가 사이트에 반영될 때, 관심 분야의 주제에 대한 이용자가 작성한 기사와 공급업자들에 대한 평가 및 피드백이 여기에 해당된다.

온라인 마케팅은 정보통신기술을 기반으로 하기 때문에 고객과의 효율적인 커뮤니케이션을 수행하기 위해 다양한 기술과 도구를 적절히 활용하는 것이 필요하다. 예를 들어, 무료 전자우편 계정, 채팅방, 인스턴트메시징 서비스, 검색엔진, 이동통신과 연동 등이다. 특히, 인터넷이 가지는 커뮤니케이션 구조는 일대다뿐만 아니라 일대일, 다대다 커뮤니케이션을 모두 소화할 수 있다.

5) 거래형성 전략(Commerce Strategy)

궁극적으로 전자상거래에서 추구하는 것은 수익성이다. 온라인 마케팅에서의 수익성은 일반적으로 상품 판매, 정보 및 서비스 이용료, 회비, 중개수수료, 광고료, 각종 협찬 등에 의해서 얻어지고 있으며 그 외에도 여러 가지 방법들이 사용되고 제기되고 있다. 상업 사이트는 수익을 목적으로 운영된다. 직접 수익을 내거나 회사의 수익성을 높이는 것이 가장 중요한 운영의 목적이다.

기업의 상거래 역량은 거래 처리의 다양한 측면을 지원할 수 있도록 작성된 고객 인터페이스의 형태를 말한다. 즉, 배송정보와 더불어 전형적인 쇼핑 바구니 사양을 보유해야 한다. 상품의 전체 가격과 부가적 서비스, 세금, 배송비용 및 합계를 요약된 형태로 제시하여야 한다.

사이트가 전자상거래 능력을 갖추기 위해서는 이와 같은 많은 사양들이 존재하여야 한다. 그렇지만 최근 웹상에서의 정보 유출이 심각한 사회적 문제로 대두되고 있으므로 다양한 정보들과 더불어 그에 맞는 정보 보안의 구축도 함께 이루어져야 하겠다. 수익을 내지 못하는 불필요한 요소는 과감히 제거되어야 한다. 결국 기업이 상거래에 ICT 기술을 활용하는 궁극적인 목적인 수익 창출을 이루는 것이 가장 중요하다. 따라서 인터넷을 기반으로 수익을 창출하는 전략적 대안 마련이 필요하다. 이에는 광고 수입과 직접적 상품 판매, 콘텐츠 유료화, 제휴 프로그램, 데이터베이스 응용, 중개를 통한 수수료 확보 등의 대표적인 수익 창출 방법이 존재한다.

6) 관계 확장 전략(Connection Strategy)

온라인 마케팅에서 관계의 중요성은 지대하다. 각종 관계와 연결을 통해 많은 것들이 창조되고 개선되어 파트너와의 협력 관계는 매우 중요하다. 전략적 제휴가 바로 커넥션 전략의 일환이다. 선진기업들은 핵심역량은 사내에 두고 그 외의 기능은 아웃소싱을 하는 추세이다. 인터넷 비즈니스 기업에서도 아웃소싱의 중요성은 갈수록 강조되고 있다. 과거에는 혼자 힘으로 시장에서 경쟁했던 것에 비해 이제는 외부의 아웃소싱 파트너들을 어떻게 규합하여 최적의 네트워크를 구성하느냐에 따라 경쟁력이 좌우된다고 할 수 있다.

국내의 대형 사이트조차도 웹 사이트의 유지보수와 운영을 아웃소싱하는 것이 효과적이라고 판단하고 있다. 사이트 유지보수 등은 프로그래머나 디자이너를 고용하는 것보다는 외부의 전문업체에 의뢰하는 것이 경비를 줄이는 방법이다. 현재 우리나라는 정보통신 분야의 풍부한 인력으로 외부의 인력을 활용하기 좋은 여건이다.

포털 서비스를 제공하는 기업들은 다양한 서비스나 콘텐츠를 고객에게 제공하기 위해 동종 혹은 이종 간 협력 관계를 구축하는 경우가 많다. 이것은 결국 기업-소비자-기업 간의 트리플 윈(triple-win)을 가능하게 함으로써 모두가 이익을 공유할 수 있도록 세심한 주의를 기울여야 한다.

기업들이 협력 관계를 통해 공동 마케팅을 추진하는 목적은 여러 가지가 있을 수 있다.

- **상거래 등 프로세스의 역량 강화를 통한 시장 확대 및 공동 이익추구**: 인터넷 비즈니스가 복잡하고 다양화됨에 따라 기업들은 더욱 전문화된 분야에 그 역량을 집중시키고, 특정 분야에 전문성을 갖춘 기업들에게 상대적으로 부족한 부분을 보완해 줄 협력업체의 필요성이 증가하고 있다.
- **협력을 통한 노력과 비용 절감 및 경쟁자의 진입장벽 형성**: 각 기업이 특정 분야의 전문화를 지향함에 따라 자신들의 열세인 분야에 타 기업과 연계

함으로써 적은 노력으로 많은 효과를 누릴 수 있다. 즉, 협력을 통해 신규 사업에 공동 투자함으로써 비용을 절감하고 투자위험을 분산시킬 수 있다. 그리고 초기에 시장규모를 확대할 수 있는 협력자를 확보할 수 있다. 한편 기업 간 공동 마케팅을 수행함으로써 새로운 경쟁자의 진입을 억제하는 효과를 얻을 수 있다.

■ **자원공유를 통한 회원 증대 및 표준화 추구**: 기업이 보유한 회원과 콘텐츠를 다른 기업과 공유함으로써 회원 확대 및 방문자 증대를 위한 대융합(mega convergence), 대제휴(mega alliance), 대경쟁(mega competition)의 형태로 전개될 것이다. 이를 위해서는 기존 회원 데이터베이스 통합시도, 기술적 규격통일, 공동 마케팅 프로모션, 법규와 규제에 대한 공동대응 등의 노력이 결집되어야 한다.

제 6 절 메타버스 마케팅

디지털 기술이 발달하면서 최근 가상과 현실의 세계가 상호작용하는 3차원 가상세계인 메타버스가 급부상하고 있다. 특히, 코로나19가 전세계적으로 지속되면서, 3차원 가상세계에서 비대면으로 타인과 소통할 수 있는 메타버스 플랫폼 서비스가 활발하게 활용되고 있다.

메타버스(Metaverse)는 가상 · 초월을 의미하는 '메타(meta)'와 현실 세계를 의미하는 '유니버스(universe)'의 합성어로 현실과 가상이 공존하는 3차원의 가상세계를 말한다. 이제 디지털 세상에서 아바타를 이용해 타인과의 게임, 비즈니스, 소비활동, 커뮤니케이션 등이 가능해지고 있다.

앞으로 온라인 마케팅의 주류가 메타버스 환경에서 이루어질 것이라고 전망하고 있다. 이에 따라 다양한 업종의 기업들이 메타버스를 활용하여 마케팅 활동을 수행하는 추세이다.

1) 메타버스 주 소비층

메타버스의 주 소비층은 MZ세대라고 인식하고 있다. MZ세대란 1980년대 초부터 2000년대 초까지 출생한 '밀레니얼(Millennial) 세대'와 1990년대 중반부터 2000년대 초반 출생한 'Z세대'를 아우르는 말이다. 그러나 실제 메타버스는 MZ세대보다는 알파세대(Generation Alpha)가 주 소비층이라고 할 수 있다.

알파세대는 2011년부터 25년도까지 탄생한 세대를 일컫는 말로 스마트폰과 컴퓨터를 통해 가상의 세계를 훨씬 많이 경험하며, MZ세대보다 한층 높은 단계의 디지털 문화와 영향력을 가진다. 이들 알파세대는 언제 어디서든 현실 세계와 온라인 세계를 자유자재로 오가면서 성장해온 최초의 세대라고 할 수 있다.

물론 앞으로 메타버스 세계는 전연령층으로 확대해 나갈 전망이지만 메타버스의 주 소비층은 역시 MZ세대와 알파세대인 것이다. 이들은 사람과의 대면보다도 모바일이나 컴퓨터를 통해 가상의 세계를 접하는 것이 더 편안함을 느끼는 세대이다.

2) 메타버스 플랫폼 서비스

팬데믹(Pandemic)으로 인해 전세계적으로 고립을 경험한 사람들은 가상의 세계를 통해 소통하고 교류하고자 하는 욕구가 크게 증가하게 되었다. 디지털 기술의 발달과 정보통신의 혁명은 이러한 소비자들의 욕구 해소의 촉매제가 되었다. 디지털 대전환의 중심에 메타버스가 자리잡게 된 것이다.

메타버스는 사람들은 온라인으로 모으고 활동할 수 있는 플랫폼 서비스를 제공하기 시작했다. 국내에서 대표적으로 메타버스 플랫폼 서비스를 제공하는 기업은 네이버Z의 '제페토(ZEPETO)'이다. 예를 들면, 연예인 아바타와 팬미팅을 진행할 수 있게 VR기반의 가상세계를 운영하고 있는데 10대의 젊은 층을 중심으로 인기가 있으며, 현재 2억명 이상의 이용자를 보유하고 있다. 또 하나의 국내사례는 SK텔레콤의 '이프랜드(ifland)'로 온라인 모임을 특화한 개방형 메타버스 플랫폼서비스를 제공하고 있다. 누구나 간편히 가상 모임을 즐길 수 있도록 다양한 서비스를 제공하고 있다.

자료 : 네이버 제페토(2021. 8)

자료 : https://m.etnews.com/20210819000165

◀ 그림 13-10 국내 메타버스 플랫폼 사례

해외의 대표적인 메타버스 플랫폼 서비스로는 '로블록스(ROBLOX)'가 있다. 미국 10대들이 가장 많은 시간을 보내는 메타버스 플랫폼 1위 기업으로 사명 로블록스는 로봇(robot)과 블록(blocks)을 합성해서 만든 것이다. 로블록스 이용자들은 로블록스 플랫폼에서 직접 게임을 개발할 수 있고 디지털 콘텐츠도 개발할 수 있다. 이렇게 제작한 게임이 인기를 끌면 개발자는 발생하는 수익도 받을 수 있다. 또 다른 사례가 '포트나이트(FORTNITE)'으로 에픽 게임즈(Epic Games)에서 개발하여 2017년에 출시한 온라인 비디오 게임인데 전 세계 이용자가 2020년 3억5천만 명을 넘어섰다. 게임 속에서 또래들과 함께 음악을 듣고, 게임 속 아바타로 영화도 시청하고 게임 속 세상에서 공연도 즐기는 서비스로 게임을 넘어 또래를 만나서 소통하는 플랫폼으로 자리잡고 있다.

▼ 그림 13-11
해외 메타버스 플랫폼 사례

자료 : 로블록스

자료 : 포트나이트

3) 메타버스 마케팅

메타버스는 트렌드에 빠르고 민감하게 반응하는 MZ세대나 알파세대를 공략하기 위해 가장 효과적인 수단이 될 것이다. 메타버스 주 수익원은 광고와 유료 아이템 판매이다. 향후에는 실물세계와 연계한 e-Commerce와 메타버스를 활용한 콘서트나 종합 엔터테인먼트 플랫폼으로도 수익이 확장될 전망이다.

글로벌 시장조사업체 스트래티지애널리틱스(SA)는 메타버스 시장이 현재 460억달러(약 52조원)에서 2025년 2,800억달러(약 315조원)까지 성장할 것으로 전망했다. 이에 따라 국내외 IT기업들은 메타버스 시장을 선점하기 위해 앞다투

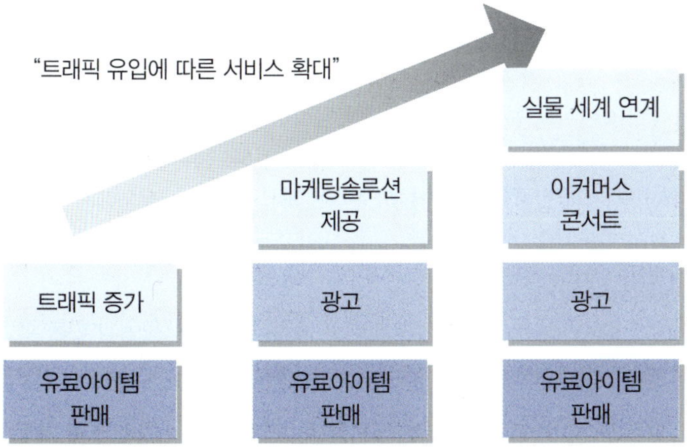

◀ 그림 13-12 메타버스 수익모델 진화과정 ©인크로스

자료 : Brand Brief-브랜드브리프(http://www.brandbrief.co.kr)

어 진출하고 있다. 대표적으로 페이스북이 사명을 "메타(Meta)"로 변경하며, 메타버스의 메타버스가 되기 위해 호라이즌을 비롯한 다양한 서비스를 준비하고 있다.

앞으로는 가상의 세계에서 다양한 차를 구경하고 시승도 할 수 있을 것이다. 가상의 세계에서 콘서트도 열고 신곡발표회도 할 수 있을 것이다. 가상의 세계에서 상품도 둘러보고 구매도 할 수 있다. 또한, 이제는 더 이상 오프라인을 통해 아파트 모델하우스 방문하여 집의 구조를 살피지 않고도 고객이 아바타로 가상의 세계에서 아파트의 내부를 구석 구석 살피고 분양을 위한 상담도 받을 수 있을 것이다.

메타버스는 다양한 분야에서 마케팅 도구로 사용되어질 수 있다. 인간 같은 아바타가 인플루언서 역할을 하는 '디지털 휴먼 마케팅'이나 가상의 공간에서 옥외광고와 배너광고를 수행할 수도 있다. 메타버스 내 가상매장을 통해 구매주문을 받고 배송도 이루어질 수 있다. 이와 같이 메타버스는 고객과의 깊고 활발하게 상호작용을 할 수 있는 매우 뛰어난 마케팅 채널로 진화될 것이며, 앞으로 기존 마케팅의 패러다임도 혁신적으로 바꾸게 될 것이다.

연 / 습 / 문 / 제

01 온라인 소비자의 유형과 특성에 대해 설명하시오.

02 아시아지역과 한국의 소비자들이 온라인에서 구매하는 상품에서 어떤 차이를 보이는지 설명하시오.

03 온라인 소비자들의 의사결정과정을 잘 설명하는 AISAS모델과 전통적인 AIDA모델을 비교해서 설명하시오.

04 디지털 경제는 디지털 지식기반 사회를 주도하게 되는데 이러한 디지털 경제의 특징에 대해 요약해서 설명하시오.

05 소비자들이 일반적으로 온라인을 통해 쇼핑하고 구매하는 여섯 가지 이유에 대해 설명하시오.

06 온라인 시장에서 크로스 채널 쇼핑객(cross-channel shopper)은 어떤 소비자를 말하며, 이러한 크로스채널 쇼핑객을 위한 멀티채널 마케팅(Multi-channel Marketing)에 대해 설명하시오.

07 디지털 시대 온라인 마케팅 6가지 핵심전략은 무엇이고 이에 대해 설명하시오.

08 메타버스 주 소비층은 누구이고 메타버스 플랫폼 서비스 대표 사례를 들어보시오.

참 고 문 헌

- 김성영 · 임채운 · 이진용 · 채명수 · 최인혁, 핵심마케팅, 생능출판사, 2013.
- 노규성 외, 빅데이터 시대의 전자상거래, 생능출판사, 2015.
- 노전표, 디지털마케팅, 북코리아, 2007.
- 유필화, 김용준, 한상만, 현대마케팅론, 박영사, 2012.
- 박영조, "온라인 소비자행동과 인터넷 상점의 초기신뢰 구축전략", KAIST 테크노경영대학원 석사학위논문, 2003.
- 중앙일보, 2019. 1. 4일자 경제면(https://news.joins.com/article/23261435)
- AOL & Insight Now, "소비자의 온라인 쇼핑 행동을 형성하는 7개의 모멘트", 2016.
- SAP, "온라인 소비자 성향 보고-아시아 태평양 지역 온라인 구매품목", 2018.
- Kerin, Roger A., Steven W. Hartley and William Rudelius, The Core Marketing, Mcgraw-Hill, Inc., 2013.
- Assael, Henry, Consumer Behavior : A Strategic Approach, Houghton Mifflin, 2003.

그/림/출/처

- SAP, "온라인 소비자 성향 보고-아시아 태평양 지역 온라인 구매품목", 2018.
- 유필화, 김용준, 한상만, 현대마케팅론, 박영사, 2012.
- 노전표, 디지털마케팅, 북코리아, 2007.
- Kerin, Roger A., Steven W. Hartley and William Rudelius, The Core Marketing, McGraw-Hill, Inc., 2013.
- 김성영 · 임채운 · 이진용 · 채명수 · 최인혁, 핵심마케팅, 생능출판사, 2013.
- 노규성 외, 빅데이터시대의 전자상거래, 생능출판사, 2015.
- https://m.etnews.com/20210819000165
- Brand Brief-브랜드브리프(http://www.brandbrief.co.kr)

찾아보기

기타

저 | 자 | 소 | 개

박승배

- (현) 서일대학교 산업경영학과 교수
- 성균관대학교 경영학박사
- 한국마케팅학회, 한국기업경영학회 상임이사, 한국경영학회, 한국소비자학회 이사
- 한국기업경영학회 편집위원
- 한국정보화진흥원, 한국인터넷진흥원, 정보통신산업진흥원, 동반성장위원회 평가위원
- e-mail : sbpark@seoil.ac.kr

박유식

- (현) 충북대학교 경영학부 교수
- 성균관대학교 경영학 박사, 석사, 학사
- Arizona State University 교환교수
- 충북대학교 경영대학장 및 경영대학원장
- 한국경영학회, 한국마케팅학회 부회장, 경영학연구/KBR 편집위원, 한국경영학회, 한국마케팅학회, 한국전략마케팅학회 상임이사
- ㈜유비콤 감사, 행정자치부 지방행정 혁신 평가위원, 충북 업무평가위원 · 고객만족 행정추진위원
- 저역서: 현대경영학원론, 최신소비자행동론, 마케팅
- e-mail : goodwill@chungbuk.ac.kr

성정연

- (현) 성결대학교 경영학과 교수
- 성균관대학교 경영학박사
- 성균관대학교 인터랙션사이언스학과 연구교수
- 한국기업경영학회 이사, 한국지식경영학회 편집위원
- 논문: International Journal of advertising, Cyberpsychology Behavior and Social Networking, Electronic Library, Neuroreport 외 SSCI 및 SCOPUS 국제학술지논문 게재, Journal of Consumer Studies, Services Marketing Journal 및 Asia Pacific Journal of Information Systems의 저널에서 최우수 논문상 수상
- e-mail : jysung@sungkyul.ac.kr

이성철

- (현) 강남대학교 실버산업학과 교수
- 성균관대학교 경영학박사
- 강남대학교 산학협력단장 및 창업지원단장, 실버산업연구소장
- 한국기업경영학회, 한국전문경영인학회, 한국상업교육학회 부회장, 전문경영인연구 편집위원, 한국기업경영학회 학술위원장, 한국전문경영인학회 회장
- 한길리서치연구소 대표, Han Gil Research Co., USA., CEO., 3A International LTD. USA., CEO., (주)파마메이트 인터내셔날 고문, 경기도 언론홍보위원, (사)한국전인상담문화원 자문위원, (사)한국노인상담소 고문

• 저서: 실버산업개론, 경영학의 실험설계와 통계분석, 외식산업의 경영, 마케팅다차원척도분석, SAS통계탐험대, 조사연구의 다변량분석, 조사연구의 설계와분석 등 다수
• e-mail : saintlsc@kangnam.ac.kr

이승희

• (현) 금오공과대학교 경영학과 교수
• 성균관대학교 경영학박사
• 경북구미스마트그린산단 사업단장
• 금오공과대학교 산학협력단장, 기획협력처장, 창업진흥센터장, 창업교육센터장
• 한국디지털정책학회, 대한산업경영학회 수석부회장
• 한국생산성본부(KPC) 혁신위원장, 한국개발연구원(KDI) 자문위원
• 저서: 빅데이터시대의 전자상거래, 경영학원론, 경영빅데이터 분석, 스마트워크2.0, 최신마케팅, 디지털혁신으로 이루는 미래비전 등
• e-mail : marketing@kumoh.ac.kr

장형유

• (현) 경상대학교 경영대학 교수
• 경상대학교 경영학박사, 석사, 학사
• 경북대학교 초빙교수 및 California State University 교환교수
• 경상대학교 입학부본부장 및 인재개발원장
• 한국전략마케팅학회 회장, 한국마케팅관리학회, 한국소비문화학회, 한국전략마케팅학회 상임이사
• 한국소비자원 CCM인증평가 위원, BNK경남은행 경영자문 위원, 경남 상권분쟁조정위원 및 물류정책조정위원
• 저역서: 최신소비자행동론, 연구방법과 사례별 활용서, 마케팅(번역서)
• e-mail : jmgt21@gnu.ac.kr

허남일

• (현) 강남대학교 글로벌경영학부 명예교수
• 성균관대학교 경영학 박사, 석사, 학사
• University of Illinois at Urbana-Champaign, University of North Carolina at Greensboro 교환교수
• 강남대학교 경영대 학장, 교수협의회 회장, 대학평의회 위원, 사회과학연구소장
• 한국전문경영인학회 회장, 한국산업경영학회 회장, 한국경영학회, 대한경영학회, 한국기업경영학회, 한국경영사학회, 한국상품학회 부회장
• 기획재정부 공공기관경영평가위원, 대교협 대학기관인증 평가위원, 한국산업인력공단 경영지도사, 공인노무사 시험 출제채점위원, 한국소비자원 CCM 평가위원, 한국가스공사 비상임이사, 용인시 유통업상생발전협의회 위원, (사)도산아카데미 원장
• 저역서: 마케팅, 소비자행동론, 경영학의 이해, 인터넷마케팅(번역서) 등
• e-mail: hni@kangnam.ac.kr

최신소비자행동론 –제4판–

2009년 9월 10일 초 판 1쇄 발행
2015년 3월 10일 제2판 1쇄 발행
2019년 8월 30일 제3판 1쇄 발행
2022년 1월 5일 제4판 1쇄 인쇄
2022년 1월 10일 제4판 1쇄 발행

저 자 박승배 · 박유식 · 성정연 · 이성철
이승희 · 장형유 · 허남일.
발행인 한 의 명
발행처 명 경 사
(본사) 서울특별시 강남구 선릉로 120 우성 B/D 3–102
전 화 : 010–6211–8981 팩 스 : 0504–338–2135
(지사) 경기도 파주시 맥금동 557–24
Home-page : www.mkspub.com
E-mail : mkspub@daum.net
등록 2000년 8월 9일 제 10–2024(倫)

• 정가 38,000원

ISBN 979-11-88052-38-7

이 책의 무단전재 또는 복제행위는 저작권법 제136조 제1항에 의거
5년 이하 징역 또는 5,000만원 이하의 벌금에 처하게 됩니다.

이 도서의 국립중앙도서관 출판예정도서목록(CIP)은 서지정보유통지원시스템 홈페이지(http://seoji.nl.go.kr)와 국가자료공동목록시스템(http://www.nl.go.kr/kolisnet)에서 이용하실 수 있습니다. (CIP제어번호 : CIP2015017146)